Insurgências e ressurgências atuais

Insurgências e ressurgências atuais

Cruzamentos de sins e nãos num
mundo em transição

Gilberto Freyre

2ª edição revista

APRESENTAÇÃO DE VAMIREH CHACON
BIOBIBLIOGRAFIA DE EDSON NERY DA FONSECA
ÍNDICES ATUALIZADOS POR GUSTAVO HENRIQUE TUNA

São Paulo
2006

© Fundação Gilberto Freyre, 2005
Recife-Pernambuco-Brasil
1ª edição, 1983, Editora Globo
2ª edição, 2006, Global Editora

Diretor Editorial Jefferson L. Alves	**Revisão** Maria de Lourdes Appas Saulo Krieger
Editor Assistente Gustavo Henrique Tuna	**Projeto Gráfico** Reverson R. Diniz
Atualização de índices Gustavo Henrique Tuna	**Capa** Victor Burton
Gerente de Produção Flávio Samuel	**Editoração Eletrônica** Antonio Silvio Lopes
Assistente Editorial Ana Cristina Teixeira	

Dados Internacionais de Catalogação na Publicação (CIP)
(Câmara Brasileira do Livro, SP, Brasil)

Freyre, Gilberto, 1900-1987.
  Insurgências e ressurgências atuais: cruzamentos de sins e nãos num mundo em transição / Gilberto Freyre ; apresentação de Vamireh Chacon ; biobibliografia de Edson Nery da Fonseca ; índices atualizados por Gustavo Henrique Tuna. – 2. ed. – São Paulo : Global, 2006.

  Bibliografia.
  ISBN 85-260-1072-7

  1. Freyre, Gilberto, 1900-1987 – Crítica e interpretação 2.Insurgência 3. Pesquisa sociológica 4. Previsão do futuro I. Chacon, Vamireh. II. Fonseca, Edson Henry da. III. Tuna, Gustavo Henrique. VI. Título.

06-3785   CDD-322.42

Índices para catálogo sistemático:

1. Insurgências e ressurgências : Ciência política   322.42

Direitos Reservados

**GLOBAL EDITORA E
DISTRIBUIDORA LTDA.**

Rua Pirapitingüi, 111 – Liberdade
CEP 01508-020 – São Paulo – SP
Tel.: (11) 3277-7999 – Fax: (11) 3277-8141
e-mail: global@globaleditora.com.br
www.globaleditora.com.br

Colabore com a produção científica e cultural.
Proibida a reprodução total ou parcial desta
obra sem a autorização do editor.

Nº DE CATÁLOGO: **2719**

À memória de

Manuel Maria Sarmento Rodrigues, que, como lúcido Ministro do Ultramar de Portugal, convidou, em 1951, escandalizando salazaristas ortodoxos, o autor deste livro, para, independente de compromissos oficiais, visitar Orientes e Áfricas marcados ou não por presenças portuguesas: viagem da qual resultaram Aventura e rotina *e* Um brasileiro em terras portuguesas *e está resultando este* Insurgências e ressurgências atuais

e a

Edson Nery da Fonseca, Odilon Ribeiro Coutinho, Paulo Rangel Moreira, este livro quase insurgente na sua sensibilidade a ressurgências, cruzadas com insurgências.

Gilberto Freyre fotografado por Pierre Verger, 1945.
Acervo da Fundação Gilberto Freyre.

Sumário

Antevisões e confirmações de *Insurgências e ressurgências atuais* ... 11

Em vez de prefácio: comentário de Prudente de Moraes, neto,
a uma possível filosofia do autor 17

Introdução do autor em que se recordam suas antecipações,
há trinta anos, em torno de ressurgências atuais: inclusive
a do poder islâmico 25

Advertência do autor ao leitor: inclusive sobre métodos ou
não-métodos seguidos neste livro 65

Tentativa de síntese de um esforço de interpretação de atuais
insurgências cruzadas com ressurgências 111

Uma perspectiva brasileira de cruzamentos entre insurgências,
constâncias e ressurgências numa formação nacional 167

Recapitulação geral e reflexões quase finais 231

Anexo: outras antecipações do autor à sua atual perspectiva
de cruzamentos de insurgências e ressurgências 273

Biobibliografia de Gilberto Freyre 311

Índice remissivo 347

Índice onomástico 357

Antevisões e confirmações de *Insurgências e ressurgências atuais*

Gilberto Freyre, desde 1933 em *Casa-grande & senzala*, apresentou antevisões, mais confirmadas que desmentidas, sobre o Brasil. Estendeu-se, com limitações dos tempos, ao mundo luso-tropical e hispano-tropical, passando do tropicalismo, conceito político, à tropicologia mais objetiva, portanto empírica e científica.

A universalidade humana e humanista era sua meta final, em meio aos percalços do itinerário.

Em 1973 publicou *Além do apenas moderno (sugestões em torno de possíveis futuros do homem, em geral, e do homem brasileiro, em particular)*; dez anos após, suas meditações nesta direção conduzem-no, em 1983, a *Insurgências e ressurgências atuais (cruzamentos de sins e nãos num mundo em transição)*. O próprio Gilberto Freyre definiu estes livros como de futurologia, termo então muito usado, porém melhor seria conceituá-los de futuríveis, noutra expressão que terminou predominando até em revistas internacionais especializadas. Futurível tem um sentido aberto à probabilidade objetiva. *Além do apenas moderno* e *Insurgências e ressurgências atuais* são mais futuríveis, que futurológicos possíveis, mas pouco prováveis. Existirá uma história do futuro?

O padre Antônio Vieira pretendeu escrevê-la num sentido messiânico, característico das esperanças políticas portuguesas do seu tempo. Da sua parte, Gilberto Freyre era um culturalista, portanto um relativista, não pretendia tamanhas certezas para o presente e futuro, muito menos ao passado, que lhe pareceriam pré-conceitos, daí os pré-juízos no duplo sentido das palavras.

Na realidade, para Gilberto Freyre, suas simpatias nunca foram na direção de comemorar a modernidade e sim criticá-la. Ao antropólogo – de formação etnológica na Universidade de Colúmbia com Franz Boas, depois completado filosoficamente em Dilthey e os neokantistas – não podia agradar a Revolução Industrial avassaladora, pauperizante e poluidora do meio ambiente. Isso fica muito claro no seu livro *Nordeste*, já em 1937 defendendo pioneiramente a ecologia, logo nas suas primeiras páginas, sem idílicas nostalgias de inexistentes passados românticos. Pelo contrário, no Seminário de Tropicologia, de início na Fundação Joaquim Nabuco e depois na Fundação Gilberto Freyre, ambas no Recife, Gilberto Freyre e os seus convidados preferiam dedicar-se mais a estudos empíricos do presente e projeções técnicas no futuro, daí seu posterior uso da futurologia, termo então em voga, que não estava propriamente nas apresentações e debates daquele Seminário.

Gilberto Freyre optou pela pós-modernidade, ao estudá-la e discuti-la em suas realidades concretas, despontando no horizonte de fins do século XX: a era pós-industrial, cibernética, como então se denominava a eletrônica, começando a ser aplicada na informatização em geral e automatização pelos robôs em especial. Por isso se preocupava tanto com as novas formas de trabalho e o lazer, como se vê em *Além do apenas moderno*. Antes, com o desaparecimento de fronteiras entre cidades e campos, no que chamava de rurbanização, síntese de ambas as dimensões.

No panorama pós-moderno se inserem *Além do apenas moderno* e *Insurgências e ressurgências atuais*.

Insurgências e ressurgências atuais é um livro-síntese do que Gilberto Freyre pensava do futuro, a partir do passado e do presente, no que ele denominava tempo tríbio. Ele não era contra o desenvolvimento e a modernização em si, e sim contra esta sinonímia em sentido linear, em vez de imersa na dialética de insurgências e ressurgências pacíficas ou mesmo violentas; Gilberto Freyre não tinha uma visão idílica e triunfalista da cultura e da história: que se leia atentamente sua obra desde *Casa-grande & senzala,* com tanto sadismo e masoquismo explícitos.

Ele evoca suas leituras do *Clash of cultures and contact of Races* do antropólogo britânico Pitt-Rivers de 1927. Em 1940, no auge das vitórias militares nazifascistas na Segunda Guerra Mundial, Gilberto Freyre chamava a atenção, na sua conferência *Uma cultura ameaçada (A luso-brasileira),* que "o grande drama é o que decide a sorte das culturas. É a guerra entre culturas.(...) Não perigos de nações contra nações – estes são transitórios – nem de Estado contra Estado – estes são ainda mais superficiais; e sim perigos de culturas contra culturas; sim, as ameaças de imposição violenta da parte de grupos tecnicamente mais fortes a grupos tecnicamente ainda fracos, de valores de cultura e de formas de organização social, dentro das quais os povos menores se achatariam em vassalos dos vencedores, ou por serem mestiços, ou por serem considerados corruptos, ou por isto, por aquilo".

Em *Insurgências e ressurgências atuais* ele saúda as "ressurgências que contrariam a filosofia (...) do progresso pan-econômico, pan-tecnológico, pan-matematicista, tendo a Europa – inclusive os Estados Unidos sua extensão como centro – com pretensões a único e dominador absoluto de decisões a serem impostas a periferias tidas como culturalmente passivas por lhes faltarem poderes tecnológicos expandidos em econômicos"; daí os tentaculares poderes políticos com pretensões globalizantes. Diante deles, "ressurgem não-Europas em desafio a exclusivos poderes europeus e paraeuropeus".

Ameaças externas – a islâmica e chinesa demonizadas por Samuel P. Huntigton em *The clash of civilizations and the remaking of world order* como argumento para outra mobilização mundial pela liderança euro-americana após o desmoronamento da ameaça soviética – ameaças externas ligadas às internas: "poder negro", "poder índio", "poder da mulher", "poder dos idosos", "direitos das crianças" e defesa ecológica do meio ambiente; ameaças desafiando a hegemonia mundial ocidental. Também ameaças econômicas, sociais e políticas do desemprego em massa, com ainda maiores desigualdades de renda que desde o início da Revolução Industrial de fins do século XVIII e começo do século XIX. E lazeres corrompidos por drogas, na falta ou escassez de vivências culturais.

Arnold J. Toynbee, que a propósito disso dialogou pessoalmente com Gilberto Freyre, considerava estes e muitos mais desafios fazendo parte da dialética exigindo respostas para sobrevivência e expansão das culturas e civilizações em si, portanto em todos os lugares e épocas.

Desde 1958 – em entrevista à revista paulista *Visão* e no seu livro *New world in the tropics* escrito originalmente em inglês, 1959, traduzido ao português em 1971 – que Gilberto Freyre saudava a inovante projeção internacional da China. Não é de surpreender o estranhamento, até hostilidade, de alguns brasilianistas, inclusive dos Estados Unidos, à obra gilbertiana, mesmo sob disfarçados pretextos progressistas, na realidade com objetivos de incrementar ainda maiores divisionismos internos no Brasil. Gilberto Freyre disso tinha consciência e a propósito chegou a escrever.

Em *Insurgências e ressurgências atuais* (1983), Gilberto Freyre volta a saudar a ascensão mundial do poder chinês e, em *Aventura e rotina* de 1953, já comemorava a volta do poder islâmico renovado e renovador, um tanto na linha dos ciclos de "torno" e "ritorno" de Giambatista Vico. Desde *Casa-grande & senzala* (1933) que ele ressaltava a importância árabe na miscigenação étnica e cultural da Península Ibérica e nas técnicas de engenharia e arquitetura e irrigação ali por ela induzidas.

As internas renovações carismáticas no catolicismo – diante da estrutural organização eclesiástica, ainda mais que os progressismos sociais e políticos – foram vistas por Gilberto Freyre também como fundamentais contribuições às atuais insurgências e ressurgências mundiais. Elas se inserem em outra das dialéticas gilbertianas, a das alternâncias apolíneas e dionisíacas de Nietzsche, interpretadas na antropologia etnológica por Ruth Benedict. A dimensão dionisíaca retornou a setores católicos pela renovação carismática e a setores protestantes evangélicos pelo pentecostalismo.

As dialéticas gilbertianas são mais de complementaridades que antagonismos. Para ele, o maoísmo no seu tempo foi uma das fases chinesas, outro tanto o fundamentalismo no Islã; também houve e há fundamentalismos católicos, protestantes, evangélicos e outros de religiões e partidos políticos, até acadêmicos universitários: "o progressismo, o racismo, o tecnocratismo, o burocratismo, como expressões de um poder oficial absoluto", ou de grupos a isso candidatos... O multiculturalimo precisa ser transcultural, aberto à possibilidade da miscigenação cíclica, para mútuos enriquecimentos. O diálogo entre civilizações requer transculturalidade e transracialidade.

Gilberto Freyre aponta nos métodos – mais de incorporação que conquista, de Vasco da Gama e Afonso de Albuquerque no Oriente Lusitano, ao adaptarem e adotarem métodos árabes muçulmanos de assimilação cultural e miscigenação racial – a maior e melhor fonte do êxito português nos trópicos. Com Américo Castro, o preponderante nas formações ibéricas advém do longo período da semeadura cultural e civilizacional moura. Com especial impacto no pensamento e ação de Raimundo Lúlio, Ramon Llull em catalão.

Portanto, Gilberto Freyre nada tinha de imobilista, nem de regressista, quanto ao mundo, e "ao desenvolvimento brasileiro há quem pense não deve faltar uma perspectiva sob a qual o apreço pela modernidade, pela modernização, pelo progresso, pela insurgência – como valores característicos de uma civilização dinâmica – não se exceda num modernismo ou progressismo como que absolutos ou exclusivos. E sim sejam valores capazes de se deixarem afetar pelos seus próprios contrários como sejam aquelas ressurgências que animam no comportamento, na sensibilidade e na imaginação nacionais de uma sociedade – no caso a brasileira – seus compromissos com uma experiência histórica ou psicossociocultural válida em termos principalmente nacionais. Isto sem lhes faltarem sensibilidades a valores pan-humanos. É experiência, além de histórica ou psicossociocultural, ecológica".

O mais válido do Brasil é sua prefiguração da humanidade do futuro.

Gilberto Freyre faleceu em 1987, quatro anos após a publicação de *Insurgências e ressurgências atuais*, tendo ainda escrito outros importantes textos. Nesse final conjunto de obra, *Além do apenas moderno* e *Insurgências e ressurgências atuais* valem como suas definições do que considerava o início da pós-modernidade, além dos horizontes entreabertos pelas Revoluções Inglesa (1688), Americana (1776), Francesa (1789), Russa (1917), Chinesa (1949), seguidas pelas da África, Ásia e América Latina de políticas a sociais e culturais, a caminho das científico-tecnológicas em escala cada vez mais global, noutro grande ciclo vindo da primeira globalização propriamente dita, a das navegações portuguesas e espanholas dos séculos XV e XVI: longo processo dialético de insurgências e ressurgências a ser sucedido por outros. Assim se fazem, desfazem e refazem as histórias em histórias.

VAMIREH CHACON

é professor emérito da Universidade de Brasília. Bacharelou-se e doutorou-se pela Faculdade de Direito do Recife e pela Universidade de Munique, na Alemanha. Seu pós-doutorado foi na Universidade de Chicago, nos Estados Unidos. Durante décadas conviveu pessoalmente com Gilberto Freyre, que sobre ele escreveu dois longos artigos. Vamireh Chacon foi membro do Conselho Federal de Cultura, diretor do Instituto de Ciência Política e Relações Internacionais e decano (pró-reitor) da Universidade de Brasília. É membro do Instituto Histórico e Geográfico Brasileiro, da Academia Pernambucana de Letras e da Academia Brasiliense de Letras. Entre outros livros, escreveu *Gilberto Freyre – Uma biografia intelectual* (Companhia Editora Nacional e Massangana, 1983), *História dos partidos brasileiros* (Edunb, 1981) e *A Grande Ibéria* (Unesp, 2005) sobre a comunidade cultural lusófona e hispanófona da Europa à América e África.

Em vez de prefácio: comentário de Prudente de Moraes, neto, a uma possível filosofia do autor*

A palavra de ordem para os depoimentos sobre a obra de Gilberto Freyre, nesta mesa-redonda, é a tentativa de esquecer-lhe o sentido essencial – a sociologia gilbertiana – e examiná-la sob outros aspectos não menos importantes, em tese, embora, no caso, eles me pareçam, antes, residuais. Gilberto Freyre não é um literato que enveredou pela sociologia. É um sociólogo que, ao mesmo tempo, domina e estuda em profundidade os problemas e as técnicas da literatura, sendo, ele próprio, admirável escritor. Esse complexo de virtuosidades não desloca da sociologia a tônica da sua obra; como não deslocou da filosofia o primoroso escritor que foi Henri Bergson, para ficar nesse exemplo ilustríssimo.

É compreensível que se deseje tratar, aqui, do Gilberto Freyre escritor, de preferência ao já muito estudado Gilberto Freyre sociólogo. Eu vos direi, no entanto, que seria esvaziar a obra do mestre, de seu conteúdo essencial, por uma dissociação que confesso não me parecer possível. Quando despolpamos o fruto do cafeeiro,

---

* De uma comunicação em mesa-redonda promovida pelo Pen Clube do Brasil, em sua sede, no Rio de Janeiro, e já publicada na revista *Convivência* (nº 4, 1979), do mesmo clube, e, com a permissão do seu presidente, Marcos Almir Madeira, aqui reproduzida. Prudente de Moraes, neto, já é falecido.

encontramos... o café; se retirarmos da obra de Gilberto Freyre a saborosa polpa sociológica, iremos encontrar... a sociologia, com idênticas propriedades e características, embora apresentada e aplicada, de modo diverso, a outros temas, que pedem técnica adequada. Podemos retirar-lhe a sociologia ostensiva, não a implícita ou ínsita, pois que não se trata de matéria enquistada, acrescida a outras parcelas distintas do conhecimento, e sim de um fator que se dissolve no todo ao integrar-se no produto que compõe. No caso que consideramos, o produto é uma visão sociológica do mundo e da vida, a concepção sociológica do homem, seu destino, sua cultura, seu desempenho neste universo que habita, desfruta e modifica, para possibilitar melhor adaptação recíproca.

Feita essa ressalva indispensável, darei por suficientemente assentada e configurada em nosso elenco de conceitos críticos a contribuição fundamental do mestre ao conhecimento da formação de uma sociedade e uma cultura brasileiras – contribuição de tal importância, tão elucidativa e revolvente, que obrigou à reformulação de muitas das nossas opiniões sobre nós mesmos; inclusive as mais solidamente implantadas – abrindo campo muito mais vasto à indagação de bases e rumos para uma caracterologia brasiliana. Deixemos, pois, *esse pouco,* em obediência à palavra de ordem recebida, para ver, ainda que sumariamente, sob outros ângulos, um pouco da obra de Gilberto Freyre.

Não iria, aqui, limitar-me à apreciação de meras tecnicidades de estilo – um estilo que, desde *Casa-Grande & senzala,* aponta Gilberto Freyre como admirável escritor formal: sem dúvida, dos maiores que temos tido. Escritor, aliás, que preza por tal modo o ofício que, entre tantos títulos de que é portador, prefere qualificar-se profissionalmente com este, o que é tanto mais significativo quanto se sabe como é precária, entre nós, a condição profissional do escritor. Não é meu propósito, entretanto, estudar-lhe a estrutura característica da frase, na elocução ondulada dos largos períodos, por vezes de sabor proustiano. Detenho-me especialmente nas sugestões de um livro, dos mais recentes de Gilberto Freyre, um livro de extraordinário significação, no conjunto da sua obra. E não apenas no conjunto da sua obra, mas no de todo pensamento brasileiro. E não apenas para o pensamento brasileiro, mas para todo o pensamento contemporâneo. Refiro-me aos admiráveis ensaios que compõem o seu *Além do apenas moderno,* um livro que ainda não teve, em nosso meio, a repercussão que lhe é devida, embora sua preciosa contribuição à inteligência do nosso tempo tenha sido acusada pela crítica estrangeira.

Com esse livro, Gilberto Freyre transpõe o fulcro de suas indagações, observações e análises, do seu campo habitual de trabalho, para o predominantemente filosófico, ao qual geralmente prefere esquivar-se. Desta vez, porém, o mestre se dispôs a entrar decididamente por ele, para estabelecer os legítimos fundamentos da futurologia. De uma futurologia mais humanística e menos puramente tecnológica, se é que se pode fazer essa distinção. Em todo caso, uma futurologia tipicamente gilbertiana, que nos reconcilia e compatibiliza com esse tipo de especulações, com essas tentativas de antecipação do que ainda está por vir, especulações que a onisciência tecnológica batizou com o nome pomposo e sedutor que lhe assegura o universal prestígio.

Sabemos que, em maior ou menor escala, com maior ou menor amplitude de ambição, os homens, desde épocas imemoriais, dedicaram-se às mais variadas formas de futurologia. A novidade que lhe acrescentam os novos tempos, os nossos tempos, consiste em assentar-lhe as bases sobre as últimas – vale dizer, as "penúltimas", falando a linguagem supersticiosa das rodas de bar –, as penúltimas conquistas da ciência e da técnica, atitude que confere à palavra dos futurólogos uma alta expectativa de acerto nas predições. Nem por isso é tão garantido assim que seus prognósticos se avantajem de muito aos do oráculo de Delphos, ou às profecias de Nostradamus, ou, ainda, às desses honrados profissionais da futurologia a curto prazo que sempre foram e continuam a ser os médicos, por isso mesmo impiedosamente chasqueados pelos humoristas de todas as épocas, em seu ceticismo filosoficamente cínico, apoiado no suposto realismo do senso comum.

Os doutores futurólogos de hoje em dia, porém, são preferentemente eletrônicos e cibernéticos, o que proporciona às suas antecipações uma dignidade sem par. Nos seus impressionantes processos de automação, dir-se-iam insuscetíveis de erro, ao contrário do que sucede às nossas pobres operações rotineiras e desaparelhadas, simplesmente humanas. Devemos, naturalmente, respeito místico às suas conclusões, de uma técnica de alto bordo, pelo menos os que ainda pertencemos ao grupo do comum dos mortais, para quem as maravilhas da tecnologia constituem-se em artigos de pasmo e de fé, cujo exame e discussão há que delegar aos menos incidentes que nós, incapazes que somos, não sendo tecnólogos, de lhes acompanhar, mesmo de longe e muito a medo, como cão renegado, os passos que nos precedem com tanta desenvoltura.

Pois bem, Gilberto Freyre, filósofo, entrega-se à tarefa ingente de humanizar a futurologia. Será necessário dizer que o consegue, o mestre que nunca falhou em qualquer empreendimento intelectual? Consegue-o, pode-se dizer, *de estalo*, desde a simples proposição do problema, cujos termos habituais, entretanto, não lhe escapam, mesmo no que trazem consigo, de mais absconso e rebarbativo, exatamente por inumanos. Para alcançar seu objetivo, não lhe foi preciso contestar os fabulosos feitos da técnica sofisticada que nos assombra, nem invalidar-lhe os fundamentos. Limitou-se – porque tanto lhe bastava, a ele, como nos basta, a nós –, limitou-se a situá-los devidamente entre as atividades e as criações humanas. É o suficiente para que o homem retome o seu lugar no mundo e sua responsabilidade – pode-se mesmo dizer sua preeminência – perante a técnica, restituída à condição de prestimosa auxiliar, instrumento dos seus trabalhos e conhecimentos, e nunca a opressora que lhe ameaça de destruição a liberdade, o sentimento do mundo, o sentido essencial da vida.

A humanização da futurologia, na exposição do pensamento de Gilberto Freyre, decorre muito naturalmente da humanização da própria noção de *tempo*, que ele vê, em relação ao homem e à vida, como o *tempo tríbio,* fórmula que é um precioso achado para exprimir a distinção entre o tempo biológico e o tempo físico-matemático, sobre o qual trabalham, com genial proficiência, os Einsteins e seu eminentes continuadores. Em termos humanos, porém, a futurologia resolve-se nos termos do tempo tríbio, de Gilberto Freyre, segundo um *processus* de precipitação que já os pré-socráticos intuíam, sem condições, contudo, para isolar e distinguir o biológico do físico-matemático, tornando-se, assim, responsáveis por induzir todo o pensamento subseqüente à criação de uma categoria filosófica – um dado imediato da consciência, para usar a linguagem de Bergson – em que os dois domínios distintos parecem unificar-se. Foi o que criou tanta instintiva resistência a uma concepção desintegradora como a da relatividade einsteiniana.

Tempo tríbio, a precipitar-se numa espécie de consolidação do fluido, quase uma concretização do abstrato, que transforma constantemente a ansiosa expectativa na realização superada: eis o resultado da humanização da futurologia, que é uma antecipação probabilística da nossa capacidade de reagir ao ainda não precipitado em fato; a hipótese ainda por verificar-se, ainda por consubstanciar-se em consumada ocorrência. E aqui, senhores, perdoai a um ex-cronista de turfe – que muito aprendeu do turfe, sobre o mundo e a vida – recorrer à linguagem e ao exemplo da microfuturologia turfística, primária e rudimentar, é certo, mas preocupada, sempre, com a possível antecipação do que vai ou *deve* acontecer. Os teoristas do turfe referem-se às carreiras, realçando o interesse, de certa forma intelectual, dos problemas que propõem, mostrando que esses problemas decorrem do que eles denominam a *gloriosa incerteza* do turfe, que a minifuturologia dos prognósticos procura, em vão, dissipar. Quando a precipitação em *fato* efetivamente a dissipa, a gloriosa incerteza de há pouco vai integrar-se nos dados imutáveis e frios do *retrospecto,* que é um arquivo do que aconteceu e, por isso mesmo, cristalizou-se em passado inerte, em peça de museu arqueológico, naquele mundo que acaba por tornar-se sedutor e maravilhoso do *era uma vez.* Mundo que, afinal, revela a verdadeira face das coisas – pelo menos das viventes, das mutáveis que só a eternidade transmuda em si mesmas, segundo Mallarmé. A eternidade – e aqui voltamos a considerar diretamente o pensamento de Gilberto Freyre –, a eternidade não admite dinâmica. O dinâmico, por definição, é o não-eterno.

Tempo tríbio: tempo resultante do ciclo biológico, em sua inexorável ordenação do *antes* e do *depois.* Do *antes* que se aproxima irresistivelmente para a transformação em *depois,* dando-nos ilusão análoga à de todo sistema em movimento, a ilusão de um movimento exterior, em sentido oposto. Vemos o tempo avançar sobre nós, vindo do *futuro,* para perpassar, fugaz, e precipitar-se em passado, e quando nós avançamos para ele, avançamos para o que não é, vindo do que passou para o que está passando, e que arrasta o que virá de imediato, puxando depois de si outros porvires. *Esses tempos,* não é a mensuração que os cria, nem é, na verdade, a mensuração de dinâmica e, afinal, de vida, desta muito prezada e muito precária humana vida nossa.

Eis a que nos conduz o mestre, com a idéia do seu tempo tríbio. Ela nos permite a inserção da futurologia em nossa condição humana, de seres viventes. De seres também, e principalmente, conviventes, pois é esta *con-vivência* nossa que religa em sistema, para nós todos, no tempo tríbio, a repercussão, as precipitações do possível, do hipotético, em fatos, numa estratificação do dinâmico, a nos servir de apoio a novas impulsões dinamizadoras.

Nossas antevisões, por imaginação antecipadora, dos estágios futuros de cultura, que nos hão de modificar os relacionamentos de toda ordem, com meio em que nos situamos, ao mesmo tempo que nos conferem uns tantos poderes preventivos, pondo-nos em guarda contra excessivos desvios do que nos é essencial e inalienável, são passadas em revista no livro de Gilberto Freyre, que abre luminosas perspectivas ao espírito, para "além do apenas moderno", como diz tão adequadamente. É a esse *além do apenas moderno* que seu pensamento nos dirige, como suas sugestões fecundas, caracterizadas pela agilidade e liberdade de uma concepção fenomenológica que não se deixa amarrar a uma tese fixa e imutável, mas tira da mobilidade sua força e capacidade de interpretação. A ciência, mediante esse tratamento, inclui, nos seus domínios, o que deve ou pode vir a ser, tanto quanto o que é e o que foi. A obra do mestre envolve assim, de uma interpretação dos antecedentes, para a da série dos subseqüentes eventuais. Desta vez, é a especulação propriamente dita, a perscrutar possibilidades, e também nossas potencialidades ativas, pelas quais podemos colaborar na configuração do que está por vir. O pensamento mantém-se fiel à sua destinação e às suas origens, ao acentuar seu papel premonitório da ação.

E agora volto à contradição incontornável a que este debate me condena: como foi possível e é possível a Gilberto Freyre domesticar o tecnológico, a ponto de colocá-lo a seu serviço? Lamento ter que infringir, em definitivo, a palavra de ordem recebida, mas não o faço por espírito de indisciplina, e sim, ao contrário, por disciplina do espírito. Gilberto Freyre domesticou o monstro – seu e nosso monstro de estimação –, inserindo-o no contexto e nos quadros da sua visão do mundo, ou seja, da sua sociologia. Porque a visão do mundo em Gilberto Freyre é eminentemente sociológica. Ele vê o mundo e a vida *sub species societatis*. É o social que explica o mais, tudo mais, no que diz respeito aos fenômenos em que algo de humano se envolve – mesmo os que ainda não se tenham cristalizado em fatos consumados e em noções adquiridas.

Por certo, ele não se nega a outros modos de abordar os fenômenos do universo e da vida. O social, porém, é seu constante desafio. É o que transpira de cada página que escreve, seja de história, seja de crítica, seja de criação literária, prosa ou poesia, como em *Bahia de todos os santos e quase todos os pecados,* uma prova evidente de que o sentimento lírico do mundo não repele a sociologia.

E é um poeta da sua e minha especial devoção, nosso admirável Manuel Bandeira, que invoco, para encerrar este depoimento. Dizia ele, registrando certo impulso lírico obsessivo: "Eu vejo é o beco". Assim também – em verdade vos digo – Gilberto Freyre vê é o sociológico. Vê é a sociologia.

Prudente de Moraes, neto

Introdução do autor em que se recordam suas antecipações, há trinta anos, em torno de ressurgências atuais: inclusive a do poder islâmico

Atendeu o autor do livro *Aventura e rotina* a pedidos de nova edição deste seu livro, aparecido em 1953, com edições no Rio e em Lisboa, já mais que esgotadas, e que reaparece, em 1980, em novas edições, no mesmo Rio e na mesma Lisboa. Atendeu tais pedidos, conservando, do livro antigo, o que, transcendendo circunstâncias da década em que foi escrito, retém da já distante 1ª edição no quanto permanece de válido e até atual em circunstância de hoje. Não se rejeitam, nesta nova edição, expressões de simpatias pelo então chefe do governo português, professor Oliveira Salazar, registradas ao lado de severas restrições à sua política em Orientes e Áfricas; nem se deixa de reconhecer o empenho de portugueses influentes daqueles dias, como o comandante Sarmento Rodrigues e o professor Adriano Moreira, em reorientarem a presença, nesses espaços, de um Portugal europeu menos comprometido com europeísmos exclusivistas e ocidentalismos supertecnocráticos.

Com a nova edição de *Aventura e rotina*, a intenção do autor foi, sem eliminar o circunstancial – registros quase de todo datados, e hoje sem outra significação senão a histórica – reavivar o que, neste livro de brasileiro em contato, naquela década, com terras e gentes do Oriente e da África – sobretudo as marcadas por presenças portuguesas e por afinidades com o Brasil – permanece sociologicamente significativo como antecipação. Significativo quer como observação do essencial em situações, agora, como então, de interesse para o brasileiro, quer como fixação em alguns dos registros conservados nas exatas palavras de há quase trinta anos, de audácias de previsão em torno de desenvolvimento que, na época, ninguém sabia ao certo como se verificariam. Daí, nessas antecipações de 1951-52, qualquer coisa de sociologicamente quase profético: adjetivo empregado com relutância. Daí, também, este *Insurgências e ressurgências atuais,* que sucede a republicação, sem alterações no texto – no essencial do texto – de *Aventura e rotina.*

Entre as antecipações de 1953, uma é insistente no livro antigo, há pouco reeditado: a que se refere ao, naquela década, começo ainda quase imperceptível de ressurgências de culturas não-européias a afetarem novo tipo de cultura transnacional que pudesse ser denominada eurotropical. Culturas ressurgentes que, tendo sofrido impactos imperialmente europeus, começavam a reencontrar raízes e a antecipar, à base de tais reencontros, possibilidades de virem a reaparecer sob novas formas de expressão que possam ser hoje consideradas inquietantes pelos desequilíbrios de relações antes entre culturas ou entre grupos étnicos, que começam a causar, do que simplesmente entre Estados-Nações. Mas sem que se deixe de admitir nesses desequilíbrios possíveis reequilíbrios entre culturas e grupos étnicos que venham a ser válidos, do ponto de vista de uma saudável interpenetração de contrários, suscetíveis de constituírem sínteses criativas. Em confluências, até, de contrários conciliáveis.

Tendo sido *Aventura e rotina,* ao aparecer em 1953, através de diário aparentemente só de viagem, impressão viva ou observação direta de situações já então críticas, embora suscetíveis de reorientações de atitude, da parte de Portugal europeu – reorientações que não ocorreram, senão em pequena parte: a fundação de centros de estudos universitários, em Angola e Moçambique, por exemplo – foi principalmente livro antecipador. O que é confirmado pelas edições de 1980. Como impressão e observação dessa espécie – a de livro de viagem – torna-se agora base para uma forma de reflexão antropológica ou sociológica e até – desculpe-se a pretensão – um tanto filosófica, possibilitada, quer pela própria viagem então realizada, quer pela perspectiva oferecida pelo tempo decorrido desde essa viagem aos dias atuais. Quase trinta anos. Não vem faltando apoio, no decorrer dessas três décadas, a antecipações lançadas, algumas delas, quase aventurosamente: a intuição sob a forma hoje considerada *imaginação sociológica*.

Depois de ter aparecido em nova edição *Aventura e rotina,* este livro novo sobre o assunto: *Insurgências e ressurgências atuais*. Comentário atualíssimo a assuntos feridos no livro antigo e alguns deles, hoje, inquietantes: a ressurgência islâmica como poder ou desafio a um cristianismo em crise – necessitadíssimo da vigorosa liderança só há pouco surgida com João Paulo II.

São dias, os atuais, assinalados por impactos de culturas ressurgentes sobre culturas já desimperializadas, avultando, desses impactos, o islâmico. Alguns desses inconformismos com primados ocidentais, umas como *revanche.* Tais ressurgências – sobretudo a de islã, sob aspectos quer ortodoxos, quer não – vêm assumindo aspectos ora pitorescos, ora dramáticos e até trágicos. Mas sempre dignos de uma atenção antropológica ou sociológica que seja o mais possível compreensiva.

É o que estão a exigir do Ocidente – de suas sociedades do tipo chamado livre ou aberto ou democrático ou plural – as, por vezes, sensacionais *revanches* contra os primados das culturas do Ocidente, da parte de um Oriente – ou de vários Orientes e de outras tantas Áfricas –, vencidos mas não convencidos por impactos europeizantes ou ianquizantes. *Revanche* de que é exemplo o que vem ocorrendo no Irã. *Revanche,* esta, da parte de um Oriente místico e agressivamente islâmico: uma das várias expressões do islamismo ressurgente, dinâmico, além de insubmisso. Competidor vigoroso, em Orientes e em Áfricas, de um cristianismo, quer protestante, quer católico, minado ou desvirilizado nas suas atividades missionárias nessas áreas, pela falta de vigor místico e pela superação da fé, nessas forças religiosas ocidentais, por motivos ou objetivos de ação missionária apenas racionalmente humanitários, éticos, educativos. O ânimo místico que produzira na Índia Francisco Xavier substituído por modernas Florences Nightingales: mulheres – ou homens – cada vez mais peritos na ciência médica ou na arte da enfermagem ou na de testemunhar valores imaterialmente cristãos. Incapazes de serem menos Martas que Marias principalmente cristãs até líricas nas suas fés, nas suas devoções e nos seus exemplos. A mística de todo substituída pela ciência, pela técnica, pela educação racionalmente, tecnologicamente, deweynianamente ocidentalizantes. A racionalidade e a tecnologia que, no Irã, acabam de ser vencidas pela mística islâmica de forma tão dramática. Tão violentamente dramática. Trágica.

Uma advertência para o Ocidente: para os orientadores de suas políticas de contato com Orientes, Áfricas, neolatinos mestiços da América, gentes ecologicamente não-européias; para os orientadores dos métodos missionários da Igreja Católica Romana e das igrejas cristãs protestantes nesses espaços e entre essas gentes; para outras lideranças ocidentais – inclusive as intelectuais empenhadas em reinterpretações dos relacionamentos do Ocidente com ressurgências culturais noutras partes do mundo e – acentue-se – dentro do próprio Ocidente em crise interna de valores ou de motivos de vida.

Pois essas ressurgências, entre outras expressões de situações novas para essas relações inter-humanas e interculturais, significam estarem a se avigorar aquelas forças criativa ou destrutivamente irracionais, previstas por Georges Sorel – o ainda máximo reintérprete de significados socioculturais de mitos – da parte de culturas que já não se conformam em aceitar aqueles primados nem de economia, nem de inteligência ou pensamento ou de ciência que vinham sendo impostos a gentes não-ocidentais pelas ocidentais tecnológica, econômica e politicamente superpotentes. Primados à base de uma racionalidade com pretensões a absoluta como orientação de atitudes, quer apenas políticas, quer apenas culturais: inclusive religiosas. Primados a que estão se opondo, fora do Ocidente e até dentro dele, tendências ou revoltas inquietantes para muitos e, para alguns, com aspectos positivos através das inquietações, revisões e ressurgências que provocam. Que vêm provocando.

Para quase todas as culturas não ocidentais em ressurgência, os motivos não racionais de vida e de conduta existem numa preponderância sobre os racionais que está a afirmar-se ativa e até violentamente. É o que vêm reconhecendo, nos últimos anos, analistas que, sob orientação cientificamente antropológica ou sociológica, procuram atualmente considerar problemas de ética, em vivências e convivências nacionais da nossa época, sob perspectivas que já não são exclusivas e dominadoras perspectivas ocidentais e, como tal, racionais ou racionalistas. Inclusive em seus condicionamentos de direitos ou de leis hoje, alguns deles, tão em crise como universalizações, como conceitos jurídicos ocidentais considerados por alguns juristas do Ocidente como superiores por sua própria – e entretanto precária – superioridade. Entre esses analistas os, no trato específico do assunto, pioneiros, desde o fim da década de 50, May Edel e Abraham Edel, ela da New School for Social Research, ele do City College, de Nova York, em *Anthropology and ethics, a frontier exploration in the scientific study of morality* (Springfield, III., 1959).

Autores que se propuseram a considerar a ética ou a moralidade, e, é evidente, suas decorrências legais ou jurídicas, no mundo moderno, nas suas expressões plurais. Portanto sem etnocentrismo. Ou com um mínimo de etnocentrismo. E através de abordagem inter-relacionista: inclusive especulativo-analítica, do ponto de vista filosófico; descritivo-comparativa, do ponto de vista sócio-antropológico, capaz de abranger o econômico. Os dois pontos de vista juntando-se num amplo esforço de compreensão, através de coordenadas de moralidades e éticas vistas no plural e consideradas nas suas relações com contextos psicossocioculturais.

Em atitudes ou decisões éticas – e, pode-se acrescentar, em suas projeções jurídicas – as evidências sócio-antropológicas indicam ser tendência de indivíduos socializados em pessoas, como membros de suas sociedades e participantes de suas culturas, para se comportarem de acordo com convenções dominantes nessas sociedades e nessas culturas ou recorrerem a guias autoritários que os orientem. Daí condicionamentos psicossocioculturais desses comportamentos ou dessas condutas. Ou dessas éticas. Ou de suas projeções em leis.

Sucede – observe-se de situações atuais – estarem sociedades e culturas que, sob o domínio imperial de sociedades e culturas ocidentais sobre as não-ocidentais, vinham encontrando considerável dificuldade para, como sociedades e culturas, se manifestarem – inclusive quanto a opções éticas – em condições de ressurgirem social e culturalmente. E de desafiarem consagrações jurídicas à base de experiências ou de opções ocidentais. Com as sucessivas descolonizações dos últimos dois decênios, tais obstáculos vêm perdendo sua força, verificando-se, com o aparecimento de novos Estados-

Nações – fenômeno socioeconômico e não apenas político ou jurídico; ao contrário, secundariamente político ou jurídico quase sempre – a ressurgência de culturas durante longos anos, em grande parte, dominadas ou reprimidas e até estranguladas: inclusive nas suas éticas ou nas moralidades e nas suas consagrações de normalidade em conflito com as das civilizações ocidentais e das culturas ocidentalizantes nesse como noutros setores.

É ostensivamente expressivo – acentue-se – o caso atualíssimo do Irã. Sem ser antropólogo ou sociólogo, muito menos jurista ou político, mas jornalista superiormente lúcido, Fernando Pedreira comentou o assunto Irã no semanário *Veja,* de 15 de março de 1979, de modo a pôr o leitor em contato com um fenômeno merecedor da maior atenção brasileira. Trata-se, no entanto, apenas de uma onda maior, ou mais violenta, de um misticismo ou de um anti-racionalismo ou de um antiocidentalismo com tendências a se generalizarem no mundo contemporâneo. E esse *ismos* sorelianamente míticos, alguns deles – aspectos de uma generalizada ressurgência de culturas não-ocidentais; ressurgência que inclui possibilidades de explosões ou surtos não-ocidentais.

Antigos episódios brasileiros desse sabor, como o dos Muckers, no Rio Grande do Sul, e o de Canudos, no sertão baiano, podem ser considerados antecipações caboclas do fenômeno hoje a tomar aspectos muito mais violentos e de muito maior extensão e maior profundidade. O jornalista Fernando Pedreira tem razão quando observa que "não é só o aiatolá iraniano". E recordo, a propósito, o que chama "a cruzada do Ocidente colonialista durante os últimos séculos", a seu ver *contraditória,* por lhe parecer ter tido sempre dois sentidos: um, o "critério técnico, em matéria de negócios e de administração pública"; e, outro, o "missionarismo dos jesuítas e a evangelização pertinaz das seitas protestantes que fizeram a América".

Quanto a essa contradição, talvez se possa dizer que se verificou, em certa fase e através de certos esforços ocidentalizantes em Orientes, Áfricas e Américas, quase sempre, de modo diversos. Primeiro, porque impõe distinguir colonialismo de colonização. Discriminação difícil, porém sociologicamente possível. É evidente do esforço ibérico – sobretudo do português – em áreas e entre gentes não-européias, que nem sempre foi exclusivamente europeizante; também cristianizante. Em certos casos, cristocêntrico, no sentido antes sociológico que teológico da expressão. Durante seus primeiros séculos, atento – mais que outros esforços imperialmente europeus, mais etnocêntricos que cristocêntricos – a aspectos humanos das relações de europeus com não-europeus; e mais que esses outros esforços, confraternizante, biológica e culturalmente, com esses não-europeus. De onde considerável mistura de sangues, ao lado de considerável mistura de culturas: a colonizadora e a colonizada.

Inteira razão me parece ter o jornalista, por vezes, a seu modo, parassociólogo, Fernando Pedreira – seu caso, o desse outro notável jornalista brasileiro de hoje que é Otto Lara Rezende e, sobretudo, o do atualmente em atividade dessa espécie mas sempre insigne ensaísta-pensador Raimundo Faoro – ao afirmar que "não há política, não pode haver sistema político capaz de prescindir de um ponto de partido moral, ético: um alicerce *exterior* ao próprio sistema político e que não será outro senão uma convicção, um postulado de origem e substância religiosa". Escrevendo o quê, toca em ponto de interesse crucial para a consideração, tentada neste comentário, da força vital, existencial, além de essencial e religiosa ou mística, além de política, que anima atuais ressurgências de culturas não-ocidentais em face das até há pouco quase de todo dominantes culturas do Ocidente. Às culturas ressurgentes não faltam, além de "pontos de partida, morais, éticos, [...] postulados de origem e substância religiosa". Daí certas vantagens sobre ocidentais firmados quase que somente em lógicas jurídicas ou em pragmatismos, também racionais, políticos.

Insista-se no exemplo do ressurgente islamismo. Como o autor deste comentário destacava, quase com o risco de parecer de todo fantástico, há quase trinta anos, no livro *Aventura e rotina,* em Orientes e Áfricas o islamismo começava, então, a superar o cristianismo – o protestante e o católico-romano – como força missionária em ação entre gentes de culturas menos desenvolvidas em suas economias e em suas tecnologias e reduzidas nas suas expressões de poder ou de importância política. Isto, quer por motivos sociológicos e antropológicos, quer pelo psicológico de ser o islã uma religião potentemente mística, enquanto os dois cristianismos – o protestante e o católico – vinham se apresentando a nativos de Orientes e de Áfricas, desde a segunda metade do século XIX, demasiadamente racionalistas; sem ardor místico nas suas convicções, o catolicismo a quase rivalizar com o protestantismo em métodos racionais, tecnocráticos e até burocráticos, menos de cristianização do que de europeização de nativos.

Nas próprias províncias ou colônias de Portugal, a tendência racionalista entre missionários, educadores, católicos, e não apenas protestantes, vinha, de modo geral, a se acentuar. Jovens de Moçambique – destacou em 1953 o autor de *Aventura e rotina* – a estudarem na União Sul-Africana, Angola, Moçambique, Cabo Verde – outro destaque no mesmo livro, tal como apareceu naquele ano – sem escolas superiores de ensino católico que detivesse a influência racionalizante do protestantismo nessas províncias ou colônias africanas de Portugal: influência destruidora de mitos e valores sobreviventes da colonização católica-romana dessas áreas. Uma *colonização* animada de objetivos cristocêntricos, a ser distinguida, em vários pontos, do que se tornou absorvente *colonialismo* ou *imperialismo* eurocêntrico. Colonialismo ou imperialismo que se sobrepôs, de tal modo, nas áreas de antiga colonização portuguesa com certas semelhanças a características dessa colonização no Brasil, a processos de interpenetração de culturas e de mistura de etnias a ponto de terem se acentuado, em Moçambique, passivas imitações do modelo sul-africano (*apartheid*) e, em Angola, imitações igualmente passivas e contrárias às normas antigas de colonização – e não de colonialismo – próprias, em grande parte, de Portugal: outro destaque surgido em *Aventura e rotina,* como crítica ao que então ocorria nas relações de Portugal com a sua Índia e com as suas Áfricas. Exemplo de afastamento dessas normas e de adoção das do colonialismo belga, a seu modo segregador de etnias e de culturas, encontrou o autor de *Aventura e rotina* na zona angolana de domínio da poderosíssima Companhia de Diamantes. Destacou no livro essa surpreendente situação racista. O que lhe valeu agressões violentas, publicadas com o máximo relevo em jornais de Portugal – por conseguinte, com a convivência da censura oficial, então em pleno vigor –, da parte do próprio e poderoso, junto ao então governo de Portugal, diretor português da Companhia de Diamantes: companhia em grande parte belga. Colonialista no puro sentido assumido pela palavra colonialista. Um sentido contrário às tradições de colonização portuguesa de espaço tropical que se tornaram predominantes, com qualidades e defeitos, no Brasil.

Problema crucial, quanto a atitudes de culturas ocidentais – inclusive as cristãs – animadas de sentimento de superioridade em face das não-ocidentais, é o de absolutos além de teológicos, éticos, próprios das culturas não-ocidentais. Não-ocidentais e, por esses seus absolutos, resistentes a cristianismos, senão sempre convictos de sua superioridade em termos teológicos e éticos – e sob essa convicção, dinâmicos e sociologicamente agressivos – representantes, entre não-ocidentais e entre não-cristãos, de culturas antes ocidentais caracterizadas apenas por superioridades tecnológicas, econômicas, políticas, militares, do que de culturas caracteristicamente cristãs nas suas místicas, nos seus valores e nos seus mitos. Atitude que poderia ter sido coincidente com a islâmica. Atitude diferente das racionalmente ocidentais e extremamente relativistas em suas orientações religiosas, em vez de místicas ou míticas ou mágicas, a ponto de poderem chegar a ser, até – paradoxalmente –, supra-racionais. Supra-racionais, em situação de se defrontarem vantajosamente com culturas não-cristãs, não-ocidentais, como sucedeu quando se defrontou no Oriente com religiões absolutas nas suas místicas e nos seus mitos, através de expressões também absolutas, nas suas éticas. Atitude da religião cristã, quando encarnada perante orientais, por missionários como São Francisco Xavier: místico católico de tanto êxito através de sua atuação entre esses orientais.

Paradoxal é o intelectual indiano K. M. Panikkar, quando, em lúcida análise das, para ele, principais formas de presença imperial do Ocidente no Oriente – no notável livro *Asia and western dominance* (Londres, 1953) –, situa a atitude portuguesa, dos dias em que Portugal fez chegar a Inquisição até a Índia, como eticamente superior às de tolerância de ingleses e de holandeses. Pois a tolerância, Panikkar a interpreta como desprezo do imperialista ocidental pela alma ou pela personalidade do homem oriental. E a Inquisição católica romana, levada pelo português à Índia, como evidência de que, para o português, o indiano era alma; era espírito; era pessoa. Pessoa com a qual o católico português se sentia obrigado a preocupar-se com um ânimo mais cristocêntrico que eurocêntrico.

Note-se, entretanto, de um português, em seus contatos mais criativos com não-ocidentais, ter sido, contraditoriamente, ao mesmo tempo que cristocêntrico na expressão de valores e mitos absolutos – como através, não só de Franciscos Xavier e de Joões de Deus, como de devotos da Virgem Maria e não apenas de Cristo – um, até certo ponto, relativista, capaz de aceitar, como aceitou, transações, até em relação a crenças e a ritos religiosos, como não-ocidentais e não-cristãos. Assim agindo antecipou-se ao que em antropologia da mais moderna viria a ser considerado respeito, da parte de ocidentais, de *"equally valid patterns of life"* – na definição de Ruth Benedict – em vigor entre não-ocidentais: inclusive entre não-ocidentais de culturas das chamadas primitivas. Importante é que Ruth Benedict – de quem me orgulho de ter sido colega na Universidade de Colúmbia, quando ambos discípulos de antropologia de Franz Boas – diz, quer no seu *Patterns of culture* (N.Y., 1934), quer em *The chrisanthemum and the sword* (N.Y., 1946), a respeito de valores suscetíveis de se tornarem transculturais, quase à revelia de circunstâncias, em contraste com os válidos apenas situacionalmente: isto é, em conexão com específicas situações culturais. Importante por ter aberto, ampliando Boas, novas perspectivas para a reconsideração do que os valores absolutos – como têm sido, por vezes, os ocidentalmente cristãos levados a áreas não-ocidentais onde atualmente predominam os islâmicos, como resistências a penetrações ou sobrevivências ocidentais nessas áreas – podem significar, ao lado dos relativos, nos contatos entre culturas opostas nas suas orientações religiosas e éticas, projetadas sobre outros aspectos de comportamento. Mitos, crenças, ritos, apresentados ou seguidos como absolutos, podem causar impactos de culturas adventícias – que os encarnem – sobre culturas nativas – às quais sejam apresentados como redentores. Impactos, nesses casos, sociologicamente profundos. Mas quando apresentados como relativos, sua potência é quase nenhuma. Exato o que se sugere, esta seria uma das explicações para o evidente declínio, nos últimos decênios, da penetração de culturas complexas ou civilizações, ocidentais entre gentes não-ocidentais; e também da atual desvantagem, no tocante a tais penetrações, do cristianismo protestante e, ultimamente, do católico romano – este, até há pouco, até João Paulo II – crescentemente racionalista e, desde quando começou, numa antecipação do que culminaria em recente interpretação holandesa do catolicismo, a deixar-se, em parte, de ser místico para competir com o protestantismo em racionalidade e é possível, também, que em prestígio social dentro de uma Holanda na qual ouvi, certa vez, de um católico, que, nesse país, em termos de *status,* os católicos eram quase equivalentes dos negros nos Estados Unidos.

Evidentemente, desde o fim do século XIX, que, no pensamento social do Ocidente, começou a definir-se nova conceituação do *irracional* em face de um *racional,* por algum tempo superdominante nesse pensamento. Esse superdomínio entrou em crise filosófica com reflexos sobre atitudes ativas ou orientações sociais: inclusive políticas. Também sociológicas. O próprio Durkheim precisou definir-se, em face de Bergson, de William James e de Freud, cujas concessões ao irracional, acentuando as vindas, paradoxalmente, de Nietzsche, seriam reforçadas pelas sugeridas por Jung. A reorientação filosófico-social que viria a ser classificada retrospectivamente pelo professor H. Stuart Hughes, em *Consciousness and society* (1958), como de reconsideração, no trato do comportamento humano, de *"irrational motivations"* desse comportamento, implicando em verdadeira *"rediscovery of the nonlogical, the incivilized, the inexplicable".* Reconsideração que pode ser considerada revolução intelectual de extensas projeções socioculturais: inclusive sobre as relações de ocidentais com não-ocidentais. Entre suas culturas, seus motivos de vida, suas éticas, seus etnocentrismos, suas xenofobias, suas místicas, seus ódios teológicos.

Parece fora de dúvida que a esse revolucionário pensamento antipositivista, característico, nos seus começos, do fim do século XIX e dos primeiros decênios do século atual, não faltou a marca da genialidade. Uma genialidade evidente em Freud, depois de ter se manifestado em Nietzsche. Evidente em Bergson. Evidente em William James. Evidente em Georges Sorel. No próprio Croce. No próprio Weber. Todos eles, em suas atitudes de analistas do comportamento humano, solidários, através de modos diversos de expressão, em considerarem o homem menos ou mais que lógico. Menos ou mais que racional. Colocando, portanto, em dúvida a pretensão da civilização ocidental de ser de todo superior às demais culturas, pelo fato de primar, em confronto com essas outras culturas, tanto pela racionalidade como pela riqueza de história escrita. Assunto que para ser analisado tanto em extensão como em profundidade, precisou da aliança, que crescentemente vem se verificando, da filosofia social com a ciência social. Com a própria literatura: a dos Proust, a dos Thomas Mann, a dos Joyce, a dos Henry James. Com a própria arte. Com a religião. Aliança através de investigações do que seja, ou possa ser considerado, no comportamento humano racional em confronto com o que seja irracional. Irracional quer em expressões individuais, quer nas de vários tipos de grupos; inclusive os nacionais. De culturas que, em tais indivíduos – os superiores e os comuns –, se exprimam e que os condicionem tanto quanto condicionam o grupo a que pertencem e suas várias expressões coletivas: religiosas, folclóricas, coreográficas, musicais, culinárias, técnicas, com as expressões literárias podendo ser, ao mesmo tempo, as criativamente individuais e, por vezes, geniais, e as coletivas: aquelas em que escritores mais intérpretes que criadores falam – ou escrevem – por grupos e numa linguagem mais de grupos que de indivíduos. O que aqui se recorda admitindo-se a importância da expressão literária – do mesmo modo que a artística – nos modernos relacionamentos, quer positivos, quer negativos, entre ocidentais e orientais. Assim Tagore e Sarojini Naidu conseguiram, com seu modo anglicizado – através da língua inglesa, até – sensibilizar públicos ocidentais da mesma maneira que Tolstoi e Charles Chaplin sensibilizaram públicos orientais – começos, em termos artísticos, do *The coming dialogue*, previsto em *World cultures and world religions* (Filadélfia, 1960) por Hendrik Kramer.

Tais sensibilizações terão ocorrido mais à revelia que conforme condicionamentos lógico-experimentais. Por outro lado, sabe-se da pretendida universalidade tanto da sociologia de Marx como da psicologia de Freud ter encontrado restrições profundas da parte tanto de tradições socioculturais como de atitudes psicossociais de não-europeus, quer com relação à posição do fator econômico dentro de sociedades ou culturas, quer com relação à posição, nessas culturas, do complexo de Édipo e de outros ocidentalismos neurotizantes. O que se recorda para insistir-se na relatividade de condicionamentos éticos, em particular, socioculturais, em geral, sobre um comportamento humano que se conceba como suscetível de reagir, de igual modo, em espaços e tempos diversos, a normas que correspondessem a uma uniforme natureza humana. Natureza humana que, quer nos seus gostos, quer nas suas idealizações de conduta segundo conceituações racionais, fosse sempre a mesma nas suas reações.

Com essa ótica é que o brasileiro, após vários contatos com Orientes e com Áfricas, reuniria impressões e observações desses contatos no livro *Aventura e rotina,* e se aproximaria, nos espaços visitados, de situações, socioculturais algumas delas, semelhantes à do Brasil. Outras, diferentes. Diferentes nos seus tempos sociais. Diferentes nas suas éticas. Diferentes nos seus modos de ser sociedades. Diferentes nos valores e mitos mais característicos de suas culturas em contraste com a civilização ocidental, então ainda imperial em suas projeções sobre tais culturas e tais sociedades.

Registre-se que não faltou ao observador brasileiro o conhecimento de ensaios de Freud como *Civilization and its discontents* (Londres, 1930). Inclusive sua insistência em ser característico da essência da civilização – a ocidental, de modo típico –, a chamada por alguns "*measure of instinctival renunciation*", em benefício, é claro, de uma racionalização sistemática de conduta. As culturas, inclassificáveis como civilizações, teriam suas restrições quanto à expressão sexual. Mas seriam, do ponto de vista da civilização ocidental, mais instintivas nesse e noutros particulares. E como instintivas, por vezes irracionais. Ou místicas, religiosas; como, dentro de modernas civilizações, as atitudes místicas ou religiosas vêm sendo consideradas, pelos progressistas racionais, arcaicas. Mas consideradas com outra perspectiva tanto por um Jung, para quem uma das deficiências de Freud era sua insensibilidade ao fator religioso – que o diga seu, em língua inglesa, *Modern man in search of a soul* (trad. Nova York e Londres, 1947), também lido pelo observador brasileiro, antes de sua viagem por Orientes e Áfricas que sabia impregnados de interpretações místicas, através de símbolos, da natureza e da vida. Fenômeno que já levara Max Weber ao estudo de culturas orientais: inclusive das circunstâncias que, nessas culturas, tinham se apresentado tão desfavoráveis ao paleocapitalismo, a certa altura fortemente característico da civilização ocidental e tão ligado às suas projeções imperiais. Marx, Bergson, Freud, Georges Sorel, Max

Weber, repita-se que foram atentamente relidos pelo autor de *Aventura e rotina,* que, entretanto, ao escrever esse livro, procurou ele próprio ser um tanto instintivo ou intuitivo e, principalmente, empático, sem deixar de ser racionalmente analítico, no seu modo de registrar impressões e observações. Mais: de juntar a esses registros audácias de antecipação sobre possíveis futuros de situações sentidas, vistas e observadas. Entre essas antecipações, as relativas a ressurgências de culturas em grande parte irracionais, instintivas, intuitivas, místicas, em *revanches* – repita-se – ao, por vezes, sufocante domínio, sofrido por orientais, quer já *civilizados*, quer ainda *primitivos,* de poderes imperiais do Ocidente.

Relendo o texto de 1953 do seu *Aventura e rotina,* verificaria o autor, em 1980, a muita atenção dispensada a começos de ressurgências culturais que teria surpreendido em Orientes e em Áfricas em 1951 e 1952. Daí o título deste novo livro: *Insurgências e ressurgências atuais.*

Diante dos muitos, embora nem sempre fáceis de ser diagnosticados, começos de erupções de ressurgências culturais, concluiria o autor daquele livro, escrito no começo de década de 50, ter havido uma tal antecipação de ocorrências característica de época posterior – a época culturalmente revolucionária agora atravessada, de modo intenso, pelo homem – que lhe pareceria justificar o título deste novo livro: *Insurgências e ressurgências atuais.*

Talvez da ênfase do autor de *Aventura e rotina,* em sua 1ª edição (1953), em *ressurgências* – fenômeno que se fazia apenas adivinhar na década de 50 – se possa dizer ter correspondido mais à intuição e à contemplação em torno de um começo de nova fase nessas inter-relações culturais – nova expressão daquele método por vezes quase místico, e quase parente do de Loyola nos *Exercícios espirituais;* o Loyola que Roland Barthes reabilitaria, como analista psicossocial, num dos seus últimos e notáveis estudos, *Sade, Fourier, Loyola* (Paris, 1971); e tão intuitivo e, como tal, escandalosamente valorizado em 1933 pelo autor de *Casa-grande & senzala* – que a estudo empiricamente racionalizado, sob a forma de análise apenas lógica, de fenômeno psicossociocultural. Estudo que não poderia ter chegado a realizar no meio de tão complexa série de viagens por Orientes e por Áfricas, sendo apenas empírico, em suas observações, ora num, ora noutro, desses Orientes e dessas Áfricas; e sempre a procurar aperceber-se tanto de semelhanças como de dessemelhanças quer com o Brasil, em particular, quer com o Ocidente, em geral. Na captação de tais semelhanças e de tais dessemelhanças, é evidente ter seguido um pouco do método, por alguns chamado *romântico*, de Ranke; método reformulado por Dilthey e aperfeiçoado por Max Weber e – desculpe-se a pretensão – abrasileirado em *Casa-grande & senzala*. Terá sido esse método um tanto seguido através de intuições e de contemplações. Método – repita-se – em que o autor de *Casa-grande & senzala* não hesitou em confessar – para escândalo de cientificistas – ter, por vezes, se inspirado, para suas intuições ou suas contemplações sempre empáticas de realidades por Sorel consideradas *fluídicas* e de mitos pelo mesmo Sorel considerados tão importantes como fatos – no caso, realidades e mitos brasileiros – nos *Exercícios espirituais* dos jesuítas.

A *Aventura e rotina* – ao seu modo de ser existencial quanto às realidades que procura intuir – não faltam repetições: as repetições, aliás, já características de *Casa-grande & senzala* e dos livros que o completam: *Sobrados e mocambos* e *Ordem e progresso*. Neste particular – o abuso de repetições –, talvez se possa dizer do estilo ou da expressão característica desses livros que lembra – como, segundo alguns críticos, um deles Gide, a propósito do estilo de Charles Péguy – a fala dos gagos que se repetem na ânsia de se fazerem compreender no essencial.

Do autor de *Aventura e rotina* pode-se dizer hoje que uma de suas insistências ou repetições foi, no começo de década de 50, a de destacar começos de ressurgências de culturas não-ocidentais: revoltas contra o primado exclusivo das civilizações mais imperialmente ocidentais, no plural; no singular, a imperialmente ocidental, no seu todo. Essa opressão ocidental de não-Ocidentes, considerada nas suas formas mais estranguladoras das orientais, desde que é justo dizer-se desses estrangulamentos que variaram. Do próprio imperialismo britânico – tão etnocêntrico, nos seus excessos, mas do qual podem ser destacados aspectos positivos no tocante a inter-relações entre culturas ocidentais dominadoras e culturas orientais dominadas – pode-se sugerir ter dado aos Tagores e às Naidus, e ao próprio Nehru, a oportunidade de, exprimindo-se em língua inglesa, conquistarem simpatias para valores orientais. No que, aliás, foi o imperialismo britânico precedido pelo imperialismo português ao produzir, como produziu, no século XVI, um Garcia de Orta, que tanto fez para lançar as bases de um entendimento, agora a aprofundar-se, entre o Ocidente e o Oriente com relação ao uso, por ocidentais, de saberes médicos orientais. Pode-se mesmo dizer que, no atual aprofundamento de relações entre saberes médicos, ressurge velho empenho português, dos, sob alguns aspectos, melhores dias da presença lusitana no Oriente.

Empenho infelizmente descontinuado ao se acentuarem imitações, da parte de portugueses, de métodos norte-europeus de relacionamento com não-ocidentais. Imitações mais de uma vez lamentadas em *Aventura e rotina*. Imitações que, tendo havido no próprio período Salazar – e em *Aventura e rotina* denunciou-se o extremo que atingiu tal imitação no setor econômico com projeções sociais – tornaram Portugal passível de ser acusado de práticas, no mesmo setor, da pior espécie de imperialismo colonialista em vez de, como nos dias criativos da atuação lusitana entre não-europeus, colonizador. Respeitador – nesses dias – de valores de cultura não-ocidentais. Respeitador e valorizador de tais valores do mesmo modo que de valores indígenas do Brasil, incorporados desde velhos dias pelo colonizador lusitano, ou pelo autocolonizador luso-brasileiro, ou luso-afro-brasileiro, a futura civilização nacionalmente brasileira: o banho diário, a mandioca, a rede, entre esses valores.

Repita-se que ao denunciar, em *Aventura e rotina,* os abusos em Angola do poder econômico belga, aí instalado com regalias de poder sagrado, o autor desse livro brasileiro – escrito com independência em suas críticas e sinceridade em seus louvores aos portugueses e lusotropicais fixados em Goa, Guiné, Cabo Verde, Angola, Moçambique – sofreu dos representantes, em Portugal, do mesmo poder belga, nos principais jornais do país então sob severa censura do Estado, agressões – como já se disse – violentíssimas. Entre essas, a acusação, caracteristicamente racista, colonialista, de pretender introduzir, nas Áfricas Portuguesas, o *mulatismo* brasileiro. Mulatismo através da mistura de raças e mulatismo através da mistura de culturas. Acusação exata. Exatíssima. E pode-se, a esta altura, observar ter a falta desse mulatismo contribuído, de modo nada insignificante, para a fácil infiltração, entre populações das Áfricas Portuguesas, de agentes tanto estadunidenses como russo-soviéticos a serviço da desmoralização da presença portuguesa nessas Áfricas.

Note-se, mais, a propósito da substituição do domínio lusitano nessas Áfricas pelo russo-soviético – tão precipitadamente reconhecido pelo Brasil –, ter partido do mesmo *Aventura e rotina,* em 1953, a sugestão para que Portugal não tardasse mais em suprir jovens luso-angolanos e luso-moçambicanos de estudos universitários, nessas Áfricas, que evitasse – sobretudo em Moçambique – o êxodo de tais jovens para a União Sul-Africana, de onde tantos deles pude constatar estarem então voltando às suas Áfricas contaminados pelo racismo sul-africano, desaportuguesados, assimilados aos preconceitos norte-europeus contra gentes de cor, afro-negras e mestiças, ou contra culturas e valores afro-negros. Culturas e valores que eu observara estarem já, tanto quanto os orientais, em começos de ânimo insurgente: antieuropeu, portanto. Quando era possível aos portugueses, sobretudo os já nascidos e crescidos nas Áfricas Lusitanas – já ecologicamente tropicalizados na sua lusitanidade – sob a sugestão de triunfos ou êxitos de exemplos brasileiros, solidarizarem-se com ressurgências socioculturais de valores afro-negros, sob a forma de valores lusotropicais. Valorizando-se o próprio mulatismo que, na década de 50, já se encontrava tão presente nas Áfricas Portuguesas quanto seu equivalente – o luso-indianismo – na Índia representada por uma Goa a que Portugal não soubera dar a valorização, o aproveitamento, o reconhecimento merecidos por uma gente das aptidões, da sensibilidade, das qualidades dos luso-indianos.

Erro cometido também com relação a nativos, quer de cor, quer brancos, das Áfricas marcadas pela presença portuguesa: nativos, vários deles, em situação de serem governadores, chefes de tropas, bispos, diretores de escolas e de hospitais, comandantes de tropas. Superiores, sob vários aspectos de personalidade e de inteligência, a burocratas, por vezes gritantemente medíocres, enviados de Lisboa para ocuparem esses postos, numa demonstração de ser decisão metropolitana tocarem tais privilégios – e não só comandos, como a própria condição de militares: erro que denunciei pessoalmente ao próprio professor Oliveira Salazar, que, imediatamente, considerou válida a crítica por mim apresentada – a brancos também metropolitanos.

A *Aventura e rotina* não faltam reparos críticos a semelhante desorientação da parte do Portugal de Salazar: um Salazar tão arguto como político. Mas como que apenas dentro de limites europeus. Deficiente com relação ao que fosse extra-europeu. O que não significa ter deixado de considerar com um tanto de sensibilidade, além de política, sociológica, alguns daqueles reparos. Especifique-se: com relação à necessidade de estudos universitários portugueses – e lusotropicais – na Angola e em Moçambique, por exemplo. Com relação à presença de nativos da África nas Forças Armadas de Portugal. Foram tais problemas objeto de conversas francas do autor de *Aventura e rotina* com o então presidente Salazar. E devo acentuar que foram críticas acolhidas da melhor maneira, quando as apresentei, por sua inteligência decerto superior. O que lhe fez falta, e grande, foi não ter tido contato direto nem com África e Orientes portugueses nem com o próprio Brasil.

Voltando à muita atenção dispensada, em *Aventura e rotina,* a erupções, surpreendidas pelo autor, ainda em começos, de ressurgências culturais em Orientes e Áfricas, vão aqui exemplos da preocupação do mesmo autor desse livro com aspectos do que lhe pareceu, em 1951, no Oriente e nas Áfricas, ânimo ressurgente, de sentido cultural, de orientais e africanos. Em registro de impressão da Índia é o que nitidamente se sugere: "...a revolta que hoje agita o Oriente, interpreto-a como animada menos de espírito positivamente comunista do que de sentido antieuropeu, anticapitalista e antiimperialista de vida; com uma revolta antes de culturas ressurgentes que de populações politicamente insurgentes". Quase do mesmo sabor é outro registro, este de Moçambique, no qual se considera assegurada a sobrevivência do português na África só na medida em que "se acentuem suas qualidades de povo menos europeu do que lusotropicalíssimo. Um Portugal com pretensões a imperialmente europeu, etnocêntrico, *ariano,* é um Portugal tão sem futuro na África quanto a Holanda na Ásia". Ou este outro, também de Moçambique: "A realidade cultural é que é decisiva... Cultura com raízes na terra e não artificial como a inglesa é na Índia. Política, geopolítica, *status* jurídico, são aspectos fictícios ou superficiais de uma realidade que só se exprime em termos decisivos quando o homem é membro de uma cultura ecológica". Por conseguinte –

infere-se – capaz de ressurgir, quando, ou depois de, por algum tempo, artificialmente oprimida. Ou violentamente reprimida ou submetida a jugo político, econômico, tecnológico ou religioso. Capaz de definir-se em formas regionais, nacionais ou transnacionais a que não falte categoria além de antropológica, sociológica, de formas que se imponham como criativamente socioculturais.

As ressurgências desse tipo – psicossociocultural, além de ecológico – são evidentes, na nossa época, depois de terem se feito notar apenas por observadores ou analistas de fenômenos psicossociais ou socioculturais ou socioecológicos, quando esses fenômenos em começos de modo algum fáceis de ser avaliados, de maneira de todo objetiva, racional, ortodoxamente científica, quanto à extensão ou à profundidade de suas futuras projeções. O que nos leva, nesta já longa introdução, a reconsiderar problema nela já abordado de leve: o de estarmos, nos dias atuais, diante de culminâncias de choques, em grande parte, entre o racional e o irracional, quer em comportamentos humanos, quer em culturas antagônicas nos seus motivos decisivos de serem, por um lado, expressões, por outro lado, condicionantes desses comportamentos, que nos métodos através dos quais pensadores, cientistas, artistas, políticos, poetas vêm interpretando, orientados por concepções quase sempre mais lógicas que psicológicas, esse choques. Pendendo, portanto, antes para interpretações do tipo lógico-experimental que para abordagens e interpretações do tipo intuitivo e sensível ao irracional, ao ilógico, ao mágico, ao mítico, ao místico, ao não-mensurável, em comportamento e em culturas. Nem mensurável nem suscetível de ser atingindo por um só ou exclusivo método ou sequer por qualquer método apenas objetivo. Rebelde – anarquicamente rebelde – a qualquer espécie de disciplina metodológica na abordagem de seus motivos ou das suas expressões. E exigindo abordagens e interpretações mais anárquicas do que metodologicamente racionais. Anarquicamente plurais em vez de logicamente singulares.

Rebeldia a tais tiranias metodológicas – insurgências, portanto – de que o autor de *Aventura e rotina* terá sido um dos precursores, há quase meio século, no livro *Casa-grande & senzala*: tão acusado pelos ortodoxos das metodologias exclusivistas de ser, por essa rebeldia, deficiente na sua ciência e ilógico na sua filosofia. Rebeldia que encontrou, há pouco, em Paul Feyerabend, quem a encampasse em inteligentíssimo livro de todo anárquico – e até dadaísta – em sua atitude para com as metodologias: o significativo *Against method* (Londres, 1975), cujo conhecimento o autor desta introdução deve ao seu amigo, o professor João Lourenço, diretor da exemplar Casa do Brasil, em Londres, ao se reencontrarem na Inglaterra, em 1979.

Que se propõe em *Against method*? Uma metodologia anárquica e até uma ciência anárquica que o seu autor não hesita em intitular dadaísta. Evidentemente a ressurgência, em nossos dias, sob aspecto de uma filosofia da ciência do dadaísmo de há meio século, nas artes.

Contra que investe o filósofo extremista que é Paul Feyerabend? O que para ele pode ser considerado válido contra a idéia de só vir sendo possível atingir conhecimentos valiosos, quer com relação à natureza, quer com relação ao homem? Isto: que vários desses conhecimentos vêm sendo atingidos através de um misto de ciência (racional) e de não-ciência (irracional). E chega a afirmar à página 307 do livro tão arrojado: "*How often is science*" (racional) "*improved and turned into new directions by non-scientific influences*".

Quando em *Aventura e rotina* se sugere – a publicação do livro data, acentue-se, de 1953 – que na Escola Médica de Goa se estude a ciência médica do Ocidente sem se rejeitar o saber médico – ou paramédico – do Oriente, não é outra, senão esta, a filosofia um tanto anárquica que inspira a sugestão. Por que não uma aproximação entre as duas formas de conhecimento, com a consagradamente científica, racional, lógico-experimental – a ocidental – admitindo-se assimilar da oriental – um saber de *experiência feito,* embora não lógico-experimental – valores que viessem a ser úteis à saúde da gente ocidental? À saúde do homem? O mesmo se poderia dizer de saberes dos chamados primitivos: a espécie de saber ou de método artístico irracional ou ilógico que, assimilado por Picasso de afro-negros primitivos, enriqueceria magnificamente a pintura, a cerâmica e a escultura ocidentais. Assimilação realizada, com relação à música, pelo brasileiro Villa-Lobos. Em *Aventura e rotina* observa-se ter sido o português, desde remotos contatos com não-ocidentais, um assimilador desses saberes artísticos, dos religiosos; e dos médicos – repita-se –, com Garcia de Orta. Dos religiosos, através de missionários católicos. O que se fez um tanto anarquicamente. Com a coragem de adotarem-se em artes, em ritos religiosos e em medicina soluções e métodos antes mágicos do que lógicos.

Não se poderá dizer senão o mesmo, quase o mesmo – acentue-se o já sugerido – das próprias interpretações do cristianismo desenvolvidas por gentes, das chamadas *primitivas* ou *arcaicas,* de Orientes e de Áfricas? Não vêm elas enriquecendo anárquica mas criativamente o mesmo cristianismo? Em obra coletiva editada por Max Morwich, *Witchcraft and sorcery* (Londres, 1970), Robin Horton destaca coincidências entre a ciência ocidental racional e modos de intuir africanos, irracionais, impressionantes.

Quando o autor de *Against method* escreve, à página 305, que a ciência de hoje pode valorizar-se com ingredientes não-científicos, sua observação coincide com um dos critérios seguidos em *Aventura e rotina.* Inclusive – repita-se – com relação às chamadas *medicinas orientais,* como a indiana e a chinesa. A tese de Feyerabend sendo a de que "a ciência não tem nenhum método especial" (página 306) – ou, poderia dizer, único, exclusivo, ortodoxo – compreende-se que para o homem dominar, pelo seu saber, o seu ambiente natural – ecologia, portanto – precisa utilizar-se de todas as idéias, de todos os métodos e não apenas, é evidente, os consagrados por uma filosofia ou por uma ciência: as eruditamente ocidentais. Outra perspectiva que vem antecipada em *Aventura e rotina,* inclusive com relação ao trato pelo homem de terras ou de solos, ecologicamente diferentes em Orientes e em Áfricas dos estudados por cientistas no Ocidente à base de ecologias ocidentais. Se o que principalmente se sustenta em *Against method* é a rejeição à tirania de métodos exclusivos, antes da defesa dessa tese já o crítico existencialista francês Jean Pouillon propusera para a mistura de métodos inaugurada em 1933 por *Casa-grande & senzala* – e seguida em *Aventura e rotina* – a caracterização "pluralismo metodológico". Um brasileirismo. Quase a mesma expressão empregada por Feyerabend ao falar, à página 47 do seu livro de 1975, de *"pluralistic methodology".* Coincidência de expressão honrosa para o autor brasileiro e para o Brasil.

Mas o que aqui se impõe destacar de *Against method* é que sua metodologia também pluralística – como, antes dele, a brasileira –

define uma atitude do Ocidente, além de científica, filosófica, indiretamente favorável à nova compreensão de tendências e orientações de gentes e culturas não-ocidentais – *primitivas, arcaicas* ou já civilizadas à sua maneira, como a islâmica, porém diferentes, em seu modo de ser civilizadas, das formas e dos cânones civilizadores e civilizantes e cristianizantes do Ocidente. Isso por deixar essa atitude de admitir o primado exclusivo de métodos racionais no trato tanto de coisas da natureza como de comportamentos humanos, culturais, psicossociais.

No citado *Anthropology and ethics*, seus autores, os dois Edel, desde 1959 vinham refletindo – do ponto de vista antropológico de consideração de éticas divergentes conforme seus contextos socioculturais – a tendência, já de Boas, de restrição a uma universalidade de absolutas éticas de comportamento que fosse, na realidade, uma ocidentalidade a impor-se a culturas e a populações não-ocidentais. De onde muito a propósito reproduzirem, à página 25, de *Anthropology and ethics,* palavras de um cacique Hopi, em sua célebre autobiografia, ao observar de Cristo que podia beneficiar gentes brancas num tipo de ambiente temperado, mas só os deuses Hopi conseguiam fazer o mesmo para os Hopi em espaços desérticos e áridos. O que vem em *Sun chief; the autobiography of a Hopi indian* (New Haven, 1942 – autobiografia recolhida por Leo W. Simmons, à maneira das recolhidas no Brasil pelo autor de *Ordem e progresso).*

Em *Aventura e rotina* insiste-se em confrontos entre duas dinâmicas, observadas pelo autor, de ação civilizadora entre populações e culturas não-civilizadas, tal como se apresentavam em 1951 a um antropólogo-sociólogo brasileiro: a cristã e a islâmica. E destaca-se que aos olhos desse observador pareceu haver superioridade dos métodos de ação – nesse sentido civilizante – islâmicos sobre os cristãos, com o esforço religioso característico dessa atuação abrindo penetrações não-religiosas. Sobretudo pelo fato de se apresentarem essas penetrações mais como islâmicas do que como árabes, enquanto as cristãs quase sempre procediam etnocentricamente: menos como penetrações cristãs do que como penetrações européias. Ou ocidentalizantes através de uma convicção ostensiva, da parte dos adventícios ocidentalizantes, de serem gente racialmente superior e de representarem valores socioculturais, religiosos e extra-religiosos, de todo e em tudo superiores. Pelo que não admitiam misturarem seus sangues aos dos nativos, a não ser irregularmente, ao contrário de um procedimento árabe: veja-se a respeito *Um brasileiro em terras portuguesas* (Rio, 1952), do mesmo autor de *Aventura e rotina*.

Pela normas islâmicas de contato de adventícios islamizantes com populações nativas, o pai islâmico determina o *status* dos descendentes, filhos de mães afro-negras. A miscigenação, portanto, a favorecer a islamização: método islâmico ou árabe com o qual coincidiu, desde a primeira presença lusitana na Índia, a política portuguesa de penetração no Oriente, seguida depois no Brasil e, de algum modo, nas Áfricas Negras, com igual predominância, em geral, do pai sobre o *status* do filho. Nas Áfricas Negras, menos – infelizmente para Portugal – pelo fato de não poucos adventícios portugueses, nessa parte do mundo, terem se deixado seduzir, nas suas relações com os nativos, pelo método segregador de norte-europeus, seus vizinhos e competidores em esforços de dominação ocidentalizante do continente negro. Deixaram-se, assim, os portugueses, ultrapassar por árabes islâmicos em métodos de penetração civilizante que, empregados com maior vigor, teriam feito deles, portugueses, tão pioneiros dessa penetração, dominadores quase absolutos de uma maior extensão de terras afro-negras que as constituídas por Angola e Moçambique. De terras e de populações com as quais, agindo como que islamicamente, o português se misturasse pelo sangue e pela cultura em maior escala.

O caso atual do Irã põe em evidência a eficácia de métodos islâmicos de islamização de terras e de populações no Oriente. Métodos que não vêm deixando de assinalar a presença islâmica – e, em vários casos, árabe – em diversas partes da África.

O recente livro, publicado no Brasil, *Irã – a força de um povo e suas religião* (Rio, 1979) é, indiretamente, de um interesse sociológico que talvez se sobreponha ao afã político e, talvez, ideológico, do grupo de intelectuais – principalmente colunistas de jornais brasileiros, especializados, como jornalistas desse tipo, em assuntos de política internacional, um deles Alberto Dines, mas também acadêmicos ilustres, como Alceu Amoroso Lima e Antônio Houaiss – responsável pela sua elaboração. Significativa a definição de atitude de

Khomeini, no início da revolução iraniana, ao criticar o governo, até ele, ainda dominante no Irã, "por querer copiar tudo do Ocidente". É o que se registra à página 71. Um brado veemente de ressurgência cultural. Muito mais que insurgência política ou ideológica: ressurgência cultural do tipo tão pressentido, entre não-ocidentais, no começo da década de 50, pelo autor brasileiro de *Aventura e rotina* e de *Um brasileiro em terras portuguesas*.

Registra, em *Irã – a força de um povo e sua religião,* o jornalista Newton Carlos (em *Outro Vietnã, em outros Irãs*, pág. 85) o pronunciamento de dirigente muçulmano xiita: "um poder islâmico, a partir de raízes xiitas, pode significar a luta por um igualitarismo místico, baseado no Alcorão". O que, se vier a ser exato, confirmaria a observação antecipada do autor de *Aventura e rotina,* de aparentes insurgências políticas que surpreendeu em começos, em 1951, em Orientes e Áfricas, representarem, na verdade, ressurgências culturais animadas de uma sobrecarga mística que principiara havia anos a faltar às presenças cristãs e ocidentais nos mesmos espaços: sobrecargas místicas substituídas por formas e conteúdos de caráter muito menos carismático para não-ocidentais. Tecnologias racionais a caracterizarem de modo quase total penetrações econômicas e políticas do Ocidente naqueles espaços e entre suas populações. E ao lado dessas penetrações, métodos de ensino, sistemas intelectuais, empreendimentos religiosos à base de métodos, também eles, racionais. Paradoxalmente, para sensibilidades não-ocidentais, anti-religiosos. Vazios de religiosidade. Vazios de mística. Secamente lógicos, científicos, positivistas.

À página 86 de *Irã*, nova observação do jornalista brasileiro Newton Carlos, de apoio à previsão de 1951 de outro brasileiro, de estarem então a se formar em Orientes e em Áfricas ressurgências culturais desse caráter místico e como que ostensivamente anti-racional ao mesmo tempo que antiocidental: "A Arábia Saudita fala mais numa 'ressurreição do espírito islâmico', com peregrinações cada vez mais numerosas a Meca, a cidade santa do islã... Já os sauditas insistem em que a ação comum deve voltar-se para o exercício mais intenso da religião, e para isso gasta muito dinheiro".

Outro jornalista brasileiro, Washington Novaes (capítulo "Fim do braço armado"), recorda de em "um painel assinado pela revista

Time" ter-se chegado à conclusão de que "o governo de Khomeini será anticomunista, antiocidental e não-alinhado" (pág. 136). O que também coincide com observação brasileira de 1951 de se fazerem então adivinhar em Orientes e em Áfricas antes ressurgências de culturas antiocidentais do que insurgências comunistas de caráter especificamente antiburguês. Do mesmo capítulo é o registro de significativo pronunciamento de Dimitri Simes, judeu russo emigrado, e especialista em assuntos soviéticos, de não ter interessado aos soviéticos "estimular uma revolução muçulmana, quando eles têm milhões de muçulmanos insatisfeitos dentro de suas fronteiras". Para Simes a URSS só apoiou o novo regime iraniano porque é ruim para os Estados Unidos (págs. 137-138). E quanto à possibilidade de novo Irã na Arábia Saudita, o jornalista Washington Novaes cita o professor James Bill, especialista em Irã na Universidade de Texas, para quem "se houver uma revolta na Arábia Saudita, não será esquerdista: será puritana e muçulmana" (pág. 138).

No capítulo final de *Irã,* o jornalista Luís Alberto de Souza toca em assunto que também se relaciona com a perspectiva aberta em *Aventura e rotina* em 1953 – à base de observações de 1951 – quanto a começos de ressurgências culturais não-ocidentais, caracterizadas por evidentes revoltas contra o racionalismo lógico-experimental da cultura ou da civilização ocidental. É quando esse jornalista recorda da reunião dos bispos em Puebla que "funcionários do Departamento de Estado confessaram que tinham desconhecimento quase absoluto do Irã e desconhecimento também enorme da Igreja Católica na América Latina". O que, a seu ver, revelaria falta de análise adequada no processamento de dados recolhidos pelo mesmo Departamento sobre as duas situações. Inclusive a subordinação dessa análise a "uma coisa chamada teoria de modernização" (pág. 148). Teoria que insistia no "processo de secularização, pelo qual o mundo caminharia para uma situação cada vez mais racional, mais lógica, cada vez menos mística e na qual o sagrado iria ficando como que empurrado para o rural, o primitivo. De repente foi aquilo durante a chegada do papa e a crise no Irã".

O debate, principalmente por jornalistas – embora participante nele um *scholar* da eminência de Antônio Houaiss –, que *Irã* registra ter havido em torno do assunto é impressionante sob este aspecto:

esses jornalistas surgem, com suas observações sobre o fenômeno sociológico representado não só por Irã, como, à margem das ocorrências no Irã, pela atual situação da Igreja Católica – na América Latina, por bispos *progressistas,* de um lado; católicos considerados arcaicos, do outro. No Brasil, dom Hélder Câmara, racional e *ultraprogressista* na sua teologia quase sem Deus, de um lado; frei Damião, místico e mágico, do outro. Alguns dos arcaicos, uns como que testemunhos, por exemplo, de sociólogos da religião e da própria cultura, em face de lógicos absolutos; de racionais unilineares em suas atuais atitudes em relação ao que seja, sob perspectiva sociológica, quer religião, em particular, quer cultura, em geral. Lógicos absolutos é que vêm tendendo a ser, no Brasil, sociólogos marxistas ou Ph. DD. estadunidenses do tipo unilinearmente lógico ao versarem problemas sociológicos de religião. Ou que envolvam religião.

O jornalista Severino Bezerra Cabral Filho, no debate registrado no livro *Irã,* focaliza problema inseparável do das ressurgências culturais – tão enfatizadas no livro *Aventura e rotina* – representarem expressões ou aspirações de independência nacional mais que políticas: à base de características nacionais e estas, em parte, históricas, e até – poderia ter acrescentado – folclóricas. Ou mais abrangentemente – pode-se acrescentar – antropossociais ou antropoculturais atentas a mitos sorelinianos: inclusive o relativo a *progresso* e o relativo a *violência.* O programa de modernização para o chamado Terceiro Mundo, sugerido por esse jornalista, reconhece inteligentemente que tal modernização precisa romper com modelos modernizantes impostos "pelas superpotências, pelo mundo industrial capitalista" (pág. 163). Exato: nem outro é o conceito de defesa atual, a ser seguido por países como o Brasil, contra as superpotências dominantes – contra não só as tecnologias como as ideologias que vêm procurando impor de modo quase absoluto às não-potências: defesa que, durante anos transitórios, não prescinda de executivos vigorosos. Contanto que a esses executivos não falte, nesses países, sensibilidade senão as emergências populares, regionais, telúricas de cultura, que, nesses países, quando católicos, incluam até, se não ressurgências, novas expressões, antes místicas que racionais ou lógicas ou *progressistas,* de religiosidade. Uma religiosidade católica de modo algum esgotada na sua criatividade. O que parece estar sendo lucidamente compreendido por João Paulo II e pelos muitos, muitíssimos até, católicos – alguns ressurgentes, sem ser de modo algum arcaizantes como o bispo francês Lefebvre – que acompanham o papa ressurgente nas suas atitudes e atividades de uma revitalização do catolicismo que o torne apto a defrontar-se, não só conflitantemente como, principalmente, solidariamente, em vários pontos, com um ressurgente islamismo.

Sugestão que pode parecer de todo absurda aos olhos de um lógico ou racional absoluto. Mas não a um analista de problemas socioculturais em parte intuitivo em seu modo de ser, além de analítico, interpretativo. Pode-se, entretanto, objetar: e o judaísmo, em confronto com o islamismo, do ponto de vista brasileiro – não haverá afinidades brasileiras com o judaísmo? Evidentemente, há, tanto a presença judaica como a árabe tendo-se feito sentir nos começos socioculturais e ainda perceptíveis na atualidade brasileira. Mas chegam a apresentar-se válidas certas afinidades com o islamismo ressurgente de uma cultura brasileira crescentemente, segundo alguns dos seus próprios analistas, transracional nas suas buscas e identificações de valores e mitos brasileiros porventura úteis ao avigoramento de defesas nacionais ou resguardos brasileiros de excesso de penetrações, quer ideológicas, quer tecnológicas, sob aspectos exclusivamente racionais: os de ideologias e tecnologias *progressistas* no Brasil em desenvolvimento que precisa ser realizado a seu modo, e não em passiva obediência a modelos impostos. Podem coincidir transracial e metarracialmente com o modo de o brasileiro considerar-se a si mesmo e o islamita de hoje resguardar-se de imposições ocidentais. Sentido transracial de auto-análise também presente em grande parte da gente muito mais psicoculturalmente islâmica que racialmente árabe que constitui o por vezes imprecisamente denominado *mundo árabe*. De onde ressurgências atuais desse *mundo árabe* serem mais socioculturais ou psicoculturais do que estritamente raciais, por um lado, ou econômicas, por outro, com o *élan* religioso, místico e até criativamente irracional – *élan* há mais de meio século entrevisto como positivo, e não apenas negativo, por William James, Bergsons e Sorels – sendo o principal nervo dessas ressurgências culturais.

Observe-se que as ressurgências dessa espécie não estão surgindo apenas de fontes não-européias contra primados exclusivamente ou etnocentricamente europeus ou ocidentais. Também dentro do próprio Ocidente, caracterizado por predominâncias, nas suas formas de pensamento e nos seus estilos de comportamento, de orientações por vezes intolerantemente racionalistas, lógicas, lógico-experimentais ou científicas, com exclusão de complementos ou retificações humanísticas ou intuitivas ou mágicas à sua cientificidade. Orientações que a certa altura passaram a influir consideravelmente sobre o cristianismo não só protestante, afetado pelo chamado *higher criticism* nos próprios centros de suas orientações clericalmente teológicas, como católico-romano ou anglo-católico. Recentíssima, dentro da Igreja Católica Romana, a contra-ofensiva aos extremos de racionalização e de secularização, quer da teologia, quer da chamada ação social, contemporânea da resistência islâmica a excesso de ocidentalismos e, ela própria, resistência islâmica, chegando, em algumas áreas, a extremos. A extremos porventura excitadores, no Ocidente, além de orientalismos místicos, de avigoramentos desvairada ou perversamente místicos, como o ocorrido em 1978 na Guiana ex-britânica. A atitude do atual chefe da Igreja Católica de Roma, João Paulo II, marca ressurgências místicas, das saudáveis, dentro de uma Igreja em crise, com aparentes repercussões eclesiásticas de maior importância de sua secularização animada por teólogos, antes lógicos do que místicos, no seu modo de serem católicos *progressistas.*

Daí poder dizer-se das ressurgências atuais, em grande parte do universo, que, sendo inquietantes para muitos, não deixam, algumas delas, de se apresentar com aspectos quase terapêuticos para um número nada insignificante de homens de hoje. Estariam, de qualquer modo, essas ressurgências, concorrendo para um equilíbrio entre o primado de uma intolerância estreitamente racionalista, representada por um quase absoluto primado da civilização ocidental mais tecnológica e economicamente aprimorada, e reivindicações de caráter irracional ou intuitivo e de aspecto, ante tais primores, por vezes negativamente arcaico ou antiprogressista, que podem, entretanto, representar reivindicações da própria criatividade ou da própria espontaneidade humana em face de abafos, sobre ela, da parte daquela tecnologia avançada só como tecnologia científica e daquela economia quase exclusivamente economicista nos seus afãs prolongados em expressões políticas. E como tal, essas reivindicações estariam sendo o início de novas expressões dessa criatividade em religião, em arte, em filosofia, em política, em ciência e, existencialmente, em relações interpessoais e interculturais. Inter-raciais e intercontinentais.

Esse início estaria provocando uma reinterpretação ou reavaliação de afãs civilizantes em face de resistências aos seus avanços absolutos: reinterpretação e reavaliação em termos, além de antropossociais, sociológicos, socioecológicos, sócio-psicológicos, socialmente filosóficos, éticos, religiosos. Entre os religiosos, os particularmente cristãos, com tendências a uma crescente admissão de influências não-civilizadas ou, antes, não-européias, ou não-ianques, nos modos de os cristianismos, católicos e protestantes, serem cristãos e serem, ao mesmo tempo que universais, sensíveis à sua conciliação com fatores ecológicos ou regionais não-europeus e não-ianques.

Não é difícil de se associarem, em sua essência, problemas dos que se consideram, neste *Insurgências e ressurgências atuais,* a propósito de atuais ressurgências irracionais contra predomínios, desde o século XVIII, racionais, nas culturas que constituem o universo Ocidente-Oriente, Europa, não-Europa, civilização, não-civilização, com a tese levantada em ensaio, notável por suas antecipações, do século XIX, *La sorcière,* de Jules Michelet, novamente editado em Paris, em 1969, em *Essais critiques,* do à sua maneira grande historiador – agora reinterpretado pelo talvez maior pensador e crítico francês dos nossos dias: Roland Barthes. Um Roland Barthes de quem é oportuno lembrar-se ter sido, dos críticos estrangeiros de idéias, o que mais encontrou no autor brasileiro de *Aventura e rotina* e, anteriormente, de *Casa-grande* & *senzala,* afinidades de pensar e de sentir com o para ele, Barthes, criador de uma concepção de história de tal modo diferente de historiografia, que teria sido, e merecia ser considerada, atualmente, precursora de uma ampla interpretação barthesiana do comportamento humano. Um Michelet – o reinterpretado por Roland Barthes – exigindo dos críticos que o considerem vendo nele expressão singular de um tipo de analista e intérprete desse comportamento que, em penetrante estudo ("O feitiço da feiticeira", publicado no Rio de Janeiro, ed. de jan.-mar. de 1978 de *Tempo Brasileiro,* a excelente revista animada pelo saber renovador de mestre Eduardo Portella), Lúcia Helena chama de "historiador-sociólogo-antropólogo (e tantos outros logos e ismos)". Tipo que Roland Barthes, segundo Lúcia Helena, "em boa hora ressuscita", provocando "o nosso pasmo diante da capacidade analítico-teórica desse historiador *poeta* (Michelet) que conseguiu palmilhar o tempo histórico e suas vicissitudes numa obra que escapa às rotulações porque nelas não cabe". Pois é uma obra que "integra em si a complexidade das obras de arte: dispõe o crítico e o homem a saírem da alienação costumeira das praxes costumeiras que os amesquinham". Daí Michelet ter abordado o problema da feiticeira e da feitiçaria – uma expressão de irracionalidade – não servindo-se de dados históricos para romanceá-lo, mas construindo um universo para contê-lo "fora dos parâmetros do discurso estritamente romanesco ou estritamente historiográfico". Daí, mais: uma feiticeira a representar uma "função determinada num determinado momento do curso histórico, múltipla e una".

Abordagem, a do genial francês que foi Michelet, aplicável – como aqui se sugere – à análise e à interpretação das, para as inteligências estritamente racionais, *feiticeiras* e *feitiçarias* que viriam sendo expressões de culturas primitivas ou de civilizações não-ocidentais, em face de uma exclusivista civilização ocidental. Uma civilização ocidental superiormente tecnológica e, através dessa superioridade, dominadora, há séculos, das demais civilizações e culturas, através de poderes tecnológicos e econômicos, alongados em poderes políticos. E, também, através de consagrações de expressões religiosas e artísticas como sendo, nas suas formas puramente ocidentais, modelares, ortodoxas, supremas, com as demais devendo ser tidas, quando muito, como *exóticas*. Como quase equivalentes de feitiçarias no sentido pejorativo da expressão.

Essa concepção, assim exclusiva, estaria atualmente em crise aguda, através de ressurgências de outras concepções de cultura, de vivência e de convivência humanas, que para o Ocidente racionalista seriam de todo negativamente irracionais, quando da sua irracionalidade, segundo os padrões dominantes do que seja racional, pode-se admitir que contenha energias criativas capazes de revigorar em artes, religiões, filosofias, comportamentos, relações humanas, lazeres, ritmos de trabalho, sentidos de tempo, civilizações ocidentais ou orientações culturais ocidentais. Isso sem que em várias das suas explosões atuais, a irracionalidade deixe de ser inquietante, através de erupções vulcanicamente místicas, ou míticas, consagradoras de desdéns pela vida humana ou de renúncias suicidas à vida que contrastam com o que para a civilização ocidental e, de modo particular, para o cristianismo, é aberração inumana ou desumana.

Esse sentido de aberração, indiscriminado, pode, entretanto, importar em extrema intolerância ocidental ante expressões de cultura humana não-ocidentais, sob uma interpretação de todo ocidentalista, ou de todo racionalista, de concepções não-ocidentais e não-racionais, de valores ou de normas de conduta, em choque ou em conflito com as ocidentais e as racionais. Daí a necessidade de reorientações de procedimentos ocidentais que se apóiem num máximo de compreensividade ou num máximo de empatia com relação aos não-ocidentais. Com relação, principalmente, às suas expressões de espiritualidade.

Precursores de uma tal atitude seriam, dentre pensadores e artistas ocidentais, por suas antecipações da crise atual e as ressurgências que atualmente se erguem como avalanches antiocidentais, podem ser considerados – além do Michelet atualizado lucidamente por Roland Barthes –, com todas as suas demasias: Nietzsche e William James, Bergson, Georges Sorel, Gauguin, Picasso, Wagner, Debussy, Stravinski, Proust, Joyce, os dois Lawrences, Aldous Huxley, Pirandello, Boas, Lucien Febvre, Chesterton, os expressionistas, Spengler, Toynbee, Villa-Lobos. No Brasil, dentre vários, o Aleijadinho, Vicente do Rego Monteiro, Pagu, Mário e Oswald de Andrade, Cícero Dias, Tarsila, Lula Cardoso Ayres, Guimarães Rosa, Nelson Rodrigues, Francisco Brennand, Prudente de Moraes, neto.

Estaremos, com as atuais e inquietantes ressurgências de culturas e de mitos e até, como diria um discípulo de um ele próprio ressurgente Michelet, de feitiçarias abrangentes, à beira de uma avassaladora tomada de poder, em dimensão mundial, por multidões empolgadas por tais ressurgências: sobretudo a de mitos ou a de mágicas? Seria uma confirmação, sob certos aspectos, da tese de Elias Canetti, em *Crowds and power*, título da tradução inglesa de obra escrita em língua alemã – tradução inglesa publicada em Nova York, em 1962. Obra recomendada por Arnold Toynbee com estas palavras: "*It helps one to lift one's mind out of its ruts*" pelo que nela se apresenta como *"a very comprehensive view of human affairs"*. Inclusive quanto a relações entre heranças psicoculturais de mortos – várias sob formas mágicas ou feiticeiras – e comportamentos, revoltas, insurreições de vivos, em prol de tais heranças. O caso de atuais ressurgências de um islamismo para o qual, segundo Canetti, o importante não é a vitória específica de uma fé, conquistadora de adesões mistas, mas a conquista do poder real, através da mística ou – acrescente-se – dos mitos representados por essa fé.

Ressurgências dessa espécie podem provocar – na verdade já estão provocando – ressurgências, quer coincidentes, quer em sentido contrário aos dos seus motivos. Repita-se que com João Paulo II – continuador de João Paulo I – começa a afirmar-se uma ressurgência católica em termos de valorização de místicas, de mitos e de ritos que estariam, senão em decadência, em crise. É evidente uma atitude católica-romana nada continuadora da racionalização da fé católica vinda, por um lado, do neotomismo de Maritain, acentuada pelo cientificismo de Teilhard, por outro lado; de uma como que luteranização da mesma Igreja, através de crescente desapreço pelo culto à Virgem, pelo culto às imagens, por práticas e ritos acusados de sobrevivências medievais: os próprios hábitos talares de religiosos regulares e a batina do clero secular, substituídos pelo paletó *clergyman* protestante até por cardeais. As recentes viagens de João Paulo II à Polônia, à Irlanda, aos Estados Unidos, ao México, à Turquia, continuadas nas visitas à África, ao Brasil, à França, à Alemanha, marcaram momentos de esplendor para a ressurgência católica-romana, fazendo-se o catolicismo romano sentir, de modo impressionante, religião mística, sob os olhos espantados de dirigentes clericais *progressistas,* certos de ter se tornado de todo arcaico o que, nesse catolicismo, é mágico, mítico, litúrgico. O que é aqui registrado não por um católico, mas por um observador empático de ressurgências míticas e místicas nos dias atuais.

Recente pronunciamento de notável sociólogo moderno, o professor Daniel Bell, da Universidade de Harvard, no *Boletim* da Academia de Artes e Ciências de Boston (vol. XXX, n° 6, mar. de 1978), depois de salientar que, do fim do século XIX ao meado do século atual, quase todos os pensadores sociológicos – com raras exceções – vinham acreditando no fim das religiões, que desapareceriam de todo ao alvorecer do século XXI, vítimas de processos aparentemente avassaladores, de secularização e de racionalização, reconhece que, com efeito, viria se verificando o *Entzauberung*, ou desencanto, com as religiões, identificado por Max Weber, como tendo sua raiz principal em crescente racionalização, condicionada por avanços tecnológicos e econômicos de base racional. Mas considera ser a cultura – qualquer cultura ou civilização – um constante *ricorso*, com o existencial sobrepondo-se ao instrumental: aos aparentes triunfos do que, numa cultura, é instrumental. E com o homem voltando sempre a experienciar, por si próprio, os significados dos resíduos vindos de épocas anteriores. Ressurgências, portanto.

Para o professor Bell não estariam surgindo novas e racionalizadas religiões, mas a tendência seria para o que chama *"the resurrection of memory"*. O que importaria – quem fala é um sociólogo, Bell, notável por sua perspectiva científica do comportamento humano – na rejeição de certo *liberalismo* atual: inclusive o representado por um clero que teria perdido "their own nerve as well as their belief in God". E para Bell os cristãos chamados *fundamentalistas,* pela sua adesão a resíduos repelidos pelos *liberais,* em futuro nada remoto poderão ser o elemento mais forte de um *religious revival* em termos cristãos. Ressurgência, portanto. Ressurgência que está se verificando nos Estados Unidos e que concorreu para o triunfo eleitoral de Ronald Reagan. Ressurgência que talvez corresponda ao fenômeno considerado em pronunciamento recentíssimo sobre "a era de Osíris", por Arnold Brown: ensaio de que se apresenta tradução portuguesa em *Diálogos* (Rio de Janeiro, vol. 14, nº 2, s/d).

Aspectos de reação – segundo Bell – a *"excesses of modernity"*. Reação que pode tomar o aspecto de uma misticismo simbolista em que os contrastes não sejam contradições, porém interdependências. O que se conciliaria com o conceito de ser a religião uma busca da unidade de cultura. Ou de cada cultura a que se aplique, com a tendência para essa aplicação tornar-se – acrescente-se a Bell – polivalente. E se se admitir, com o mesmo Bell, o fracasso de modernismos, além do fracasso de um já não tão moderno comunismo marxista – que *ismo* com pretensões a de todo lógico, experimental e científico mais em crise? – fácil será admitir que, ao lado de novas perspectivas, como soluções para desencantos de várias espécies, o homem de hoje tenda a valer-se de resíduos de experiências vindas de homens anteriores. Resíduos que importem em ressurgências positivas que tendam a neutralizar ressurgências negativas. Negativas pelo que importem de avigoramentos de ódios, de ressentimentos, de frustrações de oprimidos a pretenderem vingar-se de, para eles, opressores, através de *revanches* as mais violentas.

Ainda outras ressurgências são as que começam a retificar a aplicação indiscriminada de avançadas tecnologias, inventadas por sociedades economicamente desenvolvidas, dentro dos seus espaços ecológicos, a sociedades menos desenvolvidas e situadas em espaços ou dentro de ecologias tropicais, de vários graus, ou boreais, nos seus extremos. São várias as evidências – repita-se – de que práticas agrárias tradicionais nessas outras sociedades – práticas tidas por feitiçarias – são as adequadas às suas ecologias: aos seus solos e aos seus climas. O próprio arado superdesenvolvido seria, nesses outros espaços, um intruso, e a enxada – ou sua modernização ecológica – o instrumento justo para o preparo de solos tropicais para lavouras.

Note-se que explosões, quer de indivíduos criativos, quer de grupos rebeldemente dissidentes, contra ortodoxias estatais, contra progressismos unilineares – inclusive em setores religiosos – ou contra primados ocidentais de cultura com pretensões a absorventes de diferenças as mais diversas, vinham se fazendo sentir antes dos atuais Irãs: os chamados socialismos ou marxismos africanos, por exemplo, que o digam, com seus arrojos antiocidentais. Também começos de ressurgências culturais chinesas em face de um marxismo imperialmente ocidentalista. Ou de uma medicina também imperialmente ocidentalista nos seus modos exclusivos de ser ciência e esta, por vezes, intolerantemente só racional.

Essas, entre as explosões mais recentes. Entre as já um tanto remotas, Tolstoi, com suas ressurgências anarquicamente evangélicas em face de teologias endurecidas em eclesiasticismos fechados. Antes de Tolstoi, com outro – bem outro! – modo de ser ressurgente, Nietzsche. Também, com seu homossexualismo, precursor do de Gide, Wilde. E mais: o antiocidentalista Gandhi. Ainda mais: o Georges Sorel das *Reflexions sur la violence* e da primeira grande denúncia do progressismo ao mesmo tempo que da primeira grande reinterpretação dos mitos como presenças positivas nas culturas. E o nada insignificante arquiteto catalão Antônio Gaudi, criador de um gótico quase-antigótico, com mãos de menino que fosse também um bruxo. Pena que não inspirasse um tanto, no Brasil, Niemeyers e Costas, de todo discípulos de um retilíneo Le Corbusier, quando a ecologia brasileira pedia, e pede, em Brasílias, curvas e tronchos um tanto anárquicos.

No Brasil do século XIX, contra o progressismo ocidentalizante ou já ianquizante, verificou-se a explosão, aparentemente só arcaizante e só religiosa, representada pela rebeldia de dois bispos católico-romanos, dom Vital e Macedo Costa, ante a invasão da Igreja pelo poder político e, como tal, violentamente liberalizante e, em certos setores, progressizante, encarnado por Pedro II. Rebeldia que não deixou de ser expressão anárquica: construtivamente anárquica. Pois significou uma identificação do brasileiro como Nação com uma religião tradicionalmente nacional à revelia do Estado intolerantemente Estado à revelia da Nação. Rebeldia que representou episódio sociologicamente significativo: o princípio de ser o Estado maior que a Nação. Maior que um Estado sectariamente *liberal*, de tal modo senhor da Nação, que poderia até, com o apoio de políticos ditos *liberais e progressistas*, favorecer a penetração de uma então quase abandonada Amazônia, por um protestantismo ianque, aparentemente arauto de progresso, que seria vanguarda – o clamor do então bispo do Pará que o diga – da absorção daquela parte do Brasil por anglo-americanos protestantes de ânimo imperialista. Este o sentido mais profundo dessa rebelião de bispos nacionalistas e antiestadistas, ao ponto de – paradoxo! – construtivamente anárquicos. Um nacionalismo com o qual, na mesma época, terá coincidido, também paradoxalmente, em alguns pontos, o de Solano Lopez, na sua crua, agreste, fanática, paranóica, criminosa, defesa de valores nacionais arcaicamente paraguaios. Arcaicamente, loucamente, perversamente paraguaios. O que foi certo de alguns dos valores brasileiros defendidos pelos sertanejos de Antônio Conselheiro, em Canudos, de modo igualmente fanático e louco. Extremos que o Brasil nacional precisou de conter através de pungente esforço, com o soldado legalista revelando-se tão bravo quanto, no caso de Canudos, o sertanejo ao mesmo tempo arcaico e insurgente.

Paradoxos. De algumas das ressurgências atuais, de caráter cultural, pode-se dizer que há nelas alguma coisa que, sem deixar de ser inquietante, pode representar uma inquietação – como a de certas febres – quase terapêutica. Capaz, portanto, de concorrer para que o homem, através de energias que possam ser saudavelmente coordenadas como expressões antes um tanto anárquicas que de todo estatalmente ordenadas e ordenadoras de vida, chegue àquela criatividade menos econômica ou menos política ou menos eclesiástica que integralmente humana nas suas irregularidade. Irregularidades da espécie que sociólogo, dentre os mais modernos, opõem à regularidade do mundo apenas físico, obediente às leis suscetíveis de ser classificadas como científicas: as da astronomia, por exemplo. Isso porque nem tudo que é humano é apenas natureza. É também arte. É cultura. E para compreender-se o que é humano no homem é preciso juntar-se uma busca artística, e não apenas científica, de suas realidades. Ou seja, a chamada por ingleses *artistic truth*, sem a qual parecem falhar todos os saberes acerca do homem que sejam exclusiva ou estritamente científicos.

As atuais ressurgências, na aparência, algumas delas tão absurdas – e, de fato, indesejáveis – são, em ponto grande, o que foi, há meio século, para as artes, a pintura de Picasso: uma decomposição revolucionária à qual não faltavam novas perspectivas de verdade ou de verdades artísticas. Perspectivas à base de ressurgências de perspectivas germinais. De perspectivas pré-alfabéticas, pré-lógicas, pré-racionais. Vindas até de primitivos. De não-civilizados. Os quais têm decerto o que oferecer a culturas nacionais que os acolham, juntando-se seus valores agrestes aos polidos e, através desse processo, concorrendo primitivos, irracionais, rústicos, para criatividades mistas: ao mesmo tempo, insurgentes e ressurgentes, civilizadas e não-civilizadas.

* * * *

Este *Insurgências e ressurgências atuais*, escreveu-o o autor considerando como uma das ressurgências atuais mais significativas a da Igreja Católica Romana sob João Paulo II: ressurgência do essencial da sua mística, ameaçada por excessos de politização ou de secularização como empenho ideológico, modernizante e racionalizante, de considerável parte atuante do seu clero.

O estado, ainda precário, da saúde de João Paulo II – possível vítima de atentado parcialmente orientalista, com apoios intra-ocidentalistas – talvez crie novas situações para essa ressurgência, em face do que possa vir a ser orientação ou atuação ou alteração de prestígio do centro da Igreja, em face de possível avigoramento de insurgências racionalistas. Insurgências daquela mesma parte do clero, atualmente menos afirmativa que antes do papa disciplinador e dos seus arrojos.

Quanto ao que possa vir a ser avigoramento de socialismos – no plural e subentendendo contradições internas ou intra-socialistas – supostamente racionalistas nas suas atitudes, na Europa, com a vitória de socialistas – de um socialismo – na França, observa-se do socialismo agora triunfante, em Paris, parecer tender a mais nacionalmente francês do que transnacionalmente ideológico e de um só feitio. E como francês, provável expressão de uma inteligência nem sempre cartesiana e sim sensível àquelas sugestões não-cartesianas que aproximaram paradoxalmente o *esquerdismo* francesíssimo de André Malraux do *direitismo* não menos francês de Charles de Gaulle, em torno de valores não estaticamente conservadores, porém dinamicamente renovadores dentro de seus conservadorismos. E como tal tão característico do mais castiço comportamento francês. Inclusive do modo francês de ser tanto católico como protestante; e, quer no seu cristianismo, quer na sua atividade política, conciliador de idealismo ou de mística, com objetividade na ação e na prática.

Quanto ao neoconservadorismo que, do ponto de vista, quanto possível, cientificamente social, passou a caracterizar a situação estadunidense, é cedo para, desse ponto de vista, tentar-se avaliar o que, nele, é superação de mera ressurgência por possível criatividade talvez insurgente: a reclamada por novas circunstâncias, quer internas, quer externas. Situação semelhante à que estaria se verificando em vários outros países: tanto os passíveis de ser classificados como neocapitalistas, como os ostensivamente socialistas, embora uns e outros, ao que parece, abertos a infiltrações de seus contrários. O que torna, por vezes, difícil identificar tanto a extensão de cruzamentos dessa espécie como, além dela, a extensão e a profundidade de atuais cruzamentos de insurgências e ressurgências.

Livros como os vários que o mestre brasileiro, tão voltado para assuntos atuais, de interesse social, Cândido Mendes, junta aos de sua inteligente coordenação – do seu ponto de vista de católico de vanguarda –, como o coletivo *Contestation et développement en Amérique Latine* (Paris, 1979). Entre eles, *Churches and states, the religious institution and modernization* (N.Y., 1967).

Nenhum, porém, que pareça partir da perspectiva antes transideológica do que parcialmente ideológica, de que parte este *Insurgências e ressurgências atuais* em abordagens, dentre várias outras, como a de cruzamentos de ressurgências e insurgências em Brasília – estas, a princípio, triunfalmente arbitrárias através da criação de novas ou importadas formas de arquitetura urbana, esteticamente admirável, no interior brasileiro. Mas com recentes ressurgências de brasileirismos ecológicos e tradicionais temperando tais insurgências, através de opções coletivas, particulares ou populares, contrárias ao puro arbítrio de arquitetos magnificamente insurgentes na sua racionalmente uniformizadora engenharia física. O que faz pensar nessa outra insurgente Brasília, em ponto grande, que foi, no Brasil, a República, sob certos aspectos, vitoriosa, em 1889, sobre uma monarquia que, não tendo primado, através de estadistas e de monarcas – demasiadamente subeuropeus nas abstrações – por sua criatividade brasileira, não parece ter deixado de representar, em face de um talvez maior abstracionismo republicano, de caráter racionalmente modernizante, um arcaísmo válido. Válido em contraste, sobretudo, com modernismos republicanos de feitio bolivariano, vitorioso, desastradamente, noutras partes da América. Um arcaísmo, esse, a cuja validade ou funcionalidade não se pode dizer ter faltado a força ou a expressão de símbolos do que, nele, foi telúrico, através do famosos papo de tucano imperial e dos nada insignificantes, como símbolos dessa espécie, títulos de nobreza européia em paradoxal língua tupi: nomes, significativamente, em tupi, de rios, de montes, de baías, os mais brasileiros, a se associarem a homens públicos ilustres e até a heróis nacionais históricos: Tamandaré, entre eles. Nomes os mais telúricos. E harmonizantes simbolicamente: uma liturgia social importada da Europa com uma ecologia tropical anunciada por esses nomes. Como subestimar tal simbologia? Como subestimar, em

Brasília, o sentido telúrico de superações de modernismos arquitetônicos, importados de uma Europa de pouco sol e impostos à nova e luminosa capital, pelo regresso a arcaísmos ecologicamente telúricos de arquitetura tradicional de residência? A rejeição pelos moradores de Brasília a lecorbusieranismos antitropicais e antibrasileiros.

A mais de um leitor ocorrerão casos atuais de cruzamentos de insurgências e ressurgências não assinalados pelo autor deste livro. Ressurgências como, no próprio campo teológico ou místico, as de doutrinas a caminho de se tornarem arcaicas, umas das quais lembrou, há pouco, o sempre lúcido, e atual no seu saber, professor Edson Nery da Fonseca.

O autor é o primeiro a ter consciência de estar longe de ter sido exaustivo no trato de matéria tão ampla como a agora por ele abordada. Terá sido, quando muito, sugestivo. O que o situa dentro de sua vocação de ensaísta, com o ensaio, nos grandes ensaístas – o que não é o caso – competindo, até, com tratados de ostensivos pensadores ou filósofos ou sociólogos ou antropólogos de todo sistemáticos – sem deixar de ser ensaio. E como ensaio, mais sugestivo que afirmativo. Mais sugestivo que exaustivo. E também, como forma de expressão, mais flexível do que hirtamente ordenado. O autor acaba de ser agradavelmente surpreendido (junho, 1981) com o depoimento do físico brasileiro, de renome mundial, que é o professor Mário Schemberg, em entrevista a *O Estado de S. Paulo,* sobre "a universidade atual". Entrevista concedida em 1978 e agora republicada no valioso *Documentos abertos; a história vivida*, pelo brilhante coordenador desses documentos, o jornalista Lourenço Dantas Mota. Que salienta o mestre admirável não só de ciência exata como de humanismo, professor Mário Schemberg, nesse depoimento, no qual, aliás, se refere a comentário do autor deste *Insurgências e ressurgências atuais* ao atual Ph. Deísmo? Haver "uma grande diferença entre o Ocidente e o Oriente quanto à avaliação das faculdades humanas. No Ocidente, pelo menos do século XVII para cá, a valorizar muito mais o raciocínio do que a intuição... Hoje em dia a concepção do primado do raciocínio mudou muito e já se vai admitindo que a intuição é a qualidade maior do homem".

* * * *

Cabem aqui dois agradecimentos a colaborações valiosas: a Maria Auxiliadora da Costa Barros, pelo trabalho de cópia datilográfica dos originais, que realizou com admirável perícia e exemplar paciência; a Edson Nery da Fonseca, pela organização, também paciente e inteligente, do Índice Onomástico*.

---

* Nesta edição, os índices remissivo e onomástico foram elaborados por Gustavo Henrique Tuna. (N. do E.)

Advertência do autor ao leitor: inclusive sobre métodos ou não-métodos seguidos neste livro

O autor adverte o leitor e possível e desejado colaborador – por vezes, quem lê, colabora de tal modo, concordando ou não, com sugestões do autor do livro, que se torna quase um co-autor – que vai defrontar-se com um texto, além de cheio de repetições, de difícil classificação. Antropologia? Alguma. Sociologia? Outro tanto. E também um pouco de história.

Também recordações de viagens. Memorialismo. E é possível que alguma filosofia – vocação, no autor, já generosamente admitida por mestres da responsabilidade intelectual, no Brasil, de Miguel Reale, Maria do Carmo Tavares de Miranda e Prudente de Moraes, neto, e, fora do Brasil, de Eugene Genovese, Roland Barthes, Frank Tannenbaum. E, ainda no Brasil, antecipada por João Ribeiro; nesse caso, sob a forma de reflexões de ensaísta, segundo antiga caracterização de mestre Fernand Braudel, de tipo espanhol: desde Gracián a Ganivet. Aquele ensaísmo, rival do inglês e mais insistente que o francês, vindo do grande Montaigne – o Montaigne tão da devoção do ilustre brasileiro que é Afonso Arinos de Mello Franco. Gênero que sendo quase sempre forma de expressão literária da melhor – junto com a poesia e a ficção – tornam-se, por vezes, outra expressão: uma, a seu modo – isto é, sem sistemática rígida nem vocabulário filosofês – expressão filosófica. Antropofilosófica: vá o pedantismo. Por que, com exemplos como o do quase antropólogo Montaigne, o de Defoe, o de Humboldt – o de nos nossos dias – Frazer e o de Lawrence, o chamado da Arábia, antropólogo e escritor, não se atentar mais numa antropofilosofia de expressão literária?

Tenta-se abordar nas páginas que se seguem o assunto *Insurgências e ressurgências atuais* sob várias perspectivas. Mas, através dessas várias perspectivas, o leitor encontrará, a personalizar ibericamente algumas delas, o fio, ora de uma retrospectiva, ora de uma prospetiva, e estas autobiográficas com alguns toques deselegantemente narcisistas. O que é inevitável na erupção autobiográfica. Mas foi o que valeu a Joaquim Nabuco a crítica de ter se revelado um narciso em *Minha formação*. O que nos faz dar graças a Deus pelo possível narcisismo de páginas, alguma delas – como o capítulo Massangana – tão superiormente literárias, além de luminosamente históricas. Grandeza, entretanto, a que não aspira o que possa haver de esclarecedor de assuntos extrapessoais, em páginas, também elas, hispanicamente com tendências a deselegantemente autobiográficas deste *Insurgências e ressurgências atuais*.

O autor, aliás, já escreveu livro, primeiro publicado em Lisboa, intitulado, paradoxalmente, *Contribuição para uma sociologia da biografia:* em biografia incluindo autobiografia e da autobiografia admitindo, como sociólogo alemão, ser possível haver uma autobiografia coletiva desdobrada das pessoais: desdobramento, aliás, já realizado de maneira mais atenta ao sociologicamente existencial do que à abstração teórica pelos professores Thomas e Znaniecki, no seu notável estudo *The polish peasant in Europe and America*. Que é essa notável obra sociológica senão sociologia à base de autobiografias provocadas, reunidas e interpretadas? Obra num gênero em que só teria, anos depois, obra rival na interpretação sociológica de quase duzentas autobiografias de sobreviventes da época de transição, no Brasil, entre trabalho escravo e trabalho livre, monarquia e república, que é o livro brasileiro *Ordem e progresso,* já em língua inglesa com o título também de *Order and progress,* e de muito maior repercussão na Europa – inclusive na República Democrática Alemã: testemunho do professor Cândido Mendes de Almeida, há pouco chegado dessa sob alguns aspectos insurgente Alemanha – do que no Brasil.

Mas não é só: o autor de *Insurgências e ressurgências atuais* considera sua triologia *Casa-grande* & *senzala, Sobrados e mocam-*

bos e *Ordem e progresso,* este último tão vítima, no Brasil, do por Nelson Rodrigues veementemente denunciado silêncio ideológico, da parte de órgãos de informação – jornais, semanários, rádios, televisões –, um conjunto que talvez constitua uma autobiografia coletiva de quase todo o brasileiro, partindo da de um indivíduo não só socializado em pessoa como aculturado em, além de participante, analista e intérprete da cultura nacional por ele como que autobiografada, vendo-a mais de dentro para fora do que apenas de fora para dentro.

O que recorda para observar que a tendência autobiográfica vem tendendo a conciliar-se, num possível analista e pensador social brasileiro, em esforços de análise e de interpretação dessa espécie, aos quais não vem faltando uma perspectiva pessoal. A perspectiva montaigniana, que não vem sendo de toda rara em trabalhos de categoria científico-social, podendo-se lembrar o *Tristes tropiques,* de Claude Levi-Strauss, com uma erupção personalíssima no meio de suas ostensivas e nem sempre puras objetividades. Afinidades – descontadas disparidades de dimensão, é evidente – do autor deste *Insurgências e ressurgências atuais* com um Montaigne, como que já inclinado a admitir cruzamentos entre tais contrários, serviram, há pouco, de tema a brilhante confronto, por esse admirável conhecedor de Montaigne que vem sendo, no Brasil, o professor Afonso Arinos de Mello Franco, autor de *O índio brasileiro e a Revolução Francesa*: livro tão rival, pelas novas perspectivas por ele abertas à situação brasileira no complexo mundial, de *Raízes do Brasil,* admirável obra pioneira do historiador-sociólogo Sérgio Buarque de Holanda. Dois clássicos brasileiros no gênero.

Para o autor deste *Insurgências e ressurgências atuais,* seus contatos, na década de 50, com Orientes e Áfricas, com seus valores e formas de vivência e de convivência em contraste com as do Ocidente, foram, na verdade, como que equivalentes do que, para Montaigne, parecem ter sido choques culturais, como hoje se diria, segundo informes chegados à França sobre gentes da América Tropical. Inclusive do Brasil. Só que as gentes e as culturas dos Orientes e das Áfricas não são, nem eram só, como as da América Tropical – o Brasil nativo, incluído – das chamadas primitivas, mas algumas, como as da Índia e da Arábia, civilizações. Mas umas e outras, culturas e civilizações, diferentes das civilizações ocidentais e, sobretudo, quando islâmicas, em começos de resistência, ou de revolta, em face de domínios sobre elas, da parte de poderes econômicos e políticos das ocidentais.

Esses poderes reforçados pela convicção, generalizada ente ocidentais, de representar superioridades absolutas sobre inferioridades ou deficiências não-ocidentais, à base de racionalismos e tecnocratismos evidentemente mais desenvolvidos entre ocidentais que entre não-ocidentais. Estariam assim os ocidentais cumprindo, junto a não-ocidentais, uma missão beneficente, por alguns dos ocidentais considerada de brancos etnicamente superiores junto a gentes de cor etnicamente inferiores. Mais: logicamente racionais junto a povos, quer primitivos, quer de culturas já caracterizadas por aspectos de civilizações, atrasados econômica e tecnologicamente, através da falta de racionalização aplicada às suas práticas não só econômicas e técnicas como educativas, religiosas, éticas. Entre o panorama geral e esse panorama geral envolvendo de tal modo atitudes – as ocidentalmente racionais, lógicas, tecnocráticas, dos ocidentais e as contrárias, isto é, não-racionais, não-lógicas, não-tecnocráticas, dos orientais – que a interpretação sócio-antropológica ou sociológica do contraste sugeria toda uma reinterpretação sócio-filosófica de valores culturais em choque. Para esforço, nesse sentido, a condição de brasileiro, isto é, de homem de cultura nacional mista, a um tempo civilizada e primitiva, tanto quanto de país de população multirracial, por um lado, e por outro lado, a de estudioso – no caso do autor –, desde a adolescência, de ciências sociais sob mestres dos maiores da época – um Boas, um Giddings, um Seligman, um Sir Alfred Zimmern – pareciam habilitá-lo ou dotá-lo não só de conhecimentos como de disposições quase ideais.

As então colônias portuguesas no Oriente e nas Áfricas, todas em espaços tropicais, apresentaram-se a seus olhos de brasileiro como populações, quando já mestiças, afins da maioria das do Brasil, não lhes faltando presenças de nativos menos atingidos, ou quase inatingidos, por lusitanização nem sempre – como viria a verificar – de todo ocidentalização dominadora, tais suas contemporizações com não-ocidentalidades. Contrastando, nesse importante particular, com colônias francesas, inglesas, belgas, a União Sul-Africana, com as quais esteve em contato, o também contato com a

União Sul-Africana vindo a permitir que pudesse atender a honroso convite – honroso para o Brasil – da Organização das Nações Unidas, para orientá-la, com parecer de caráter sócio-antropológico, sobre aquela parte mais intransigentemente ocidentalizada e talvez racionalizada, além de tecnocratizada, da África.

Dois livros resultariam desses contatos de 1951-52 do autor deste *Insurgências e ressurgências atuais: Aventura e rotina* e *Um brasileiro em terras portuguesas*. Um e outro publicados simultaneamente em Lisboa e no Rio de Janeiro, em 1953, e agora reaparecendo, um deles, *Aventura e rotina*, em 2ª edição. Do outro, *Um brasileiro em terras portuguesas*, este livro contém resumos de suas partes menos circunstanciais em dois capítulos sobre antecipações. Antecipações principalmente com relação a um emergente poder islâmico, na época só perceptível através de indícios. Ainda não evidente. E só em anos recentíssimos tornado ostensivo, com seus aspectos, para muitos ocidentais, gritantemente irracionais.

Para o choque cultural em face de irracionalismos, alguns deles tão fortemente incivilizadores para ocidentais, encontrados em Orientes e em Áfricas, o autor desses livros de 1953 estava de algum modo preparado, dado que, à sua formação intelectual, não faltara, após o impacto de Nietzsche, o de Tolstoi e Dostoievski, e em dias já de sua adolescência universitária, o contato direto com idéias de William James, Bergson e, sobretudo, Georges Sorel, tendo em Paris, em 1922, freqüentado reuniões de estudiosos do mesmo Sorel. O conceito soreliano de mitos sociais o impressionara, quer por si próprio, quer como forma de intuir sociológico, em contraste com o sociologismo sociométrico que irrompia de certos meios estadunidenses como o verdadeiro – e único – futuro sociológico como ciência. Sorel, sem repudiar de todo o pensamento social de Marx ou a contribuição do grande pensador judaico-alemão, apresentava-se, entretanto, como um pós-marxista, em vários pontos, retificador ostensivo de conclusões marxistas. Aliás, desde a leitura de Bergson, completada pela de James – já conhecido no Brasil: Alfredo Freyre, pai, fora acabado no seu positivismo de discípulo, na Faculdade de Direito do Recife, de Martins Júnior, pela filosofia nova de James e a comunicara ao filho – que o brasileiro, estudante da Universidade de Colúmbia, vinha admitindo, em estudos cientificamente sociais, um, para alguns, não-científico intuir. O intuir antecipado pelos alemães com seu compreensivismo não-positivista e não-mecanicista. O de Dilthey e Rickert. O de neokantianos. Posteriormente, Simmel e, da parte dos franceses, por abordagens diferentes, Georges Sorel, com toda uma nova perspectiva de mitos em face de puros fatos. Valores, por exemplo, não podiam ser captados senão por compreensão ou intuição. A abertura para o estudo de comportamentos sociais através das denominadas ciências culturais; através da consideração das chamadas experiências vivas; através de compreensões e interpretações dessas experiências como realidades. O que não deixava de acentuar a importância do conhecimento histórico para a própria compreensão de experiências atuais. A importância tão salientada por um Croce para quem a filosofia social tendia a tornar-se orientada por esse conhecimento histórico, com esse conhecimento, o histórico, precisando de ser sempre reexperenciado ou reexperimentado pelo historiador. Uma espécie de revitalização psicossocial do conhecimento histórico. Lembre-se de Croce que, ao contrário dos racionalistas ortodoxos, não deixava de atentar no que se sabia, ou se viesse a saber, de precedentes primitivos, numa cultura histórica. Portanto, de precedentes irracionais.

Interessante o papel desempenhado por Max Weber numa reorientação pós-positivista e não-marxista de pensamento e de estudos cientificamente sociais. Sua insistência em objetividade, nesses estudos, levou-o a notabilizar-se como o sociólogo da racionalização da burocracia moderna. Mas, neste ponto, como Croce, preocupado, sem ser historiador, com a perspectiva histórica. Mas sem se tornar historicista. Tampouco sem deixar de admitir interação entre sua objetividade científica e um necessário julgamento de valores. Era a cultura – portanto a cultura em que estivesse imersa a pessoa – que dava significados a existências. Pluralismo, portanto. De modo que sua atitude para com o elemento religioso, diferenciador de culturas, era de respeito. E compreende-se que, para Max Weber, tanto o sistema capitalista, tão ocidental, como a burocracia fossem expressões da racionalização, presente também no protestantismo calvinista. Essa racionalização, para Weber, faltava às religiões orientais que estudou. Para Weber não deixava de haver no comportamento humano uma área de irracionalidade: a do inconsciente. Não rejeitaria

Freud. Menos, ainda, Jung: o sob vários aspectos maior que Freud, Jung. Pena não ter tomado conhecimento direto de emergentes culturas africanas em revolta contra racionalismos ocidentais.

A tanta citação, impõe-se ao autor, nesta advertência, acrescentar a de Mircea Eliade e do seu *Myths, dreams and mysteries; the encounter between contemporary faiths and archaic realities* (trad. Harper Torchbooks, N.Y., 1960), precedida por (trad.) *Mythes, rêves et mystères* (Gallimard, Paris, 1957). Obra que é pena não ter sido do seu conhecimento, antes dos seus contatos com Orientes e Áfricas e do direto choque cultural que esses contatos representaram para sua perspectiva sociológica no setor místico, além de mítico. Pois que obra moderna aborda o assunto mais em profundidade? No prefácio à edição em língua inglesa, Eliade salienta o fato de o aparecimento, que viria a ser tão marcante da década de 60, de novos Estados-nações constituídos por grupos étnicos dos, até datas recentes, considerados primitivos, tornando imperioso um diálogo do Ocidente e de suas culturas com as culturas representadas por essas novas presenças entre nações. Pois o Ocidente estaria agora obrigado – alguém poderia dizer condenado – a esse encontro e a esse confronto com não-Ocidentes e com valores culturais representados por esses outros povos, constituídos em Estados-Nações. Para o que o mesmo Ocidente estaria de algum modo preparado, por seus reavivamentos religiosos, seus surrealismos e outros avanços em artes, suas pesquisas antropológicas: poderia ter especificado, pela importância dos seus critérios e dos seus métodos, as de Boas e as de Malinowski, ao lado das influenciadas por Freud e Jung. E outras como que preparações dessa espécie poderiam ser citadas. Numerosas citações. Inclusive de autores não de todo novos, como alguns dos sucessores de Montaigne, a respeito de *bons selvagens*.

Talvez possa o autor de *Insurgências e ressurgências atuais* repetir, a esse respeito, o que, ainda jovem, escreveu, num remoto 1943, em jornal do Rio de Janeiro, a propósito de Thorstein Veblen: palavras em que justifica citações, por autor novo, de autores velhos. E diz da originalidade, no trato específico de assuntos sociais ou socioculturais, que estaria menos na absoluta originalidade – que talvez não ocorra nunca – do que "em combinações novas ou na combinação de um elemento novo com os velhos". Sugestão que motivaria todo um admirável ensaio do professor Edson Nery da Fonseca sobre "ser ou não ser original em ciências sociais: a propósito de um artigo pioneiro" (*Ciência & trópico,* Instituto Joaquim Nabuco de Pesquisas Sociais, Recife, vol. 1, jul.-dez. de 1973, nº 2).

Lendo-se recentíssimo ensaio, lúcido e erudito, de Richard Lowenthal, "Da singularidade do Ocidente", In: *Humboldt* (Munique, 41-1980), é agradável deparar, de início, com uma citação de Max Weber – de um dos seus ensaios sobre sociologia da religião – que como que pede para ser aqui reproduzida. Citação muito significativamente eurocêntrica: a de que "encadeamento de circunstâncias levou a que precisamente no solo do Ocidente e só aqui surgissem fenômenos culturais que – como pelo menos nos é grato imaginar – se situavam (os problemas da história universal) numa linha evolutiva de significado e validade universal". Uma concepção que Richard Lowenthal salienta, também de início, ser "hoje mais contestada do que nunca".

Como, porém, no trato de assunto tão pungente, ignorar-se o aqui já tão citado Max Weber? Seu conceito de uma "total racionalização do cotidiano" e de "crescente racionalização da produção capitalista" que corresponderia a uma também "crescente racionalidade do estado burocrático de direito"? Sua identificação desse processo com um primado como que absoluto da civilização ocidental ou do homem europeu como tipo civilizado de homem não só econômico como sociocultural, prestando-se essa conceituação – acrescente-se – a racionalizações de caráter rigidamente etnocêntrico?

Richard Lowenthal ajunta observações à tese de Weber, seu insigne compatriota, e racionaliza dúvidas em torno dela. "Será que o Ocidente, face à gravidade da sua crise cultural, tem ainda possibilidade de encontrar a saída criadora somente na base dos seus próprios valores? Não terá a aprender com as velhas civilizações não-dinâmicas, sobretudo da Ásia...? As diversas incursões de formas de vida não-ocidentais... não constituirão sinal de que a esperançosa via de renovação é o caminho para uma novíssima *síntese de diferentes civilizações* e que ela já começou?"

O que, neste *Insurgências e ressurgências atuais,* se reproduz do seu autor como antecipações à tese atual – antecipações que constam de seus livros de 1953, *Aventura e rotina,* agora republicado, e *Um brasileiro em terras portuguesas* – indica que as sugestões recentíssimas do ensaísta alemão coincidem com as suas, de 1951-52. O que parece ser também certo de algumas brilhantes sugestões – inclusive de brasileiros – em torno de assuntos correlacionados, direta ou obliquamente, com o fato do primado europeu ou ocidental de civilização em declínio ou em crise, em trabalhos publicados em épocas posteriores àquelas antecipações. Entre essas, sugestões de ensaístas notáveis pelo brilho de suas análises, já de renome europeu, como José Guilherme Merquior. Especialmente, o seu *Saudades do carnaval; introdução à crise da cultura* (Florence, Rio de Janeiro, 1972). Mas também as que se encontram em páginas de estudos antropoculturais ou histórico-sociais indiretamente relacionadas com a consideração a insurgências e ressurgências culturais, como as últimas escritas pelo sábio professor Roger Bastide em *Anthropologie appliquée* e, sobretudo, as recentes dos também antropólogos e sociólogos René Ribeiro – este, principalmente na nova e 2ª edição do seu já clássico *Cultos afro-brasileiros do Recife* –, Roberto da Matta, Baeta Neves, Thales de Azevedo, Roberto Motta – inclusive no seu penetrante prefácio ao referido trabalho de René Ribeiro.

O antropólogo Roberto Motta (no seu "Tropicologia, história, desenvolvimento". In: *Revista Pernambucana de Desenvolvimento,* nº 4, jan.-jun. de 1977) sugere da tropicologia na sua moderna talvez sistemática, de origem recifense e expansão do pensamento social do agora autor deste *Insurgências e ressurgências atuais,* representar, tanto quanto a obra de Levi-Strauss, "repúdio ao arbitrário do historicismo", implicando em "todo um humanismo", pelo que significa de "libertação do homem do confinamento em apenas um dos modos de sua realização no tempo e no espaço". Implicaria assim "toda uma filosofia e toda uma teoria do conhecimento". Pelo que não teria se enganado Roger Bastide ao atribuir máxima importância em seu *Antropologie appliquée* à tropicologia para a "defesa e ilustração do marginalismo...". É que na tropicologia de origem recifense – acentua em seu arguto ensaio o professor Roberto Motta – Bastide descobre não uma das teorias, mas a teoria capaz de ressalvar a integridade do homem e nos estudos abstratos dos contatos interétnicos e interculturais. Aliás, para o professor Roberto Motta, o professor Bastide viria se baseando, largamente, na elaboração de livros e artigos, no colega brasileiro como, por exemplo, quanto a "santos auxiliares", "análise do cafuné", "catolicismo popular", "reeuropeização da Igreja" (no Brasil), a "marca ibérica no catolicismo brasileiro", idéia, esta última, segundo Roberto Motta, de Gilberto Freyre, já popular em "certos círculos de historiadores e sociólogos brasileiros através de sua adoção por *brazilianists* como Ralph Della Cava e Thomas Brunneau...". Para o professor Roberto Motta a tropicologia de origem recifense "aplica-se a todo contato inter-humano" a partir, pode-se observar, dos de gentes e culturas situadas nos trópicos com as dos Ocidentes civilizados e civilizadores e de certa altura em diante já assimiladores de insurgências ou originalidades culturais de origens tropicais.

Mas avulta como comentador idôneo, dentre os atuais, no Brasil e no estrangeiro, das idéias de Max Weber, o já referido ensaísta e pensador, nosso compatriota, José Guilherme Merquior. Em *Saudades do carnaval; introdução à crise da cultura,* o moderno problema da racionalidade correlacionada com a burocracia e a tecnocracia, do qual Max Weber antecipou-se em antever desenvolvimento, é considerado quer como *racionalização da cultura,* quer sob outros aspectos de modo ricamente sugestivo, além de informativo, para quantos se interessarem em se aprofundar em conhecimentos sobre correlações com atuais cruzamentos de insurgências e ressurgências considerados pelo mais profundo intérprete brasileiro de Max Weber. Principalmente no que se refere ao fenômeno destacado, de flagrantes atualidades, por Merquior, como a "tensão entre fé e mundo nas sociedades burocráticas de modelo histórico" e "os valores *hegemônicos* da civilização ocidental" – racional, tecnocrática, pragmática – em confronto com os mágicos, dominadores entre gentes de civilizações e de culturas não-ocidentais. Interessantíssima, a respeito, sua observação de, no Ocidente, terem os românticos tentado "ressuscitar a têmpera da religiosidade perdida pela racionalização". O carnaval – assunto tão magistralmente versado por Merquior em *Saudades do carnaval; introdução à crise da cultura* (Rio, 1972) – tanto quanto o natal moderno do Ocidente viriam sendo tentativas semelhantes, com o carnaval brasileiro exigindo interpretação à parte, dado o fato – pode-se sugerir – de nele virem ressurgindo, como reações a puritanismos racionais ofendidos por suas insurgências, resíduos das influências psicoculturais não-ocidentais, como a afro-negra e a ameríndia, presentes na civilização brasileira, tão singularmente mista. Presentes, inclusive, naqueles *visuais* humanísticos, para os quais no mais recente número, o 2 (Primavera, 1981), da revista de Madri *Cuenta y Razón,* Enrique Lafuente Ferrari, no excelente ensaio "La realidad española y las humanidades visuales", insurgindo-se contra metodologias convencionais de ensino, reclama como observação disciplinada de coisas humanísticas reais, tangíveis, existentes, lugar semelhante, como disciplina de observação, ao das ciências chamadas naturais. Só que teria que ser uma observação por vezes – acrescente-se a Ferrari – mais empática que nas ciências chamadas naturais. Note-se, a propósito, vir representando o mais lúcido humanismo espanhol – ou, por extensão, hispânico – desde os Gracián aos Ortegas e dos Ortegas aos Julian Marias, uma sensibilidade à razão-*logos* dos gregos. Perspectiva a não ser, de modo algum, confundida com o cartesianismo hirtamente racionalista, na própria França corrigido por Montaigne, por Pascal e, em dias modernos, por Bergson, continuado por pensadores sociais modernos.

Diga-se ainda que, tanto quanto o carnaval brasileiro, misto e, assim, aberto a ressurgências vitalizadoras de suas espontaneidade vinda de fontes mais mágicas do que racionais, o lusotropicalismo sugerido, há anos, primeiro em Goa, depois na Universidade de Coimbra, pelo autor deste *Insurgências e ressurgências atuais,* para síntese da simbiose luso-trópico que caracterizaria culturas e sociedades desde o século XVI em desenvolvimento em espaços tropicais e, por contágio, em espaços vizinhos dos trópicos, é no que se baseia: numa valorização de culturas intuitivas não-européias, com as quais possam continuar a harmonizar-se expressões européias de *logos*. Culturas e sociedades cujas formas ou estilos de vivência e convivência viriam juntando estímulos vindos de culturas mágicas a predominâncias, nunca de todo avassaladoras, de instrumentos de expressão e de rumos oficiais ou burocráticos de afirmação além de configuração moderna, nacional, de sociedade, inspirados por modelos ocidentais. Ocidentais, tecnocráticos, racionais.

Pertinentes, em conexão com sugestões apresentadas neste *Insurgências e ressurgências atuais,* são pronunciamentos recentes de mestres brasileiros de estudos de antropologia não só científica como, por vezes, filosófica: René Ribeiro, em sua referida e magistral nova edição de seu estudo sobre *Cultos afro-brasileiros do Recife,* Maria do Carmo Tavares de Miranda, em vários pronunciamentos, especialmente – em conexão com o tema de *Insurgências e ressurgências atuais* – no lucidíssimo prefácio ao livro *Contribuição a uma sociologia da biografia* (primeira edição brasileira, precedida de portuguesa de Lisboa, de biografia de dom Luís de Albuquerque e Cáceres, de Gilberto Freyre, Fundação Cultural de Mato Grosso, 1978). Prefácio intitulado "Teoria da formação humana em Gilberto Freyre", em que se destaca dessa teoria brasileira ser um "ver em profundidade ou em verticalidade" visando "uma visualização de todo o humano em nós", esse humano compreendendo tanto heranças do Ocidente civilizador como valores do trópico dentro de cuja ecologia se tem desenvolvido esse esforço singular, tão diferente de outras ocidentalizações ou racionalizações do humano, com notável aproveitamento da cultura primitiva (tropical), tanto a ameríndia como a africana, atendendo-se – salienta a filósofa da Sorbonne e discípula, na Alemanha, de Heidegger – "nossas contrariedades e paradoxos". Portanto, o que se particulariza nessa teoria brasileira como tendo sido projeção no Brasil, como noutros espaços não-europeus, de um lusotropicalismo antes confraternizante como valores de culturas primitivas não-racionais do que destruidor desses valores por afã de sistemática e total racionalização de todo europeizante.

Note-se da *Contribuição para uma sociologia da biografia* que, baseada em trabalhos do autor de há quarenta anos, como *Um engenheiro francês no Brasil,* consagra um pioneirismo brasileiro nitidamente antecipado a *Sociology; a biographical approach* (Nova York e Londres, 1972), de Peter L. Berger e Brigitte Berger – um deles, aliás, conhecedor do Brasil. Aos Berger parece ter faltado, de todo, contato com livro brasileiro, nítido predecessor do deles, como "abordagem biográfica à sociologia". Pois, se tal contato tivesse se verificado, seria de estranhar-se a omissão.

Cabe, nesta advertência ao leitor, que o autor de *Insurgências e ressurgências atuais* reafirme algumas de suas posições de menos que ortodoxo, um tanto insurgente, no seu trato principalmente científico, mas, por vezes, transobjetivo do social, e como tal, suscetível de ser considerado anticientífico e na verdade afastado de perspectivas puramente racionalistas. Sua admissão de abordagens intuitivas ou empáticas caracterizaria um desses afastamentos.

Em face de insurgências e ressurgências atuais, constituídas por atitudes, que da parte de não-ocidentais com relação a um primado há anos em crise, do Ocidente sobre gentes e culturas não-ocidentais, ao autor deste livro e aos que, como ele, não hesitam em considerar necessária uma maior aproximação intercultural e inter-humana entre Ocidentes e não-Ocidentes, com os ocidentais, fechados em racionalismos, objetivismos, tecnocraticismos em face do social, dispondo-se a uma maior compreensividade em face de valores não-ocidentais, para eles, bizarramente exóticos, irracionais, mágicos, de não-racionalismos. Isto, em vez de como, ainda para alguns deles, insistirem em só admitir valores ocidentalmente racionais, científicos, tecnocráticos.

Ante tal situação, avulta a responsabilidade de cultores de ciências ou de saberes sociais, em Ocidentes e em não-Ocidentes. Responsabilidade de assessores ou consultores – quando assessores ou consultores de governos, de instituições, de jornais, de rádios, de televisões, de religiões. Ou de orientadores de jovens. O momento é de se fazerem ouvir, a esse respeito e a respeito de suas posições, pensadores e cientistas sociais, junto com igualmente responsáveis líderes religiosos, intelectuais, artistas, políticos, líderes empresariais e operários, cientistas físicos, naturais, biológicos.

O brasileiro, como gente, na sua maioria mais dionisíaca do que apolínea – como o demonstrou na maneira singularmente dionisíaca por que, como católico, em grande parte, africanizado ou tropicalizado, recebeu João Paulo II – tem no carnaval, considerado por alguns dos seus melhores analistas – além de J. G. Merquior, o professor Eduardo Portella – uma das expressões mais características do seu modo psicocultural de ser nacional. Apresenta-se atualmente esse brasileiro, como outras gentes nacionais não deficientes em primitividade ao lado de sofisticações no seu *ethos* e na sua cultura, misto nesse *ethos* e nessa cultura. Por essa expressão de sua cultura, vê-se que, na sua atualidade, como nas de outras gentes modernas, também mistas nas suas culturas, cruzam-se insurgências e ressurgências. As insurgências na música inovadora que é a do Brasil, em seu aspecto criativamente erudito sem deixar de ser popular, e sempre dionisíaco, de continuadores de Villa-Lobos. E no teatro, de continuadores de Nelson Rodrigues. As ressurgências, no modo avassalador por que o velho culto primitivo, irracional, por vezes sincretizado no católico da Virgem Maria, vêm conquistando adeptos dentre elites sofisticadas. Ou na maneira por que, em face de ameaças ao Nordeste de grandes, catastróficas enchentes ou secas, em face de fracassos de exatas e talvez responsáveis previsões científicas ou tecnocráticas, está ressurgindo, entre nordestinos não apenas rústicos, a crença primitiva, analfabética, não-científica, nas previsões que seriam cantos de certos pássaros regionais. Ou prenúncios em atitudes representativas de outras áreas e até outros sinais de caráter ecológico, conhecidos por instintivos, mágicos, irracionais, analfabetos, conhecedores de segredos regionais e tidos pelos racionais por bruxos desprezíveis. Enquanto o catolicismo popular, espontâneo, mágico, tradicional, também ressurge à revelia das tentativas de racionalização da Igreja por um clero quase ateu no seu modo de ser modernizante do social. E o que, neste particular, está ocorrendo contraditoriamente no Brasil, não estará ocorrendo noutros Brasis?

Creio que uma das agressões mais constantes ao autor de *Insurgências e ressurgências atuais* – desde *Casa-grande & senzala* a *Além do apenas moderno* – vem sendo a de, na consideração do social, vir admitindo a validade da perspectiva humanística – nela incluída não só a filosófica, a histórica, a religiosa, a artística, a estética como a especificamente literária – como complementar, ou retificadora, da estrita ou objetivamente científica. Ou cientificista.

Em livro notável pelo que nas suas percepções é profundidade psicossocial ou psicocultural, pensador católico, dentre os maiores da nossa época – William F. Lynch, S. J., em *Christ and Apollo* (Omega Book, New American Library, N.Y., 1963) – recorda terem Nietzsche e Spengler nos acostumado ao *"pairing of Dyonisius and Apollo: energy and form, infinite and finite, enthusiasm and control, romantic and classic"*. A seu ver, estaríamos – desde a década de 60 – necessitando de um confronto de Cristo com Apolo, considerando-se apolíneo um *"autonomous and facile intellectualism, a Cartesianism that thinks form can be given to the world by the top of the head alone, without contact with the rest of the self"*. Ao mesmo tempo, o Cristo não

Apolo, como também não necessariamente Dionísio, representaria modelo e fonte da energia verdadeiramente criativa, por não se dispersar em sonhos. Porém energia como antes energia criativa que forma ordenadora; significaria – acrescente-se a Lynch – Dionísio como símbolo. Uma energia em que se misturam positivos e negativos: a contradição, por exemplo, do carnaval brasileiro, com seus excessos de libidinagem ao lado do que nele é energia dionisiacamente confraternizante de indivíduos, por ele próprio, carnaval, socializados especificamente em pessoas aptas a uma confraternização que talvez só se verifique, de modo a um tempo tão efusivo e tão positivo, no Brasil, através de impulsos populares, metarracionais, dionisíacos com toques – pode-se sugerir pensando em Dostoievski – surpreendentemente cristãos em seu repúdio a ordenações apolíneas.

Em memorável reunião no ano de 1980 do Seminário de Tropicologia da Fundação Joaquim Nabuco, do Recife, presidida por Fernando Freyre, o economista, ex-secretário-geral – até agora não substituído em plenitude – do Ministério da Educação e Cultura, Armando Mendes, pronunciou-se contra o, pode-se dizer, estilo apolíneo dos cientistas sociais brasileiros "mais acostumados a fazer pesquisa-xerox do que a pensar a realidade em que vivem". Esses cientistas sociais não-criativos é que viriam, no Brasil, alimentando uma chamada "ciência normal, paradigmática, aprisionada, incapaz de um vôo mais alto, infecunda, desumanizante". Entretanto, a história da ciência (até mesmo e surpreendentemente a das ciências da natureza ou físicas) estaria "a nos mostrar quanto ela deve não a esses burocratas científicos mas aos hereges, aos audazes, aos inconformados, aos não-bitolados, aos poéticos, aos estéticos, aos éticos e proféticos". Tão diversos dos "subservientes de modelos mentais e engendrados a partir de realidades totalmente distintas (dos brasileiros), incapazes de reduzi-las às nossas próprias realidades... lambuzados de idéias estrangeiras". E mais: "Fazer boa ciência social significa necessariamente capturar todas as dimensões da vida humana em seus mútuos e inexplicáveis inter-relacionamentos. Nada desprezar como indigno de ser objeto científico. Não rejeitar nenhum método, por pouco ortodoxo que possa parecer. Praticar até mesmo o anarquismo metodológico, o *dadaísmo científico*. Não recusar as contribuições extracientíficas da inspiração, da intuição, da imaginação, da criatividade, da capacidade inventiva".

Nenhum conferencista, dos vários e ilustres que têm feito pronunciamentos no Seminário de Tropicologia do Recife, que, sendo mestre de sua ciência – e essa ciência a econômica, no Brasil, tão ciosa do seu racionalismo, do seu cientificismo, e nas suas lógicas e no seu manejo de números, tão subserviente de modelos estrangeiros com algumas outras de suas vizinhas, no conjunto das ciências chamadas do homem – tenha deixado de ser correta e academicamente apolíneo, para expressar-se com tanta vivência dionisíaca. Com tanta insurgência diante de convenções apolíneas. Com tantas afinidades, nesse particular, com marxistas por vezes tão dionisiacamente críticos de marxistas ditos ortodoxos, como, nos Estados Unidos, o sociólogo Eugene Genovese e, no Brasil, o antropólogo Darcy Ribeiro.

Um jornalista estadunidense – do *The New York Times* – registrou, há pouco, em entrevista obtida, para esse jornal, no Brasil, com o autor deste *Insurgências e ressurgências atuais,* ter ouvido dele quanto devia, no seu modo de ser escritor, à vivência do assunto do livro *Casa-grande & senzala:* um livro misto de ciência e de literatura. Livro à base de dois saberes nos quais, quando o autor os vive, vive-os experiencialmente. A experiência vivida – celebrada por Camões – tão valiosa no setor humanístico – histórico, filosófico, artístico – quanto no das ciências tidas por mais exatas mas não apenas de mensuração, nos seus métodos de indagar e apresentar realidades, como as mais capazes de recorrer a números, o autor desse livro brasileiro a experimentara intensa e extensamente. Daí ter chegado a tocar no assunto que procurou analisar e interpretar como que o apalpando com dedos de são Tomé: sensuais.

São saberes – o científico e o humanístico – para alguns, inconciliáveis. Para outros, conciliáveis. Nas chamadas ciências do homem, conciliáveis. São os exemplos deixados sobretudo por esses sociólogos e antropólogos mais criativos que são os considerados microssociólogos ou microantropólogos, entre os primeiros o próprio Durkheim no seu estudo do suicídio, e entre os antropólogos Redfield em seus estudos de antropologia aplicada e o brasileiro Euclides da Cunha em *Os sertões*. E uma conciliação por meios que alguns cientistas de todo objetivos não aceitam, como é o da compreensão por empatia tão ligada à compreensão que só se adquire vivendo-se o assunto abordado. Identificando-se o observador com o que observa. Segundo aquela flexibilidade, tão associada por Dewey à inteligência criativa, e nisto nem sempre divergindo dos pensadores talvez mais estritamente científicos que, como Whitehead, entendem por metodologia científica a que envolva alguma aventura e, como tal, evite a monotonia de estabilidade.

Sou dos que, ora seguindo exemplos como o de Simmel, vêm um tanto pioneiramente, sendo um tanto aventurosos nos seus modos de, em ciências do homem, ora ligando uma às outras, desprezando purismos ou exclusivismos de especialização intracientífica, ora indo além e abrindo dessa abordagem interdisciplinar dentro das ciências outra, mais aventurosa: com a complementação da abordagem científico-social, no trato de um assunto, pela abordagem humanística ou filosófica ou artística, recorrendo então à empatia. À identificação do observador com o assunto por ele considerado, observado, analisado. Também através da valorização em sociologia, em antecipação a Berger, daquela biografia capaz de ser sociologia: a tentada em estudo, sobre fontes em parte pela primeira vez utilizadas – papéis pessoais, inclusive – da personalidade do português dom Luís de Albuquerque Pereira e Cáceres, do Norte de Portugal, quando, por dezessete anos, governador de Mato Grosso: um governador menos convencionalmente metropolitano ou de todo europeizante que empática e ecologicamente identificado com situações próprias de um trópico brasileiro.

Poderá esse tipo de observação e de análise e conseqüente interpretação de um assunto ser de todo repetido, por outro observador, como é próprio da metodologia científica em geral? Com absoluto vigor, talvez não, difícil como é que um observador repetidor disponha, como empático, das mesmas exatas capacidades de identificação com o objeto considerado do observador predecessor. O êxito estritamente científico será, então, menos atendido que o humanístico ou o filosófico e o artístico, sem que a repetição do experimento deixe de ser válida. Mas não será essa falha inseparável de ciências das chamadas do homem que, por serem do homem, são sempre, em parte, aventurosas ao evitarem a, por Whitehead, considerada *monotonia da estabilidade?* Para Whitehead, é a própria razão que transcende a metodologia de todo repetida. Mas transcendente sobre o método estritamente científico seria, para Whitehead, a própria inspiração ou imaginação tão renovadora em ciência como nas artes. Daí Whitehead admitir um método Shakespeare – o máximo de observação criativa – que, sem ser o estrito método científico, transcende-o sem contrariá-lo. Assunto que é magistralmente versado, em seu comentário a Whitehead, pelo professor Justus Buchler, da Universidade de Colúmbia, no seu *The concept of method* (N.Y., 1961). Que constata Buchler? Que a ciência vem tendendo, através de vários cientistas modernos, a ser *self-contained* quando, ao contrário, necessitaria de mais "especulação filosófica" em torno de sua cientificidade e, poderia ter acrescentado, de maior complementação humanística – histórica e artística – para sua compreensão mais profunda do homem. O valor do método por alguns chamado Shakespeare, alongado no método Cervantes, no método Balzac, no método Tolstoi, no método Proust; método que realizam metacientificamente, sem deixarem de ser científicos, no seu trato do que, no homem, é condição humana. Processos demasiadamente rebeldes a esquematizações de todo retilíneas, a apoios matematicamente estatísticos, tão daqueles atuais sociólogos estadunidenses aos quais parece faltar o generalismo científico-humanístico que corrija neles a estreiteza de um especialismo supostamente científico mas, na verdade, tecnocrático, mesmo com primores racionalistas.

Pode-se sugerir desse tecnocraticismo, que alguns cultores de ciências do homem pretendem apresentar como o próprio progresso científico dessas ciências, considerando não-científicos métodos e perspectivas que não se conformam com esse cientificismo que, ao contrário de concorrerem para esse progresso, talvez lhe criem obstáculos. O progresso das ciências do homem pode ser visto como multilinear no sentido de, em obras de ciências aplicada nesse setor de estudos, admitir-se aquele "pluralismo metodológico", destacado pelo existencialista francês Jean Pouillon como antecipação brasileira, e atualmente já seguido, em estudos sociais, noutros países, nos quais foi por alguns tido como anticientífico ou não-científico ou não-racional. A confluência de métodos pode realizar-se, em obras de ciência social aplicada, sem ofensa ao que seja considerado científico na metodologia e também na sua filosofia básica de seu desdobramento em métodos tanto científicos como artísticos que possam ser usados assim confluentemente. Em pintura é o exemplo magnífico dado por um mestre contemporâneo de sua arte, já clássico: Picasso. Alguns dos seus intérpretes é o que vêm notando na sua genial criatividade: seu sucessivo ou coincidente recurso a métodos aparentemente conflitantes, antagônicos e inconciliáveis. Sabe-se de Picasso que nunca se fixou de todo num método como o, para ele, ideal na sua pureza absoluta. Ou na sua eficiência total. Um tecnocrata da pintura nunca será capaz dessa espécie de abertura transmetodológica.

Aliás, de Picasso pode-se talvez dizer que, além de transmetodólogico, foi transideológico. Sabe-se que se deixava classificar como *marxista* ou como *comunista* sem ter sido intolerantemente ou sectariamente, na sua arte, uma coisa ou outra. O que, sendo possível em artes existencialmente ligadas ao homem, é possível nas ciências do homem, contanto que o compromisso filosófico ou ideológico ou teológico não chegue a comprometer, em qualquer dessas ciências, o essencial de sua cientificidade. Não se sabe de um só sociólogo ou antropólogo ou psicólogo social, dentre os mais genialmente criativos, que tenha sido um marxista desse tipo. Pode-se até observar, com alguma malícia, que nem o próprio Karl Marx. Ele próprio teria chegado a declarar, certa vez, não se reconhecer marxista, querendo decerto dizer marxista sectário ou convencional ou do tipo que o aliás lúcido marxista que é o professor Eugene Genovese chama *vulgar*.

O caso do marxismo ideológico, em relação com o científico, é interessantíssimo no sentido de mostrar como é difícil sujeitar-se uma concepção quanto possível cientificamente social do homem, ou uma metodologia ligada a essa concepção, a um *ismo* adaptável a diferentes situações – ocidentais e não-ocidentais, européias e não-européias, ecologicamente tropicais e ecologicamente não-tropicais. Situações sociais, psicossociais, socioeconômicas, socioecológicas, de um grupo humano. Daí a importância, para as ciências do homem, de uma perspectiva ecológica atenta às diferentes repercussões sobre um grupo humano de sua situação no espaço ou no espaço-tempo. Uma dessas situações, a tropical.

Consta dos russos que vêm desenvolvendo uma ciência que, muito ligada à sua condição nacional de russos – de modo algum desfeita pela sovietização das Rússias –, não vêm deixando de afetar o marxismo praticado na União Soviética: uma borealogia. O contrário de uma tropicologia.

As ecologias físicas tendem a se refletir nas sociais e até a se prolongarem, sob formas socioculturais, noutras ecologias. A dinâmica cultural derivada de uma simbiose cultura-ecologia é capaz de transbordantes e surpreendentes transgressões de uma rígida e pura lógica ecologista. Toda ecologia, afinal, segundo a conceituação mais moderna dessa ciência – a que já não é a hegeliana –, é antropocêntrica. Daí haver até uma ecologia humana: tendo o homem como centro ostensivo de relações entre seres vivos e esse homem, é evidente, que além de indivíduo biológico, esse indivíduo já socializado em pessoa, e essa pessoa, em termos sociológicos, um *socius* e, em termos antropológicos, além de um indivíduo biológico, pela suas socialização, uma pessoa, e mais: pela sua aculturação um participante e um criador ou modificador de um tipo de cultura. E essa aculturação, tanto quanto a socialização, condicionada pelo espaço-tempo, pelo ambiente, pelo meio dentro do qual se verifiquem os dois processos. Condicionamentos que não devem ser confundidos como determinismos ecológicos ou geográficos ou históricos, preciso como é que se reconheça, no ser humano, por mais que afetado pela sua situação, uma capacidade dinâmica capaz de resistir a efeitos absolutos de influência ecológica, tornando-os, em parte, relativos.

Nada, porém, de se deixar de considerar nas modernas ciências do homem, à medida que se tornam interdisciplinares ou correlacionadas com outras ciências e animadas de perspectivas enriquecedoras de uma superperspectiva abrangente gestaltiana. Importante para o conjunto, de atentar-se para os condicionamentos do comportamento psicossociocultural das sociedades humanas e, é claro, de suas economias, das suas religiões, das suas artes, das suas alimentações, das suas políticas. A respeito do quê, pode, talvez, o brasileiro ser um tanto ufanista certo, como parece ser, vir o Brasil desenvolvendo uma tropicologia e, dentro dela, uma hispanotropicologia e uma lusotropicologia, já impossíveis de ser desdenhadas por cientistas sociais para os quais o progresso, nas suas ciências, pode ser considerado um afã maior de relacionamento com outras ciências, capazes de contribuir para uma maior criatividade e uma maior eficácia do homem, do que uma preocupação de purismo que fosse, em ciência, uma espécie de purismo racial. Cada ciência do homem, uma raça ciosa de sua pureza absoluta e empenhada em resistir a interpretações entre ciências afins como se resistisse a uma espécie do que os puristas de raças chamam, horrorizados, mongolização. A degradação, no caso, pela mistura de perspectivas e de métodos.

A esse propósito, o que o professor Justus Buchler diz do que chama *"philosophic aims"* com relação a método, pode ser aplicado a objetivos científico-sociais. Para o professor Buchler, *"philosophic methods... are transcended by philosophic aims"*. Pois assim como uma filosofia busca mais do que um método pode lhe dar (*"a philosophy seeks more than its methods can yield"*), o mesmo parece acontecer com as ciências do homem: estão sempre a necessitar de métodos não experimentados que completem ou intensifiquem a eficiência dos já utilizados. Não só, porém, de métodos: também de contribuições que lhes venham de outras ciências e de suas perspectivas. Uma delas, a ecologia, desse 1937 pioneiramente adotada no Brasil como ciência capaz de enriquecer as do homem aplicadas à análise e à interpretação social do brasileiro, tendo uma primeira tentativa ou sugestão de aplicação se realizado com relação ao Nordeste canavieiro. Esse pioneirismo brasileiro, proclamou-o já o eminente geógrafo paulista, diretor do Museu do Ipiranga, o professor Rocha Penteado, ao participar, no Recife, de reunião do Seminário de Tropicologia, então da Universidade Federal de Pernambuco, por iniciativa do esclarecido reitor que foi Murilo Guimarães, e, hoje, da Fundação Joaquim Nabuco de Pesquisas Sociais, presidido por Fernando Freyre.

Os trabalhos realizados por esse seminário (já de repercussão internacional, tendo atraído, mais do que qualquer universidade brasileira, a atenção do professor Arnold Toynbee, quando o famoso historiador-sociólogo esteve no nosso país) mostram, da abordagem ecológica – no caso, a tropicológica –, quanto pode ser científica e humanisticamente proveitosa à análise e à interpretação de situações psicossocioculturais condicionadas por uma ecologia tropical e através de experiência humana e cultural mista: eurotropical. Várias dessas situações vêm sendo consideradas por esse seminário assim interdisciplinar em que, à sua origem, como seminário do tipo Tannenbaum, foram acrescentados brasileirismos quanto à representatividade de seus participantes: distribuição por geração e sexo, ao lado da representação de saberes científicos e humanísticos; admissão, conforme os assuntos a serem considerados, de elementos extra-universitários ou extra-acadêmicos, capazes de trazerem, ao trato de matéria complexa, experiências de militantes em atividades práticas: desde a clínica à culinária; desde o sacerdócio ao esporte; desde a pintura à música. Os anais já publicados do Seminário de Tropicologia – publicações agora sob a direção competentíssima do professor Roberto Motta – mostram como essa representatividade de cultores de diferentes saberes, gerações, atividade, tem sido proveitosa às considerações abrangentes de assuntos complexos. Ao trato científico de matéria tão complexa, sabido que, nesse trato, vem predominando o humanístico-científico, sem desprezo por fontes não-eruditas, não-científicas e não-universitárias de informação. Talvez não tenha havido, na América dos últimos anos, órgão de colheita de informações de diferentes espécies e procedências mais útil às ciências do homem e tão utilizável por governos, empresários, líderes religiosos, líderes agrários, líderes sindicais, educadores. Nenhum órgão universitário, ou parauniversitário, em busca de mais do que ofereçem o ensino e estudos convencionalmente acadêmicos ou oficiais, tem reunido tanto sobre o homem situado em espaços tropicais: suas populações, suas formas de vivência e convivência, as relações entre economias e culturas de origem principalmente européia com ecologias tropicais. Busca que, procurando atingir conhecimentos sobre o assunto, ainda não esquematizados, tem dado a alguns observadores de seus arrojos a impressão de serem não-científicos nas suas predominâncias por não ser sua aplicação de ciência, ou aquilo que Anísio Teixeira, mestre insigne, considerava "criação de ciência" por meio de arrojos novos, de desprezo por convenções rígidas, de um além do apenas convencionalmente científico e de suas consagradas purezas ou ortodoxias. Há métodos ou arrojos de perspectiva e métodos que, nas ciências do homem como, aliás, noutras ciências, têm surgido ao lado do que o já citado professor Justus Buchler chama atividade substantiva: ainda não ciência sistemática mas já predisposição à ciência sob a forma de experimentos substanciais, antes de se estilizarem em formais. É um processo, esse de estilização de arrojos experimentais em torno de substância, que não se pode dizer que se processe só cientificamente. Ou só intuitivamente. Ou só empaticamente. Também através de crítica filosófica em torno de arrojos de criações que, para se estilizarem em possíveis métodos científicos, precisem de sofrer essa crítica filosófica, tão necessária às ciências, em geral, e às do homem, em particular.

Tanto quanto pela filosofia, as ciências do homem são afetadas – é quase acaciano dizer-se – pela história. Inevitavelmente afetadas pela história. Já Franz Boas dizia da antropologia social ou cultural que era principalmente história. Inclusive – podia ter se antecipado em dizer – história oral: aquela história oral que na sua própria Universidade de Colúmbia seria influentemente institucionalizada em dias atuais, como antecipações brasileiras que não devem de modo algum ser esquecidas. Utilizaram-se dela fragmentariamente, mas essa utilização mesmo fragmentária importando no reconhecimento do seu valor, Nina Rodrigues em seu notável estudo antropológico do negro brasileiro – recolhendo depoimentos, na Bahia, de ex-escravos – e Tobias Monteiro, para ensaio histórico, mais que reportagem jornalística, sobre os começos políticos da República no Brasil, em que recorreu, através de entrevistas, a reminiscências ou depoimentos de sobreviventes desses começos. E é justo que, a propósito, lembre-se o que há, pioneiramente, da história oral junto a empenho principalmente, segundo intenção nele declarada, de sociologia genética ou de sociologia ou antropologia social de origens – no caso, as de uma sociedade nacional: a brasileira – no livro, aparecido no natal de 1933, *Casa-grande & senzala,* e, de modo sob alguns aspectos mais incisivo, na, anos depois, sua continuação: *Ordem e progresso.*

Já não é científica a imagem do homem como ser conscientemente racional, livre para escolher seus rumos históricos. Tanto quanto condicionado por espaços ou por ecologias ele é condicionado pelo tempo social. Freud criou uma nova perspectiva para as relações do homem com sua capacidade de optar livremente por destinos. Como observa o professor H. Stuart Hughes no seu *Consciousness and society,* os historiadores vêm sentido a necessidade de, nas suas colocações de sociedades em tempos sociais, se tornarem semelhantes a cientistas sociais: antropólogos, psicólogos, sociólogos. A esse respeito há pontos de coincidência de adeptos atuais de Freud com adeptos atuais de Marx. Mas também divergências que afetam um consenso, ainda não atingido, nem por esses adeptos, nem pelos livres de ideologismos rígidos, do que seja científico no estudo da história do homem; de suas sociedades e de suas culturas. De suas origens míticas e de seus desdobramentos raramente racionais.

Para Croce, o puro historiador – por ele, aliás, como filósofo, desdenhado – não vai além da crônica. Mas nem todo historiador moderno é um puro historiador. Vários os que escrevem história considerando-a ou sintetizando-a, através de análises e interpretações suscetíveis de considerações cientificamente sociais: a perspectiva de Pannikar com relação a Orientes em face de Ocidentes. Podem juntar tais historiadores a essas análises conceitos do melhor sabor literário ou artístico. Mas sob um critério quanto possível objetivamente científico – o desejado por um Max Weber por vezes historiador: inclusive de religiões orientais –, o que neles é crônica é superado por análise cientificamente social. Daí, no Brasil, a revolução, nos últimos decênios, da história da sociedade ou da Nação ou do Estado ou de instituições como a Igreja Católica: a escrita por brasileiros idôneos como Alceu Amoroso Lima, com relação a Minas Gerais, como reduto brasileiro de tradição católica, e Nilo Pereira e David Gueiros, com relação ao episódio dom Vital – Macedo Costa. Abordagens, a desses brasileiros, como também a de José Antônio Gonsalves de Mello, a de Artur Reis e a de José Honório Rodrigues, superiores às dos chamados *brazilianists*, muitos deles tão incapazes de juntarem a seus estudos, por vezes esforçados e minuciosos, percepção psicológica, e de desenvolverem relatos históricos dentro de perspectivas, além de cientificamente, humanisticamente sociais. Introduções antropológicas ou sociológicas ou psicológicas ou econômicas a reconstituições empáticas de tempos sociais raramente têm vindo desses *brazilianists* Ph. DD ianques que se comparem às dos Roger Bastides ou às de seus antecessores de há meio século, como Roy Nash, Alan K. Manchester e Lynn Smith. Tempos não-cronólogicos, mas sociais, como que alguns historiadores sociais de feitio complexo têm, sem prejuízo de sua cientificidade, se identificado de tal modo que dão a críticos não de todo capazes a impressão de puros saudosistas. Ou de louvadores de tempos idos.

A empatia, em alguns casos, pode extremar-se, admita-se, numa aparente saudade. Numa romântica, na verdade, saudade. Mas válida quando só o bastante – o que tem acontecido em vários casos – de identificação com passados sociais, em cuja reconstituição o historiador social se empenhe sentindo-se, quanto possível, participante, por ciência empática e não por sentimentalismos desvairados, do tempo que procura reconstituir. Georges Sorel talvez incluísse essa atitude naquela "poesia social" para ele – nada romântica – parte da sociologia interpretativa. Expressão, através de história social, com alguma coisa de antropologia, de ciência social.

Quando um entrevistador que, da parte do *The New York Times,* ouviu-me recentemente, no Brasil, classificou-me como "cronista do desenvolvimento social do Brasil", nessa classificação – "cronista" – refletiu-se decerto, sobre o aliás simpático jornalista, a relutância dos cientistas sociais do tipo Ph. D. dos Estados Unidos atuais, em considerarem ciência social o que não se conforme com seu estrito cientificismo ou objetivismo ou racionalismo no trato da matéria social e com sua expressão, em vez de em sociologês ou antropologês ou filosofês, em vez de língua literária sumariamente tida por não-científica.

É justamente aí que grande parte da atual crítica ou análise estadunidense de obras brasileiras, para ela, *exóticas* e, como tal, inferiores, contrasta com a crítica ou análise das mesmas obras, da parte de mestres europeus, desde um Lucien Febvre a um Roland Barthes; ou desde um Shelsky a um Jean Duvignaud; ou de um Julian Marias a um MacRae; ou de um Waldo Frank a um Lord Asa Briggs. Daí, contrastantes conceitos do que seja ciência social: um, característico de uma cultura européia a que não falta generalismo humanístico e outro, característico de uma, desde a Segunda Grande Guerra, cultura estadunidense, em grande parte de sua ciência social (com exceções notáveis como a de um Daniel Bell e, até há pouco, a de um Robert Redfield e hoje a de um Eugene Genovese), com inclinações extremamente tecnocráticas a caracterizarem sua espécie de cientificidade.

Vem se contrapondo a esse tecnocratismo em especialismos científico-sociais um generalismo, sob a forma de criativo ensaísmo de visão por vezes filosófica de que, como seu superior talento e seu saber abrangente, foram expressões, em língua inglesa, em termos modernos, Edmund Wilson e Lewis Mumford, nos Estados Unidos, e Herbert Read e o próprio Aldous Huxley, na Grã-Bretanha. E dos quais pode-se dizer vir tendo o Brasil equivalentes em ensaístas do valor de um Raimundo Faoro, de um Barbosa Lima Sobrinho, de um Tristão de Athayde, de um Fernando Pedreira, de um Viana Moog, de um Edson Nery da Fonseca, de um Wilson Martins, de um Gilberto de Melo Kujawsky, de um Francisco de Assis Barbosa, de um Afonso Arinos de Mello Franco, de um Austregésilo de Athayde, de um Otto Lara Rezende, de um Pedro Calmon, de um Artur Reis, de um Samuel Benchimol e de um José Honório Rodrigues – estes ao lado de sua especialidade, a história –, de um Darcy Ribeiro, ao lado de sua especialidade, a antropologia, de um Eduardo Portella, de um Leo Gilson Ribeiro, de um Roberto Motta, de um Potiguar Matos, de um Nilo Pereira, de um Gerardo Mourão, de um Nogueira Moutinho, de um Gilberto Osório, de um Marinho de Azevedo, de um Marcus Accioly, de um Félix Athayde, de um Sílvio Meira, de uma Maria do Carmo Tavares de Miranda, de um Leandro Tocantins, de um Meira Pena, e com atual repercussão no exterior, ao lado de Darcy Ribeiro, José Guilherme Merquior. O ensaísmo representa atualmente, nas letras ocidentais, em geral, nas brasileiras, em particular, não só uma ressurgência – a de uma forma superior de expressão literária tornada clássica por franceses como Montaigne e Pascal, ingleses como Lamb e Newman, espanhóis como Gracián e em termos modernos avivada por Unamuno e Ganivet –, mas uma insurgência sob a forma de nova abrangência: a insurgência de um neogeneralismo superador de excessos tecnocráticos de especialismos. Insurgência em face do que começou a ser uma intolerante ortodoxia dessa espécie de tecnocracia: o extremo especialismo no trato de assuntos sociais ou socioculturais. Excesso, nesse neogeneralismo, de citações? É possível. Mas o fato é que o Brasil de hoje conta com generalistas de qualidade e não apenas notáveis pelo número já considerável: superação, já, de romancistas e de poetas, nas próprias letras.

Apareceu há vinte anos um livro significativo – *The eclipse of the community; an interpretation of American studies,* do professor Maurice R. Stein (Princeton University Press, Princeton, 1960) – pelo que começou a representar de insatisfação, da parte de alguns cientistas sociais estadunidenses, como especialismos cientificistas fechados, nos estudos sociais. Nele, seu autor, depois de invocar a seu favor pronunciamentos do seu colega Charles Baudom, em *The myth of modernity,* em prol de um humanismo evidentemente generalista, chega a dizer da sociologia da época precisar de ser dramatizada por um Freud capaz de interpretar dramas da atualidade social em termos comparáveis aos da análise do complexo de Édipo, dados os, para ele, fracassos nesse sentido de Karl Marx e Max Weber. Um Marx e um Weber aos quais poderia ter dito não ter faltado apego à racionalidade no que neles foi, aliás, além de fechados especialismos.

A situação atual, em estudos sociais, parece continuar a ser a de necessidade de uma maior consideração de comportamentos humanos, em suas expressões psicossocioculturais, que adquirindo maior profundidade, registre, nesses comportamentos, o irracional ou o ilógico. O predecessor, por excelência, ainda que incompleto e provocantemente imperfeito, dessa compreensividade mais profunda, atenta já ao irracional, talvez tenha sido Georges Sorel. Por que não uma ressurgência de Sorel, adaptado a circunstâncias insurgentes de uma época agudamente inquieta, insatisfeita, desajustada, desencantada com o *mito do progresso* e vítima de violência descontrolada, como a que atravessam Ocidentes e Orientes? Como a que assinala dificuldades de compreensão mútua quer entre eles, sob formas políticas e econômicas, quer em bases psicossocioculturais dessas formas?

O autor conclui essa advertência ao leitor, pedindo-lhe que se prepare para defrontar-se com livro desordenado; mais do que isso, desconchavado; cheio daquelas repetições que, desde *Casa-grande & senzala,* desaponta leitores de livros corretos e até modelares nos seus modos de ser livros.

Como os anteriores, do autor, este está longe de ser apolíneo na apresentação do material que reúne, sem procurar arregimentá-lo, ordená-lo, discipliná-lo, racionalizá-lo. Chega a ser insolitamente dionisíaco. O que talvez não o torne chocante para um momento como o atual, antes de descontração do que de rígidas formas de ordenação. Não se diga que com um mais insurgente que ressurgente conservadorismo, como o que começa a emergir nos nossos dias, inclusive nos Estados Unidos, a tendência, no mundo de hoje, principie a ser para a consagração de modelos apolíneos tanto de trajar como de pensar, tanto de música como de arquitetura. Ao contrário: é possível que estejam a começar a surgir, em arquitetura, novos Gaudis, como o de Barcelona, a oporem curvas e retas, formas surpreendentemente tronchas a formas convencionalmente corretas. E como na arquitetura, isto é, nos edifícios, na expressão em escritos de pensadores, de ensaístas, de ficcionistas, de poetas, de artistas literários. O que, a ser exato, deixa à vontade este livro, tal como se apresenta: com repetições. Com desconchavos. Curvo. Torto. Com à-vontades de expressão em que uma possível espontaneidade faça às vezes de excessiva racionalização, calculada e apolínea, do pensar e do sentir de um a seu modo analista de cruzamentos atuais de insurgências e de ressurgências não só de pensar e de sentir coletivas como de formas de agir, de amar, de comer, de beber, de dançar, de cantar, de crer. De crer, ao que parece, mais do que de descrer.

Que meios de informação permitem ao autor o quase impossível luxo de considerar-se se não de todo, um tanto atual, quanto ao assunto complexo e fluente que ousada e, por vezes, desajeitadamente aborda, sendo a sua situação a de simples morador de subúrbio – é verdade que, com freqüentes viagens, no país, ao Rio, a São Paulo, a Brasília, no exterior, à sua sempre materna Europa? Esses meios de informação são os que lhe vêm de sua já antiga condição de membro, por consagração, da bicentenária Academia Americana de Artes e Ciências, de Boston, da qual recebe excelentes publicações tão regularmente quanto do Real Instituto Antropológico da Grã-Bretanha e Irlanda, do qual é titular – inclusive sua revista *Man* e seu boletim *Rain* – e da também bicentenária Sociedade Americana de Filosofia, de Filadélfia, fundada por Franklin, da qual foi consagrado membro, e de, como *alumnus,* não esquecido pela *alma mater,* receber igualmente publicações atualizantes da Universidade de Colúmbia; de doutor, sempre efetivo, para o fim de receber publicações, de universidades como a de Coimbra, e ser mantido também atual através de tais publicações; de sócio-correspondente, e recipiente de publicações, tanto da Academia de Ciências do Ultramar de Paris, inclusive sua boa revista *Mondes et cultures,* como da Academia Mundial de Arte e Ciência de Tel Aviv; de sócio-correspondente da Real Academia Espanhola e recipiente de suas valiosas publicações; de sócio-correspondente da Real Academia de História e da Academia das Ciências, de Lisboa, e recipiente de suas publicações; de, por gentileza da diplomacia francesa – a mais cultural das diplomacias – receber *Le Figaro,* de Paris: o semanário e o diário; e mais: a tradicional *Revue des Deux Mondes,* já lida por pernambucanos antigos do século XIX; de, também por gentileza dos editores, receber os semanários brasileiros *Veja e Exame* e o estadunidense *Time;* o *Cahiers Internationaux de Sociologie,* de Paris; e mais: *Development Digest,* do Departamento de Estado dos Estados Unidos e também sua ótima publicação em língua portuguesa distribuída pela embaixada em Brasília; *Problemas Brasileiros,* de São Paulo; *Armas em Marcha,* referente a assuntos militares; o *Cadernos Germano-Brasileiros,* publicado em Bonn, pelo professor Hermann Goergen; publicações de informações, distribuídas pelos governos francês, britânico, estadunidense, alemão, coreano; publicações da Sociedade Hispânica de Nova York; a *Inter-American Review of Bibliography,* de Washington; a *Revista Brasileira de Filosofia;* a *Revista do Instituto Histórico e Geográfico Brasileiro,* instituto do qual tenho a honra de ser titular. Várias outras. E até há pouco, a *American Sociological Review,* que tinha o direito de receber como membro perpétuo aclamado da Sociedade Americana de Sociologia, porém suspenso quando completei 75 anos, suponho que por suposição, à base de previsões tecnocráticas da parte dos editores, de já faltar-me vista ou, talvez, lucidez.

Outra advertência ao leitor: *Insurgências e ressurgências atuais* inclui pormenores aparentemente de interesse só pessoal. Mas não é justo que o leitor de um livro saiba de que informações se vale o autor para conservar-se em dia com atualidades? E saiba que tratando-se de autor financeiramente incapaz de assinar ou adquirir periódicos, além de livros, essenciais à sua atualização, recebe tais publicações de universidades, institutos, academias, governos, editores, que o consideram merecedor dessa solidariedade intelectual? Decididamente, o mundo atual não é dominado só por egoísmos: também por ânimos solidários. É o depoimento de um octogenário sem outros atributos para ser notado, senão a sua condição de homem constantemente de estudo.

Outro reparo sobre os dias atuais: o de serem dias semelhantes, no Ocidente, àqueles de após a Primeira Grande Guerra em que surgiram jovens – como, na França, Péguys e Psicharis – a pretenderem ser, ressurgentemente, os pais de seus pais. Ao que se assemelha, no Brasil de agora, um João Câmara Filho, pintor admirável, a considerar-se, um tanto freudianamente, depois de haver se sentido, uma espécie de *filho* de Getúlio Vargas, insurgente de 1930, *pai* desse mesmo Getúlio da última fase. É a mensagem do recentíssimo *Cenas da vida brasileira (1930-1954), 10 pinturas e 100 litografias de João Câmara Filho*. O antigo filho de Getúlio, o *pai*, a descobrir-se, a certa altura, com a responsabilidade de pai do antigo pai. E como pintor, a considerar-se brasileiro ou latino-americano, diferente, na perspectiva, dos europeus. Na perspectiva, e poderia dizer, no ânimo e nesse particular, tão diferente de europeus como os atualíssimos jogadores brasileiros de futebol que acabam de tornar essa diferença esteticamente visual, vencendo com o seu jogo ressurgentemente festivo, lúdico, dionisíaco, os esmeros apolíneos, racionais, lógicos, de norte-europeus. Os esmeros que já houve quem pretendesse impor ao futebol brasileiro, racionalizando-o tanto quanto clérigos católicos, insurgentemente lógicos, pretenderam fazer com relação ao catolicismo do Brasil. Um catolicismo, entretanto, triunfante sobre essa como que neoluteranização com o lúcido apoio de João Paulo II. O que parece começar a acontecer com um emergente solidarismo, tanto no Brasil católico como na Polônia catolicíssima, com relação a já fracassados paleocapitalismos e socialismos racionais de várias espécies: desde o oficializado pela União Soviética totalitária ao tentado nas Suécias sob formas estatais racionalmente tecnocráticas e burocráticas. A respeito de Getúlio *pai* a tornar-se Getúlio *filho*, recorde-se fato quase desconhecido pelos brasileiros: o de, alguns dias antes do suicídio, ter Getúlio Vargas convocado, pelo telefone, brasileiro de Pernambuco com a idade, ainda mais exatamente do que João Câmara – com a idade de neto – de ser como que seu pai: seu orientador de um reajustamento agrário, em termos socioeconômicos, para o Brasil, como, segundo ele, uma espécie de seu superministro, que trabalharia com ele no próprio Catete, em mesa – que mostrou – já pronta para ser a desse seu, para ele, supremo reorientador. Reorientador acima dos demais ministros. Pelo que se pode dizer dessa convocação que seria a de um pai a buscar em compatriota, com a idade de ser seu filho – além de desligado de partido ou de filiação partidária – um, para o efeito de toda uma revolução no seu governo, um substituto, em importantíssimo particular, de sua função de pai político. O convocado, sem ter dado resposta imediata, só viria a considerar o inesperadíssimo apelo de volta ao Recife e em face de novo telefonema da parte do então presidente da República: um Getúlio Vargas já como que a sentir a necessidade de um pai intelectual. Já um tanto filho à procura de um pai que suprisse nele uma quase condição de pai a sentir-se já incapaz de ser plenamente pai de seus compatriotas mais desvalidos, mais fracos, mais necessitados de um amparo essencial: o só possível de ser conseguido através – pode-se dizer hoje – de um agora chamado solidarismo.

A força do Brasil contra tais racionalizações absorventes está no seu ânimo ressurgente festivo. Na *festa* brasileira, da arguta concepção de Eduardo Portella. No quase festivo samba, do seu futebol. No desassombro com que os mais brasileiros dos seus escritores, artistas, líderes religiosos, líderes operários, líderes industriais, pensadores sociais, do Brasil atual, vêm sabendo ser transracionais e, brasileiramente, transeuropeus, sem se tornarem antieuropeus. E ressurgentemente ecológicos sem se racionalizarem em ecologistas.

Inclusive sugestões de sabedoria oral, popular, capazes de ser utilizadas, através do seu exame por saberes que, sendo eruditos, não sejam fechadamente academicistas ou Ph. Deístas.

Lembre-se, a propósito, que imediatamente antes da revolução de 1917, na Rússia – antes de institucionalizar-se em União Soviética – houve entre os russos um surpreendente modernismo em arte – sobretudo em pintura, com Malevitch. Com Malevitch querendo o quê? Querendo emblemas espirituais sob formas ideais geométricas substituindo efígies da Virgem e de são Basílio. Inspirando-se em tradições e em sugestões regionais. Um construtivismo um tanto anárquico mas de modo algum insensível a raízes: a tradições espirituais. Com artistas considerando-se, através desse construtivismo de base tradicionalmente mística, "engenheiros sociais": os engenheiros sociais que nas modernas ciências do homem são considerados tão importantes como ciência aplicada quer à arte, quer à vida.

Tal modernismo construtivista seria de todo reprimido pelos superburocratas e tecnocratas convencionalmente racionalistas da União Soviética. Sobretudo pelo mais poderoso e arbitrário dentre eles: Stalin. Episódio nada insignificante que o crítico de arte estadunidense Robert Hughes recordou em artigo na seção Art, do semanário *Time,* de 21 de julho de 1980, volume 116, nº 3.

Não se deixe, entretanto, de atentar, um tanto em discordância com a importância atualmente atribuída a ambientes, no que representa, de ressurgência, a moderna tendência, da parte de alguns estudiosos do conhecimento humano, de opor aos, para eles, excessos de ambientismo, no trato de expressões socioculturais, ênfase em fatores hereditários e genéticos, com apoios sociobiológicos. É uma reminiscência que se projeta em correlações de caráter político-social, pondo em situação defensiva adeptos, no trato de tal assunto, de um igualitarismo democrático de todo contrário a considerações de sentido hierarquizante – problema que o sociólogo filosófico José Guilherme Merquior acaba de abordar em nota prévia merecedora de ampliação – em torno de sociedades modernas.

De onde o muito oportuno ensaio "La fin de la social-democratie", de Alain Grotteray, na *Revue de Deux Mondes* (Paris), de fevereiro de 1981, no qual se dá a ideologia representada pela social-democracia, como tendo atingindo seu vigor máximo nos últimos dois decênios, nos Estados Unidos e na Europa, como tentativa de equilíbrio entre *liberdade* e *igualdade,* vir fracassando tanto no aspecto social como no econômico dessa tentativa e suscitando, para corretivo, soluções ou de caráter ressurgente, ou de caráter insurgente. Seu principal fracasso estaria, segundo crítica sociológica do professor Daniel Bell – citado em "La fin de la social-democratie" – em desmotivar, no plano econômico com repercussão sobre o social, o produtor e em transformar o cidadão em passivo assistido ou passivo – e não ativo – protegido pelo Estado. O que explicaria especificamente a crise britânica, com um trabalhismo extremado em poder com pretensões a estatal, e este assistencial, de modo a auxiliar quer a figura do cidadão, quer a ação da livre-iniciativa. Daí a própria social-democracia sueca ter se tornado, para Roland Handford, citado por Grotteray, através de uma superburocratização, um *novo totalitarismo.* Contra o que se pode admitir vir a insurgentemente afirmar-se, para espanto de não poucos dos atuais *cientistas políticos,* nova forma de Estado – diante das circunstâncias – mais preocupado com funções ligadas à defesa de soberanias nacionais, por um lado, e por outro, mais inclinado a dar à iniciativa privada mais amplas oportunidades de expressão.

Tais concepções parecem envolver a crescente constatação, através de pesquisas, de que iguais facilidades na educação de crianças não resultem em apoios a teses de igualitarismo de todo dependente de tais facilidades. De onde indícios de ser necessário admitir desigualdades de aptidões. E dentro dessa constatação, recorrer-se – como o autor deste livro advertiu os representantes da Nação brasileira em conferência, há três anos, na Câmara dos Deputados, em Brasília – à procura, pelo governo brasileiro, de supradotados, seja qual for sua origem racial ou socioeconômica, aos quais seriam dados especiais cuidados educacionais.

Dessa ressurgência-insurgência quanto é possível aceitar-se como potencialmente duradoura? Quando e até quando? Em que ritmo? Com que abrangência? Dentro dela, até onde poderá ir a potencialidade representada pela transformação, de que há indícios estar se verificando com vantagem sobre teologias quase tecnocraticamente racionais, dentro das igrejas católicas – a romana, a anglicana, a ortodoxa –, da teologia por assim dizer romântica, como tendem a considerá-la atuais estudiosos do assunto, entre os quais Michel Baude e Marc M. Munch no por ele coordenado *Romantisme et religion* (Paris, 1980), para o Centre de Recherche sur Literature et Spiritualité, da Universidade de Metz: obra em que se admite uma ressurgente espiritualidade para a qual estariam confluindo contribuições de não-especialistas em teologia, animados de vocações místicas, inconformadas com lógicas teológicas de tal modo lógicas e racionalistas que estariam chegando a extremos não-teológicos. Ao lado dessa espécie de *romantismo,* não se poderia considerar como com ele um tanto coincidente o *Un socialisme sans perversion* (Paris, 1980), em que Nicolas Steinberg propõe tal personalização dos socialismos, vítimas de estatização, de tecnocratização e de burocratização, supostamente racionalizante, que essa personalização, também ela, importaria num misto de insurgência e de ressurgência dentro desse como que bloco de motivações sociais rivais das teológicas, que vêm sendo as sociologicamente socialistas? É assunto cientificamente social atualíssimo junto – acentue-se sempre – com os problemas correlatos nos quais o recentíssimo livro de Yves Christen, *Marx et Darwin* (Paris, 1981), prolonga a consideração de problemas já atingidos do ponto de vista biológico – o ligado a Darwin, como grande insurgente – por Edward O. Wilson, estadunidense, e Charles Lunsdern, canadense, em experimentos em torno das relações entre genes, mente e cultura, a serem expostos breve de forma sistemática. A propósito do canadense, registre-se estarem sendo irradiadas do Canadá informações, ainda a ser apresentadas de forma sistemática sobre pesquisa biológica ali realizada que favoreceria o neolamarckismo, isto é, a possibilidade de transmissão de caracteres adquiridos. E desse modo favoreceria também o ambientismo a que a sociobiologia junta um geneticismo capaz, segundo seus adeptos, de realizar significativas mudanças, no homem, de percepção de cor, através de não mais que cinco gerações.

Dentro da Igreja Católica Romana, com João Paulo II, e na Polônia, com o movimento chamado de Solidariedade, são evidentes insurgências-ressurgências nesse sentido, em expressões concretas. Verificam-se, também, outras expressões quer parateológicas, quer socialmente renovadoras.

Em 1978, colóquio promovido pelo Centre d'Étude des Religions Africaines, em Kinshasa, tornou evidente a relação entre cultos religiosos e culturas não só racionais como intuitivas: estas por vezes representadas por inteligências de feitio diferente das lógicas. Daí a importância, a esse respeito, do livro *Religions africaines et christianisme* (Kinshasa, Faculdade de Teologia Católica), tão competentemente comentado tanto em *Man; the Journal of the Anthropological Institute* (Londres, vol. 15, nº 3, setembro de 1980) quanto em *Mondes et cultures,* da Academia de Ciências do Ultramar, de Paris (tomo XXXIX, 3, 1979).

Pois parece irrecusável uma vitalidade de religiosidade em comportamentos e culturas não-européias capaz de reavivar, no cristianismo europeu, vocações místicas, neutralizadas por excessos de racionalismo, não sendo, no caso, desprezível o exemplo brasileiro, de uma influência africana sobre expressões populares de catolicismo, à revelia das oficiais e clericais, que não deixaram de ser notadas com alguma simpatia e superior argúcia por João Paulo II, em recente visita ao Brasil.

Atente-se nesta moderníssima insurgência; a da ciência médica em face de triunfos da morte sobre a média de vida do homem ocidental. Uma insurgência que está resultando em contratriunfos. Isto, entendendo-se por triunfos sobre a morte aqueles que Domingo Garcia-Sabel, em ensaio, La muerte, hoy (*Cuenta y Razón,* Madri, Primavera, 1981, nº 2), distingue da criação de indivíduos "*semimuertos, sosteniendo una apariencia de palpitación fisiológica vejeces desprovistas de receptividad humana y sosteniendo inconsciencias irrecuperables de enfermos deshauciados*".

A insurgência válida está no moderno prolongamento da média de vida plena conseguida pela moderna ciência médica ocidental, representando esse prolongamento uma das vantagens da cultura ocidental sobre as não-ocidentais. Mas não sem que se possa desprezar o que artes médicas não-ocidentais vêm representando para a cura de distúrbios de saúde humana, concorrendo elas próprias, através de suas adoções no mundo ocidental, para o referido aumento de média de vida do homem do Ocidente. O que é evidência do valor da reciprocidade ou do intercâmbio de valores instrumentais entre a cultura ocidental e as não-ocidentais: estas com suas valiosas ressurgências. A ocidental com as suas também valiosas insurgências atuais contra aqueles excessos de racionalidade e de tecnocracidade que viriam prejudicando nela, desde o século XVIII, grande parte de suas vocações criativas em setores dos mais expressivos, embora noutros setores seja inegável terem sido notáveis seus arrojos criadores, um dos quais ligado ao nome de um amarelinho brasileiro: Alberto Santos Dumont.

Assinalando-se o triunfo alcançado pela moderna ciência médica ocidental a favor de um quase sensacional aumento de média de vida do homem do Ocidente, observar-se desse triunfo ter representado desvio de um racionalismo no setor da mesma ciência contra o qual teve que se erguer um não doutoralmente médico como Pasteur, com aparência de quem pleiteasse causa não-racional. O que, anos depois, sucederia com Freud e, principalmente, com Jung, em setor científico ligado à arte médica: também eles foram insurgentes contra racionalismos fortemente dominantes nesses setores. Equivalentes dessas insurgências a racionalismos – inclusive o representado por marxismos diferentemente derivados de Karl Marx – se verificariam na filosofia e nas ciências do homem com resultados revolucionariamente culturais ainda em desenvolvimento. Mas já criadores de novas perspectivas, nessa filosofia e nessas ciências e em suas aplicações possíveis.

Uma última advertência ao leitor, repetindo outras: o nº 6, volume XXXIII, de março de 1980, do *Boletim* da Bicentenária Academia Americana de Artes e Ciências de Boston traz dois importantes ensaios de interesse filosófico social, coincidente com o deste *Insurgências e ressurgências atuais:* um, do professor Marc J. Roberts, da Universidade de Harvard, sobre Racionalização e regionalismo; outro, de Bruce Hannay, vice-presidente do famoso Instituto Bell, de pesquisas em torno de patentes de invenções, sobre tecnologia inovação. E, também ele, relativo ao que a racionalidade representa para modernas sociedades e modernas culturas.

Ambos os ensaios refletem dúvidas atuais em torno de serem tecnologia, economia e transformações, sob tais rumos como valores supremos para uma sociedade e para uma cultura. E do último desses notáveis ensaios é a observação de inventores e inovadores não participarem dessas dúvidas. Não são apenas antropólogos, sociólogos, psicólogos sociais, educadores, humanistas, poetas: são místicos e filósofos, os preocupados com o problema crescentemente grave de identificações de identidades – a pessoal, a nacional e a social – através de consideração de valores que não sejam os apenas racionais, econômicos e tecnocráticos.

De um dos livros mais inteligentemente analíticos, *In defense of the West* – intuições aliadas a raciocínios – aparecidos na década de 40, em resposta aos desafios dos pensadores racionais da época, do, além de economista, cientista político, de formação germânica porém crítico do nazismo, Herbert von Beckerath, então professor da Universidade de Duke (Durham, 1942), é a profecia de uma futura China que, com seus velhos títulos culturais (*"old cultural titles"*), chegaria à categoria de grande nação livre (*"the rank of a great free nation"*), com refinadas tradições personalistas (*"with refined personalistic traditions"*). Um personalismo tradicionalmente chinês, anterior por séculos ao do Brasil, que a adoção, por seus dominadores nacionalistas, desde a sua libertação de domínios imperialmente ocidentais, é evidente que procurou submeter a severo estatismo coletivista. Mas o professor Beckerath, já tendo admitido da própria União Soviética que poderá vir a abandonar seu rígido estatismo coletivista, se o progresso no sentido de uma sociedade com melhores e mais igualitárias oportunidades para todos, em nações liberais e democráticas, venham a convencê-la que a maneira revolucionariamente cruel e sanguinária não é o único caminho para o progresso social (*"if the progress towards a society with better and more equal opportunities for all in liberal and democratic countries should convince her that the bloody and cruel revolutionary way is not the only road to social progress..."*), não hesitaria em admitir a possibilidade de outra ressurgência: a do personalismo chinês numa China já tão resistente ao totalitarismo comunista.

Diante do quê, o professor Beckerath, como uma espécie de alemão eruditamente empenhado em atenuar o pessimismo, com ralação ao futuro do Ocidente, do seu compatriota e – acrescente-se – seu evidente superior em talento, Spengler, em 1940, voltava-se para o que sobrevivesse do Império Britânico, como mais capaz do que os Estados Unidos da América de concorrer para a construção de um futuro humano em que fossem harmonizados elementos fortemente heterogêneos como os que surgiriam, com poderes conflitantes, de uma vitória sobre o hitlerismo. Isto por gradual ajustamento de elementos refratários ao padrão desejado, acompanhado de acolhimento dos mesmos elementos como iguais para iguais (*"by gradual adjustment of refractory elements to the standard pattern, accompanied by their reception as equal partners"*). Esse *standard pattern*, o democrático-personalista. Sob completa interpretação de um critério democrático-personalista no ajustamento entre autoproclamados superiores e ditos inferiores é que a China teria que ser de início reconhecida pelos ocidentais etnocentricamente brancos como seu completo igual. E como a China, ou após a China, outros povos não-ocidentais de cor, tidos como inferiores. O que dependeria da capacidade do homem do Ocidente para rever seus critérios de relações com não-ocidentais em crescentes emergência como poderes dos quais pode-se dizer em harmonia com os objetivos deste ensaio, uns insurgentes, através de valores que os representem, outros ressurgentes, através de valores que apresentem como merecedores de ressurgência.

Para o que o mais necessário seria substituírem-se esquemas doutrinários de reajustamento, em plano internacional, de diferenças por um realista e, ao mesmo tempo, humanístico trabalho no sentido de poderosa combinação política empenhada em criar uma paz em termos mundiais (*"realistic and at the sometime humanitarian work of a powerful political combination bent on world peace"*). O que não se deve subentender – talvez se possa especificar – por um humanitarismo utopicamente socialista que repudiasse "*lawful and creative competitive struggle*". O tipo de competição criativa que estaria faltando à Suécia, vítima de um esterilizante socialismo de Estado, e à União Soviética, ainda maior vítima de semelhante estatismo não-criativo. E, em plano internacional, à diplomacia ocidental, desde o fim da Segunda Grande Guerra, quase de todo deficiente nesta criatividade: a que busque conciliar Ocidentes e não-Ocidentes, reconhecendo valores não-ocidentais ao lado dos ocidentais.

Uma diplomacia de poder nem convencionalmente político, nem convencionalmente econômico, irradiado do Ocidente sobre as demais partes do mundo, desenvolve, atualmente, essa espécie de criatividade: a orientada pelo papa João Paulo II. Como o cristianismo representado pela sua maior igreja vem deixando de ser um quase exclusivo compromisso com o Ocidente e com seus valores ou um instrumento de ocidentalização das partes não-ocidentais do universo, através de imposição de valores, além de religiosos, não-religiosos, ocidentais e não-ocidentais, para tornar-se, como religião, tão universalisticamente cristão que essa sua desocidentalização, em benefício de uma verdadeira universalidade, está resultando neste aparente paradoxo: no avigoramento de expressões não-ocidentais do culto e do sentimento católicos.

Faltando ao quase equivalente de religião, para muitos, que vem sendo, nos últimos decênios, aquele comunismo dito marxista, cuja Roma, sob o protesto de crescente número de insurgentes, é Moscou, esse equivalente de religião e até de ortodoxia absoluta, vem sendo repudiado, como ocidentalismo etnocêntrico, por não-ocidentais. Daí marxismos ou socialismos, quer africanos, em particular, quer não-ocidentais, em geral. Daí fracassos até de filosofias e de sistemas científicos baseados exclusiva e etnocentricamente em experiências além de ocidentais, apenas burguesas ou somente paleocapitalistas. Não só o referido marxismo: também a psicanálise.

A atitude que, na mesma época do aparecimento do livro do professor Herbert von Beckerath, outro pensador, além de sociólogo, o russo naturalizado cidadão dos Estados Unidos, Pitirim A. Sorokin, então professor da Universidade de Harvard, no livro *Social and cultural dynamics* (N.Y., 1937), sugeriu que poderia passar de enfaticamente racionalista-positivista a religiosa, metafísica e, segundo um seu neologismo, *ideacional,* é fenômeno com que, em parte, nos defrontamos hoje. Evidentemente positivismo ou racionalismo consegue matar não-racionalismos ou não-religiosismos, alguns nos últimos anos em evidente ressurgência. Daí merecerem ser recordadas advertências tanto de Von Beckerath como de Sorokin em torno dessas possíveis ressurgências. O injustamente esquecido Von Beckerath chegou a escrever especificamente das ciências sociais que precisavam de abandonar, em face de circunstâncias mundiais que constituíam novo desafio a essas ciências, pontos de vista positivistas e especialistas (*"positivist and specialistic view points"*). Mais: como economista, em particular, destacava, no começo da década de 40, ser preciso reconhecer, desde logo, na economia, parte do aspecto de um indivisível processo social de transformação a iniciar-se breve (*"only one aspect of one and indivisible social process"*).

Num breve retrospecto de circunstâncias das quais emergiriam insurgências e ressurgências atuais, a década de 40 avulta como das mais significativas. Ela marcou o fim da Segunda Grande Guerra. A atuação, infelizmente rápida, de um notável pensador social e líder trabalhista: Sir Stafford Cripps. A vitória, sob certos aspectos, da Espanha, sobre a brutal tentativa da União Soviética para desespanizá-la, sovietizando-a e liquidando, com particular furor, seu característico anarco-sindicalismo. A vitória, no Brasil, de brasileiros sensíveis, alguns deles, à necessidade de um insurgentemente novo tipo de democracia que, incentivando a livre empresa, valorizasse, de modo incisivo, o trabalho humano e o trabalhador: característico da Constituição de 1946 que as constituições sucessivas vêm mantendo como um brasileirismo de valor sócio-político. Inclusive como corretivo àquele liberalismo cujo fracasso é assinalado por Von Beckerath no seu pronunciamento de 1942 e tão eticamente falho; e pedindo sua substituição por formas de conduta inspiradas em superações de "purely mechanical laws", estas tão veementemente denunciadas pelo cientista R. A. Millikan no seu *Time, matter and values* (Chapel Hill, 1932); e exigindo do homem, na nova fase a ser vivida, desde o imediato pós-guerra, contato mais profundo para suas realizações, quer científicas, quer políticas, com aquelas fontes obscuras de criatividade nas quais a luz da mente racionalmente consciente não penetra (*"where the light of the conscious rational mind does not penetrate"*). Testemunho de intelectual de formação germânica tocado pela influência do alemão Nietzsche e do russo Dostoievski. Porém como que reorientado, nas suas perspectivas do futuro humano, pela então nova filosofia do inglês Arnold Toynbee (que maior figura, como historiador-filósofo social, da década de 30 prolongada na de 40, na de 50, na de 60, na de 70?): a de respostas a desafios com as respostas inevitavelmente condicionadas por desiguais capacidades e as desiguais funções da parte das sociedades ou das culturas que as formulem. De onde, nessas respostas – pode-se acrescentar –, a importância de insurgências e ressurgências, criativas ou críticas, que, cruzando-se, as qualifiquem, com a qualificação significando destaque a qualidades e as qualidades superando aparentes positivos racionalmente consagrados.

Insurgências, contra ortodoxias de especialismos rígidos e autoritários, como a de economistas do tipo Kenneth E. Boulding, no seu *Reconstruction of economics* (N.Y., 1950) e, sobretudo, do de Sidney Schoeffler em *The failures of economics* (Imprensa da Universidade de Harvard, 1955), ao economicismo com pretensões a por si só decisivo na caracterização de civilizações, com Schoeffler negando à economia dos ortodoxos a categoria de ciência e considerando-a arte: *"neither economic nor science"*. E Boulding exprimindo sua convicção de não haver economia como tal e sim ciência social aplicada a problemas econômicos (*"social science applied to economic problems"*). O que, aliás, pode-se, dentro de um insurgente conceito de humanismo científico, aplicar à atual ressurgência, em vários meios, de um generalismo intelectualmente responsável, em face dos abusos de especialismos dos quais o de economistas, e, dentro deles, de economistas fechadamente marxistas, na própria interpretação de passados socioculturais totais, é exemplo.

Gilbert K. Chesterton, num dos seus mais perceptivos pequenos ensaios – o consagrado a Carlos II – fala da, por historiadores, chamada *Restoration:* na história da sociedade inglesa, teria sido exemplo de *ressurgência* a suceder uma *insurgência*. Essa insurgência, o puritanismo. Segundo Chesterton, uma insurgência à base de uma intolerante lógica: a calvinista. Ou de um intolerante racionalismo: "*the Puritans fell, not because they were fanatics, but because they were rationalists*". Enquanto a *ressurgência* representada pela *Restoration* teria sido uma espécie de explosão daquelas partes da natureza humana que "*will always be letf over by every rationalist system of life*". O risco apresentado por algumas ressurgências seria este, notado argutamente por Chesterton: o de se extremarem em desejados corretivos a excessos de insurgências racionalistas, indo a abusos de irracionalidade. O caso, talvez, de algumas das atuais *restorations* como empenhos de místicas islâmicas, em face do que sofreram do imperialismo racionalizante e ocidentalizante do Ocidente. No caso, papel anti-racionalista da *Restoration* inglesa contra um racionalismo intranacional representado por uma ressurgência de mística oriental em face de um racionalismo imperialmente ocidental. A mesma forma – ressurgência – com conteúdos diversos. E tanto a excessos de insurgências como de ressurgências, dentro dos ritmos normais de comportamento de uma sociedade, cabendo a advertência da moderação. Quem aplaudiria, sem quebra de bom senso ou de senso comum, a ressurgência de uma castiça e tradicional cozinha britânica que se extremasse em reviver de todo os fogões a lenha, numa época de crescente e saudável defesa ecológica de reservas de matas? O êxito de uma ressurgência, como de uma insurgência que se considere positiva, depende, em parte, de sua adaptação a circunstâncias de tempo e espaços sociais, em parte, de sua maneira de ser, senão criativa, dinâmica. Dizendo-se o que talvez se diga um acacianismo.

Lembre-se o exemplo da insurgência fulminante que foi a Revolução Francesa. Racionalista, através de seus guias, a ponto de alguns deles terem ido ao extremo místico, ou não-racional, de endeusarem a Razão, que provocaria, passada a euforia do triunfo, uma sucessão de ressurgências de sensos de equilíbrio, mais franceses que os furores racionalistas e, através desses sensos ressurgentes, a reintegração da França num perfil nacional, misto de revolucionário e conservador: sensos franceses de equilíbrio que talvez estejam ocorrendo atualmente, na mesma França, com relação a recente triunfo socialista. De modo semelhante, na Grã-Bretanha do enfoque chestertoniano, ânimos da mesma espécie terminaram por equilibrar, no seu perfil nacional, puritanismos apolineamente racionalistas e pendores mistos de apolíneos e dionisíacos para os jogos de aposta, para as bebidas efusivas e, até, para o repúdio, nos parques mais britânicos, aos censores de pares que publicamente se beijem e se amem, tanto quanto aos de livros e teatros. O repúdio a proibições da própria obscenidade, quando joyceana ou lawrenciana, diferente da baixa ou vulgar.

Nos embates transnacionais entre o moderno protestantismo – o protestantismo, quando racionalista – e aquele catolicismo (hoje com dissidentes internos quase protestantes) persistentemente fiel, aos olhos de protestantes racionalistas, a não-racionalismos arcaicos como a adoração à Virgem, a crença na Presença Real, o culto a santos acompanhado de promessas e ex-votos. Crenças tão vivas nesse catolicismo popular, proletário, rural, afro-brasileiro, não desvinculado do erudito e burguês, como acontece com extremos da mesma espécie em grande parte do protestantismo atual, em países como os Estados Unidos. É difícil de identificar-se qual, nesses embates, representa positivos contra negativos de religiosidade, em termos de ressurgências e insurgências, com o protestantismo considerando a permanência de uma insurgência crescentemente afetada, no burguês, por atitudes neo-racionalistas, e o catolicismo atual defrontando-se com uma ressurgência mística, no Brasil, com alguns aspectos de insurgência nacionalista dentro dos seus quadros mais burgueses ou semi-eruditos, sob lideranças clericais intituladas *progressistas*. Embates que, segundo informes idôneos, se verificam, nos nossos dias, em outros dois grandes sistemas tradicionais de religião, como o islâmico e como o hindu e o budista. Mas, talvez, com maior significação, para as relações entre Ocidentes e Orientes, do que os embates entre cristianismos, que vêm sendo, pelo seu próprio crescente racionalismo, infiltrados de um marxismo quase substituto, entre alguns modernos, de desaparecidas convicções religiosas de vários tipos: católicas e protestantes. Imputação agora detida por ressurgência dessas convicções inspiradas por João Paulo II.

Impossível deixar-se de assinalar, a esse respeito, o que representam, em termos de insurgências e ressurgências atuais, quer a atitude católica, nem paleocapitalista, nem, como nação européia, subordinada à União Soviética, representada pela Polônia solidarista, quer a atitude de João Paulo II, também ele descomprometido com um paleocapitalismo, sem que isto signifique, de sua parte, qualquer compromisso, como chefe da Igreja Católica Romana, com ideologias convencionalmente socialistas e, através dessa espécie de socialismo, racionalisticamente anti-religiosas ou anticristãs.

A verdade é que racionalismos e misticismos, que atualmente tanto se contradizem em áreas religiosas, têm como que equivalentes em conflitos, noutras áreas como a da política, da economia, a das ciências e a da filosofia social, em geral. E de modo intenso, na orientação daqueles nacionalismos que, longe de terem sido superados por uma *morte das pátrias,* tão anunciada como, desde Nietzsche, *a morte de Deus,* estão, pode-se dizer que desde a Segunda Grande Guerra, em fase de ressurgência, essa ressurgência com aspectos diversa ou contraditoriamente ressurgentes, dados conflitos com insurgências coincidentes. O caso daquele eslavismo que, como extensão do patriotismo místico de que a União Soviética valeu-se para sobreviver à tecnologicamente vigorosa agressão militar do nazismo alemão, estendeu-se num racionalizado e cientificizado borealismo ao lado de um, semimístico, semi-racionalizado, eslavismo imperialista tendo como um dos seus instrumentos de expansão o marxismo comunista.

Note-se, a propósito de uma borealogia de interesse tanto cientificamente bioecológico como sociocultural, para a União Soviética, que o Brasil vem desenvolvendo, dentro de uma tropicologia de considerável interesse para a valorização, através de estudos tanto cientificamente socioecológicos como sociofilosoficamente humanísticos, um lusotropicalismo, reconhecido pelo sociólogo Roger Bastide, no seu *Anthropologie appliqueé,* como válido e significativo sob o aspecto de antropologia aplicada a circunstâncias atuais. E a que não falta interesse ecologicamente político para um Brasil que, no mais recente número (1981) de *Daedalus,* a autorizada publicação da Academia Americana de Artes e Ciências, o professor Michael Natch, da Universidade de Harvard, em ensaio intitulado *"Towards an american conception of regional security"*, considera nada menos, ao referir-se à América do Sul, que *"the key state in this region, enormously proud and becoming increasing powerful, with a population that well equal America's by the end of the century"*. Quase potência, portanto, a cujos líderes reconhece o professor de Harvard não faltarem o que chama *"regional and even global aspirations"*. Poderia substituir aspirações por responsabilidades regionais (ou, antes, ecológicas) e até globais, como importante nação situada, em grande parte, em espaço tropical e cujas realizações não podem deixar de ser consideradas válidas por nações suas afins, como sociedades situadas em espaços tropicais e quase-tropicais. Sobretudo as que, além de assim suas afins ecológicas, são suas afins pela presença decisivamente lusitana nas suas formações modernas, como, entre outras, sua vizinha africana Angola. Uma Angola que não pode se sentir à vontade sob um jugo de potência boreal como a União Soviética.

Em também recente e arguto ensaio-artigo de jornal, "Piedade para o grande inquisidor" (*Jornal do Brasil*, 4-4-1981), o escritor-pensador José Guilherme Merquior lembra da mística desenvolvida no século passado, na Rússia, por Dostoievski, ter sido "a apoteose de uma cristandade oriental", simbólica de uma Maria mística em confronto com uma Marta, como que ocidentalmente ativista no seu modo de ser cristã. Recorda também que Dostoievski, como, alguns anos antes dele, Gogol, terminou por optar misticamente por uma "Santa Rússia contra o Ocidente, a modernidade". Se é certa a conclusão do ensaísta José Guilherme Merquior de ter sido Dostoievski, com seu eslavismo ocidental, "mais russo do que filósofo", não parece menos certo de haver, dentro da atual União Soviética – nuns pontos antiocidentalista e antimodernista, noutros seguidora de técnicas ocidentalistas e modernistas – um respaldo misticamente e ressurgentemente eslavista que, justamente com o racionalista apoio dos Estados Unidos, salvou-a do triunfo de Hitler – outro misto de racionalismo e misticismo – sobre seu então ainda incipiente poder técnico-militar.

Exemplo de quanto vêm se cruzando, num mundo em transformação, insurgências e ressurgências. E, com elas, racionalismos e misticismos. E até, modernismos tecnocráticos e arcaísmos antitecnocráticos e antimodernos, alguns dos quais, através de ressurgências acrescentadas de insurgências, poderão vir a criar, assim contraditórias, situações transmodernas. Ou além do apenas moderno.

Talvez caiba aqui recordar o autor de *Insurgências e ressurgências atuais* trechos de perceptivo ensaio que, a seu respeito, escreveu o mesmo José Guilherme Merquior também no mesmo *Jornal do Brasil, de* 15 de março de 1980, sob o título "Um humanista além da modernidade". Que diz o crítico desse, para ele, humanista? Que dele é "a atitude paradoxal de espírito pós-moderno em relação ao tempo histórico". Que na sua contestação ao "*status quo* sociocultural não esposa a mitologia profana (burguesia iluminista, marxista) do progresso unilinear". Que se mostra nostálgico de uma sociedade pré-industrial e até metropolitana: daí propor o rurbano como superação das mazelas das Babilônias modernas. Que "o melhor sinal de saúde dessa contestação simultaneamente futurista e saudosista, arcaica e prospectiva, estaria no fato de não se apresentar como (propagador de) evangelho messiânico". Mais: "...que se filia ao ideal anarquista. Anarquista conservador, mas nem por isto reacionário; libertarista conservador saudosista, revoltado em nome de *art de vivre* tradicional contra a moderna trama de ideal organizacional da sociedade e inspirado no forte individualismo de George Orwell e Herbert Read. Mas convergente também com o individualismo dionisíaco de Nietzsche" sem lhe faltar "afinidade com Chesterton". Quer reviver, como pós-modernista, contra a obsessão cronométrica do homem moderno, o sentido de tempo vivencial. Coloca-se com o seu tempo tríbio contra o *time is money* estreitamente utilitarista e o objetivismo cronométrico imposto pela ascese intramundana (Max Weber) que condicionaria a conduta arquetípica do homem ocidental na idade moderna.

Segundo o que aqui se resume das interpretações do escritor-pensador José Guilherme Merquior, nisto, principalmente, consistiria a antropologia filosófica nada convencional do autor de *Insurgências e ressurgências atuais,* por ele consideradas, através dessa e de outras perspectivas. Filosofia inclinada a admitir que arcaísmos venham a ser valorizados, com modificações, em pós-modernismos; ou ressurgências em criativas insurgências de sentido também pós-moderno.

Tentativa de síntese de um esforço de interpretação de atuais insurgências cruzadas com ressurgências

Quando ainda muito jovem, tive um primeiro e inesquecível contato com Oxford: fui admitido – eu, brasileiro pós-graduado por universidade americana, nos seus começos e em algumas de suas constantes, marcada por origem britânica e por fé anglicana, a de Colúmbia – ao que era então um burgo quase de todo sob o comando de sua velha e sempre renovada universidade, que, aliás, o policiava. Foi-me designada para residência a muito britânica, muito oxoniana, muito anglicana casa de Mrs. Coxhill, para quem minha condição de brasileiro e o nome do Brasil descobri que nada significavam. Para a boa anglicana, o que eu devia ser, e não queria que se soubesse, era, a julgar pelos meus olhos e pelas minhas mãos, um príncipe oriental. Embora permanecesse no ilustre burgo – a que na verdade não faltavam autênticos príncipes orientais – sem ligação formal com a universidade – só informal, com vários estudantes e com alguns mestres –, impressionou-me, dentre esses mestres, a figura, então culminante, de Gilbert Murray.

Grande Murray. Ele já expunha em Oxford algumas das idéias que viria a fixar, como profeta de um novo tipo, no seu notável *From the league to the United Nations* (Londres, 1948). Inclusive a de já não ser o mundo tão eurocêntrico em que a Europa ainda fosse tudo: "*Of course Europe is not everything. The Christian tradition is not everything. There are other religions, other civilizations...*".

Nem a Europa era tudo nem o encontro de civilizações diferentes, para o qual o mundo começava a caminhar, envolvia problemas apenas econômicos: "*...it is no good pretending that economics are the whole of life*". Havia valores de outra espécie que não podiam ser desprezados. E que talvez estivessem para ressurgir sob novos aspectos. Poderia ter já chegado a esta perspectiva: caminhava-se rapidamente para um mundo no qual ressurgências se cruzariam com insurgências. Pelo menos, em que começava a extinguir-se o primado europeu de civilização e, dentro desse primado, o de decisões apenas econômicas.

Advertia Gilbert Murray a favor de uma organização de nações unidas que fosse além de propósitos somente políticos ou somente econômicos. O helenista, sacolejado por uma transformação mundial em começo, desde esses seus dias de Oxford, já admitia que valores bárbaros fossem considerados ao lado dos helênicos; crenças não-cristãs ao lado das cristãs; civilizações – ou culturas – não-européias, ao lado das européias.

Para aqueles dias, uma insurgente perspectiva filosófica. Nova avaliação de comportamentos humanos. E essa perspectiva filosoficamente insurgente, favorável, em termos sociológicos, a ressurgências, tanto quanto receptivo de insurgências de origens não-européias.

Os dias que agora vivemos estão sendo em grande parte assinalados por ressurgências que contrariam a filosofia de valores denunciada por Murray desde a década de 20, em Oxford: a do progresso pan-econômico, pantecnológico, pan-matematicista, tendo a Europa – inclusive os Estados Unidos – sua extensão como centro com pretensões a único e dominador absoluto de decisões a serem impostas a periferias tidas como culturalmente passivas por lhes faltarem poderes tecnológicos expandidos em econômicos, e estes podendo ter agências políticas, e símbolos eurojurídicos e eurorreligiosos, como instrumentos de força que resistisse à eurocêntrica. Ao primado europeu ou ocidental em termos quase absolutos.

As ressurgências atuais desmentem tal primado e confirmam a sabedoria mais que helenista de Gilbert Murray. Ressurge o poder islâmico como competidor do cristão. Ressurgem não-Europas em desafio a exclusivos poderes europeus e paraeuropeus. Ressurgem a navegação a vela, a energia solar, a energia pelo vento. Ressurge a homeopatia. Orientações e práticas culinárias, médicas, artísticas, éticas, religiosas, políticas contrapõem-se às européias e às ianques na própria Europa e nos próprios Estados Unidos. O homossexualismo é insurgência dos nossos dias, com ressurgências de certas de suas sublimações por gregos ou helenos. Vem se definindo um chamado poder negro. Um chamado poder da mulher. Um poder dos idosos. Uma reivindicação dos denominados direitos da criança.

Os *regressos à natureza* apresentam-se como ressurgências que são também insurgências: a defesa das ecologias enfrenta insurgentemente os abusos do desenvolvimentismo, antes dessa insurgência tão ligados a uma triunfante mística de progresso econômico, tecnológico e quase sempre superburocrático. Insurgências descentralizadoras de poderes econômicos, burocráticos, tecnocráticos vêm importando em defesas e promoções de espontaneidade e valores regionais e telúricos. Insurgências além de folclóricas, populares, primitivistas, expressionistas, vêm enfrentando primados acadêmicos, clericais, institucionais, em artes, letras, religião, inclusive na culinária, através de tendências ou meios anarquizantes ou paraanarquizantes.

A propósito de culinária, saliente-se – uma ênfase neste ensaio – movimento iniciado na década de 70, na Grã-Bretanha: tão semelhante ao brasileiro, desde a década de 20, promovido por regionalistas, tradicionalistas e, a seu modo, modernistas, do Recife, em prol, nesse caso, principalmente da cozinha e da doçaria do Nordeste, embora admitindo-se igual valorização de outras cozinhas regionais brasileiras, como a amazônica. O atual movimento a favor da ressurgência de uma culinária castiçamente britânica, que, vítima da Revolução Industrial, viria, desde então, perdendo suas tradições e seu vigores nativos e tecnocratizando-se através de fogões a gás elétricos, despersonalizadores de velhas perícias, é deveras expressivo. Com essa ressurgência, há, na Grã-Bretanha de agora, quem pretenda, através de modernizações de velhas receitas de quitutes britânicos, colocar esses quitutes em posição de competir com os franceses, os dinamarqueses, os espanhóis, os italianos, os alemães menos tecnocratizados nos seus preparos e mais conservadores de sabores castiços. Trata-se, portanto, de uma ressurgência britânica que, sendo conservadora, importa também numa dinâmica contra-revolução. Ou num conservadorismo revolucionário característico de outras ressurgências atuais.

Nos Estados Unidos vêm ressurgindo, por influência de pais, métodos de ensino considerados arcaicos, sob inovações do *progressismo* pedagógico de Dewey. Inclusive castigos físicos a meninos.

Que dizer-se de tais ressurgências? Válidas? Positivas? Efêmeras? Duradouras? Conciliadoras de excessos?

No catolicismo, ressurgem orientações e práticas místicas ou devocionais nunca, aliás, abandonadas por crentes iletrados, rústicos, intuitivos. Orientações e práticas atualmente prestigiadas pelo próprio papa João Paulo II. Até que ponto estarão neutralizando insurgências intracatólicas, umas da parte de teólogos – ou antiteólogos dissimulados em teólogos? – antes lógicos do que místicos, outras da parte de sociólogos talvez – sem o saberem, alguns – não-católicos?

Impressionante o recente livro do professor Theodore Roszak *Person planet; the creative disintegration of industrial society* (Londres, 1979). Autor, Roszak, já de *The making of a counter culture; reflections on the tecnocratic society and its opposition* (1970) e *Where the wasteland ends; politics and transcendence in post-industrial society* (1972). O que avulta desses pronunciamentos de antropólogo-pensador em obras de títulos um tanto paradoxais e desconcertantes? A sugestão que o antropólogo-pensador e brasileiro Darcy Ribeiro chamaria, talvez, insólita, de que estamos diante daquele "*mystical revival which he*" (Theodore Roszak) "*sees as the world's opportunity for spiritual, cultural and environmental ressurgence*", assinalada em pronunciamentos igualmente provocantes, pelo também antropólogo Jonathan Benthall em *Rain*, do Real Anthropological Institute, de Londres, nº 34, de outubro de 1979. Um instituto por muitos, dentre os antropólogos mais autorizados de hoje, considerado o mais idôneo centro atual de estudos antropológicos vizinhos dos sociológicos.

O mesmo número de *Rain* informa estar para reunir-se em 1981, em Amsterdã, no Real Instituto dos Trópicos, um Intercongress, ao qual se espera que se juntarão outros com o mesmo propósito de continuarem, em termos menos abrangentes, porém sempre internacionais, a obra do reunido em 1978, em Nova Delhi. Cada congresso será uma constelação de simpósios. O objetivo geral dessas reuniões mundiais de caráter científico será uma maior coordenação de estudos antropológicos com problemas práticos peculiares a diferentes regiões, entre os quais o de planejamento nutricional ou de apuração de recursos alimentares regionais, abrangendo importações de alimentos, quer por sociedades industrialmente desenvolvidas, quer pelas em desenvolvimento: problemas de subnutrição, hábitos alimentares, em sociedades em fases diversas de situação socioeconômica, o Brasil sendo considerado "*developing middle income country*"; os idosos nessas sociedades; trabalho migrante; antropologia física; educação e antropologia; religião; desenvolvimento rural. E aqui toca-se em problema em que, com o que pode ser considerado insurgente em ciências do homem, seja preciso aceitar, como válidas, tradições e, com as tradições, ressurgências.

Destaque-se um exemplo com relação à nutrição e a hábitos de alimentação. A moderna antropologia cada dia reconhece mais que os princípios científicos de nutrição não são de aplicação universal e, sim, regional. Tese já antiga de antropólogos e sociólogos brasileiros, quer com relação à nutrição ou à alimentação, quer com relação a outras normas ou vivências culturais. Daí precisar-se de um maior reconhecimento científico-social de conhecimentos regionais e tradicionais de alimentos: reconhecimento pelo qual vêm se pronunciando pensadores e cientistas sociais brasileiros já há anos e que, no momento atual, em termos universalmente sociocientíficos, implica admitirem-se ressurgências – um aspecto, portanto, conservador – de normas socioculturais que chegaram a ser consideradas arcaicas e a ser rejeitadas como *primitivas, retrógradas, supersticiosas,* vergonhas do ponto de vista de modernizações das chamadas civilizadoras ou progressistas ou modernas. As próprias "*techniques of storage and preparation*" (de alimentos) estão sendo *re-assessed* pela antropologia mais moderna ou já quase pós-moderna em face da apenas moderna: o conceito de *apenas moderno* apresentado em livro de autor brasileiro – *Além do apenas moderno* – do qual já existe tradução à língua espanhola e edição pela Espasa-Calpe, de Madri, com prefácio de todo solidário do professor Julian Marias. E qual informa o professor Cândido Mendes de Almeida, recém-chegado da República Democrática Alemã, ter encontrado simpática acolhida da parte de cientistas sociais alemães – da Alemanha socialista – com os quais esteve em contato. Seria, para ele, obra dentre as mais sugestivas, de futurologia, aparecidas recentemente.

Começa-se a constatar, em termos cientificamente antropológicos e, conseqüentemente, sociológicos, que modernos estudos do que ocorre ou recorre em sociedades diferentes das européias, ou estadunidenses, permitem dizer-se que existem condições de saúde física e mental entre populações que realizam trabalhos pesados à base de alimentações que, pelos padrões convencionais – isto é, europeus e estadunidenses –, são deficientes em proteínas e calorias. O que nos leva a concluir que ocorrências ou recorrências predominantes entre não-europeus e não-ianques, com relação à alimentação humana, indicam que suas soluções de problemas alimentares, em vez de substituídas por soluções européias e estadunidenses que seriam as absolutamente progressistas, são experiências que podem ser benéficas a esses supercivilizados, supostamente em tudo superiores aos menos desenvolvidos em suas formas de vivência. Tais normas – as especificamente alimentares – não seriam fáceis de ser separadas de outras formas de vivência e de cultura que as envolvem, vindo, inclusive através de símbolos, até a concepções de corpo e de processos fisiológicos. Até a concepções de personalidade. Até a místicas, mitos, ritos religiosos.

Daí, para os mais modernos antropólogos, dos quais os do Real Instituto Antropológico do Reino Unido – instituto de que o autor tem a honra insigne de ter sido consagrado titular – são uma das expressões mais altas, ser necessário juntar, a perspectivas de desenvolvimento humano, avaliações críticas e seletivas de experiências indígenas: não-européias e não-estadunidenses. Em termos convencionais: não-desenvolvidas. Pois delas poderão ser obtidas advertências contra expansões culturalmente imperiais no seu modo de serem eurocêntricas, a sociedades não-européias e não-estadunidenses, de progressismos de todo inconvenientes e prejudiciais a adaptações já tradicionais de formas de vida a formas de natureza. De onde o êxito, provado pelo tempo, dessas adaptações ser cientificamente válido em termos universais. E importar em apoio a ressurgências, nuns casos, e a permanências, noutros casos, em oposição a descontrolados progressismos insurgentes que seriam sempre benéficos a todas as sociedades humanas, à revelia de diferenças de espaços e de tempos socioculturais.

A conclusão é que, para a moderna antropologia, como base de uma sociologia antes existencial que abstratamente universalizante ou racionalizante, há, paradoxalmente, ressurgências tão válidas como criativas insurgências. Precisamente as duas grandes dinâmicas que caracterizam a situação do universo cultural, ou sociocultural, ou biossociocultural – considerando-se o que há de irredutível em condicionamentos biológicos, fisiológicos, bioecológicos, de comportamentos humanos – do nosso tempo. Da época intensamente dinâmica em que vivemos, note-se que os próprios regressismos em ação, ao clamarem por situações nostalgicamente tidas por idealmente perfeitas, comportam-se dinamicamente. Quase dionisiacamente.

O atual comportamento islâmico que, em parte, o diga. Diante dele o Ocidente predominantemente cristão mostra-se, ainda, em suas respostas ao desafio vindo de islã e aos não-islâmicos, vindos de Áfricas ao mesmo tempo que insurgentes, ressurgentes, antes apolíneo que dionisíaco. As realizações tecnocráticas, superburocráticas, lógicas, racionais, de seus grandes triunfos, é ao que tendem: a se expressarem ainda apolineamente. Homens imitando computadores e não apenas computadores imitando homens. Ou fazendo as vezes de seres humanos. Assinalando-se o que não se desdenha de computadores e dos seus serviços aos homens, às sociedades, às civilizações. Apenas observa-se uma sua coincidência de expressão, quer simbólica, quer efetiva, com o que é marcantemente lógico, racional, tecnocrático, superburocrático, na civilização ocidental: uma civilização predominantemente industrial e, em algumas de suas áreas, em começo de ser pós-industrial, ao que parece a alguns dos seus analistas, em transformação em profundidade. Ou em transformações profundas.

Em transformação em quê? Os rótulos de pós-capitalista ou pós-socialista, totalitária ou democrática, dados a atuais expressões ou experimentos neocapitalistas ou neo-socialistas, totalitários ou democráticos, não se apresentam antropológica ou sociológica ou filosoficamente de todo válidos. Mas são sugestivos. As conceituações antes apolíneas que dionisíacas para as formas totais dessas transformações em começo precisam admitir, desses começos, de transformações, que deles irrompem, como se fossem mais que transitórios, ímpetos dionisíacos a caracterizarem insurgências como que dispostas a se confundirem com insurgências. Aspecto misto sob o qual se prolongariam.

Tal a ressurgência-insurgência mística. E, como tal, contrário a concepções, orientações, soluções de todo lógicas, racionais, tecnocráticas, superburocráticas, de problemas ligados a futuros civilizadamente humanos: nacionais ou transnacionais.

Dessa ressurgência-insurgência é possível aceitar-se que seja potencialmente duradoura. Até quando? Em que ritmo? Com que abrangência? Da representada pela transformação nas formas religiosas, há indícios de estar se verificando com vantagem sobre teologias racionais, dentro das igrejas católicas: a romana, a anglicana, a ortodoxa. Dentro da Igreja Católica Romana, com João Paulo II. E verificando-se, também, em expressões protestantes de cristianismo.

Nunca, na história humana, um começo de transformação psicossociocultural, envolvendo readaptações a condicionamentos biológicos, fisiológicos, bioecológicos, parece ter surgido de modo tão complexo. Tão intracontraditório. Tão difícil de ser analisado, interpretado e classificado em termos convencionais.

Daí a atualidade daquela atitude interrogativa – perguntas ou buscas de respostas – que Roland Barthes, em *Sade, Fourier, Loyola* (Paris, 1971, com tradução portuguesa na Coleção Signos, de Lisboa), salienta – veja-se, nesse livro admirável, o capítulo Loyola – já ter sido a atitude de Inácio de Loyola, como adoção de uma problemática do signo e não da perfeição e a invenção – nos *Exercícios espirituais* – de uma língua: uma língua ao mesmo tempo que mística, existencial. Assim, durante as refeições, pelos *Exercícios espirituais* deveria o jesuíta considerar Cristo como se o visse comer, beber, olhar, falar, procurando-se recuperar desde o acidental ao fútil e ao trivial. A propósito de que Barthes recorda ter sido este empenho – o de que nada se perde para chegar-se a um –, pode-se talvez dizer, mais real que o real. O real psicológico do romancista Henry James, através de uma arte que Proust e Joyce ampliariam.

O que permite ao autor de *Insurgências e ressurgências atuais*, um tanto deselegantemente, é claro, lembrar que empenho, também, e na época, escandaloso, da sua parte – um, a seu modo, historiador ou antropólogo social brasileiro de alguma repercussão fora do Brasil – confessar ter seguido, à sua maneira, os, para muitos de todo arcaicos, *Exercícios espirituais,* de Loyola, ao procurar reconstituir tempos perdidos – os do Brasil patriarcal – nada perdendo do aparentemente trivial que pudesse concorrer para essa reconstituição. Se, nesse particular, Henry James, como romancista, aproximou-se dos *Exercícios espirituais,* nas suas reconstituições novelescas de tempos, em suas particularidades, já mortos suscetíveis de serem, nessas particularidades, reconstituídos como se neles o leitor, levado por autor imagístico, pudesse tocar, sentindo-as como que fisicamente, pode-se sugerir do grande místico espanhol ter deixado exemplo capaz de tronar-se – e de já ter se tornado – ressurgência, em criadores, no fim do século XIX e do XX, de línguas evocativas ou imagísticas, utilizáveis não só em obras literárias – como a do irlandês, e formação jesuítica, James Joyce – como em obras de história ou de antropologia. Entre estas, as de antropólogos que vêm rompendo, insurgente e ressurgentemente, com objetivismos com pretensões a absolutos, para serem empáticos em suas identificações com objetos de análise e de interpretação antes imagísticas ou visuais que auditivas nas suas línguas. Novas e insurgentes percepções mais pela vista do que pelo ouvido. E dessa insurgente atitude de análise e de interpretação do homem pelo homem, do passado pelo sobrevivente, mais pela vista do que pelo ouvido, mais pela imagem que pela palavra, pode-se dizer de Loyola que, nos *Exercícios espirituais,* foi, paradoxalmente, precursor de não raros escritores, historiadores, antropólogos, artistas, de quatro séculos, depois dele, ressurgentes de perspectivas de que foram insurgentes como Mr. Jourdain na sua prosa: sem o saberem. O que aqui se registra para sugerir-se de modernismos inovadores que podem ter precedentes que fazem deles ressurgências sob novas formas, com novos objetivos e em novas dimensões. O imaginismo seria apenas um exemplo. Outro, o de concepções místicas, em particular, transracionais, ou translógicas, em geral, em confronto com as puramente lógicas ou racionais, que deveriam ser consideradas soberanas absolutas na sua pureza – o caso do marxismo, por exemplo – à revelia de circunstâncias, experiências, passados nacionais, capazes de grandemente condicionarem, modificando-as, lógicas e racionalidades abstratas.

Daí ter, em 1958, como há pouco recordou autorizado historiador brasileiro, o professor Amaro Quintas, ao referir-se, em lúcida conferência na centenária Escola Normal Pinto Júnior, do Recife, uma, segundo ele, antecipação, confirmada pelo tempo, do autor brasileiro de *Ordem e progresso,* em 1958 (em entrevista à revista *Visão*): a de ter vaticinado para a China, na época, insurgentemente marxista, ao lado da União Soviética, uma ressurgência, de todo modificadora dessa insurgência, de valores tradicionais chineses suscetíveis de modernização sem perda do básico ou do telúrico caracteristicamente chineses, orientais, não-europeus.

De insurgências e ressurgências culturais, ou psicoculturais, dramaticamente culminantes em anos recentes, acentue-se terem, umas e outras, precedentes. Do autor deste *Insurgências e ressurgências atuais,* acentue-se, de suas possíveis antecipações em livros de 1933, 1936, 1952, que a atualidade parece confirmar – algumas quase de todo – terem sido, elas próprias, insurgências, para alguns, na época em que surgiram, escandalosas.

O confronto de tais antecipações com a atualidade é agora apresentado em *Insurgências e ressurgências atuais.* Antecipações confirmadas por futura atualidade: a do tempo em que nos encontramos.

Certo o que aqui se sugere, a mística, o místico, o supralógico, não estariam a ser superados por um pós-moderno triunfalmente racionalíssimo ou auto-suficientemente lógico no seu modo de ser, ou de pretender ser, progressista. Ou de ser futuro a superar os um tanto indiscriminadamente chamados arcaísmos.

O que se está a atualmente verificar, tanto da parte da mística católica como da mística islâmica, são ressurgências no setor religioso com projeções noutros setores, a que vêm correspondendo – não é demais insistir-se neste ponto – reabilitações de vários dos chamados arcaísmos, por algum tempo aparentemente de todo superados por modernismos tecnocráticos e racionais. Vários desses modernismos alcançados através de perspectivas científicas com as quais viriam conciliando-se constantes religiosas ou místicas.

No momento em que o islã se ergue, ou ressurge ou se insurge, como uma força impossível de ser ignorada pelo mundo moderno, e um poder chinês, ao lado de um poder islâmico, é oportuno que se acentuem aquelas sobrevivências obliquamente islâmicas e orientais na formação predominantemente cristã ou católica da gente brasileira, notadas, para espanto de muitos, pelo autor de *Casa-grande & senzala* e *Sobrados e mocambos*, e noutros dos vários dos seus estudos sobre a mesma formação. Mais: que se recorde dessas sobrevivências, valiosas para a cultura brasileira, o que foram seus começos quando os portugueses, prestes a colonizarem o Brasil, desenvolveram, em Orientes e em Áfricas, contatos com o islã ali tão vigorosamente presente, naqueles dias. Aprenderam eles, como é sabido, de árabes ou mouros islâmicos – dos quais já haviam assimilado influências no próprio Portugal – métodos de ação, saberes, ciência prática, artes, formas de convivência de civilizados com primitivos. E também o primado da espiritualidade sobre técnicas na política de conquistas o mais possível pacíficas de outras gentes: perspectivas que já eram as dos portugueses numa obra, segundo Leopold Senghor, menos de conquistas do que de descobrimentos.

À recordação de contatos de portugueses com mouros islâmicos em Orientes e em Áfricas e de afinidades de cristãos portugueses com esses rivais islâmicos, podem ser agora acrescentados reparos, de todo atuais, a insurgências e ressurgências islâmicas ou ocidentais ou não-européias. Juntam-se esses reparos a pronunciamentos do autor de *Insurgências e ressurgências atuais* quando, de 1951 a 1952, teve a oportunidade de observar de perto, em Orientes e Áfricas, relações de europeus com não-europeus, de civilizados com primitivos, de cristãos com não-cristãos. De observar tais relações e de destacar começos nada insignificantes – por poucos então percebidos – de uma emergente ressurgência de poder islâmico ao lado de uma declínio de prestígio cristão – protestante e católico – em Orientes e em Áfricas.

E era de esperar que, de volta ao Brasil, depois de vários meses desses contatos esclarecedores, o observador brasileiro confrontasse situações orientais e africanas com então atualidades brasileiras. E que, no Brasil, começasse a surpreender, com um pouco de olho sociologicamente clínico, em atitudes de elementos do clero católico semelhanças às de missionários protestantes e católicos em Orientes e em Áfricas: missionários inclinados a substituir empenhos misticamente evangélicos por afãs filantrópicos e políticos, ditos progressistas. O fenômeno era este: resistia, no brasileiro gente do povo – gente caracteristicamente brasileira – a religiosidade mística equivalente da que, em termos islâmicos, aquele brasileiro observara em orientais e africanos em face de superpoderes tecnocráticos, econômicos, racionais dos Estados Unidos e da União Soviética.

A visita ao Brasil do papa João Paulo II viria estimular – insista-se neste ponto – o avigoramento dessa energia mística dentro do catolicismo leigo, popular, telúrico, no Brasil. E avivar a repulsa ao chamado cristianismo progressista, em vários pontos já, no Brasil como em alguns outros países, menos moderna expressão de cristianismo que de um marxismo, ele próprio, em declínio na Europa chamada soviética, por vir perdendo, entre eslavos, sua mística eslava com tendência a reaquecer: outra ressurgência dos nossos dias. E em outras partes da Europa dita soviética, a flama ideológica marxista em choque com ressurgências nacionais, na Rússia, eslavas além de antimarxistas. A repulsa polonesa, outro exemplo quanto à repulsa nacionalista ao racionalismo marxista. Ou contra o racionalismo em geral: *o progressista* do tipo considerado, de outra perspectiva, por Jean Marie Domenach em "Crise du développement, crise de la rationalité". In: *Le mythe du développement,* obra coletiva coordenada por Cândido Mendes (Paris, 1977).

Um futuro já quase presente – e os três tempos nunca são unidades isoladas – parece confirmar a observação de Jean d'Ormesson de estar se definindo uma ressurgência de espiritualidade que aproxima o impacto de João Paulo II na área cristã ao – admita-se contraste violento entre os dois impactos – de aiatolás carismáticos na área islâmica. É uma ressurgência que se verifica ao lado de insurgências psicoculturais ou de inovações ou renovações de várias espécies em setores os mais diversos: sobretudo de impactos de revoluções científicas em genética, em cirurgia, em higiene sobre artes, letras, éticas, comportamentos. Revoluções que, entretanto, não estão atualmente a justificar radicalismos ou racionalismos antirreligiosos ou antimísticos. Que o digam recentes pronunciamentos teístas de sábios como os de Princeton.

Se é certo que, atualmente, tanto no Pentágono como no Kremlin está sendo reconhecido o valor, para objetivos militares, de pesquisas de clarividência, e que, nesse e noutros setores de estudo científico no Ocidente – inclusive na Alemanha – admite-se, para esses estudos, a conveniência de se acolherem sugestões da ioga oriental. Estamos, assim, diante de capitulações da cientificidade, ridícula, burlesca, desprezível feitiçaria. O que alcança atuais capitulações da mesma cientificidade ocidental ante práticas médicas tradicionalmente orientais. As chinesas, por exemplo.

É preciso parar de dizer que Deus morreu. Pronunciamento do astrônomo estadunidense Gustav Stronsberg parece marcar um basta, entre ocidentais, a um radicalismo cientifiscista com pretensão a consagrar uma racionalidade de todo triunfante sobre místicas ou lógicas-supralógicas: inclusive a teísta. Mono ou politeísta. Deus pode não existir para alguns. Mas não por sentença de morte da parte dos racionais absolutos.

Diante do quê, compreende-se que o escritor francês talvez mais francês dos nossos dias, o já citado Jean d'Ormesson, rompendo com a, até há pouco, voga, entre intelectuais franceses do tipo do brilhante, mas quase sempre leviano, Sartre, tenha há pouco escrito no *Figaro Magazin* estar o Ocidente diante de "*la renaissance d'un certain nombre de valeurs spirituelles*". E mais: "*...dans les domaines et par des méthodes que tout separe*, André Malraux, Soljenitzyn, Jean Paul II, Khomeini, *nous apprennent, avec de success très divers et sur des modes opposés, que les forces de l'esprit et de la religion ont de l'avenir devant elles*".

Poderia ter acrescentado aos nomes que destacou os dos gnósticos de Princeton: um físico como Richard Feynman, o soviético, Parnov, o ex-marxista e, de modo o mais saliente o inglês Arthur Koestler, aliás também ex-marxista. Pois se a Grã-Bretanha está de fato reduzida à decadência ou à insuficiência econômica, há pouco denunciada pelo escritor literário e pensador brasileiro José Guilherme Merquior, sua criatividade, no plano intelectual, revela uma perspicácia filosófica em que ressurgem arrojos de suas melhores insurgências nesse setor.

Quando se define a civilização ocidental como caracteristicamente capitalista, industrial, progressista e burocrática e, nessas suas expressões, racional e tecnocrática, é evidente que não se lançam nem caracterizações sociológicas ou sócio-antropológicas, nem qualificatismos novos. Vêm eles, é claro, da obra, já clássica, no sentido de algumas dessas caracterizações e dessas qualificações, em termos sociológicos, de Max Weber. Um Weber continuado pelo estadunidense Talcott Parsons e, quanto à sua valorização do progresso como mito avassalador de todo um novo tempo social, antecipado por um precursor famoso: Condorcet. E atualizada, a consideração desse mito, por outro francês de modo sob vários aspectos criativamente contraditório. Esse outro francês, Georges Sorel.

Que sustentou Parsons em páginas tão dos nossos dias – as de *Structure of social action*? Que se podia falar, em termos sociológicos, de uma lei de crescente racionalidade, que viria se afirmando nos últimos cento e cinqüenta anos de modo total. Apenas deveria ter destacado desse fenômeno que sua área de origem e de irradiação era – ou vinha sendo – o Ocidente. Para Parsons tal racionalidade viria ocupando, entre sistemas de ação social, a posição lógica da entropia, em sistemas físicos, isto é, podendo resultar em desordem e incerteza sociais.

Daí, em memorável reunião, há pouco tempo, de caráter sociologicamente futurológico da Academia Americana de Artes e Ciências, de Boston – academia da qual o autor de *Insurgências e ressurgências atuais* tem a honra de ser, por consagração, membro brasileiro, ao lado de Oscar Niemeyer – haver o professor Daniel Bell comentado, em palavras autorizadíssimas, a crise atual da pura racionalidade, admitindo ressurgências de caráter místico que estariam contrariando vogas hedonistas nos Estados Unidos ou no Ocidente, em geral. Pronunciamento – o do professor Bell – a que se voltará, neste *Insurgências e ressurgências atuais,* dada a sua significativa ligação com o critério do autor deste livro, de valorização de perspectivas diferentes das convencionalmente ou intolerantemente racionalistas, em voga entre *progressistas* absolutos de hoje.

Ao hedonismo, de caracterização de Bell, estaria começando a opor-se, em termos mistos, apolíneos e dionisíacos, uma ressurgência misticamente religiosa que é possível vir a se fazer acompanhar de novas ênfases éticas, nas relações entre pessoas, entre grupos, entre culturas. Inclusive entre Cristo e Islã como religiões monoteístas. O dionisíaco místico estaria repontando, com vigores novos, de religiões animistas ou panteístas: estas como que favorecidas por insurgências ecológicas.

No plano dos poderes de decisão, o político, assessorado por inteligências e saberes idôneos, tende, no momento, a superar seus competidores – economistas ou técnicos exclusivos. No Ocidente ameaçado, quer por dissoluções internas – internas, em parte a serviço de forças externas –, quer por antiocidentalismos violentos, ou, no caso do Brasil, antibrasileirismos, tende o poder político – do qual não se pode excluir novo vigor pluripartidário – a representar – pode-se sugerir – a defesa não tanto, em sociedades nacionais como a brasileira, de puros valores estáticos de civilização ocidental, através de atitudes convencionalmente conservadoras, mas a capacidade dos portadores – inclusive os brasileiros – desses valores, de juntarem a constantes, ou tradições, de validade assegurada pelo tempo social, sua renovação em termos a que não faltem novas expressões dionisíacas junto a novas expressões apolíneas. O que parece começar a ser a atuação supranacional de uma Igreja Católica Romana a revitalizar-se: uma notável revitalização mística ao lado da de ação social.

Pode-se, aliás, sugerir, para o mundo a emergir da atual crise de racionalidade e de aparente fracasso de tecnocraticidades e de burocraticidades centralizadoras, um rumo, tanto no espaço ocidental como nos não-ocidentais, caracterizado por novas formas de convivência humana e de expressão cultural que, precisando de ser, a curto prazo, transitórias e dirigidas com vigores, por vezes, ordenadores, através de poderes políticos, venham a assumir configurações criativamente anárquicas no sentido de coordenados, em vez de ordenados em suas diversas energias: industriais, agrárias, religiosas, artísticas, intelectuais, esportivas, lúdicas. Isto tanto no Ocidente como no Oriente: pelo menos, no islâmico.

A presença islâmica tende a mostrar-se paralela da cristã. Uma presença cristã que parece estar a renascer com um vigor místico de *experiência feito*. Pois é evidente que confirmando o vaticínio de Will Herberg, em lúcido pequeno ensaio publicado em novembro de 1936 por *Encounter,* de Londres, o intitulado "God and the theologians", o homem pós-moderno começa a emergir de um vácuo metafísico. E a sentir a necessidade de ser místico. Ou de ser – pode-se sugerir – super-racional. Isto em termos renovadamente místicos que não deixem de ser ora ressurgentes, ora insurgentes.

A sempre criativa Academia Americana de Artes e Ciências – que tem já duzentos anos de vida – dedicou recente publicação principal – a correspondente ao fim do inverno de 1979-80 – ao reexame do impacto da tecnologia sobre as modernas orientações culturais – no amplo sentido da expressão *cultural* – do homem. Um dos aspectos mais significativos de tão memorável reunião foi o debate em torno de insurgência que continua a verificar-se através da maneira avassaladora por que ciência e tecnologia, além de ocuparem o espaço que cabe à sua valiosa atuação, vêm ultrapassando no Ocidente esse seu espaço. Ao que, dentre alguns dos pensadores, *scholars,* humanistas, cientistas, que versaram assunto tão pungente, surgiram clamores a favor do que um deles denominou "energia poética" como que lembrando a por Georges Sorel já denominada, há mais de meio século, "poesia social", ao refletir-se – ele que era engenheiro – à ciência social como, em parte, saudável abordagem poética: uma como que engenharia poética. O professor Elting Morison insiste agora em reavivar a importância da relação entre ciência, engenharia e arte, já em 1876 considerada, em ensaio clássico, por notável engenheiro estadunidense: Alexander Holley. Assunto posteriormente versado por Lewis Mumford, o ainda atuante sociólogo humanista – por isso mesmo duramente combatido pelos puros objetivistas em ciências sociais – do mesmo país.

Para o professor Morison tornou-se de todo evidente a necessidade de, sem desapreço pela ciência e pela tecnologia, o homem moderno recorrer, para sua reorientação sociocultural, demasiadamente influenciada pela importância há anos crescentemente concedida à ciência e à tecnologia – pode-se acrescentar, ao que elas representam de quase tiranicamente lógico e racional – à energia poética representada pela arte como símbolo de abordagens intuitivas, mágicas, psicológicas, filosóficas, artísticas de problemas de vivência e de convivência humanas. Inclusive – pode-se também acrescentar – de relacionamento do homem, tecnocratizado, com a natureza, ou com a ecologia que seja uma ressurgência capaz de corrigir excessos daquela insurgência tão mais lógica do que mágica representada por avassaladora prepotência da ciência e da tecnologia sobre arte, filosofia, religião: sobre a *energia poética*. A energia que decorre das melhores fontes de criatividade humana relacionada, através um pouco de instinto, mas principalmente de cultura – inclusive o que na cultura é arte, filosofia, religião –, com ambientes ecológicos e com sucessivos tempos, além de históricos, sociais.

O assunto vem versado, de modo brilhante, por Theodore Roszak, no seu *The making of a counter culture, reflections on the technocratic society and its youthful opposition,* que há tradução e edição espanholas de Barcelona, 1978, intitulada, a versão espanhola, *El nacimiento de una contracultura.* Que contracultura é esta, dado o que a insurgência sugerida pela expressão *contracultura* parece significar de crise spengleriana de civilização ocidental? E dado também o fato de que ao alarmismo do insigne Spengler não faltaram intuições talvez nietzschianamente geniais, Nietzsche exagerando-se em proclamar a "morte de Deus", o outro, a morte de sua própria Europa? Nenhum brasileiro jovem de hoje, desejosos de conservar-se ou tornar-se intelectualmente atual, pode dar-se ao luxo de ignorar esse livro de um também jovem: Roszak. É um dos livros mais dinâmicos dos nossos dias. Um dos livros menos livrescos, menos acadêmicos, menos convencionais.

Que diz Roszak? Difícil de resumir o que propõe, como exigia de todo livro insurgente o brilhante escritor brasileiro Ribeiro Couto, decepcionado, em 1933, com esta falta no recém-aparecido livro *Casa-grande & senzala*: a de nada propor, segundo ele, para a reorientação do Brasil, apenas, ainda segundo ele, examinado, pelo novo analista social, além de possível historiador de um novo tipo, nas suas bases, as pré-nacionais e, um tanto, as nacionais. Parte Roszak do seguinte: que os estudantes – ao escrever Roszak seu livro o Ocidente estava ainda sob o impacto de insurgências estudantis – podem fazer tremer uma sociedade, mas sem o apoio das forças sociais adultas não conseguem derrubar a ordem estabelecida. O que provoca a pergunta: que entender-se por forças sociais adultas? Talvez aquelas cuja maturidade de experiência e de senso sociais sejam capazes de corrigir as insurgências dos imaturos não-adultos, sem deixar de procurar compreendê-las e de buscar assimilar, em algumas delas, o que, em sugestões novas ou espontaneidades, se encontre de insurgentemente criativo. Inclusive – sugira-se – de experimentalmente criativo, através – sugira-se mais – de arrojos de várias espécies de *hippies*. "Mais do que de teorias, necessitamos de experiências", cita Rozsak do psiquiatra R. D. Laing. E aqui – comente-se ainda Roszak – lembre-se ter este seu comentador brasileiro, ele próprio, quando jovem, ter dito, no Centro XI de Agosto, da Faculdade de Direito de São Paulo, em 1935, aos estudantes que ali o receberam com o seu melhor entusiasmo, pela palavra inteligente do então estudante Osmar Pimentel, ser necessário "menos doutrina, mais análise". Estavam então os jovens estudantes brasileiros sob duas grandes doutrinas a disputá-los: a marxista e a integralista. Doutrinas. Teorias. E a experiência brasileira ainda em começo de análise em profundidade? O *passado útil* – ou utilizável – do brasileiro: quatro séculos desse passado? E a possibilidade de, a essa análise ou experiência especificamente brasileira mais antiga, ainda que sempre básica, acrescentarem-se sucessivos experimentos jovens: os de sucessivas gerações capazes de testemunhar e, assim testemunhando, concorrer para interpretações abrangentes de uma sempre maior experiência do Brasil à base desses testemunhos?

A espécie de reunião de testemunhos de sobreviventes de épocas decisivas, inaugurada pelo livro brasileiro *Ordem e progresso* com relação aos dias ou anos de transição, no Brasil, do trabalho escravo para o livre e do regime monárquico para o republicano – livro, ao que parece, através de recente e idôneo informe do professor Cândido Mendes de Almeida, de maior repercussão, entre críticos sociais, na socialista República Democrática Alemã do que entre críticos brasileiros – precisa de ser estendida a épocas mais recentes, a que não vêm faltando ao nosso país – inclusive ao começo de nossa época – radicais de um novo tipo. Superações de marxistas, esquerdistas e direitistas convencionais ou apenas retóricos ou imitadores de simples modelos importados. Radicais do tipo de *The new radicals; a report with documents* (N.Y., 1966) e dos retratados por Jacobs e Saul Landau, em *Obsolete communism* (N.Y., 1969), por Daniel e Gabriel Cohn-Bendit, em *The politics of experience and the bird of paradise* (Londres, 1967), de R. D. Laing e, ainda, no já a caminho de clássico *Life against death: the psychoanalytical meaning of history* (N.Y., 1961), ao lado de *Anthropologie appliquée* (Paris, 1970), de Roger Bastide, e dos mais recentes trabalhos, também de antropologia aplicada, de Georges Balandier. O atualíssimo, neste particular, Georges Balandier.

Salienta Roszak vir a sociedade ocidental incorporando à sua literatura analítica do comportamento humano "certo número de minorias cujo antagonismo à visão científica do mundo parecia insuperável". Vários os pensadores, assim não estritamente científicos, a afirmarem a crescente existência, no Ocidente civilizado, não só de apenas anti-racionalistas como daqueles empenhados na negação dos valores científicos e tecnológicos como valores centrais da atual sociedade oriental. Acerca do que Roszak cita o excelente *Consciousness and society,* do estadunidense H. Stuart Hughes (N.Y., 1958), quando este observa terem, entre pensadores e cientistas sociais modernos, Bergson e Jung se antecipado em considerar, com simpatia intuitiva, o lado não-racional da natureza humana. É evidente que, ao lado desses dois precursores, não podem ser esquecidos nem William James nem o próprio Sigmund Freud – embora este sem a abrangência dos outros três – em alguns dos quais chegou a ter havido quase ressurgência de antecipações remotas de santo Agostinho e de Ramon Lulio. Nomes que são aqui lembrados pelo comentador brasileiro de Roszak. Ele próprio recorda o poeta inglês Shelley que em "ensaio magnífico" – à literatura em língua inglesa não vêm faltando poetas, como Milton, também notáveis como ensaístas quase filósofos – "The defense of poetry", escrito nos começos da Revolução Industrial, já se insurgia contra a antipoesia, segundo ele emergente, opondo-lhe "a luz e o fogo das regiões eternas onde a faculdade do cálculo não se atreve a voar com suas asas de cinza". Por faculdade de cálculo deve-se, talvez, entender – e a Shelley poderia juntar-se Blake como desdenhoso do cálculo intolerante de outras abordagens da condição humana – a concepção exclusivamente racionalista, lógica, matemática, da mesma condição humana: condição tão ligada ao puro cientificismo de todo objetivo. Inclusive à sua decorrência: a tecnocracia à base do mesmo cientificismo.

Daí insurgir-se o ainda jovem Roszak contra a tendência, a seu ver, dominadoramente atual, para esta espécie de informática: a de quase sempre se apresentar à condição humana e à própria vida através da mediação de determinados especialistas, por sua vez dependentes de também mediadoras fórmulas, teorias, medições estatísticas – uma bem estabelecida em sua parafernália supertecnocrática e superburocrática e um *managerismo* bem lubrificado e totalmente racionalizado. A mais vai a sua insurgência: proclama a necessidade para o homem moderno do que chama – aliás, retoricamente – um novo *pansacramentalismo*. Clama, inclusive, por uma ressurgência no setor da análise ou do estudo antropológico, citando a respeito o *Gestalt therapy*, de Paul Goodman. Pois, a seu ver, a grande tarefa da antropologia moderna é mostrar o que se tem perdido, nessa ciência, de contato com a natureza humana e, praticamente, inventar experimentos para uma necessária recuperação.

Pode-se, talvez, à base de quanto o ainda jovem insurgente defende de *recuperação,* ou seja, de ressurgência, admitir de tais experimentos que seriam antes empáticos e em parte intuitivos – como já se vem realizando há anos, no Brasil, em torno quer de um homem, primeiro pré-nacionalmente, hoje nacionalmente brasileiro, quer de um homem antropológica, cultural e ecologicamente situado em trópicos, ou no trópico, que inflexivelmente, em suas intenções, abordagens e objetivos. A apregoada objetividade científica ou a cientificidade que só seria científica, sendo assim estritamente objetivista, está em crise de tal modo profunda que aos objetivistas tocam atitudes quase de todo defensíveis.

Lembre-se aqui como exemplo de experimento atualmente em desenvolvimento, em ciência de comportamento humano, no Brasil, o de uma tropicologia, a um tempo objetiva e transobjetiva. E que inclui uma tentativa e abrangente interpretação do que seja um homem situado no trópico: especialmente o brasileiro, como expressão de um hispanotropical (veja-se o livro *O brasileiro entre os outros hispanos,* do autor deste comentário), ou, mais especificamente, de um luso-tropical (veja-se o livro do mesmo autor, *O luso e o trópico,* do qual existem edições em língua francesa e em língua inglesa). Sobre o brasileiro considerado sob o critério de lusotropical, há páginas magistrais do professor da Sorbonne, Roger Bastide, no seu já citado *Anthropologie appliquée* e acerca das quais escreveu lúcido ensaio o antropólogo brasileiro Roberto Motta. Para Roberto Motta é valioso o apoio do tão ilustre mestre europeu à tese – para ele, Motta – tão originalmente brasileira como a do lusotropicalismo. Pena que o assunto não venha sendo considerado por outro mestre da Sorbonne, o professor Georges Balandier, no seu *Le pouvoir sur scènes* (Paris, 1980), e que é aliciante estudo de uma por mestre Balandier considerada telerrealidade. Aliciante, inclusive, pelas inesperadas conexões que apresenta entre práticas de tempos sociais remotos e práticas atuais – ressurgências, portanto –, a ponto de destacar, à página 106, que "*l'irrationel et ses 'sorcelleries', la spontaneité de ses experimentations minent l'ordre de la société technologique et burocratique*", embora "*provoquent aussi, et plus fortement, des reations de rejet contribuant à l'entretient de la conformité*".

Ao tratar das ilusões que produz, segundo ele, a capacidade do poder de escapar aos assaltos do tempo – ou do espaço – caberia, talvez, ter acrescentado capacidades coletivas no mesmo sentido. Exemplo: a capacidade que teriam revelado, quer o hispano, em geral, quer o luso, em particular, em espaços tropicais não-europeus e em tempos sociais, também não-europeus, de desenvolverem, nesses espaços e nesses tempos, europeísmos, por vezes através de ressurgências de europeísmos, na Europa, já arcaicos ou quase esgotados. As capitanias hereditárias, criadas por Portugal no Brasil do primeiro século colonial, teriam sido uma dessas ressurgências, dado o que teria sido o seu sentido feudal adaptado a circunstâncias diferentes das classicamente feudais.

O professor Georges Balandier apresenta, entretanto, no seu mais recente livro, um brasileirismo suscetível de ser sociologicamente classificado como insurgência – Brasília –, como exemplo de espetáculo que o poder possa dar de uma "*nation en action et de lui-même*". Brasília seria dessa capacidade de poder "*l'illustration la plus célèbre*". Acrescente-se ao reparo do sociológo-antropólogo francês este comentário: ao que houve em Brasília, em termos sociológicos, inclusive de sociologia expressa arquitetonicamente – "*elle est hors mesure, rapportée à l'espace et au temps: dissoute dans l'étendue, pour être representative d'un pays-continent; verticale sur un territoire vide et plat et bâtie selon un modernisme avant-garde, pour afirmer l'anticipation de l'avenir*" – que, desses quatro característicos de Brasília fixados pelo professor Balandier como suscetíveis de ser considerados rasgadamente inovadores ou insurgentes, com exceção do segundo, permanentemente representativo de uma extensão nacional de espaço, os demais vêm sofrendo modificações sob formas e sob relações com espaços e com tempo que poderíamos chamar expressões de ressurgências. Ela, Brasília, já não é monoliticamente ou ostensivamente vertical mas, em alguns dos seus edifícios públicos ou oficiais e em muitas de suas residências, tradicionalmente horizontal. E seu modernismo, a princípio, imposição quase ditatorial ao que nela se construiu, vem se deixando alterar por ressurgências de formas tradicionalmente brasileiras de residência ou de arquitetura – inclusive a do próprio e admirável arquiteto Oscar Niemeyer. Triunfos, portanto, de ressurgências quase anárquicas de caráter coletivo sobre o que se pretendeu, como expressão de poder a seu modo ditatorial, que fosse para todo e sempre insurgente: contrário quer a tradições caracteristicamente brasileiras, quer à ecologia caracteristicamente tropical violada pela insurgência lecorbusierniana do excesso de vidro nos edifícios. De modo que a generalização do professor Georges Balandier sobre a insurgente Brasília não subsiste senão em parte. Em parte, Brasília é cidade que se vem refazendo em função de uma vontade coletivamente brasileira – e como tal, ressurgente, tradicional, conservadora, ecológica, através, paradoxalmente, de expressões anárquicas – e contra o que, de início, lhe foi imposto como afirmação de que *"le pouvoir règle l'expression spatiale"*. De modo relativo é o que terá acontecido. De modo absoluto, não é não. O conservadorismo, o tradicionalismo, o ecologismo, juntos, moderaram ou retificaram – ou vêm moderando ou retificando – o progressismo, o racionalismo, o tecnocratismo, o burocratismo como expressões de um poder oficial absoluto.

O que aqui se sugere, a propósito do conflito entre a ocupação urbana de espaço, por critério com pretensões a puramente objetivo, racional e progressista, e essa ocupação sob a influência de valores experienciais, tradicionais, ecológicos, telúricos, nos leva a considerar a necessidade de, reconhecendo-se tais valores, enfrentar-se como, pelo menos de igual para igual, o apreço à racionalidade ou à objetividade. Simpósio realizado nos Estados Unidos, em 1978, em torno de implicações técnicas, institucionais e políticas do uso de energia nacional, fixou uma das suas maiores atenções nos valores capazes de influenciar decisões nesse setor. Um setor que não deixa de se relacionar com ocupações de espaços. O que se verificou em tão importante simpósio consta de publicação da Universidade de Chicago, através da Companhia Editora Ballinger e a cargo de Robert G. Sachs.

Uma das conclusões – depreende-se de estudo, sobre o assunto, publicado sob o título *"National energy decision making; rationalism and rationalization"*, por Marc J. Roberts, no *Boletim* da The American Academy of Arts and Sciences, Boston, volume XXXIII, março de 1980, nº I – foi precisamente esta: a necessidade de serem consideradas imperfeições nada insignificantes em análises das chamadas objetivas ou puramente objetivas. E mais: a urgência de tornar-se mais explícito, nessas análises, o reconhecimento do papel dos valores. Pois em assuntos da denominada engenharia institucional – à qual pode-se considerar pertencer a ocupação de espaços, para fins institucionais, como foi o caso específico de Brasília – impõem-se avaliações, além de multidimensionais, muitas delas qualitativas. Precisamente o que faltou a Brasília como ocupação de espaço. Inclusive deixando-se de considerar, nessa ocupação em grande parte quantitativista – geométrica em espaço virgem – a presença de tempo lazer ou do tempo lúdico ou do tempo recreativo ou do tempo cultural. Concertos ao ar livre, missas campais ou outras reuniões religiosas sob céu aberto, vários tipos de esporte, concertos, balés, corais, teatro, também sob céu aberto, comícios democraticamente políticos.

No simpósio a que aqui se alude, realizado em 1980, considerou-se, segundo se depreende do citado estudo de Roberts, a importância de valores em análises sociais em torno de instituições: especialmente as relacionadas com o uso de energia nacional. Ou quase todas as instituições modernas, inclusive as urbanas ou rurbanas, com suas implicações políticas. Tal consideração de valores sociais ou psicossociais ou socioculturais, como implicações políticas, toca em problema pungentíssimo: o do igual bem-estar para componentes de uma comunidade. Sob critério superiormente qualitativo de avaliação, tal espécie de bem-estar, em vez de soberano, tende a ser superado por este outro: o de igual oportunidade. Em palavras discriminadoras de Roberts: *"The mutability of tastes means that we should examine the 'taste creating' aspects of arrangements"*. Isto em conseqüência de que *"social policy and some thoughtfull observers as well have rejected the utilitarian goal of equal happiness in favor of notions of equal opportunity*".

Não terá esse "utilitarian goal of equal happiness" uma das bem-intencionadas racionalizações predominantes na ocupação urbana, por Brasília, de espaço brasileiro virgem, que os idealizadores e os construtores dessa cidade, como cidade idealmente feliz, pretenderam impor ao seu destino social, à revelia de tradições, constantes, aspirações, ecologia brasileiras, sem considerarem noções de *igual oportunidade* de expressão a favor de futuros moradores? Daí ser sociologicamente tão interessante o fenômeno dessa insurgência esteticamente tão admirável que foi Brasília vir sofrendo o impacto de uma ressurgência – o dos valores citados – que parece mostrar a força dos valores sobre os primeiros, mas não decisivos, triunfos das racionalidades – ou dos racionalismos – com pretensões a absolutos nas soluções com pretensões a ideais que ofereceram. Pois o que aqui se diz de Brasília pode-se transferir a equivalentes de Brasília, como alguns dos planos sociais de autocolonização da Amazônia – a própria Transamazônica – e projetos mais simplistas – talvez em fase de retificação necessária, através de considerações de defesas de caráter ecológico do espaço a ser ocupado com objetivos idealmente progressistas. Exemplo: Suape.

Como observa Roberts, no seu referido e sugestivo estudo, "*decision making*" – decisões políticas, especificamente – em face de conflitos como o tão atual, quer em áreas desenvolvidas, quer naquelas em desenvolvimento, entre progresso tecnológico e econômico e ecologia, não são fáceis. São, algumas delas, extremamente difíceis. Daí suas longas considerações em torno do que pode ser a ação, numa democracia política como a dos Estados Unidos, dos Poderes Executivo, Legislativo, Judiciário, empresariais. Para Roberts, são necessários agentes integralizadores de decisões, quando esses poderes em conflito. Agentes ainda inexistentes. As decisões jurídicas têm que esperar, neste como noutros particulares, por definições sociais.

Mas o que aqui se impõe acentuar é que tais integrações, em decisões acerca de problemas tão complexos, envolvem acordos ou conciliações em torno de valores que sejam considerados hierarquicamente: os que se reconheça como superiores. Uma espécie de superavaliação comparativa de valores em conflito. E essa superavaliação necessariamente super-racional, embora, em parte, racional.

É de Roberts este pronunciamento para muitos chocante: "*...reaching policy conclusions*" (evidentemente as de desejável caráter integrativo) "*requires a critical, normative, nonscientific input, a fact often forgotten by scientists, unwilling to acknowledge the limitations of their expertise*". E mais, e outra vez a citação se impõe na língua inglesa: "*...perhaps aware that they*" (refere-se aos cientistas) "*that they could claim no special authority concerning values, scientists avoid distinguishing the differente roles of 'facts', even when values are not facts, are really at issue*". E ainda mais: "*...in such a context, where the nature and sources of disagreements are not clarified, expertise itself becomes a commodity for hire and consequently is of little worth in resolving conflict*". A rejeição do puro especialismo. Do puro tecnocratismo. Do puro Ph. Deísmo.

Para Marc J. Roberts – especifique-se que professor de economia política e de política sanitária na Escola de Saúde Pública da Universidade de Harvard e evidentemente mais generalista do que especialista do tipo convencional de Ph. D. – impõe-se que em face de decisões que precisem lidar com valores, *technical experts,* ou seja – interpretamos o sentido de *experts* como o de Ph. DD. fechados nos seus exclusivos especialismos científicos –, precisam reconhecer a importância do papel de perspectivas não-científicas não só no que diz respeito a recomendações de políticos, como no que se refere à escolha e ao uso de modelos de análise.

Contra o que o professor Roberts principalmente adverte é, ao lado de resguardarem-se decisões em torno de problemas complexos – como o de aplicações de energia nacional – de cientificismos ou de especialismos científicos absolutos, de pressões, quer de ideologias, quer de grupos econômicos. Nas suas palavras, "*the most vociferous and well organized ideological and economic interests*". Parece evidente que, para o lúcido generalista de Harvard, os por ele sugeridos integralizadores de decisões nacionais ou públicas precisam de ser antes humanistas de espírito público do que estritos racionalistas.

O que se está para suceder nos Estados Unidos importará na ressurgência, na grande república – agora em fase, segundo parece, de uma como recuperação, revolucionariamente conservadora, dos excessos *liberais* ou *progressistas* em que vinha se extremando – daqueles generalistas que inquérito ali realizado, há poucos anos, em torno do ensino e de suas tendências nacionais, revelou serem necessários em face dos muitos e quase todos pouco criativos especialistas. Assunto já versado por este comentador em ensaio publicado na revista *Ciência e Cultura,* da Sociedade Brasileira para o Progresso da Ciência (vol. 32, março de 1980) escrito a pedido do professor José Reis, como expansão de artigo aparecido no jornal *Folha de S. Paulo* sobre assunto tão jornalístico quanto científico-social.

Paradoxalmente, a ressurgência nos Estados Unidos, de generalistas ou de humanistas, em vez de tender a significar regresso a saberes conservadores, poderá trazer perspectivas inovadoramente intelectuais a uns Estados Unidos como que atualmente em fase, nesse setor, de reduzida criatividade insurgente. Pois onde, atualmente, um William James, na literatura filosófica – aliás, mais generalista que especialista – ou um Henry James, seu irmão, na de ficção com alguma coisa de ensaio: uma ficção talvez mais inventiva ou criativa que a de Marcel Proust? Ou, em poesia, um Vachel Lindsay? Ou, em teatro, um Eugene O'Neil? Ou, em economia, um Veblen? Ou, em crítica literária, outro Edmund Wilson? Ou, em crítica social, outro vulcânico Henry L. Mencken?

Do já citado nº 1 (1980), do *Boletim* da bicentenária The American Academy of Arts and Sciences, da como que ressurgente Boston, é outro ensaio interessantíssimo: o de Bruce Hannay sobre "Technological innovation: it nature and significance". Que diz o autor de tão sugestivo ensaio acerca de uma inovação que não deixa de significar insurgência? Que inovações, como inovações, se manifestam menos por um processo racional que não-racional. Seria racional na fase final do processo. Na inicial, porém, não-racional. Fase caracterizada por imprevisíveis. Por desordem em expressões proeminentes. Os laboratórios Bell seriam exemplo de uma espécie de caos organizado.

Pode-se admitir da invenção que resulte de algum planejamento ou cálculo: cálculo, a palavra usada pelo racionalista Condorcet. Mas quase sempre do que resulta é de uma ente receptiva que combine receptividade com aquela penetração intuitiva (*insight*) característica da genialidade. O até hoje inclassificável processo criativo associado a indivíduos de gênio. Processo que os estudos de Terman, na Universidade de Stanford, não conseguiram enquadrar de todo numa análise de todo racional. Ou dentro de cálculos genéticos ou biológicos quantitativos.

O curioso, no ensaio de Bruce Hannay – vice-presidente dos famosos Laboratórios Bell, notáveis pelas invenções que deles têm saído –, é que admite uma associação inesperada entre tecnologia – uma insurgência tecnológica – e a não-racionalidade, em geral característica, quer do processo de inovação tecnológica, quer da mentalidade do inventor quando – o que não é raro acontecer – homem de gênio. O que concorreria para o desprestígio do fator racionalidade, na esfera aparentemente mais ligada a essa forma de inteligência – a do inventor tecnológico ou científico: a racional, a lógica, a ordenada ou metodicamente científica ou tecnológica.

Para Mr. Bruce Hannay, um aspecto importante da relação entre inovação – como, pode-se sublinhar, criatividade – com aplicação industrial é identificar o que na inovação é aplicável vantajosamente. O que depende, evidentemente, em grande parte, da política econômica seguida por um governo nacional. Pois – é como a advertência atinge sociedades e governos nacionais como os brasileiros – *"nothing is so discouraging to investment in innovation as uncertainty created by constant instability and high inflation rates"*. Daí a importância da conexão entre o que a inovação possa representar de vantajoso para uma sociedade nacional e o ritmo de demanda por mudança social rápida que ocorra na mesma sociedade e influencie o seu governo ou obtenha seu apoio efetivo. Também – pode-se acrescentar a Mr. Bruce Hannay – a força, de modo algum desprezível, de duas resistências conservadoras, aparentemente opostas às que, sob o aspecto de, além de progressistas, racionais, seriam de todo criativas, com aspectos, essas resistências, tanto quanto as ofensivas inovadoras, quer negativos, quer, talvez principalmente, positivos. Da parte das resistências conservadoras, os impulsos conservadores psicossocioculturais, com expressão política e sentido ético, e o conservantismo, igualmente com essas duas expressões, com relação a valores naturais ou ecológicos. Se Voltaire, com seu racionalismo talvez apenas mais político ou ideológico que filosófico ou sociológico, supunha que tudo se resolveria satisfatoriamente para a condição humana desajustada, através de um sempre crescente progresso guiado pela *razão* e pela *indústria*, não é de modo algum de todo a favor do seu racionalismo ou do seu progressismo o balanço entre os dois opostos: em parte o conservador e o completamente inovador através de progressos tecnológicos e econômicos. Entretanto, viria predominando, até há pouco, como equivalente da racionalistamente voltairiana – e baconiana –, a perspectiva de desenvolvimento humano nos Estados Unidos, em particular, e no Ocidente, em geral. Até quando, como lembra a voz autorizada de Hannay, passou a fazer-se notar *"the disturbing note ...that there has been a steady decline in the general acceptance of the desirability of technological change"*. E mais: *"In part this disillusionement stems from the visible unwanted effects of tecnology, such as pollution and the fear of the Bomb. But it runs deeper because there is also a sense that technological change has been undermining the societal objectives to which it is expected to lead. This has come about through erosion of traditional rules of both people and institutions and through loss of reference points for and a sense of personal identity"*. Ao que se segue, da parte de um Bruce Hannay, como nenhum economista moderno em contato com inovações tecnológicas, dada sua condição de vice-presidente dos Laboratórios Bell (Estados Unidos) de Pesquisas e Patentes e secretário da Academia Nacional (Estados Unidos) de Engenharia, este pronunciamento, por sua procedência, impressionante: *"The result has been diminished belief in the propositions that technological change will lead to ever more desirable social states. Inventors and innovators are not assailed by such doubts, because they are confident of the value of what they do. But sociologists and philosophers might well ponder the deterioration of the old ethic of change and the lack of a new ethic to replace it if it is indeed deficient"*.

Não parece possível dizer-se ao impulso, senão pan-humano, ocidental, já a transmitir-se a Orientes e a Áfricas, para transformações predominantemente econômicas e tecnológicas, à revelia de outras considerações, que pare de todo. Mas há evidências de que emerge uma consciência ou uma responsabilidade da parte de forças crescentemente significativas do próprio Ocidente no sentido de uma como que, em parte, revolucionariamente conservadora, não só política como ética de desenvolvimento. Um desenvolvimento em vez de quase que avassaladoramente econômico e tecnológico, sensibilizado por outras perspectivas e por outros valores.

Serão só sociólogos e filósofos, junto a poetas, artistas e místicos, que começam a estar à frente de uma nova e necessaríssima mudança de atitude, da parte dos homens para com suas principais expressões ou rumos de desenvolvimento, de mudança, de progresso, à revelia de valores conserváveis ou a ser conservados ou renovadores ou reabilitados sob novos aspectos? Será isto vil reacionarismo? Ridículo saudosismo? Ainda mais ridículo ou desprezível arcaísmo necrófilo? Erupção de irracionalismo em face de um maior racionalismo que seria desenvolvido por uma sociedade mais, em vez de menos, racionalizada sob aquela ética de progresso tecnológico absoluto, apregoada desde o século XVIII por Voltaire, como primeiros alunos destorcedores de quanto aprenderam com jesuítas ainda discípulos de um Loyola racional, sim, mas sobretudo super-racionais?

Não estaremos, de fato, a despeito de atuais furores racionalistas dentro da própria Igreja Católica Romana, diante daquela crise – e crise aguda – de racionalidade, de que desde 1965 apercebeu-se a bicentenária Academia de Artes e Ciências de Boston, escandalizando meios intelectuais do Ocidente mais convencionais como uma iniciativa de aparência, para esses meios, leviana, isto é, uma iniciativa de caráter futurológico e essa futurologia, em torno de um estudo prospectivo em conjunto do ano 2000, com o professor Daniel Bell, eminente sociólogo da também mais que bicentenária, mas quase sempre criativa, Universidade de Colúmbia, como presidente da comissão organizadora desse estudo?

Que passou a considerar essa comissão? Sob uma orientação, entre sociológica e filosófica, sobretudo valores ocidentais em transição, na angustiosa véspera, em que vivemos, do, no caso, antes simbólico que cronológico, ano 2000. E recorrendo o professor Bell à história dos valores ocidentais. Inclusive a Condorcet. Sua idéia de progresso: não tecnológico, porém da mente humana. Seu conceito de igualdade entre homens como fator de uma reorganização social. Sua concepção de uma nova possibilidade de alcançar-se uma também nova consciência humana, através de novos métodos de indagação científica, que incluíssem observação, experiência, cálculo, este capaz de concorrer para um ainda não tentado modo quantitativo até de pensamento. Aos variáveis apontados por Condorcet, lembra o professor Bell que a moderna ciência social pode acrescentar este: a consideração de mudança de estrutura de instituições que dificultem ou facilitem a difusão de novos valores e novas formas de pensar. Inclusive a nova estrutura social desenvolvida pelos Estados Unidos, com uma centralização que fez desaparecer insulações de espaço com importante mudança social no sentido de nova escala de relações em termos de espaço, tempo e números. E com essa nova relação, a necessidade de planejamento articulador de problemas decorrentes dessa situação. Daí uma sociedade nacional nos Estados Unidos, segundo o sociólogo Bell, sob o aspecto de *communal society*. Com objetivos sociais abrangentes. Com direitos de grupos superando direitos dos chamados individuais. Exemplos: o movimento de defesa dos direitos do trabalhador. O de defesa de direitos do negro americano como grupo intranacional. E, para o professor Bell, é preciso atentar no que vem sendo a transformação da base econômica da sociedade nacional estadunidense de industrial em pós-industrial, com a produção de serviços superando a produção de bens. As unidades de serviço consistindo, na maior parte, de forças pouco numerosas: de vinte e cinco a cem trabalhadores. Assim, enquanto se vem verificando crescente burocratização da sociedade estadunidense como um todo, através dessas unidades de serviço viria se desenvolvendo um corretivo: a personalização de relações entre grande número de componentes da sociedade pós-industrial dos Estados Unidos através da superação de produção de bens por produção de serviços.

Sob uma sociedade pós-industrial, em começo, estaria se verificando a superação de conhecimentos empíricos de técnicas de produção de bens, características do século XIX estadunidense, por técnicas orientadas por conhecimentos teoricamente científicos. E com essa superação, a necessidade de novas formas nacionais de educação. Inclusive, com a maior importância do capital-homem, em relação com o capital financeiro, a importância de identificarem-se talentos, entre as novas gerações, o mais cedo possível, para que os talentos dos supradotados sejam favorecidos pelos cuidados que reclamam no interesse ou no proveito da comunidade.

Em face da, por alguns, considerada "lei de crescente racionalidade", desenvolvida nos Estados Unidos pelo sociólogo Talcoltt Parsons, em *Structure of social action,* de idéia do alemão Max Weber, com a racionalidade ocupando uma posição lógica, dentro de sistemas de ação social, análoga à de entropia, dentro de sistemas físicos, o professor Bell passou a destacar a relação, em física, de entropia com desordem, com a possibilidade de crescente racionalidade vir a significar, ou já estar significando, semelhantemente, o mesmo: desordem. Em termos sociais, estaria se verificando, nos nossos dias, uma crise aguda de racionalidade. Uma crise de racionalidade no tocante à estrutura social, resultado – segundo o professor Bell – de inevitáveis tensões entre modos tecnocráticos e políticos de decisão, isto é, de decisões sociais ou nacionalmente sociais.

Em sociedades nas quais haja dependência de mecanismos tecnocraticamente racionais de planejamento, esse sistemas contrariam normas, tendências ou aspirações de democracia participante, isto é, desejos, da parte dos componentes das mesmas sociedades, de controlarem decisões que os afetem nas suas próprias formas de vida. Decisões com relação tanto a construção de estradas como a administração de escolas públicas, para citar exemplos concretos . E também com relação à cultura em suas relações com a estrutura social. Recorde-se – como recorda o *Boletim* da Academia de Artes e Ciências, de Boston, em comentário às idéias do professor Daniel Bell em torno de uma sociedade pós-industrial e da crise, a propósito desse novo tipo de sociedade, de uma racionalidade em expansão – "*the most serious crisis of rationality lies in culture*". Pois quando Weber considerou a racionalidade predominante do tempo moderno, foi enxergando essa predominância – a da racionalidade – não só na economia, no direito e na organização (social), mas na literatura, na pintura, na música. Todas racionalmente condicionadas. Circunscritas racionalmente: a pintura através da perspectiva, até vir a transbordar essa racionalidade, um avassalador hedonismo sob a forma de uma generalizada busca de prazer, de sensacionalismo, de novidade, de permissividade. Com Condorcet – voltando-se a esse pioneiro – teria tido início um planejamento racional. Com Nietzsche, viria a verificar-se um hedonismo transbordante. Enquanto para Condorcet – segundo Bell – o conhecimento do cálculo de probabilidade teria significado o ponto mais alto de culminância mental, para Nietzsche viria a racionalidade a transbordar numa vida tão calculável a ponto de tornar-se vazia. O *Nascimento da tragédia,* do escritor-pensador alemão, viria a exprimir o assombro do homem quando começa a duvidar dos modos cognitivos de experiência, com a lei de causa e efeito parecendo como que suspensa. Daí sua concepção de um coro bachiano que envolvesse complexa noção de alívio, sexo e comunhão, com o homem atual no meio de um crescente conflito entre racionalidade e tendências hedônicas. Até que, ainda segundo a sugestão de Bell, vir a encontrar-se na sensibilidade da cultura moderna ao começo de um tipo profundamente anti-racional de orientação, com o futuro definitivo dessa orientação podendo ser considerado de todo indefinido entre Condorcet e Nietzsche. Entre planejamento racional e rebeldia intuitiva a planejamento social através do próprio transbordamento de racionalidade.

A propósito do quê, lembre-se a pintura de Picasso, em certas fases, talvez expressão de racionalidade, e noutras, de anti-racionalidade. Ou a música de Stravinski. Ou o balé racionalmente helênico e apolíneo recriado por Martha Graham através de arrojos não-helênicos e até dionisíacos. Ou a poesia, nem sempre racional, de Ezra Pound a retificar ritmos apolineamente conservadores da de T. S. Elliot, sem faltar ao retificador um talvez maior ânimo ou senso conservador ou de tradição que o do retificado. Cruzamentos, em artes, de racionalismos e anti-racionalismos, com a crise da racionalidade, nas modernas culturas, nas economias, nas políticas, parecendo favorecer ondas inesperadamente fortes de conservadorismo. Mas conservadorismo revolucionário. Mais: ressurgências cruzando-se ou entendendo-se com insurgências até virem a formar – como parece ser por vezes a tendência – terceiras atitudes. O que estaria se verificando nos setores da ética, da religião, das relações internacionais, inter-humanas ou interpessoais, nos quais estariam se exprimindo, em culturas nacionais modernas, reações e atuais desmandos, quer de progressismos tecnocrático-plutocráticos, como deformações de racionalismo exaltado por Condorcet, quer do hedonismo, que seria a parte negativa do extremado anti-racionalismo glorificado por Nietzsche.

Viriam esses extremos tendo reflexos em cotidianos, suscetíveis de ser identificados por aquela sociologia do cotidiano que, há cerca de quinze anos, o professor Georges Balandier, em comentário no *Cahiers internacionaux de sociologie,* supôs ter surgido em autor brasileiro, mas que atualmente é, de modo mais enfático, considerada criação de aliás brilhante sociólogo francês, o professor Durand, esquecendo-se a antecipação brasileira.

O cotidiano apresenta exemplos concretos ou existenciais de realidades que as sínteses macrossociológicas ou macroantropológicas e até filosóficas proclamam mais abstratamente: o caso da própria síntese de Bell aqui recordada. Haverá, no cotidiano, pequenos, mas até dramáticos, choques que ilustrem concretamente a síntese ricamente sugestiva? Parece que sim. Talvez o exemplo do recente mais-que-policial caso brasileiro da jovem carioca Cláudia, vítima tanto de tóxicos (hedonismo) como de permissividade sexual entre jovens, como do poder tecnocraticamente plutocrático (os Franks suíços) e do seu domínio sobre a justiça do Rio de Janeiro, através de instituição racionalmente democrática (júri), ilustre a tese Bell.

Mas a tese Daniel Bell encontra, no Brasil atual, não só em ocorrências apenas contemporaneamente históricas, como em recorrências também contemporâneas, de dimensão sociológica, ilustração inquietante, nos triunfos que a tecnocracia racionalmente progressista (Condorcet) está obtendo sobre quase instintivamente românticas defesas ecológicas (Nietzsche no seu aspecto positivo). Ilustrações não só inquietantes, como alarmantes, de um processo socioeconômico em que a mística do desenvolvimento nacional se contrapõe à mística de defesa de ecologias, na maioria tropicalmente brasileiras: básicas como resguardos do bem-estar futuro de toda uma sociedade e de toda uma cultura nacionais.

Existe, é certo, o despertar, no Brasil, de uma consciência ecológica. Teluricamente ecológica até, a adjetivação *telúrica* correspondendo a um conceito, saído do nosso país, de ecologia – *ecologia telúrica* – que, há dez anos, o professor Edmonds, da Universidade de Tulane, incluiu entre as, para ele, oito principais novas teorias sociológicas ou antropossociais de então já quase clássicas, pela sua importância em termos universais. Se o conceito não sensibilizou cientistas sociais brasileiros da época, alcançou, fora do Brasil, esse nada insignificante reconhecimento. E compreende-se ter surgido do Brasil. Que país, dentre os principalmente situados em espaços tropicais, mais teluricamente ecológico, através de uma ecologia que irrompe de matas, como a amazônica e a dos alagados de Mato Grosso, com a dramaticidade de redutos de vida e de energia não só nacionais como humanas?

Quando há, no Brasil de agora, quem repudie, para comemorações de natal, um Papai Noel, expressão de progressismo racionalmente tecnocrático (Condorcet), além de ostensivamente antiecológico, com seu capote grosso e suas botas também grossas de quem é mito nevoento e eurocêntrico, nesse repúdio reflete-se, de forma cotidiana, tanto anti-racionalismo como atitude a favor de um quase instintivismo. Um natal de lapinha, de presépio, de céu aberto, de verão, de Menino Deus nuzinho num berço de palha, em vez de encapotado contra neves, começa a ressurgir, entre nós, como expressão de um conservadorismo ao mesmo tempo lírico e ecológico. Recorrência sociologicamente cotidiana. Ressurgência sociocultural: aspecto de um nacionalismo de base, e não de retórica xenofobia, que se ergue contra imposições a uma cultura nacionalmente brasileira nos seus rumos sem prejuízo de suas solidariedades com culturas nacionais afins. Sobretudo com as também eurotropicais em geral e não apenas hispano ou lusotropicais em particular. Com as ecologicamente tropicais. Pois, no mundo de hoje, emerge um conjunto tropical, consciente de suas possibilidades de desenvolver seus próprios valores, em vez de resignado, não só a suprir, de matérias-primas, poderes racionalmente tecnocráticos, orientados por ecologias não-tropicais, como a seguir imposições às suas culturas, ao seu pensamento, às suas artes, às sua ciências, regionais ou nacionais, que lhe venham desses poderes racionais, tecnocráticos, quase exclusivamente econômicos nos seus rumos, à revelia de perspectivas não-econômicas.

São sugestões, as que aqui são lançadas, que talvez indiquem não ser uma perspectiva ecológica de relações não só de homens com ambientes natureza, mas de populações humanas de diferentes, mas interdependentes, espaços. Relações com implicações não apenas separadamente nacionais e, para certas nações, ou conjuntos de nações, geopolíticas, porém dinamicamente inter-regionais e internacionais. E, assim compreendida, uma perspectiva, a ecológica, capaz de favorecer ressurgências de valores não-ocidentais, durante séculos considerados inferiores, que venham a se conciliar com alguns dos clássica ou tradicionalmente ocidentais, não sob formas de dependência de inferiores, em face de superiores, mas como valores diferentes, capazes de, com suas diferenças, completaremse, com vantagens para uns e outros. Espaços, com suas condições ecológicas diversas, constituem uma realidade biossocial ou biossociocultural, que leva as sociedades humanas, assim diversamente situadas, a se entenderem através de interdependências também biossociais ou biossocioculturais por vezes subestimadas por internacionalismos de orientações supostamente realistas ou objetivas nos seus racionalismos dominantes.

Lembre-se, a esta altura, que se pode falar de um impacto ecológico sobre a formação das inteligências de um país. Do Brasil, por exemplo. Ainda há pouco, em conferência proferida em Petrópolis, a convite do Museu Imperial, procurou o autor contrastar a formação da inteligência de Pedro II como tendo se realizado como que dentro de uma redoma de educação de príncipe de estilo europeu ou subeuropeu. Teria sido um menino criado quase como se não fosse nem menino nem de raiz brasileira. Como se houvesse um empenho de antecipar nele um adulto e esse adulto mais europeu do que nativo. Com frades e tutores eruditos a o separarem dos meninos ecologicamente brasileiros nos seus contatos humanos mais abrasileirantes. Contatos com mucamas afro-brasileiras que o iniciassem no amor físico e em sensibilidades afro-brasileiras, por exemplo, de cafuné e de bicho por elas tirados de um pé de menino. Com malungos também afro-brasileiros e com culumins com os quais aprendesse a nadar, a dar mergulhos, a dar rabos-de-arraia em rios e em águas brasileiras de mar, a conhecer passarinhos, bichos, plantas, odores de matos e de gentes brasileiras, comidas rusticamente brasileiras, cozinhadas em lenha, além de araçá, goiaba, jenipapo, pitomba, pitanga, jambo, tirados dos altos das próprias árvores. Dos próprios pés de pau.

Surpreende que menino criado tão sem meninice e tão fora da mais quente ecologia brasileira, do mais característico paladar das comidas de sua gente, dos mais marcantes contatos com pessoas, animais e coisas ecologicamente brasileiras, ao tornar-se imperador do Brasil, aos 15 anos, procurasse exercer o poder imperial, tão desejoso de servir ao seu país, guiando-se menos ecologicamente, isto é, menos por tradições ouvidas da boca da gente do povo, do que pela geografia e pela história brasileiras aprendidas com aqueles seus tutores e aqueles frades livrescos. Tinha que ser e foi mais livresco, mais abstrato, mais europeu que ecologicamente brasileiro. Só que quando teve de escolher amante, à francesíssima baronesa da Estrela, loura como boneca européia, que parece o ter querido atrair com suas graças, preferiu brasileira com a marca ecológica de sangue tropical acrescentada ao sangue ariano. E a quem talvez se deva alguma retificação de deficiências ecológicas, brasileirantes da sensibilidade, na formação demasiadamente europeizante, livresca, abstrata, racional, do segundo imperador do Brasil. Sugestões estas, talvez, para alguns, despropositadas. Mas que são essenciais a uma interpretação da personalidade de Pedro II que tome em consideração o que nela se formou à revelia do ambiente brasileiro. Da ecologia brasileira.

Critério – o ecológico – que, aplicado à formação das inteligências e das personalidades que cercaram Pedro II, pode nos levar a distinguir as de formação mais ecológica – presentes nos políticos, intelectuais, clérigos mais intuitivos – das de formação menos ecológica ou de educação cedo racionalmente, logicamente, abstratamente européia como vários dos bacharéis em direito e em matemática, doutores em medicina, engenheiros, formados alguns na Europa, outros no Brasil, mas sob influências européias a os distanciarem de realidades, de experiências, de ecologias brasileiras. Gilberto Amado, no seu admirável *Grão de areia,* aproximou-se do assunto aqui considerado de modo talvez mais compreensivo: o de ao Império, no Brasil, terem faltado inteligências de homens públicos identificados, quando mais cultos, com a realidade brasileira por conhecimentos menos livrescos e, neste particular, superados pelos não-bacharéis, não-doutores, não-eruditos. A deficiência ecológica e a pobreza intuitiva, nesses eruditos. A compensação dos excessos, tão de alguns desses homens públicos, de racionalismo, de eruditismo livresco, de europeísmos importados, na consideração de problemas brasileiros diferentes dos europeus, pelos, por vezes, nada eruditos, nem racionais, nem provectos no sentido de muito eruditos, apenas intuitivos, sensatos, ecológicos. Acentue-se: ecológicos.

Pois o valor social ou sociocultural da ecologia não é somente o daquela que é representada pela natureza de um espaço, que se torne nacional, pelo tipo de seu solo, pelas formas de sua paisagem, pelas inter-relações, nesse espaço, entre vida humana, vida vegetal, vida animal, presenças minerais, mas aquela que se reflita na formação ou na educação de homens públicos, de intelectuais, de artistas, de clérigos. Na identificação dos seus olhos, dos seus ouvidos, do seu olfato, do seu tato, do seu sexo, do seu paladar, da sua sensibilidade, da sua inteligência, com ambientes naturais, telúricos, e também socioculturais. Por essa identificação é que eles saberão repudiar racionalismos, tecnocratismos, erudistismos, livrescamente importados. Foi essa espécie de identificação ecológica que faltou a um, sob tantos aspectos, positivo no seu modo de procurar servir o Brasil, Pedro II. Enquanto o pai estabanado, instintivo, intuitivo, por vezes anti-racional, através dos seus próprios excessos eróticos, foi mais ecológico que ele. Mais brasileiro. Quase um moreno, quase um carioca, quase um mulato, quase um folclórico ou anedótico *cabra da peste*.

Mas não faltou só a Pedro II, sem ter faltado ao injustiçado João VI. Faltou a vários daqueles parlamentares eruditos do Império com os quais Gilberto Amado, ao defrontar-se com suas perspectivas de homens de gabinete, seu alheamento das realidades brasileiras diferentes das européias, espantou-se. Pasmou-se Gilberto Amado de descobrir na maioria dos chamados estadistas – estadistas e intelectuais políticos – do Império, seu, para ele, excesso de ignorância dessas realidades, ressalvando – ao que parece – algum apreço pelos mais não-intelectuais. Pelos rústicos ou os não-intelectuais de bom senso, intuitivamente sensíveis a realidades peculiares ao Brasil: não-europeus.

Mesmo assim, registre-se da tradição de liderança política vinda do Império – a menos ostensivamente representada mais por esses intuitivos de bom senso que pelos intelectuais famosos pelos brilhos de sua retórica e pelo recurso dos seus conhecimentos apenas jurídicos – ter-se projetado sobre a Primeira República dos positivistas de Comte e de outra nova camada de políticos abstratamente intelectuais e, no novo caso, alguns deles, como Rui Barbosa, em vez de subeuropeus, subianques, como um resguardo contra maiores alheamentos da realidade brasileira que os característicos do regime deposto – é claro que com exceções nada insignificantes, das quais a maior foi evidentemente a de Joaquim Nabuco – o caso também de André Rebouças –, tão diferente dos Silveiras Martins, dos Ruis Barbosa, dos Benjamins Constant, dos próprios Martins Júnior. Que teria sido da República de 1889 se, sob a inspiração anônima de um já caracteristicamente brasileiro sentido de conciliação de contrários, não tivesse, desde seus primeiros dias, assimilado experiências ou acolhido adesões de homens – barões, viscondes, conselheiros, comendadores do Império? Entre eles, um barão de Lucena, um Cabo Frio (visconde), um barão do Rio Branco, um conselheiro Rodrigues Alves, um conselheiro Afonso Pena, um conselheiro Rosa e Silva – nenhum deles famoso como intelectual do tipo brilhante, título somente do insigne Rui Barbosa. Um Rui Barbosa que, entretanto, encarnou, entre homens do Império assimilados pela República, antes o intelectualismo racional, jurídico, abstrato dos superletrados, desconhecedores das realidades nacionais, do que o bom senso daqueles quase apagados portadores mais de sabedoria, a chamada terra-a-terra, isto é, ecológica, do que de saberes olimpicamente acadêmicos.

E o que se diz de liderança política – a tradição pobre, na maior parte, de identificação do homem público, ou do jurista-político, com a realidade brasileira, deixada pelo Império – pode-se estender de certo modo à experiência herdada pela República de 1889 do mesmo Império, nos setores de arte, de literatura, de ciência, também ela, na maior parte, muito mais criativa que academicamente subeuropéia – o caso do próprio Carlos Gomes de *O Guarany* e do próprio Pedro Américo –, embora com exceções nada insignificantes como a de Antônio Pedro de Figueiredo, a de Teixeira de Freitas, a de José de Alencar, a de Castro Alves, a de Joaquim Nabuco, a dos Rebouças. Mas sem outro padre José Maurício ou – muito menos – outro Aleijadinho ou outro Antônio Vieira vindos dos dias coloniais.

A reinterpretação do passado social ou psicossociocultural brasileiro, projetado sobre o presente e um tanto sobre o futuro nacionais, é recente. Na verdade, recentíssima.

Mesmo assim, destaque-se, a favor do Brasil, anterior às que só agora se processam nos Estados Unidos, na Argentina e no próprio México e na própria Cuba, a despeito de belos esforços, nesse sentido, da parte dos Beard, nos Estados Unidos, no México, da parte de Carlos Pereyra e José Vasconcelos, e em Cuba, do brilhante marxista José Antônio Portuondo. Um Portuondo, honestamente marxista, que não hesitou em ver o, para ele, verdadeiro começo de uma moderna reinterpretação de passados sociais ou psicossocioculturais – atitude, também, de outro brilhante marxista estadunidense, Eugene Genovese; na Europa, de Roland Barthes, e última e notadamente de Lord Asa Briggs, da Universidade de Oxford – em insurgente livro brasileiro aparecido em 1933.

Nos Estados Unidos, semelhante expressão de insurgência, implicando valorizações de experiências ou tendências pré-nacionais ou nacionais antigas, repudiadas, no caso do passado brasileiro, por racionalismos importados, só agora – no fim da década de 70 – começa a manifestar-se de modo a um tempo incisivo e seguro a ponto de falar-se numa *rediscovering America* e de proclamar-se de uma nova geração de historiadores que estariam encontrando *new meanings* no passado dos Estados Unidos. Muito esclarecedor sobre o assunto o ensaio de Mr. Lance Morrow, aparecido na revista *Time* (julho de 1980, vol. 116, nº 1). Mr. Morrow destaca dos novos intérpretes de um passado social – o dos Estados Unidos – até os nossos dias tão envolvido por imagens convencionais, em primeiro lugar, Eugene Genovese, da Universidade de Rochester, do qual se deve lembrar o lúcido interesse pelo Brasil escravocrata, com conclusões a esse respeito das quais algumas coincidem – embora outras não: seu ponto de vista básico é o marxista – com reinterpretações do passado psicossociocultural brasileiro que, desde 1933, vêm sendo insurgentemente apresentadas em vários estudos de autor brasileiro; desde *Casa-grande & senzala* a *New world in the tropics*, este escrito e publicado em língua inglesa, e já em língua portuguesa e na japonesa, nesta com título equivalente ao de *Novo mundo nos trópicos.*

Além do professor Eugene Genovese, destacam-se por suas atuais reinterpretações do passado social dos Estados Unidos os professores Willliam Appleman Willians, da Universidade do Estado de Oregon, e Barton Bernstein, da Universidade de Stanford.

Segundo Mr. Morrow, uma insurgência caracteriza esse começo de reinterpretação, que data de apenas dez anos, do passado social dos Estados Unidos: a da nova perspectiva. Em vez de ênfase em política, em economia, em instituições e elites, ênfase na família, na mulher, no negro, no índio, no pobre, no destituído de poder: "*upon the American family, upon women, upon blacks and Indians, upon the poor and those without power*". Precisamente as ênfases com que insurgente e pioneiramente surgiu, em 1933, *Casa-grande & senzala* e logo destacadas pelo europeu Blaise Cendrars.

Essa perspectiva é denominada pelo professor da Universidade de Colúmbia, o historiador James Shenton, "inclusionism", isto é, aquela insurgente abrangência de vida vivida, inaugurada, em qualquer parte do mundo, por autor ou historiador social brasileiro, como acaba de salientar, em conferência na Universidade de Brasília, patrocinada pelo ex-ministro Eduardo Portella, o citado historiador britânico de Oxford, Lord Asa Briggs. O *inclusionism,* agora assim denominado, nos Estados Unidos, é antecipação brasileira, tendo incluído não só matéria psicossociocultural, pela primeira vez de fato valorizada em reconstituição de experiência pré-nacional ou nacional – dessa matéria constando intimidades significativas do comportamento ou da experiência sexual – como a saudada pelo crítico existencialista francês Jean Pouillon, no livro brasileiro de 1933, como metodologia abrangente ou plural: "pluralisme méthodologique". Insurgência que chegou a escandalizar puristas metodológicos dentre os mais ilustres como, na época do aparecimento do livro brasileiro, o crítico da *American Sociological Review,* para quem não era lógico nem racional que se misturassem métodos no trato de um só assunto; método sociológico, o antropológico, o ecológico, o histórico-social, o psicológico-social, o científico, o humanístico, o empático, o filológico, até mesmo o literário. Insurgência – em junho de 1981, mais uma vez destacada em *Sociologia* (modernissimamente didática), pelo sociólogo brasileiro Sebastião Vilanova – que, na verdade, carcterizou o mesmo livro brasileiro, vindo o seu exemplo a ser seguido de tal modo que está deixando de ser insurgência e quase se aquietando em rotina. Mas insurgência foi e, essa insurgência, brasileira. Partida do Brasil, em obra de reinterpretação do passado que, intuindo um novo conceito de tempo – *o tempo tríbio,* segundo o qual passado, presente e futuro são simultânea e dinamicamente um tempo abrangente –, se tornaria uma reinterpretação mais do que de um passado: de uma experiência pré-nacional desdobrada, em tempo tríbio, em experiência nacional abrangente de dias atuais e de perspectivas já em parte imaginativamente a serem vividas.

Válido o que se sugere da abrangência de um livro, cuja mensagem, ao mesmo tempo que, de raízes ecológicas, de perspectivas transnacionais – polivalentemente ecologista através de equivalências ecológicas, partindo do Brasil, vem encontrando acolhida em vários outros países –, pode-se admitir, desse livro, que, sendo muito brasileiro nas suas bases, seja transbrasileiro em alguns dos seus apelos. Ou, especificando: em suas insurgências no modo de tratar – talvez bem mais intuitiva que racionalmente – constantes psicossocioculturais – o que é possível importar em paradoxo – das quais admite ressurgências contrárias à suposta lei de evolução unilinear ou absoluta. O autor diz no seu livro *Ordem e progresso* – tão simpaticamente acolhido em meios europeus e nos próprios Estados Unidos, ao aparecer em língua inglesa, consagrado livro do ano pelo ilustre Clube de História – não acreditar em progresso, nacional ou humano, singular e, como singular, total, mas em progresso, no plural, aos quais corresponderiam, por vezes, negações qualitativas de aperfeiçoamentos.

Esse um dos aspectos dramáticos dos atuais conflitos, em várias partes do mundo – principalmente nos países chamados em desenvolvimento como o Brasil –, entre tecnologia, economia, progresso, de um lado, e ecologia, natureza, paisagem, tradição, de outro lado. Esse, também um aspecto inquietante da atualidade humana, que pede considerações, análises, interpretações sob perspectivas inter-relacionadas e através de saberes conjugados, uns completando os outros. O "pluralismo metodológico" de que o crítico francês Jean Pouillon considerou o Brasil – repita-se – pioneiro.

O momento é de resguardamo-nos, no Brasil e em países em situação semelhante à brasileira, da tentação de nos rendermos passivamente, por um lado, ao primado da tecnologia ou do desenvolvimentismo, como processo social, por outro lado, à Economia, com "E" maiúsculo, como ciência imperial, justificadora do primado desse processo, à base de argumentos quer racionais, quer místicos: o mito do progresso denunciado por Georges Sorel. O mito do progresso como base da grandeza dos Estados Unidos. O progresso soberano, mesmo quando estrangulador, e ecologias, de naturezas, de paisagens, de tradições, de espiritualidades, de grupos humanos integrados em ambientes ou em constantes psicossocioculturais, valiosas para eles, grupos, e para sociedades ou culturas totais que, em parte, dependam deles.

Que a economia, por tantos ligada hoje, de modo decisivo, ao desenvolvimento e, ao mesmo tempo, à própria segurança nacional, não impressione leigos ou ingênuos, com abstrações matemáticas de todo importadas, ou mesmo aqui desenvolvidas apenas em gabinetes, porém se torne, também ela, no Brasil – tendência atual de alguns dos seus maiores mestres –, ecológica, telúrica, brasileira. Atenta ao terra-a-terra. Sensível ao dia-a-dia. Ligada ao cotidiano. Uma economia – repita-se – transeconômica; apercebida das motivações não-econômicas, das circunstâncias não-econômicas, das pressões não-econômicas que atuam sobre o chamado Homem Econômico, tornando-o muito diferente do imaginado, descrito, fixado por estatísticas, cálculos, números, tantas vezes irreais.

Nós estamos, no Brasil, em dias de fáceis conflitos da economia com a ecologia; da conservação da natureza e da própria tradição com a sua superação pela economia, demasiadamente aliada à mística do progresso e ao culto exclusivo da tecnologia. Conflitos também entre ética e ciência. Em vários casos, são conflitos cujas formas agudas podem ser evitadas.

Pensadores modernos vêem conflitos entre o que se vem considerando lícito às várias ciências, biológicas e sociais, humanas e naturais, investigar, e o que se começa a duvidar, de pontos de vista éticos, ser lícito a essas ciências investigar, tão catastróficas, do ponto de vista social ou humano, poderão ser as conseqüências da, por exemplo, chamada engenharia genética – empenhada em criar em laboratórios tipos extranaturais de homem ou de raça – ou de uma engenharia climática capaz de alterar climas. Num e noutro caso, tais seriam as alterações nos conceitos do homem sobre si mesmo e sobre suas relações, quer com a sociedade humana, em geral, quer com o mundo natural, que essas alterações nos levariam, dentro de uma revolução biológica capaz de transformar o mundo sob vários aspectos – e sobre assunto tão dramático o Brasil, ouvidos os consultores ou assessores mais idôneos dos seus próximos governos, terá que opinar – que nos colocariam – como adverte o professor Robert S. Morrison, em recentíssimo ensaio –, por um lado, em face de toda uma "possível nova raça de seres humanos", por outro lado, dentro de toda uma nova climatologia à base de nova capacidade de transferência e de nova capacidade de calor da atmosfera. Isto, sem se poder prever a repercussão sobre os modernos tipos de homem e de clima, de economia e de arte, de tais revoluções um tanto perturbadoras de ecologias naturais passíveis de ser superadas por ecologias artificiais. É ao que nos leva um quase alarmante pronunciamento, sobre tais possibilidades que de modo algum seriam remotas, do professor Morrison, do célebre Instituto de Tecnologia de Massachusetts. Vem esse pronunciamento em número recente – primavera de 1978 – da revista *Daedalus,* da Academia Americana de Artes e Ciências, dedicado ao assunto.

A ecologia – a perspectiva ecológica – dificilmente pode ser desprezada nos modernos estudos sociais sem dano para a compreensão do desenvolvimento sociocultural do homem. Não pecaria contra sua ciência o economista, por mais exímio na sua matemática, por mais lógico nas suas abstrações, por mais exato no seu manejo de números, que se conservasse alheio ao espaço, ao ambiente, às circunstâncias, às situações, aos tempos, às possibilidades de alterações do que seja o homem natural dentro de ecologia natural, ou de ecologias sociais, dentro das quais se venham a processar os atos econômicos, as iniciativas econômicas, as reações econômicas a provocações ou, em linguagem toynbeeana, a desafios? A ecologia humana, incluindo a consideração de relação recíprocas entre o indivíduo biológico, ou já socializado em pessoa, e seu ambiente, inclui também o estudo de relações entre grupos e seus ambientes. Vai até o que se vem denominado o estudo espacial-funcional de relações que emergem e se desenvolvem através de processos de interação ecológica coincidente com interação social. E a interação social no seu sentido mais abrangente inclui processos que, sendo, de modo geral, sociais, sejam especificamente econômicos como os de competição opostos ou desatentos aos de cooperação; os de dominação; os de acomodação. Todo um mundo de reciprocidades, de antagonismos, de conflitos, de solidariedades, relacionados com a distribuição de grupos humanos e de instituições sociais em espaço tanto físicos como sociais. Formas diversas de competição por situações nesses espaços. De centralização. De descentralização. De atitudes humanas para com animais, vegetais, águas: valores naturais de possível utilização em esforços de desenvolvimento socioeconômico com repercussões sobre outras expressões culturais. Sobre formas artísticas de expressão e sobre interpretações artísticas, literárias, sociológicas, filosóficas, de comportamento do homem quanto possível total.

É o que o autor vem ousando sugerir. Essas sugestões poderiam assumir, simplificadas, este reconhecimento; o de que, nos problemas nacionais suscetíveis de ser classificados como sociais ou econômicos, políticos ou culturais, ao lado de sua universalidade, há aspectos próprios de ecologias, particularizadores do mesmo comportamento, em ecologia incluindo-se aquele tempo já socialmente vivido quer por um homem individualizado, quer por um homem coletivo: um conjunto de indivíduos biológicos socializados em pessoas sem deixarem de todo de ser biológicos.

Permita-se que recorde ter sido o primeiro analista de problemas brasileiros de ocupação de espaços a procurar aplicar ao estudo dessa ocupação, entre nós, com outras abordagens, um critério ecológico: o critério de uma então apenas a amanhecer ou a madrugar ecologia humana. É o que se pode surpreender quer no livro de jovem estreante aparecido em 1933 com o título *Casa-grande & senzala,* quer, de modo mais específico, no publicado quatro anos depois: *Nordeste.* Quem proclama essa prioridade – lembre-se de passagem – é um dos maiores mestres brasileiros de ciência da terra: o professor Rocha Penteado, de São Paulo. Confirma-a ecólogo eminente: o professor Vasconcelos Sobrinho.

Desde então o critério, já definido, diferentemente, pelo indiano Mukerjee, pelo sul-africano Bews e pela chamada Escola de Chicago, tornou-se explosivo. Jornalístico, até. Fala-se dele atualmente a propósito da defesa dos ambientes. A propósito do resguarda contra as poluições: a do ar, a das águas, a do som.

Ao mesmo tempo, o prestígio da ciência econômica, como ciência, e o do economista, como cientista, acentuou-se por algum tempo em quase todo o mundo. Isto, sem que tenha se verificado sempre, de modo sistemático, uma necessária aproximação entre economia e ecologia. Ou entre economia e sociologia. Ou entre economia e antropologia, psicologia, filosofia, história. São perspectivas que se vêm cumprimentando de longe. Quase cerimoniosamente. Uma, por vezes, desdenhando da outra, como menos científica ou menos objetiva. Mais romântica. Mais literária. Mais retórica, até.

O mundo moderno descobriu, não só através de marxistas como de não-marxistas e de antimarxistas, que precisa de economistas e de ciência econômica no trato de seus problemas nacionais e internacionais: inclusive os aparentemente apenas políticos. Mas precisa de economistas – sabe-se hoje – dentro de contextos socioculturais ou psicossocioculturais. Descoberta importante. O economista começa, em vários casos, justamente a ele próprio limitar-se. Quase já não há economista que, sob o enleio de ser tão glorificado de poder, julgue-se suficiente no trato, como economista, de problemas sociais complexos que apresentam aspecto econômico.

Tampouco já não são enfáticos os cientistas sociais que, por excesso de brio cientificista, se julguem oniscientes no trato de matéria social ou sociocultural. Sabem que precisam de esclarecimentos ou apoios humanísticos. Às mais modernas universidades não vêm faltando tendências no sentido desses encontros, dessas aproximações, dessas interpenetrações. Que o diga a moderníssima Universidade de Sussex, à qual Asa Briggs deu tão flexível abrangência.

Economic Impact, a Quarterly Review of Economics (Washington, D.C.) em seu nº 31, 1980-83, como que reflete a atitude do economista de hoje, para quem a economia, em vez de ciência abstrata, isolada, só econômica, segue perspectiva e métodos de ciência situada em contexto: em circunstâncias que a condicionam. Em suas aplicações, tanto pode escandalizar espectadores por seus arrojos como revelar-se revolucionariamente conservadora. O caso da *ambivalente TVA,* da qual se ocupa a jornalista Cassandra Tate num interessantíssimo artigo nesse nº 31 de *Impact.* Tendo parecido a alguns, ao surgir, socialismo de Estado do tipo mais radicalmente estadista, mostra Mr. Tate ter a Tennessee Valley Authority se adaptado a novas circunstâncias, como a maior produtora de energia elétrica nos Estados Unidos, revelando-se saudável conservadora da energia elétrica, ao mesmo tempo que socialmente favorável a toda uma população. Comunitária, em vez de estatal. Socializante da economia, em vez de só atenta a objetivos econômicos.

A TVA terá sido um empreendimento estatal, de todo racional, burocrático, tecnocrático, ou seu êxito se deve, sobretudo, a ter atendido a solicitações ecológicas de uma região cujos habitantes – povo – necessitavam de ser atendidos no sentido dessas solicitações, faltando-lhes, porém, a capacidade de as promoverem por si próprios? O problema de relações entre elites e povo: elites que correspondam a anseios de populações mais ou menos rústicas nas quais se encontrem supradotados com vocações criativas.

Várias as palavras tidas como expressões de contrários, como *direita* e *esquerda, socialismo* e *capitalismo, elite* e *massa,* que precisam de redefinições. Algumas vezes o que elas sugerem num sentido tem alguma coincidência com o sentido oposto. *Elitismo* é bem uma dessas palavras quando parece só significar consagração de privilégio artificialmente socioeconômico. Isto num momento em que tanto os Estados Unidos como a União ou Rússia Soviética voltam suas melhores atenções para seus supradotados: elites biologicamente condicionadas. Para crianças nas quais madruguem evidências ou talentos ou aptidões superiores e social, comunitária ou nacionalmente valiosas.

De tal modo estão as sociedades humanas tornando-se conscientes do valor e da importância dos seus superdotados e da necessidade de serem eles, nas várias formas em que surpreendentemente emergem, social e culturalmente utilizados à base de toda a plenitude do seu potencial biossocial, que a tendência maior é no sentido dessa cada dia maior e mais sistemática utilização, argumentando-se, a seu favor, que as próprias sociedades democráticas precisam dos préstimos excepcionais dos seus superdotados. Ou das suas inteligências superiores. Ou dos seus talentos excepcionais. Isso, quer em atividades empresarias, quer na ação política ou na administração pública.

Isso porque aos critérios, quer apenas politicamente democráticos, quer somente economicamente democráticos, de orientação de desenvolvimentos e de seguranças nacionais, segundo os novos conceitos, quer de desenvolvimento, quer de segurança, sobrepõe-se nova perspectiva: a que pode ser denominada biossocial. Perspectiva segundo a qual há heranças ou predisposições biológicas de talento ou de inteligência superior e, em casos ainda mais excepcionais, de gênio, entre indivíduos que compõem um todo social, quer nacional, quer regional, que são heranças não apenas individuais mas transindividuais de significado ou de valor coletivo: benéficas a todos sociais dentro dos quais ocorram e não apenas importantes para os indivíduos seus portadores. De modo que sua utilização, em vez de contrária aos ideais democráticos, corresponde ao essencial dessa ideologia ou dessa filosofia de convivência social: à sua defesa na competição com ideologias totalitárias.

No livro brasileiro *Além do apenas moderno,* agora em língua espanhola, lançado pela Editora Espasa-Calpe, com prefácio do sábio professor Julian Marias, destaca-se qual a moderna atitude dos Estados Unidos com relação ao aproveitamento ou à valorização dos supradotados: o reconhecimento de que os indivíduos biológicos são desiguais em suas capacidades inatas tanto quanto, ao se socializarem em pessoas, em suas motivações e em suas possibilidades ligadas a essas capacidades. De onde haver hoje uma *concepção de excelência,* relativa a realizações humanas de indivíduos assim socializados em pessoas, que não deve ser sacrificada a um mítico igualitarismo.

No mesmo livro – que segundo o professor Cândido Mendes de Almeida vem sensibilizando cientistas sociais da Alemanha Oriental, de onde ele acaba de chegar – se destaca a importância do capítulo sobre educação na importantíssima obra coletiva *Prospect for America,* publicada em Nova York, na década de 60, e no qual se diz que numa sociedade do tipo da dos Estados Unidos – de tendências e convicções democráticas – é preciso buscar-se excelência e, por conseguinte, dar-se o máximo de desenvolvimento ao potencial de inteligência ou de talento dos supradotados. Isto no interesse geral da comunidade: *"We must seek excellence in a context of excellence for all".* O *all* inclui, é claro, o todo nacional: todas as suas etnias, classes e regiões, além dos dois sexos.

Daí a necessidade de, em comunidades de tendências democráticas, como é a brasileira por tradição e por vocação, descobrir-se talento, inteligência superior, gênio, estejam essas aptidões onde estiverem – em qualquer sexo, idade, geração, grupo étnico, grupo social, dentre os que constituem um conjunto nacional. Tarefa para educadores. Para partidos políticos que não se fechem a tais valores temendo sua presença e sua atuação. Responsabilidade de homens públicos que se deixem esclarecer ou orientar – o que não significa dirigir ou dominar – por psicólogos, antropólogos, sociólogos que aos saberes do que seja mensurável no comportamento humano juntem os compreensivos e até os empáticos.

No referido *Prospect for America* salienta-se a crescente dependência dos Estados Unidos, à medida que seu presente se torna futuro, dos seus talentos superiores. Daí a necessidade de serem valorizados ao máximo os indivíduos de talento superior.

Interessante é observar que o estudo do problema dos supradores nos Estados Unidos vem revelando a conveniência de serem utilizados e valorizados em atividades públicas tanto quanto nas empresariais não só altos talentos e altos saberes de especialistas como os dos chamados generalistas: aqueles cuja superioridade de inteligência ou de talento se afirme em termos de abrangência e não apenas de profundidade em dado setor apenas. Mas, pode-se acrescentar: em termos da chamada imaginação científica e não apenas daquele objetivismo fechado que vem caracterizando o saber de certos especialistas. De certos economistas. De certos engenheiros. De certos arquitetos. De certos urbanistas. De certos técnicos em coisas militares. Também de certos modernistas que não vêem nos tempos a interpenetração dinamicamente simultânea entre passados, presentes e futuros – uma das teses do livro *Além do apenas moderno* –, concentrando-se na pura consideração no que é presente: visível, mensurável, imediato como apenas presente.

A inteligência superior dos generalistas é de todo essencial à orientação dos modernos desenvolvimentos nacionais: inclusive quanto a problemas de segurança nacional, nos seus importantes aspectos extramilitares. A inteligência superior de generalistas, quando convocados para orientar realizações de interesse público de governos ou de grandes empresas, pode evitar que se pratiquem erros como os que prejudicaram a construção da aliás monumental Brasília e vêm prejudicando – segundo o que se revela em informes idôneos – a obra, também complexa e, sob vários aspectos, admirável, da autocolonização da Amazônia. Lamente-se aqui, para que o Brasil seja resguardado de repetições dos erros já cometidos nesses dois imensos empreendimentos, que tanto um como o outro foram iniciados e, em parte, desenvolvidos – ou em certos setores, subdesenvolvidos – sem a orientação, que tanto se impunha, quer aos arquitetos, aliás admiráveis, de Brasília, quer aos autocolonizadores oficiais da Amazônia, de pensadores e cientistas sociais do tipo mais abrangente. Nesse particular, aliás, dentro dos seus limites, tem sido igualmente admirável o esforço desbravador do Exército brasileiro. Pois os problemas a serem considerados, nesse desbravamento, eram complexamente sociais e sociológicos e não apenas econômicos ou demográficos, como os que por vezes têm sido considerados, sem o necessário assessoramento de inteligências superiores desse tipo. O que também se aplica a esforços missionários junto a populações tribais.

Os Estados-Nações técnica e economicamente mais desenvolvidos de hoje tendem a supervalorizar, em vez de desdenhar, seus indivíduos supradotados. É como está procedendo – acentue-se –, além dos Estados Unidos, a União Soviética. Procedimento, o dessas duas grandes repúblicas modernas, orientado, neste particular, pela mais objetiva ciência social: antropológica, sociológica, psicológica, política e econômica.

Obra coletiva organizada pelo professor Richard Pipes e dedicada à análise e à interpretação das atuais relações de comunidades nacionais – inclusive a Rússia Soviética – com suas inteligências, depois de recordar a tradição de elites intelectuais na mesma Rússia pré-soviética – elites a que pertenceram Tolstois, Dostoievskis, Turguenievs – nos deixa ver que, nesse país totalitário, vem se pretendendo apoiar essa ordem em três elementos: proletariado, camponeses e, o que em língua russa sempre se denominou, e continua a se denominar, *intelligentsia*. Que terceiro elemento atualmente, para os russos, seria atualmente a em russo chamada *intelligentsia*? Um conjunto de inteligências, quase todas, de especialistas em restritos saberes científicos ou técnicos burocratizados ou hierarquicamente oficializados em subservientes funcionários do que vem sendo uma ordem rigidamente nacional, ao mesmo tempo que totalitária, por mais que, por vezes, aparente ser internacional ou a supranacional e respeitadora de diferenças e criatividades regionais. Na realidade, porém, totalitária. Mas aproveitadora, a seu modo, de supradotados naquelas ciências ou naqueles saberes mais, como que, suscetíveis de ser totalitarizados.

Destaque-se, entretanto, que, por mais que ajuste esses intelectuais – ou intelectuários –, como seus funcionários, aos seus desígnios totalitários, humilhando-lhes a inteligência em inteligências submissas ao poder político em vez de filosoficamente críticas ou poeticamente criadoras, a União Soviética não vem deixando de distingui-los, quando assim ajustados, e assim subservientes, assim castrados um tanto à maneira daqueles jovens outrora desvirilizados para não perderem a voz infantil e cantarem de modo perfeito nos coros catolicamente litúrgicos, com regalias reservadas aos seus mais valiosos funcionários políticos. Eles constituem uma elite, em parte, é certo, robotizada, de inteligências estatais ou oficiais sem deixarem de ser inteligências, desde que aceitem limites à sua criatividade e limites à tendência, tão dos talentos superiores, para serem críticos ou independentes ou inovadores ou renovadores por sua própria conta: sem que tais inovações ou renovações correspondam a desígnios que não são os seus, mas os do Estado que deles se utiliza, prestigiando-os, glorificando-os, laureando-os por essa utilização.

O que, entretanto, se deseja salientar aqui é que a Rússia Soviética vem dando extrema atenção a inteligências superiores, não, é certo, de generalistas, mas de especialistas que se contentem em servir o Estado através de suas pesquisas dentro de suas especialidades e em correspondência com os desígnios e as necessidades – sobretudo as necessidades militares, inclusive as de arrojos astronáuticos – do mesmo Estado, em suas competições com os Estados não-totalitários.

Lembra-se o autor de ter lido comentário acremente crítico de brilhante jornalista brasileiro em torno do fato, trombeteado por notícias vindas de Moscou, de ter sido ali hospedado, como um príncipe em palácio real, um escritor brasileiro filiado à mesma ideologia seguida pela Rússia Soviética. Comentário que me pareceu de todo inepto. O que estaria acontecendo impressionava o observador idôneo como justo e até, de certo modo, honroso para a mesma Rússia Soviética. Ela homenageava a superior inteligência literária – a relativa criatividade em literatura de ficção de um brasileiro supradotado –, desde que essa inteligência superior, o talento desse supradotado, sua criação literária correspondiam aos desígnios políticos ou aos dogmas ideológicos da Rússia Soviética. E para a Rússia Soviética, Charles Maurras estaria certo ao proclamar o seu *Politique d'abord,* ficando só para os ingênuos – não para os próprios russo-soviéticos capazes até de algum *humour* à inglesa na sua civilização de contradições – um excessivo afã na discriminação do que se entenda como *esquerda* do que se considere *direita* em termos ideológicos. Estará, aliás, o autor, ele próprio, pretendendo fazer pequeno humor à margem de assunto tão evidentemente grave? Que lhe seja desculpada a possível leviandade.

No que deseja o autor insistir é no fato de que a Rússia Soviética vem sabendo valorizar talentos, inteligências, saberes, de supradotados, contanto que talentos, inteligências, saberes coincidentes nas suas orientações com as orientações do Estado totalitário russo-soviético. Não foi sem razão que Harold Laski, notável socialista inglês, da década de 30, hoje um tanto esquecido, comparou os russo-soviéticos aos antigos jesuítas: aqueles que, mais do que qualquer outra ordem religiosa, souberam, nos seus grandes dias, valorizar supradotados; descobri-los; buscá-los; seduzi-los; atraí-los para o serviço da Sociedade de Jesus.

Fique claro que a União Soviética não desdenha dos seus supradotados ou dos supradotados que torna seus. Não há nela, por esses excepcionais positivos, o desprezo total que seria de esperar dos seus dirigentes, se de todo fascinados pela idéia de um igualitarismo retórico. Por sua vez o Brasil – para citar exemplo mais próximo de nós – se apresenta, através de sua formação, uma sociedade em que desde os seus dias pré-nacionais vem se conciliando uma vocação democrática com o apreço por inteligências superiores como líderes de sua vida pública, como foi José Bonifácio, ou de suas atividades empresarias, como seria Mauá.

Não terá sido o caso extraordinário da emergência do Brasil como Estado-Nação a projeção, contra os chamados *ventos da história* como forças de todo irresistíveis quando consideradas, em termos ideológicos em voga – os *progressistas* –, de um novo conceito de independência nacional imaginado por um supradotado, José Bonifácio, com a coragem de fazer uma comunidade americana romper com a então tendência para as antigas colônias americanas de impérios europeus emergirem nações livres sob a forma de repúblicas, fazendo o Brasil-Nação surgir paradoxalmente como monarquia unitária inter-regional? Figuras atuantes de supradotados clarividentes não terão sido, na formação brasileira, antes de José Bonifácio, Alexandre de Gusmão, e, após Bonifácio, Joaquim Nabuco, os dois Rio Brancos, os Rebouças, Teixeira de Freitas, Mauá, José de Alencar, Machado de Assis, Carlos Gomes, Euclides da Cunha e, mais recentemente, Rondon, Villa-Lobos, Anísio Teixeira e Guimarães Rosa – para só falar nesses?

É gritantemente necessário que nações em desenvolvimento, como o Brasil, ou em recuperação, como Portugal, cuidem, quanto antes, mais do que vêm cuidando, de descobrir, à revelia de classes, de raças, de regiões, seus supradotados quando ainda no alvorecer da vida. Quando ainda crianças. Quando ainda indefinidos nas suas tendências. Cuide de ampará-los, de valorizá-los, de facilitar-lhes a formação, de acordo com suas vocações, suas predisposições, suas tendências. Dando ao que, nas suas superioridades, é inato, é biológico, é genético, ambientes sociais favoráveis à sua emergência, à sua definição, à sua afirmação: no Brasil, à de um Celso Furtado; em Portugal, à de um Adriano Moreira. Considerando-se, nessas superioridades, valores de interesse público ou coletivo, sem com essa concepção perturbar-se o que, em indivíduos superiores pela inteligência, pelo talento ou pelo gênio seja rebelde a absorventes coletivizações, a estreitas oficializações, a rígidas uniformizações. Respeitando-se neles diferenças ou singularidades inseparáveis de sua superioridade ou de sua criatividade ou de sua genialidade, por um lado, e, por outro lado, de suas origens particularmente grupais ou regionais. Particularidades capazes de enriquecer todos os nacionais. Isso sem deixar de igualmente valorizar, nesses todos, espontaneidades, energias anonimamente populares, constantes folclóricas, ressurgências a se fazerem sentir, em justas oportunidades.

Parece faltar base, quer histórica, quer sociológica, à afirmativa enfática de ser um dos grandes problemas com que se defrontam atualmente certos países, o "decorrente de um grande número de políticos e homens públicos serem originários de áreas de solo pobre de territórios nacionais". Determinismo geográfico – ou determinismo econômico – dos mais simplistas. A tal afirmativa, em editorial em jornal do Sul, deu resposta vigorosa, através de artigo de sua autoria em jornais do Recife, o engenheiro sempre animado de lúcido espírito público, que é o professor Sebastião Barreto Campelo, suprindo com a sua palavra incisiva o silêncio, diante da acusação tão ignóbil, de governadores, congressistas e editorialistas de diários do Nordeste e do Norte do país.

Se a referência abrange estadistas brasileiros do Império e da Primeira República, a injustiça saltará aos olhos até dos menos versados em história. Se o que se pretende é diminuir a ação de recentes políticos, pouquíssimos têm sido aqueles a quem se vem dando oportunidades para atuações decisivas; e dentre esses poucos seria injusto subestimar-se o esforço nacionalmente renovador realizado por um Juarez Távora, por um Castello Branco, por um Anísio Teixeira, por um José Américo de Almeida.

Diz-se em Portugal que terra de solo pobre é terra de vinho nobre. Das terras consideradas mais pobres seriam os vinhos mais nobres. O que se pode aplicar, até certo ponto, ao que tem sido, como na Itália dos grandes dias italianos, a relação entre a emergência de talentos superiores e a chamada pobreza dos solos das terras de que provêm. Dos tais solos pobres se pode sugerir que têm estimulado corretivos, da parte da inteligência ou do esforço dos seus homens, à sua *pobreza natural,* por meio de indústrias, de artes, de realizações culturais de base não convencionalmente agrária ou econômica. O exemplo dos vinhos nobres é expressivo.

Dificilmente se exageraria, com relação ao Brasil, o que vem sendo a contribuição de homens nascidos e formados em terras de chamados *solos pobres* ou, relativamente a valorizações em vigor em suas épocas – *menos ricos,* para a segurança e o desenvolvimento brasileiros, mas valiosos sob este aspecto: o de virem suprindo, e poderem continuar a suprir a Nação de considerável número dos seus supradotados. Foi o que aconteceu durante o Império: parte dos estadistas e diplomatas que abrilhantaram o reinado de Pedro II foi de homens oriundos de terras de solos, na época, ostensivamente menos ricos, talvez pelo próprio fato de terem esses homens crescido, lidando não só a favor de suas gentes e províncias, menos economicamente prósperas, ou sob perspectivas desfavoráveis, mas a favor do Brasil, em geral. Crescendo sob dificuldades atravessadas por essas gentes e por esses homens.

Será sabedoria política, ou só racionalismo ou tecnocraticismo ou economicismo exclusivo, a orientação de governos brasileiros de virem quase sistematicamente recorrendo, para altos cargos de decisão em assuntos nacionais de economia, não só a homens oriundos de terras de *solos ricos* ou de economias ricas – uma exceção ou outra, como a de bom economista piauiense –, deixando de buscar saberes ou experiências de homens saídos de terras mais sofridas e de economias menos prósperas? Este um ponto merecedor de reflexão. E que está ligado à continuação, no Brasil atual, a desigualdades entre regiões. A desequilíbrio inter-regional. E também a desequilíbrio no aproveitamento de supradotados à revelia de critérios convencionais de buscarem governos colaboradores para suas atuações, nessas convenções incluída a tendência para demasiadas preferências pelo sexo masculino e pela etnia caucásica dos colaboradores preferidos por presidentes da República.

O estatístico magistral que é o brasileiro Benedito Silva acaba de comunicar-me resultados de objetivo e oportuno estudo sobre o que chama a escalada brasileira no campo da cultura mundial. Vê-se, por esse estudo, destacar-se, nessa escalada, a presença em vários setores – nas ciências do homem, nas letras, nas artes e quer por solicitações, quer por consagrações, da parte de instituições autorizadíssimas –, de talentos e de saberes de brasileiros oriundos de terras de solos dos chamados, em circunstâncias recentes ou atuais, pobres. Talentos e saberes que, entretanto, nem sempre têm sido devidamente aproveitados ou utilizados pelo próprio Brasil como prata valiosamente de casa. Os métodos – se são métodos – de aproveitamento de tais valores pela Nação brasileira é evidente que não vêm sendo os mais inteligentes ou os mais eficientes. Daí terem deixado, em passados recentes, presidentes da República, ministros de Estado, partidos políticos, de utilizar, em postos atuantes ou decisivos, talentos e saberes de indivíduos nascidos e formados em terras de solos pobres, dentre os mais capazes de ser úteis à Nação – especificamente à sua economia, pan-acionalmente considerada – pelo próprio fato de serem, em sua formação, afeitos a lidar com obstáculos. Dificilmente se compreende, passando da área econômica a outras áreas, não ter sido ministro da Educação um Ulysses Pernambucano de Mello ou um Antônio Carneiro Leão ou um Anísio Teixeira, por exemplo. Como não se compreende não ter sido chamado a continuar a obra insigne do barão do Rio Branco, como chanceler, um Oliveira Lima: um internacionalista da visão desse tão desaproveitado pelo Brasil homem de província de solo, de certa altura em diante, considerado pobre. Felizmente veio a verificar-se aproveitamento de brasileiro da mesma origem para responsabilidade tão alta: Mário Gibson.

Estive certa vez, em Brasília, com o então presidente da República Ernesto Geisel – tão atento à necessidade de uma mais efetiva integração das populações de terras de solos pobres no processo de desenvolvimento brasileiro – e com alguns dos seus então ilustres ministros e colaboradores: Golbery do Couto e Silva, Ney Braga e Severo Gomes. Versei com eles o assunto. Todos se mostraram sensíveis a esta necessidade: a de aprofundar-se no país a integração inter-regional. A de serem crescentemente aproveitados, no interesse nacional, os talentos e saberes maiores seja qual for seu sexo, sua etnia, sua classe e – é evidente – sua origem regional. Contanto que brasileiros identificados com a vocação democrática do Brasil: uma vocação que inclui o aproveitamento de supradotados em suas elites.

Temos estado, assim, com homens de governo nacional sensíveis ao assunto; e inclinados a dar ao problema de um cada dia maior aproveitamento, no serviço público e na atividade política, de talentos e de saberes superiores. Problema ligado ao de uma mais efetiva integração inter-regional, esse de aproveitamento de tais talentos – os já consagrados e os ainda jovens –, seja qual for sua origem regional. Ou seu sexo. Ou sua etnia. Dos saídos de áreas de solos chamados pobres tanto quanto dos nascidos em áreas de solos chamados ricos. Pois o impacto ecológico dos solos, sobre inteligências humanas, parece ter razões que a razão mais simplisticamente lógica – solo pobre, inteligência incapaz de abrangência como inteligência nacionalmente líder – parece desconhecer ou ignorar.

Uma perspectiva brasileira de cruzamentos entre insurgências, constâncias e ressurgências numa formação nacional

Sabe-se que para Arnold J. Toynbee as verdadeiras unidades para o estudo da história humana são as civilizações. As civilizações que ele preferiu classificar de acordo com seus *padrões de desenvolvimento*, desatendendo a importância de suas categorias nacionais. Esses padrões corresponderiam a diferentes ritmos de *respostas* a *desafios*. Também a diversas formas – acrescente-se a Toynbee – de insurgências socioculturais com relações a ritmos como que clássicos.

A concepção toynbeeana de história humana, envolvendo um conceito do que seja desenvolvimento, está exposta na obra monumental, em dez volumes, que é *Study of History* (Londres, 1934-56). Obra provocadora de não poucos comentários, inclusive contestações aparecidas na década de 60. Década, observe-se, notável pela publicação de obras e de não pouca insurgência intelectual de alto valor no setor de filosofia social e das ciências humanas.

Em torno da concepção toynbeeana, verificou-se o debate entre Pieter Geyl, Arnold Toynbee e Pitirim A. Sorokim que consta de *The paterns of the past; can we determine it?* (Beacon Press, Boston, 1949). E sobre o assunto, ouviria eu do próprio Toynbee, na tarde em que o sábio historiador-sociólogo deu-me a honra de sua visita a Apipucos, seguida do jantar que nos reuniu na residência do professor Luís Tavares, a confirmação do seu critério quanto à projeção do tempo já vivido sobre o tempo a ser vivido por civilizações: o de serem possíveis, a esse respeito, sugestões de possibilidades e até de probabilidades, mas não de certezas absolutas.

Quando se fala, no Brasil de hoje, em desenvolvimento, quer em termos abrangentemente nacionais, quer especificamente regionais, toca-se em assunto que, de todo, repele abordagens simplistas. Inclusive – ouso sugerir – as puramente tecnocráticas. Ou as linearmente matemáticas no seu modo de pretenderem ser não só econômicas como políticas e, mesmo as que deixam de ser sociais: sociais nos seus alcances mais amplos por estreitarem suas próprias concepções do social.

Sou dos que vêm há anos procurando advertir os entusiastas de interpretações unilineares do que seja desenvolvimento para o perigo de resvalarem em simplismos com a aparência de decisivos. Contra tais simplismos é que vêm agindo aqueles estudiosos mais abrangentes e nas perspectivas dos seus estudos, entre eles os que constituem, no Recife, o Conselho de Desenvolvimento de Pernambuco, atualmente orientado de modo o mais lúcido pelo professor César Cavalcanti de Oliveira.

Quem diz social, refere-se a um complexo. E esse complexo, é claro, só pode ser abordado através de métodos que em vez de exclusivos sejam complementares. É a tese que principalmente procura apresentar o livro brasileiro *Além do apenas moderno,* intitulado em espanhol *Más alla de lo moderno* e, nessa língua, nascido de novo.

Os que, no Brasil, temos nos aventurado, e continuamos a nos aventurar, a conjeturas sobre futuros brasileiros em particular e humanos, em geral, do que se considere uma já em começo civilização brasileira e esta nos termos nacionais – aliás um tanto desdenhados, para definir ou caracterizar tipos de civilização, pelo mestre de Londres – nessas aventuras, temos passado de tentativas de análises e de interpretações de tempo já vividos a de suas projeções sobre aqueles possíveis ou prováveis futuros. Esses possíveis ou prováveis futuros envolvem projetos, planos, aspirações de desenvolvimento: de desenvolvimentos regionais de desenvolvimentos nacionais, de desenvolvimentos transnacionais ou transregionais.

Em tradução para a língua espanhola, em edição, nessa língua, por Espasa-Calpe, de Madri, tornou-se *Além do apenas moderno* livro brasileiro de repercussão transbrasileira. Mereceu ser considerado pelo prefaciador dessa edição, o sábio Julian Marias, continuador de Ortega y Gasset, de importância além de sociológica, filosófica. O que de início, um tanto deselegantemente recordo, pelo fato de o livro como que se relacionar com a idéia agora sugerida.

E aqui a sugestão brasileira coincide com algumas das que o professor Robert L. Heilbroner apresenta no seu um tanto paradoxal *The future as history* (Nova York, 1960): tão paradoxal quanto paradoxal é o conceito brasileiro de tempo tríbio ao sugerir do tempo que nunca é, socialmente, apenas passado ou somente presente ou exclusivamente futuro, mas uma constante e simultânea interpretação dos três tempos sociais. Assim, o que se projete como desenvolvimento para uma região ou um país seria, para ser socialmente válido, inseparável do tempo já vivido por essa região ou por esse país, à sua maneira, correndo o projeto o risco de fracassar se pretender tornar-se um desenvolvimento de todo alheio a experiências regionais ou nacionais; segundo padrões de todo importados de outro país ou de outra região; e inadaptados a condicionamentos vindos não só de tempos já vividos como de ecologias sempre presentes nessas novas situações. De onde uma conceituação, pelo professor Heilbroner, de *inércia* que redime o significado dessa palavra do que nele seja apenas retoricamente pejorativo para lhe atribuir o valor de uma resistência, em vários casos, saudável, a importações modernizantes. Importações tão dos projetos maciçamente desenvolvimentistas. Dizendo o que, antecipo parte do que apresentarei como perspectiva de um moderno – e, sob certos aspectos, pós-moderno – conceito de desenvolvimento. Assim como volto àquela sugestão em que venho insistindo de ser o brasileiro exemplo quase ideal de um tipo lusotropical de homem: sugestão apoiada por Roger Bastide, mestre tão eminente da Sorbonne, no seu *Anthropologie appliquée* (Paris, 1971). Sugestão que rejeita argumentos apenas matemáticos ou numerológicos ou estatísticos ou quantitativos que de todo prescindem da consideração de fatores ou de implicações qualitativas nas definições principais, quer do que seja civilização, quer do que seja desenvolvimento. Sabe-se, aliás, que existe uma matemática qualitativa. E é notório que, em não poucos projetos ou planos, dentre os mais lúcidos, de desenvolvimento brasileiro, quer em termos nacionais, quer em termos regionais, ao lado de critérios quantitativos, estão presentes sensibilidades a aspectos qualitativos dessa concepção.

É assunto que ouvi certa vez abordado, no Rio, por Mário Henrique Simonsen e por Luís Simões Lopes: nenhum deles tendo se mostrado auto-suficiente no seu economicismo. Atitude já, há anos, do por algum tempo fechado, aliás com inteligência e saber, no seu economicismo, Celso Furtado. Atitude que, estou certo, está a tornar-se a de um Delfim Neto, considerado pelo arguto Nelson Rodrigues – extrema honra para o autor de *Insurgências e ressurgências atuais* – "o Gilberto Freyre da economia". O que poderia levar alguém a considerar-me "o Delfim Neto da sociologia", é claro que em termos platônicos mas, mesmo assim, honrosos em puros termos de forma de inteligência: sem se entrar em méritos e sem se considerarem objetivos.

A própria relação, em planos de desenvolvimento, entre o que seja valorização de qualidade de vida e exaltação de puras vantagens quantitativas como expressões de progresso nacional, é problema que envolve concepções das que o eminente professor Afonso Arinos de Mello Franco – meu brilhante companheiro, há longos anos, de estudos sociais – chamaria "sutis e torturadas", nem como repúdio a *sutilezas* e *torturas* em tais estudos. Sou, porém, dos que não repudiam nem o que seja *sutil* nem o que se considere *torturado,* na abordagem de assuntos inevitavelmente complexos, sempre que sua complexidade não esteja naquelas bizantinices que levaram teólogos antigos a discutirem o *sexo dos anjos* e podem levar sociólogos modernos a discutirem o valor *urbanidade* em face do valor *ruralidade* como se o reconhecimento de um precisasse significar o repúdio ao valor do outro.

Repudiando-se de todo o *sutil* e o *torturado,* no trato de assuntos sociais – quase sempre, aliás, psicossociais –, corre-se o risco de seguirem-se linhas apenas retas de análise e de interpretação de assuntos complexos, evitando-se aquelas curvas de que os barrocos podem ter abusado, sem que o barroquismo deixe de nos oferecer exemplos de acuidade nessas análises e nessas interpretações. É assim que, quando se considera o que seja desejável no desenvolvimento de uma região ou de uma nação, é inevitável que à consideração da importância das retas de desenvolvimento quantitativo se acrescente sempre a atenção das curvas qualitativas. Elas quebram o vigor imperial das retas lógicas com tendência a subordinarem o não-econômico ao econômico, sem deixarem de nos levar à valorização – valorização: palavra para alguns como que de sentido extracientífico – de aspectos de futuros desenvolvimentos que sejam menos não só os concentrados na quase absoluta exaltação, pela lógica marxista, ou pela lógica capitalista da economia – um aspecto quantitativo, menos lógico por ser mais psicológico. E aqui tocamos na importância do qualitativo dentro de projetos de desenvolvimento nacional ou regional que, para serem válidos, precisam de, por vezes, dar ouvidos a implicações até ilógicas e até desfavoráveis a vantagens apenas econômicas para atenderem a solicitações ou sugestões qualitativas. Inclusive as religiosas. As míticas. O mito da sábia concepção soreliana. As mágicas, até. As mágicas que agora animam ressurgências de espiritualidades tanto islâmicas, como no Irã e no mundo árabe, quanto católicas, com João Paulo II, em continuação ao João Paulo I, que identificou em Deus não só um Pai como Mãe sobrenatural.

Não são poucos os modernos cientistas e pensadores sociais para os quais – na análise e na interpretação de civilizações nacionais e, dentro delas, suas concepções (tornadas, por vezes, por decisão política, metas) de aperfeiçoamentos ou de desenvolvimentos de suas potencialidades – é preciso que se considere a importância dos chamados, em sociologês, juízos valorativos. O comportamento preferencial de tais desenvolvimentos, segundo esses juízos valorativos. E junto com esses juízos, pode ser definido o que caracteriza, em situações sociais, influências recíprocas entre valores presentes numa civilização nacional e das quais líderes e, por vezes, massas nacionais, se tornem conscientes. Isto sem que essa consciência seja sempre de todo lógica ou estritamente racional. Daí poder haver uma perspectiva cientificista social que, ao lado das técnicas racionais de controle de tendências sociais, dentro de uma civilização nacional, enfrente as espontâneas, tantas vezes diferentes das racionais ou a elas – até – contrárias.

Aos planos ou projetos de desenvolvimento nacional brasileiro é preciso, sob um critério, além de antropocultural, sociológico, e este sempre atento a condicionamentos situacionais, que não falte atenção ao que, nas tendências sociais da gente já mais característica do país, já constitua, em parte significativa, e em termos nacionais, o começo de uma nada insignificante civilização, ao mesmo tempo que moderna, telúrica. E como telúrica, como sobrevivências folclóricas, religiosas, mágicas, até, que constituem salvaguardas de característicos validamente nacionais, em face de descaracterizações de todo lógicas, racionais ou abstratas que tendam a acompanhar importações de tecnologias, de artes, de saberes sofisticados. Pois há uma contradição, em torno dessas importações, entre o que nelas seja evidentemente válido, sob aspectos modernizantes ou progressistas, e o que importe em descaracterizações do que, no comportamento mais característico do brasileiro, já seja afirmação – e esta, em termos nacionalmente válidos – de uma personalidade coletiva e esta personificadora e, como tal, retificadora de vantagens quantitativas importadas: personalidade própria desse brasileiro. A qual é inevitável que, à medida que se acentuem, no país, formas de desenvolvimento tecnológico progressista ou moderno, sofra alterações. Essas alterações é que podem se exceder em descaracterizações do que, com um tempo social já considerável, na existência, quer pré-nacional, quer nacional, desse brasileiro, já lhe deu uma personalidade própria social e ecologicamente válida.

A vocação do brasileiro para o desenvolvimento, que vem culminando no brasileiro de São Paulo e não falta aos de outras partes do Brasil – a própria Bahia e as próprias Minas Gerais, tão apegadas a tradições, vêm se paulistanizando –, é fator positivo de afirmação nacional do Brasil entre sociedades modernas ou em processo de modernização. Mas é conveniente que o brasileiro em desenvolvimento, em termos quer quantitativos ou exoticamente qualitativos que, sob o fascínio dessas conquistas, quantitativos, não deixe de ser, ou de continuar a ser, ao tornar-se quantitativamente mais do que é, sensível ao valor daquelas suas constantes qualitativas de comportamento que o resguardem de tornar-se um passivo, inexpressivo, insignificante subeuropeu ou subianque. Desenvolvimento, sim. Mil vezes, sim. Mas não o desenvolvimento que seja tão concentrado em conquistas, se esqueça o desenvolvimento qualitativo ou o aperfeiçoamento e até a necessária resistência de ânimo, em grade parte, de qualidades nacionalmente brasileiras ou regionalmente nordestinas, ou gaúchas ou mineiras, já confirmadas, quer pelo tempo social vivido pelo Brasil, quer pela harmonização dessas qualidades nacionais de vida com condicionamentos ecológicos e telúricos.

As civilizações nacionais, como expressões complexas de culturas – culturas no sentido sociológico ou antropológico – em que, aos valores qualitativos se juntam aqueles quantitativos que se afirmam, estatisticamente, em consideráveis populações urbanas – um característico de *status* civilizado – e em considerável número de alfabetizados – outro característico dessa espécie – definem-se por valores que as caracterizam qualitativamente. E quem diz valores diz inevitavelmente uma avaliação de traços de cultura que, num conjunto nacional, variam em termos de espaço e de tempo e, assim diversos, completam-se, e só assim completos definem uma civilização total no seu modo de ser nacional.

Quando se admite haver uma civilização nacionalmente brasileira, entende-se dessa civilização que seja predominantemente, mas não exclusivamente, européia – ao contrário: até insurgentemente não-européia em vários aspectos – em seus característicos sob o aspecto de valores aos quais se pode atribuir, numa como gramática sociológica – metáfora das que a imaginação científica tem o direito de empregar –, a uns, funções de verbos, a outros, de substantivos, e, ainda a outros, de adjetivos.

Aspectos do assunto no qual dificilmente se pode tocar sem se recorrer àquela interpretação em termos sócio-filosóficos oferecida por eminente historiador-sociólogo moderno, o professor Shepard B. Clough, da Universidade de Colúmbia, do que seja civilização em termos de valores que definam civilizações do tipo modernamente mais evidente: o ocidental. Interpretação que se encontra na síntese já clássica desse conceito que é *Basic values of western civilization* (N.Y., 1960), da autoria desse mestre ilustre. Segundo essa síntese, a cultura desenvolvida em civilização nacional seria antes qualitativa que quantitativa, resultando da extensão do domínio sobre espaços ou ambiente físico capaz de suprir necessidades humanas materiais, esse domínio condicionaria formas ou estilos o mais possível harmônicos e pacíficos de convivência no mesmo espaço – a criação e o gozo de valores estéticos, a criação de condições de vivência capazes de proporcionarem a componentes da população nacional a expressão de sua plena potencialidade –, atribuindo-se a esses componentes individualidade, imaginação e a capacidade de procurarem o aperfeiçoamento de suas formas de vivência e de convivência através de engenharias socialmente construtivas. Tal o resumo que ocorre a este autor apresentar de uma síntese, como a do referido mestre da Universidade de Colúmbia, talvez prejudicada por excesso de idealismo e de parcialidade pró-Ocidente: inclusive por uma perspectiva possível na década de 60, mas que, na década atual, vem sendo desatualizada, isto é, a de uma tal superioridade do Ocidente, como expressão de civilização, que seus valores civilizados estariam sendo seguidos, ou com tendência a serem seguidos, sem mais aquela, por não-ocidentais em processo de desenvolvimento: desenvolvimentos nacionais de civilizações, para os ocidentais, exóticas, a classificação de exóticas importando em dúvidas sobre sua civilidade plena.

Exatamente o ponto em que, desde o fim da década de 60, vêm se operando mudanças em profundidade nas relações inter-humanas entre civilizações. Ou entre portadores de valores ocidentais e não-ocidentais de civilização. Não-ocidentais crescentemente conscientes da validade de seus próprios valores de cultura: de cultura e até de civilização não-ocidentais. E o conflito entre tais perspectivas vem envolvendo uma também crescente, nas últimas duas décadas, consciência do que seja relação entre desenvolvimento e ecologia; desenvolvimento e ambiente; saúde como bem-estar e bem-estar como conjunto de valores não só físicos ou quantitativos, porém qualitativos e, como qualitativos, condicionados por filosofias de vida e noções de qualidades de vida vindas de experiências que, em sociedades não-ocidentais ou não de todo ocidentalizadas, podem contradizer as especificamente ocidentais.

Já o professor Clough, embora, no começo da década de 60, um tanto alheio à importância de tal contradição para uma possível ou desejável simplificação de uma filosofia abrangente daqueles valores que, à base de desenvolvimentos nacionais diversos, possam – ou pudessem – ser polivalentes, notava das, por ele, consideradas mais *altas verdades,* seguidas contraditoriamente por diferentes sociedades, ser difícil plena conciliação entre elas.

No caso do Brasil e de sua civilização nacional e de um desenvolvimento que se processe de acordo com noções ou sentidos de valores, sobre os brasileiros já abrasileirados por uma de modo algum insignificante experiência de cultura através do tempo social, defronta-se o estudioso com uma civilização, em grande parte, ocidental. Mas com estas circunstâncias ou estas presenças modificadoras de sua ocidentalidade: a presença, atuante e até criativa, há quatro séculos, na formação étnico-cultural do brasileiro – desde quando ainda pré-brasileiro mas já potencialmente brasileiro –, do ameríndio e do afro-negro, uma; outra, a circunstância de ser o espaço mais ou menos dominado pela civilização já nacionalmente brasileira um espaço em grande parte tropical. Portanto, uma ecologia diferente daquela em que vinham se definindo as formas clássicas de civilizações ocidentais. Uma ecologia que, assim diferente das tradicionalmente associadas a expressões clássicas de civilizações, exige abordagens inovadoras às relações do esforço civilizador com as condições de ambiente de início hostil a tal esforço.

Quem fala em desenvolvimento pensa em modernização. Pensa em progresso com suas insurgências. Pensa no tempo presente e no tempo futuro como tempos superiores ao tempo passado. Isto dentro da concepção – impugnada por alguns analistas do assunto – de cada um desses três tempos ser uma como que unidade autônoma ou auto-suficiente. E do futuro, como progresso, ser o tempo messiânico: tese discutível. A concepção brasileira de tempo, merecedora de consagração da parte de três dos mais lúcidos pensadores dos nossos dias: o europeu Julian Marias e os brasileiros Prudente de Moraes, neto, e Miguel Reale.

Ao desenvolvimento brasileiro há quem pense que não deve faltar uma perspectiva sob a qual o apreço pela modernidade, pela modernização, pelo progresso, pela insurgência – como valores característicos de uma civilização dinâmica – não se exceda num modernismo ou num progressismo ou num insurgentismo como que absolutos ou exclusivos. E sim sejam valores capazes de se deixarem afetar pelos seus próprios contrários como sejam aquelas constantes e aquelas ressurgências que animam no comportamento, na sensibilidade e na imaginação nacionais de uma sociedade – no caso a brasileira – seus compromissos com uma experiência histórica ou psicossociocultural válida em termos principalmente nacionais. Isto sem lhes faltarem sensibilidades a valores pan-humanos. É uma experiência, além de histórica, ou psicossociocultural, ecológica. Exprime tendências à harmonização intuitiva e até instintiva com o ambiente. No caso brasileiro, principalmente com o trópico e com o quase-trópico característicos do espaço por onde se vem estendendo o conjunto nacional de formas de vivência e de convivência.

A inter-relação que aqui se sugere apresenta-se como essencial a um desenvolvimento brasileiro verdadeiramente saudável no desdobramento do que nele for quantitativo em qualitativo. Na valorização de qualidades de vida que deixando, por vezes, de ser as ortodoxamente características de uma projeção, em espaço não-europeu, de valores de origem ocidental, precisem se afastar dessa ortodoxia abstrata para se afirmarem existencialmente uma variante revolucionária na aplicação ou na assimilação ou até na recriação de tais valores: uma variante em que, a objetos de modernização de formas de vida e de cultura, se juntem considerações de fidelidade e circunstâncias ecológicas de ambiente.

À civilização em desenvolvimento no Brasil é preciso que não falte, não um efêmero e cenográfico modernismo, mas uma sucessão de modernizações as mais arrojadas. Para tanto, o desenvolvimento brasileiro vem se constituindo numa série de arrojos criativos que fazem do espaço nacional do Brasil vasto laboratório no qual se realizam experimentos de importância não só para os brasileiros como para outras sociedades e culturas em desenvolvimento.

Mas a essa sucessão de modernizações ou de modernidades é preciso que se juntem tanto uma consciência ecológica como uma consciência, além de histórica, psicossociocultural, de já ser o brasileiro uma metarraça com característicos antropossocioculturais que se exprimam no incessante abrasileiramento de uma língua portuguesa comum a todos os brasileiros: numa culinária que, com variantes regionais, é inconfundivelmente brasileira nos seus principais característicos e paladares, numa música, da qual se possa dizer o mesmo, num futebol que, nas nossas expressões dionisíacas, já não é o apolineamente britânico, em atitudes, em formas de sorrir e de amar antes brasileiramente metarraciais que repetidoras dos característicos de tal ou qual origem étnica ou cultural das gentes brasileiras: a origem japonesa já notável entre essas origens. O mesmo se diga do que já é um humor caracteristicamente brasileiro, do que se vem desenvolvendo como uma pintura brasileira, ou como uma cerâmica brasileira, ou como um jardim brasileiro do qual Roberto Burle Marx vem sendo expressão já internacionalmente consagrada, ou como uma arquitetura brasileira animada tanto por um gênio nativo que se revela em casas, quer de caboclo, quer de antigas residências rurais, como por arrojos modernos notáveis em arquitetura monumental do tipo de Brasília, tão esteticamente sedutora. Arrojos que de tão modernizantes podem resvalar no risco de exprimirem um desenvolvimentismo ou um modernismo ou um progressismo desdenhosos de ecologias próprias do Brasil e de experiências já vividas, sofridas e autenticadas pelo brasileiro. O que se diz aqui, sem se faltar com a admiração devida a um Oscar Niemeyer ou a um Lúcio Costa. Apenas dentro de uma perspectiva brasileira de desenvolvimento em que ao arrojo modernizante é preciso que não falte nunca a consciência ecológica. O Brasil tem um compromisso já antigo com o conceito ecológico. Foi no Recife que, em 1937, primeiro se empregou em língua portuguesa a palavra ecologia no seu sentido sociocultural hoje tão em voga. E é esse sentido que é necessário juntar ao necessário afã brasileiro de desenvolvimento.

Precisamente este foi um dos pontos em que Brasília deixou de corresponder ao que se esperava dela como cidade projetada sobre o futuro: seus arquitetos, alheios ao que há de mais elementar em matéria de engenharia social, descuidaram-se da ecologia. Fiéis a Le Corbusier – mestre de uma moderna arquitetura destinada a uma Europa Central, carente de luz –, extremaram-se no uso de vidros nos belos edifícios monumentais com os quais Brasília surgiu como obra-prima de arquitetura escultural. Esta uma das falhas no seu modo de ser desenvolvimentista. Outra, o seu alheamento à relação, em cidade projetada para o futuro, entre redução mais que provável de tempo ocupado entre habitantes de cidades não só industriais como oficiais ou burocráticas e o aumento de tempo-lazer. Descuidaram-se também os admiráveis arquitetos desenvolvimentistas de Brasília de lançar pontes entre um tempo-trabalho provavelmente a ser reduzido consideravelmente pela automação – mesmo, repita-se, numa cidade predominantemente burocrática – e o tempo-lazer: o crescente tempo-lazer, repita-se. Sobre o assunto escrevi, na época em que surgiu Brasília, um artigo na conhecida revista de Nova York, *The Reporter,* dirigida pelo meu amigo Max Ascoli, que me valeu a solidariedade de alguns dos mais competentes especialistas em engenharia social de várias partes do mundo, embora no Brasil me custasse ataques de adeptos mais estreitos, ou de todo absolutos, do notável empreendimento de engenharia física sob a forma de arquitetura escultural: notável sob esse aspecto, mas deficiente nos de engenharia humana e de engenharia social. Um desses críticos insinuou que eu não criticava Brasília senão por despeito contra o ilustre presidente da República, responsável pela sua construção, que não me dera a Embaixada de Londres, por mim sequiosamente – insinuava o apologista absoluto de Brasília – cobiçada. Assim se repudia, por vezes, no Brasil, a crítica dos independentes a iniciativas ou realizações oficiais, por mais honesta que seja essa crítica nos seus objetivos e nos seus métodos.

Dentro de uma perspectiva brasileira de desenvolvimento, merece o máximo de atenção a relação entre tempo-trabalho e tempo-lazer. Entre os espaços que uma comunidade moderna precise reservar à recreação, ao esporte, à música, à religião, ao teatro, ao comício político. Os espaços que precisem ser dedicados ao lazer, tanto quanto os dedicados ao trabalho, constituem objetos essenciais de estudo das três engenharias. É problema dos mais importantes dentre os que a engenharia social atualmente enfrenta. Desprezá-lo em qualquer esforço moderno de desenvolvimento social é desprezar-se alguma coisa de um futuro, humano em geral, brasileiro em particular, menos remoto do que alguns imaginam; aquele em que o tempo-lazer já está sendo, sob vários aspectos, problema mais importante que o tempo-trabalho. A sensibilidade a tais relações entre aspectos qualitativos e quantitativos de desenvolvimento nacional – trata-se de exemplo expressivo dessas relações – e dos que mostram não serem os planejamentos de desenvolvimento tarefa que prescinda daquele humanismo que compete cogitações exclusivamente técnicas. Ou mesmo só racionalmente científicas.

Em países como os próprios Estados Unidos, os homem de ciência vêm se sentindo incompletos no seu saber, em vários setores, sem a inspiração ou a orientação que lhe venha do chamado humanista, e que lhes permita juntarem ao seu papel de colaboradores de governos, e até de oposições a governos, o de orientadores desses governos, e até de oposições, dependentes deles para várias das suas iniciativas num mundo em que tantos problemas aparentemente só políticos ou só econômicos são complexos. Complexamente sociais, complexamente tecnológicos, complexamente científicos. Ligados a filosofias de vida.

A chamada, por alguns, sistemática *managerial* – nos governos, ou seja, a do governante mais coordenador que ordenador – importa numa administração supertécnica em que a arte-ciência de organização e de direção, ou antes, de coordenação, de esforços humanos em termos regionais ou nacionais, se aplica também ao controle de forças físicas e à utilização de materiais da natureza em benefício do homem, em geral, e da comunidade em que essa coordenação exerça a sua ação, em particular. Assim definida, é uma sistemática, a por alguns chamada *managerial,* no seu esforço coordenador, de moderna engenharia social e de moderna engenharia humana: duas engenharias de caráter psicossocial que vêem na engenharia clássica – ou seja, a física – seu modelo. Um modelo, porém, já vastamente ultrapassado em complexidade. Um modelo que precisa utilizar-se de perspectivas transtecnológicas para avigorar-se. Mesmo assim, nem o engenheiro social nem o engenheiro humano podem prescindir das sugestões da engenharia física – a clássica – em torno do que seja engenho, engenhoso, construção, técnica cientificamente orientada, com desenvolvimento, mas não só com desenvolvimento, civilização.

As engenharias intituladas humana e social, em alguns países – nos Estados Unidos, nos países da Europa Ocidental, na Rússia Soviética, na Índia, nas duas Chinas, no Brasil, na Argentina, no México, no Canadá – vêm tendendo a juntar-se à engenharia clássica – a física – nos maiores esforços que vêm assinalando a criatividade do homem moderno. É sempre incompleta, nesses espaços, a engenharia apenas física. Que o diga o fracasso, neste particular, da admirável Brasília. Que o diga a incompleta obra, igualmente admirável, da moderna autocolonização da Amazônia, triunfante na parte da engenharia física, com a Transamazônica: o arrojo que consagra a superior capacidade, nesse setor, de Mário Andreazza. Que o digam, no mesmo setor, outros triunfos brasileiros: alguns quase sem plano, como notou Waldo Frank ao visitar o Brasil dos começos de sua atual modernização.

Para Dubos – um físico ilustre –, o exercício do livre-arbítrio pelo homem constitui um obstáculo a todo planejamento de caráter inteiramente lógico e, como lógico, determinista, como tendem a ser os esquemas futurológicos elaborados somente por puros economistas. Precisam considerar, os homens de agora, preocupados com o muito falado futuro humano – ou com os futuros humanos –, os imprevistos prováveis e possíveis. Principalmente aqueles desajustamentos cuja importância é destacada por Dubos; e que podem resultar de distúrbios no equilíbrio ecológico que regula as relações entre o homem e o seu ambiente. Ou entre grupos humanos que, situados num mesmo espaço, precisam harmonizar suas metas ou seus projetos de desenvolvimento com ecologias, quer complexamente naturais, quer especificamente humanas. Pois há uma ecologia especificamente humana que precisa equilibrar-se no puro espaço social.

Dos cientistas, cultores das chamadas ciências exatas, vários estão reconhecendo, cada vez mais, que o futuro humano – tão relacionado com experiências já vividas ou sendo ainda vividas: futuro para ao qual suas ciências e as técnicas que possam ser desenvolvidas dessas ciências, as suprem de esclarecimentos e de poderes de realização – não é assunto que pertença apenas nem a qualquer dessas ciências ditas exatas, em particular, nem ao seu conjunto: são assuntos que envolvem implicações psicológicas, sociológicas, humanísticas, éticas, religiosas, estéticas. O novo nem sempre é superior ao antigo, e Dubos, o físico magistral, salienta, a esse respeito, que *"what is new is not necessarily good and all changes, even those apparently the most desirable, are always brought with impredictable consequences"*, isto é, "o novo não é necessariamente bom, e todas as mudanças, mesmo as aparentemente mais desejáveis, contêm conseqüências imprevisíveis". Ele próprio, porém, reconhece que, impossível como é aos cientistas preverem essas conseqüências remotas, muitas vezes lhes é possível recorrer a técnicas de reconhecimento precoce do que virá a ser *"provide techniques for recognizing them early"*.

Foi o que sucedeu, por exemplo, dentro das próprias ciências físicas, com relação ao perigo em potencial representado pelas radiações atômicas. O reconhecimento desse perigo em potencial projetou-se nas ciências do homem e até se concretizou em leis da antecipada proteção social de caráter tanto sociológico ou social como biológico ou humano.

O diagnóstico precoce – digamos assim – de prováveis conseqüências de inovações de qualquer espécie, visando o bem-estar humano, em geral, ou o de determinada população como a que ora se desenvolve na Amazônia brasileira, em particular, ou a que continua a constituir no Nordeste um reduto de energia humana germinal para os outros Brasis, é uma das responsabilidades que os cientistas sociais de hoje, e não apenas os físicos, os químicos e os biólogos, sensíveis a problemas éticos nas suas ciências, estão tomando crescentemente a si. Não hesitam alguns desses cientistas, cultores das ciências denominadas exatas, em salientar, em vários setores, a necessidade de colaboração de humanistas, de poetas ou de pensadores. Inclusive a de escritores, a de artistas, que possam concorrer para animar de perspectivas ultracientíficas certos aspectos dos futuros humanos ou dos futuros nacionais, e, dentro deles, os regionais ou para Toynbee os transregionais ou transnacionais, por serem expressões de tipos de civilização. Com o que se não pretende nem que esses nem que os próprios cientistas sociais se tornem simples intelectuários a serviço, como que burocrático, de esquemas de futuro bem-estar humano ou nacional ou regional ou transregional ou transnacional: o rígido critério totalitário de governos se utilizarem de intelectuais ou artistas que, em vez de criativos colaboradores desses governos, concordem em receber ordens ou encomendas de superburocratas ou de superideólogos comprometidos, uns com sua como que religião superburocrática, outros com sua como que religião superideológica.

Cientistas, pensadores, artistas criativos são essenciais aos modernos esforços humanos – nacionais ou regionais, transregionais ou transnacionais – em busca de mais saudáveis ajustamentos inter-humanos, internacionais, inter-regionais que façam do empenho de desenvolvimento um empenho tanto em extensão como em profundidade. Isto sem que a burocratismos ou ideologismos, que tendam a se tornar demasiadamente prestigiosos, se permita que exijam da ciência social ou biossocial ou da pesquisa, também social ou biossocial, que façam os seus estudos corresponderem passivamente a seus desígnios; ou a afãs sectariamente ideológicos. Uma pesquisa, no Brasil atual, sobre o chamado *bóia-fria* – um exemplo – pode resultar em evidências de erros envolvidos por alguns desses desígnios sem que, por isto, deva ser arbitrariamente considerada *impatriótica* ou *antinacional*.

Órgãos como, no Nordeste atual, a Sudene, a Fundação Joaquim Nabuco, o Conselho de Desenvolvimento e como está chegando a ser o Seminário de Tropicologia do Recife, são órgãos com altas responsabilidades, além de regionais, nacionais, transnacionais – com relação a problemas transnacionalmente tropicais – e, ao mesmo tempo, com responsabilidades científicas ou intelectuais igualmente importantes na sua dimensão mais do que nacional. Responsabilidades conciliáveis. Honestamente conciliáveis. Conciliações que dependem da arte política dos que saibam conciliar ciência com humanismo científico. Ou com aquele nacionalismo revalorizado por De Gaulle; e tão importante para o Brasil em desenvolvimento. Ou humanismo científico com execução, com ação, com aplicação, nos termos mais elevados, a objetivos políticos ou administrativos, nacionais e regionais. A arte política da coordenação que se sobreponha ao, por vezes, arbítrio da ordenação, da parte do poder político ou do poder superburocrático: poderes, por vezes, ainda relutantes em admitir o poder científico – ou o humanístico-científico – no trato de assuntos nacionais ou regionais. O poder que os De Gaulles – mestres da arte política – tem sabido reconhecer nos Malraux, ouvindo-os e consultando-os e por eles, com relação a vários problemas, orientando-se. Um tanto assim procurou proceder, no Brasil, o presidente Castello Branco com relação aos, para ele, mais-que-economistas Roberto Campos e Otávio Bulhões; e é como vem procedendo – ou procurando proceder – o presidente João Figueiredo, com relação a, para ele, transeconomistas como Roberto Simonsen, Rischbieter e Delfim Neto.

Até que ponto tais poderes – os intelectuais –, evidentemente menos ostensivos no seu modo de serem poderes, estão sendo considerados, no Brasil atual, pelos de todos ostensivos, atuantes e, por vezes, em conflito uns com os outros, no Brasil de hoje, pelos poderes mais efetivos e dominantes como poderes econômicos? Até que ponto há, atualmente, no nosso país, tendências para tais poderes – os humanisticamente científicos no trato de problemas nacionais ou regionais – serem considerados pelos superburocratas ou pelos superplutocratas, ou pelos emergentes sindicatos, ou pelos por vezes com pendores a tecnocráticos – em torno de assuntos nacionais ou regionais de desenvolvimento, impossíveis de serem resolvidos por puro arbítrio ou por pura improvisação da parte de detentores desses poderes?

Até que ponto os engenheiros físicos no Brasil de hoje – e os há de alta competência – estão ouvindo, a propósito de suas obras de maior abrangência, engenheiros humanos? É assunto que o autor deste livro pretende dar atenção maior em ensaio próximo: *Homens, engenharias e rumos brasileiros*.

Ostensivamente unificador, de modo existencial, dessas engenharias foi o brasileiro, de São Paulo, Flávio de Carvalho – engenheiro físico desdobrado em engenheiro humano e em engenheiro social –, ao lançar a idéia de se desenvolver, no Brasil, um trajo moderno, antes unissexual que bissexual – conveniência discutível –, de todo diferenciado, na sua ecologia, para os trópicos: conveniência indiscutivelmente urgente. Trajo que continua a ser necessário de acordo com solicitações ecológicas a um Brasil para o qual o desenvolvimento nacional abranja esses problemas de qualidade de vida. Esse problemas de definição de um sistema de civilização em termos ao mesmo tempo nacionais, ecológicos e modernos ou, até, pós-modernos.

Parece que continua a caber ao Brasil – país em grande parte tropical e em fase de abrangente modernização sem prejuízo do que nele se afirme nacional – dar ao mundo esse trajo que, sendo ecologicamente tropical e especificamente brasileiro, seja funcionalmente moderno. E ao lado desse trajo, tipos de residência para as várias gentes médias que, sendo modernos, sejam ecológicos; e correspondam a um desenvolvimento nacional para o qual as três engenharias concorram não só através de projetos em torno de realizações monumentais – Brasílias, Transamazônicas, Itaipus: projetos que se tornem grandes orgulhos nacionais –, mas projetando residências para as gentes médias que a confortos modernos juntem ajustamentos ecológicos e, a uns e outros, graças artísticas.

Quando os jovens diretor e pesquisadores do Instituto Joaquim Nabuco de Pesquisas Sociais, hoje Fundação, assinalaram a visita com que, ainda candidato, o atual presidente João Baptista Figueiredo distinguiu o mesmo instituto, apresentando ao perceptivo João sugestões ligadas ao desenvolvimento, quer regional, do Nordeste e Norte do país, quer nacional, deram relevo à necessidade de rurbanizar-se o desenvolvimento brasileiro, falaram, decerto, por todos aqueles pensadores e cientistas sociais preocupados com esse desenvolvimento. Pois é evidente que é preciso dizer-se basta, no nosso país, às *inchações urbanas* às quais tanto vem aludindo o novo, jovem e lúcido ministro da Justiça: expressão – *inchações urbanas* – que partiu do Recife e de um estudioso recifense de assuntos sociais brasileiros impressionado com a confusão entre fenômeno socialmente patológico da inchação e a aparência, tão agradável aos brasileiros, de um crescimento de cidades, mesmo quando desordenado ou transbordante, por muitos patrioticamente interpretado como progresso. O tantas vezes mistificador – pelas aparências – progresso. Assunto que, nos seus aspectos biológicos e socialmente ecológicos, é considerado por Marston Bates em *The forest and the sea* (1960). E também por René Dubos em *Mirage and health* (1959), Dennis Gabor em "Twenting the future". In: *Encounter* (Londres, 1960), depois de considerado nos seus fundamentos biológicos por Paul B. Sears em *Habitat; physical and biological phenomenon,* W. W. Howells em *Universality and variation in human nature,* David G. Mandelbaum em *The study of complex civilizations,* Julian Huxley em "Evolution cultural and biological". In: *Year Bood of Anthropology* (o primeiro de uma série) marcantemente aparecido em Nova York (1959).

Houve tempo em que muito se falou, dentro e fora do mundo de língua inglesa, em *city planning.* Tempo em que, para muitos, o esplendor de uma civilização nacional apresentava-se como um conjunto de esplendores urbanos. Metropolitanos. Londres, Paris. Nova York, San Francisco. Chicago. São Paulo. Até que, nos Estados Unidos, surgiu uma revalorização de escritores – pensadores como

Henry Thoreau, autor do clássico *Walden:* hoje, aliás, considerado obra-prima literária, havendo quem veja em Thoreau o maior escritor estadunidense de prosa de língua inglesa. E, também, como o, de menor porte, autor de *Man and nature,* George Perkins March. E a eles se vêm juntando, na mesma tendência de exaltarem os valores telúricos sem se deixarem seduzir pelos somente urbanos, Lewis Mumford e Burton Mac Kaye, nisto, aliás, precedidos – *excusez du peu* – pelos regionalistas, tradicionalistas e, a seu modo, modernistas do Recife da década de 20. Ao mesmo tempo, vem se acentuando a muito significativa superação, em termos sociológicos, de plano urbanístico por plano regional: superação que no Brasil teve seu início – recorde-se este particular – no Congresso Regionalista reunido no Recife no ano de 1926. Não era a cidade, isolada ou só, cujo desenvolvimento devesse ser sociologicamente considerado, mas a região. Não eram as cidades por si só que constituiriam no Brasil uma civilização nacional, e sim as regiões, mais que as cidades, como expressões maiores de um todo harmônico.

É decerto concordando com a perspectiva de desenvolvimento brasileiro que aqui se sugere – a de um desenvolvimento que seja basicamente uma articulação inter-regional, de energias desarticuladas, e esse desenvolvimento em termos estritamente não urbanóides mas abrangentemente rurbanos – que Benton Kayes se insurge contra um metropolitanismo que antes mecanize do que dinamize rumos nacionais. E opõe, no seu recente *The new exploration,* esse metropolitanismo – reavivando o empenho dos regionalistas do Recife da década de 20 – regionalismos que se integrem uns com os outros formando uma, para ele, filosofia nacional de planificação regional. A atualização – repita-se – prestigiosamente estadunidense do movimento surgido no Recife na década de 20. A consagração, em termos concretos, da idéia de Toynbee, de não serem Estados, mas civilizações típicas, as expressões fundamentais de sistemas humanos de convivência. Nem Estados, nem especificamente cidades, embora ao conceito de civilização esteja ligado o de cidade – *civitas* –, do mesmo modo que o de polícia ou o de política: *polis.* Mas nem requintes de civilidade nem a política que apenas estadualize ou oficialize atividades definem, numa civilização, a sua criatividade. Uma criatividade que tanto inclui expressões rústicas ou incivis ou impolidas de dizer e de fazer, como expressões transpolíticas no sentido de transestatais e, como transestatais, transburocráticas, de agir, de tratar assuntos, de resolver problemas de vivência e de convivência.

Dentro de um sistema nacional de civilização, não é principalmente das cidades nem dos Estados, nem somente dos políticos, muito menos dos burocratas centralizadores, que se deve esperar o máximo de criatividade. E sim, também – e, por vezes, principalmente –, da extracidade, do extra-Estado, do extrapolítico, do extra-acadêmico, do extraburocrático. Ou seja, de espontaneidades, de rusticidades, de ruralidades. Até, nas letras e nas artes, de antiacadêmicos, de cantadores matutos como Fabião das Queimadas, de violeiros rústicos dos quais podem surgir novos Villa-Lobos, de ceramistas populares: daqueles ceramistas populares dos quais podem surgir, como já surgiu um, magnífico, Aleijadinho. As cidades, como os Estados, são valiosos para uma região e para uma civilização nacional como a brasileira e para desenvolvimentos dentro dessa civilização. Mas prejudiciais quando cidades e Estados se mecanizam, se academizam, e artificializam em órgãos superburocráticos e com tendências a totalitariamente reguladores de desenvolvimentos nacionais, sufocando aquelas energias criativas que, por natureza, escapam – ou deveriam escapar – ao seu domínio uniformizador.

Não estou simplesmente a repetir aqui antecipações que, neste particular, datam dos meus dias de jovem, mas a registrar recentíssimos, atualíssimos, pós-modernos até, pronunciamentos do mais autorizado instituto moderno de antropologia que é, segundo muitos, o Real, de Londres – Royal Anthropological Institute, do qual tenho a honra de ter sido consagrado membro: talvez o único brasileiro assim distinguido. Pelo menos, o único de Apipucos.

Que consta do seu *Rain,* ou Boletim nº 34, de outubro de 1979? Além de destaque ao livro, agora aparecido em Londres, *Person/planet; the criative desintegration of industrial society,* do professor Theodore Roszak – livro que não deve escapar aos estudiosos brasileiros de problemas de desenvolvimento ao lado dos de ambiente –, um registro – outra repetição neste livro –, em termos científicos, impressionante, de reorientações com alguma coisa de revolucionário, entre antropólogos, no setor daquela antropologia da alimentação e da nutrição, que tanto se relaciona com a sociologia do desenvolvimento; e tão partida do Brasil das décadas de 20 e de 30. O que modernos antropólogos culturais europeus estão enfatizando a esse respeito? A necessidade de uma conciliação do saber científico de nutrólogos com sabedorias regionais e tradicionais, admitindo-se uma base fisiológica para rejeições regionais, tradicionais, populares a alimentos cientificamente ou eruditamente consagrados. Lembre-se, a esse respeito, a rejeição dos caboclos da Amazônia brasileira à dieta que lhes quiseram impor os nutrólogos eruditos da Empresa Ford que, a certa altura, se instalou nessa região para uma sistematização também erudita do plantio da borracha: empresa que fracassou. Informa o Boletim do Real Instituto de Antropologia, de Londres, que modernos antropólogos europeus estão valorizando o "conhecimento tradicional de alimentos apropriados a solos e climas" não-europeus. E estimulando o estudo das relações entre tais alimentos e as necessidades físicas de populações assim regionais e, segundo a terminologia de hoje, subdesenvolvidas, antes que sob o impacto de desenvolvimentos industriais perca-se um conhecimento de soluções de caráter alimentar que pode vir a ser revalorizado em benefício do homem em geral ou – pode-se observar – de suas relações com ecologias não-européias.

Lembrarei a propósito que – e aqui me repito, ostensivamente, neste livro a que não faltam repetições menos ostensivas: talvez o meu verdadeiro parentesco de primo pobre com o grande Marcel Proust – no meu mais recente contato com a Europa surpreendi na Grã-Bretanha um movimento de valorização de tradições culinárias inglesas, segundo líderes desse movimento, anteriores à Revolução Industrial que, forte e desenvolvimentista como foi, na Inglaterra, teria modernizado a culinária no sentido de a ter como que tecnocratizado, substituindo a cozinha a lenha e a brasa, de alimentos por esse meio mais próximos da natureza, mais autênticos e mais saborosos, pela cozinha a gás, artificializadora da culinária e responsável, segundo alguns dos mesmos líderes, pela decadência da arte culinária entre os ingleses.

O que pretende o movimento britânico, que não deixa de se assemelhar – repita-se – ao, na década de 20, partido pioneiramente do Recife, a favor do revigoramento – ou ressurgência –, no Brasil, de tradições regionais e telúricas de culinária? Isto: reunir velhas receitas de quitutes inglesas e modernizá-las, utilizando-se de energia elétrica para essa pós-modernização da tradição válida.

O que nos leva a considerar ponto importante com relação aos atuais projetos de desenvolvimento regional ou nacional no Brasil. Este ponto o de que, em tais projetos, pode-se ampliar o paradoxo – já defendido na década de 20, pelos regionalistas, tradicionalistas e, a seu modo, modernistas, do Recife – de conciliar-se modernização com tradição; saber erudito com sabedoria intuitiva; e até desenvolvimento com ressurgência de certos valores. Isto passando-se de um setor como o da culinária para outros setores talvez mais grandiosos embora, dificilmente, mais importantes para o bem-estar humano.

Apenas uma palavra sobre até onde se pode falar de desenvolvimento – que não deixa de ser matéria futurológica – em termos aceitavelmente científicos. No caso, quanto possível, cientificamente sociais.

Responde René Jules Dubos, em *Mirage of health* (N.Y., 1959), do Instituto Rockfeller de Pesquisa Médica, nos Estados Unidos. Que diz Dubos? Que é arriscada, do ponto de vista estritamente científico, qualquer previsão no setor político ou no setor social. Mas que o mesmo acontece com setores das chamadas ciências exatas como epidemiologia de doenças. E lembra que, contrariando previsões otimistas quanto a modernizações, o uso, na Inglaterra, do chamado *soft coal*, considerado superior a outros carvões, causou o desenvolvimento do câncer entre limpadores de chaminés; que petróleo e borracha – de usos tão progressistas em indústrias poluidoras do ar – podem vir a ser de todo considerados causas de doenças fatais. E indo além, associa desenvolvimentos tecnológicos e até científicos a considerações sociais de ética que não podem ser desprezadas a favor do apenas tecnológica e cientificamente válido. O que significa – aceita a interpretação de Dubos – que ao conceito de desenvolvimento não pode faltar um sentido ético; e que esse conceito, numa perspectiva brasileira, não pode ser apenas tecnológico nem somente científico nem exclusivamente político ou econômico, mesmo sociológico mas também ético. Isto se aceitarmos uma concepção humanística do que seja, ou venha sendo, a gente brasileira: uma gente que sem ter, é certo, dado santos à Igreja Católica – à qual tanto deve –, vem dando ao mundo exemplos evidentemente cristãos de revoluções das chamadas pacíficas e de soluções decerto pacíficas de suas questões de fronteiras com numerosas nações vizinhas.

O que torna sua presença no turvo mundo de hoje uma presença significativa. Do que chegou até nos testemunhos expressivos dos nossos vizinhos da parte latina ou espanhola do continente. Dentre outros – e aqui também me repito –, de um argentino do saber e da lucidez de um Maximo Etchecopar a, no seu recentíssimo *El fin de un nuevo mundo,* como que retificar o medíocre José Ingenieros, também argentino, para quem o Brasil não tinha nem *raça* nem *clima* que lhe assegurassem lugar honroso entre as civilizações modernas, reconhece na inteligência brasileira vir se destacando na América em considerar "*la realidad social de su pueblo*" numa antecipação, no continente, do nosso país, "*apreciable ventaja sobre las otras naciones, del continente*". Fenômeno, segundo o mestre argentino, dos últimos trinta e cinco ou quarenta anos. Com isso concordando, em outro livro recente, o sociólogo colombiano Caballero – num resumo de suas idéias –, para quem o Brasil estaria respondendo à acusação de não ter raça, sendo aquela sociedade metarracial de uma já corrente fora de portas caracterização brasileira.

O que é oportuníssimo no mundo de agora: metarracialidade e, ao mesmo tempo, nacionalidade ou nacionalismo ativo. Insurgência contra imperialismos sejam eles quais forem. Ressurgência de tradições válidas: de passados úteis. Aspirações transmateriais ou transquantitativas como afirmação de um modo nacional de ser civilização moderna sem renegar sua ecologia em grande parte tropical: inclusive o que nessa ecologia sejam *sutilezas,* tais as curvas ou a suas anti-retas.

Quando meu amigo Jean d'Ormesson – gosto de invocar amizades honrosas: as com os meus verdadeiros príncipes (que não são, nem têm sido, os grandes pelo poder político, meu querido e velho amigo Afonso Arinos de Mello Franco) –, na França de agora, um como continuador, em estilo de todo seu, de André Malraux, escreve que, a seu ver, desenvolve-se, no mundo de hoje, "*une nouvelle attitude en face des biens materiels*", comprometendo essa atitude, pode-se adiantar a d'Ormesson o conceito de consumo como idêntico ao de progresso ou de prosperidade, ou os de civilização e de desenvolvimento, pode-se concluir que estão em perigo vários carismas que pareciam quase definitivos: o carisma do dinheiro, o carisma da posse de bens, o carisma de tempo-dinheiro ou de tempo-quantidade. E com esse perigo ressurgem, sob novos aspectos, carismas qualitativos como são os que repelem espiritualidades ressurgentes. Daí poder-se concordar com o pensador francês que, a despeito de seus contrastes, Malraux, Soljenitzen, João Paulo II – estou certo que o meu caro Ariano Suassuna acrescentaria Antônio Conselheiro – surgem como diferentes expressões de uma mesma ressurgência ou insurgência: a de forças das chamadas do espírito a desafiarem as de consumo como apoios de uma civilização ou condicionamentos de um desenvolvimento.

O homem moderno, a caminho de pós-moderno, está em situação de tornar-se quase recriador do próprio corpo através de cirurgias capazes de fazer bonitos de feios, simpáticos de antipáticos, inteligentes de broncos. Assuntos para romances e dramas de teatro, em, que um personagem torne-se, em sua aparência, ou na sua inteligência ou no seu temperamento, sucessivamente dois, ou três, podendo um só indivíduo contradizer-se ou exprimir-se de várias maneiras.

Várias as possibilidades negativas. As insurgências negativas: algumas capazes de provocar ressurgências saudáveis. Nada, porém, futurologicamente impróprio, é admitir-se que venham a superá-las possibilidades positivas. Possibilidades positivas que tornem possíveis tipos humanos suscetíveis de inspirar obras literárias ou artísticas ou concepções filosóficas ou legislações políticas e jurídicas ou interpretações religiosas com o que nesses tipos vierem a ser harmonizações de contrários entre os homens sem a eliminação de suas diferenças saudáveis. Artes e literaturas não buscam uniformidades ideais que seriam artística e literariamente insípidas. Daí o bom de orientalismos e africanismos que retifiquem ocidentalismos com tendência a absorventes.

Dentro de um sentido de tempo tríbio, possíveis futuros são parte do que, em experiências humanas – a brasileira, uma delas –, são presente e passado já experimentados a serem completados por tempos ainda por ser vividos mas já componentes de uma síntese de tempo junto com os já vividos em carne e osso, como diria Unamuno. O pré-brasileiro da época chamada colonial já continha o gérmen do brasileiro já agora integral e a tornar-se, sob alguns aspectos, uma espécie de ultrabrasileiro. Inclusive no que, de seus ajustamentos e desajustamentos a novos tempos, pode antecipar-se em sua literatura, em seu teatro, em suas várias artes, em sua ética – inclusive em sua ética sexual –, em sua filosofia, em sua religião. Desse ultrabrasileiro não estão ausentes nem o brasileiro de hoje nem o pré-brasileiro: o tempo tríbio os reúne, inclusive através de expressões filosóficas, artísticas, literárias. Capitu é tríbia. É a Gioconda do Brasil em termos literários. Não de uma época nem de uma classe nem de uma raça, mas do Brasil total – ultrapassando seu rival Macunaíma: a brilhante criação de Mário de Andrade – e, como total, tríbio e metarracial.

Das possibilidades de insurgências sugeridas nenhuma parece vir a comprometer na sua essência e constância de atitude mística que, no homem em geral, no homem brasileiro em particular, vem sendo quase sempre parte da sua personalidade em termos um tanto unamunianos: dos unamunianos destacados, ao lado dos orteguianos, pelo agudo poder interpretativo de mestre Julian Marias. Ou existenciais. Ou existencial e essencialmente se não cristãos, cristocêntricos. Misticamente cristocêntricos.

Ao dizer de Deus que é Mãe e não somente Pai, João Paulo I deu uma perspectiva à imagem ou ao conceito de Deus que corresponde a uma interpretação de cientistas modernos do que seja a natureza em termos biológicos do homem tender a ser bissexual. A divinização brasileira de Maria, mística ortodoxamente católica, desdenhada como mariolatria por católicos racionais e progressistas, coincide com um mito brasileiramente materialista. Mito psicossociocultural.

Sugerindo-se, como se sugere neste ensaio – depois de se ter sugerido, em 1930, no livro *Casa-grande* & *senzala* –, ter sido mais importante do que parece a presença de traços islâmicos na formação portuguesa e, através dessa formação, na brasileira, pretende-se explicar certa tendência, da parte de não poucos brasileiros – inclusive os já quase pós-modernos –, para compreenderem aspectos de atuais insurgências ou ressurgências islâmicas. Ressurgências de uma espiritualidade, por vezes tolerante de feitiçarias das não de todo repudiadas por um, há mais de um século, Michelet, superior a concepções convencionais de experiências humanas; nem por Roland Barthes, seu moderno e arguto intérprete. Nem, tampouco, como espiritualidades místicas, pela perspectiva inteligência do também francês, o atualíssimo Jean d'Ormesson.

Ressurgências dessa espécie não faltam ao Brasil de hoje. Um Brasil em que os pendores míticos, por vezes coincidentes com místicos, da parte do brasileiro mais povo, mais gente intuitiva, mais raiz de cultura nacional, apresentam-se mais fortes que as tentativas de clérigos, quer letrados, quer apenas semiletrados – um cardeal, vários arcebispos e bispos, outros tantos teólogos ligados a ordens religiosas não-católicas – de racionalizarem o catolicismo e até protestantismo evangélico brasileiro, como se pretendessem substituir os positivistas dos dias de Teixeira Mendes e Miguel Lemos como guias de uma *religião da humanidade* sem mística nem sobrenatural, nem mitos já brasileiros: apenas com arremedos de ritos católicos.

O brasileiro mais brasileiro ou abrasileirado, porém, insiste em ser mais mítico e até religioso do que racional. Em buscar alívio, consolo, estímulo, inspiração, ânimo, na mística ou em mitos. Em exigir do seu catolicismo – à revelia de arcebispos, de bispos, de vigários, de abades e até de um cardeal racionalmente erudito, quase nada místicos ou crentes de tão voltados, quase todos eles, somente para causas políticas, sociais, humanitárias e, nesses termos, racionalmente insurgentes – que continue a ser uma religião de constantes ressurgências de místicas ou de mitos; de anjos, de santos, de Virgem Maria, de Jesus Cristo, de Deus vivo e até ilógico e contraditório – permitindo aquele sofrimento entre os homens, sua criatura, tão incompreendido pelo racionalismo de Camus – em vez de lógico e sempre coerente. Portanto, uma religião contraditória em vez de um coerente sistema lógico de abstrações a fazerem a vez de fé, de crença, de cantochão, de padre-nosso, de salve-rainha, de ladainha, de promessa, de ex-voto: mitos psicossocioculturais brasileiros coincidentes, alguns deles, com místicas católicas.

Ou esse catolicismo teluricamente brasileiro ou umbanda, Xangô, espiritismo. Substitutos, esse Xangô, essa umbanda, esse espiritismo, da espiritualidade cristã: a mais desejada nas suas expressões místicas ultimamente renegadas por considerável parte do clero católico-romano inclinado a substituí-los por afãs filantrópicos e políticos, ditos progressistas. Entretanto, ainda a mais querida pelo brasileiro mais caracteristicamente brasileiro que permanece um místico na sua religiosidade.

No outono de 1965, o então professor de sociologia da Universidade de Colúmbia, Daniel Bell, sempre mestre no assunto, admitiu possível entropia, destacando, em análise magistral – como se voltará a lembrar neste *Insurgências e ressurgências atuais* –, em mudanças estruturais na moderna civilização ocidental, *"related shifts in values"* que, a seu ver, condicionariam a natureza da própria sociedade humana – considerando-se, pode-se acrescentar, não só projeções ocidentais e até ocidentalizantes noutras partes do mundo como resistências insurgentes dessas outras partes do mundo a valores ocidentais de conduta como influências capazes de afetar, mais do que até agora, valores em vigor entre culturas não-racionais e não-tecnocráticas.

Para Daniel Bell – no seu *The post-industrial society; the crisis of rationality,* resumido no *Boletim* da Academia de Artes e Ciências de Boston, de novembro de 1967, e hoje pronunciamento clássico – esboça-se há anos, no Ocidente ou no mundo, uma crise aguda de racionalidade: crise por ele diagnosticada como *"the great divide of our time"*. O não-racional a defrontar-se com o racional. Já eram notáveis, no Ocidente, crescentes tensões entre os modos nacionalmente tecnocráticos e o por vezes não-racionalmente político de decisão. Já um e outro modo de decisão começou a comprometer – no Ocidente – noções e tendências de democracia participante: aspecto do fenômeno da crise de racionalidade que tanto se vem acentuando no Ocidente e em áreas ocidentalizadas. Inclusive no Brasil: o problema da participação democrática no poder político é problema que exige dos novos políticos o máximo de criatividade, dadas urgências de decisões em face de circunstâncias dos atuais dias de transição.

É evidente o crescente conflito entre o poder econômico, político, tecnocrático – com pretensões a ser o mais racional e, sem dúvida, o superburocrático – e o poder racionalmente político de decisão, ao qual não falte, em face de problemas complexos, aquela supra-racionalidade que se baseia em intuições.

Entretanto, para o professor Daniel Bell, a moderna crise mais aguda de racionalidade estaria se beneficiando, no plano daquelas expressões superiormente culturais – literaturas, pintura, música e correlatos – que Max Weber entrevira como expressões, nos primeiros tempos modernos, de racionalidade. De racionalidade apolínea. E estariam, em 1965 – ano do pronunciamento de Bell sobre a crise atual de racionalidade –, sob um impacto hedônico ou dionisíaco em que ao racional vinham se sobrepondo impulsos dionisiacamente não-racionais de procura de prazer, de sensação, de permissividade – a começar pela sexual –, como Nietzsche com a grande força do século XIX, antecipadora dessa vulcânica transformação que caracterizaria no século atual tendências dionisíacas contrárias às apolineamente racionais. Tendências, as dionisíacas, hedônicas.

Para o professor Daniel Bell, em 1965, a incerteza quanto aos rumos que tomaria em anos imediatos a civilização ocidental já era dramática. O progressismo de Condorcet em crise a mais aguda e, com ele, a racionalidade analisada e comentada com superior lucidez pelo crítico brasileiro de idéias José Guilherme Merquior, em notável livro – escrito e publicado em 1980, em língua inglesa, por editor de Londres, *Rousseau and Weber; two studies in the theory of legitimacy,* e em termos magistralmente sociológicos já destacada, em páginas clássicas, por Max Weber –, também se achavam, ou se acham, em pungente crise. Em crise a tecnocracia. Enquanto poder político, decisão – pode-se sugerir – apresenta-se com tendências a apoiar-se mais em intuições provocadas por novas circunstâncias – inclusive o desafio islâmico – que na chamada ciência política: arcaicamente racionalista ou lógica no seu modo de procurar condicionar ou determinar cientificamente a ação política.

Interpretações do professor Roger Bastide, em seu recente e já citado *Anthropologie appliquée* – a propósito de lusotropicalismo: conceito brasileiro de base, além de ecológica, histórica e de ação contínua projetada sobre futuros –, mostram-se coincidentes com antecipações, em torno do assunto, do autor de *Insurgências e ressurgências atuais.* Coincidências inteligente e oportunamente assinaladas pelo professor Roberto Motta em vários ensaios. Do mesmo antropólogo brasileiro, de crescente relevo entre estudiosos de assuntos brasileiros, ou com eles relacionados, sob critério principalmente antropocultural, é o penetrante ensaio-síntese "Dedução, pesquisa, truques e dialética". In: *Caderno 117* (Faculdade de Direito de Caruaru, 1979), no qual aplica a situações místico-culturais brasileiras novas perspectivas de antropologia ecológica, das quais vem sendo pioneiro em nosso país. Inclusive as lançadas por Andrew Wayda e Bonnie Mc Cay em "New direction in ecology and ecological anthropology". In: *Annual Review of Anthropology,* 1975. Destaque-se do ensaio-síntese do professor Roberto Motta a conclusão, tão coincidente com reorientações sugeridas neste *Insurgências e ressurgência atuais,* de que "a cultura e a própria vida superam, no concreto do seu desenvolvimento, no momento da adaptação e de evolução, as limitações de uma lógica que apenas leva em conta o princípio de parcimônia ou razão suficiente". Pois "a dialética não anula, mas vai além dos requerimentos normais da análise conceitual. Desta maneira ela reconcilia as exigências da estrutura e da história e sintetiza dedução e etnografia em uma única metodologia, capaz de fazer justiça aos dois momentos da realidade e da mente humana". O que aqui se transcreve, sem se deixar de incluir uma, para fins específicos, metodologia singular, dentro de um abrangente pluralismo metodológico.

Outra coincidência de perspectiva de confluências psicossocioculturais em que parece ter se antecipado o autor de *Insurgências e ressurgências atuais* é a que talvez possa ser detectada no um tanto esquecido *Polinese character; a photographic analysis* (Londres, 1942) de Gregory Bateson, livro, como seu antecessor brasileiro de 1933, pioneiramente insurgente, do qual acaba de salientar Mr. Edmund Leach, no nº 40, de outubro de 1980, de *Rain,* do Royal Anthropological Institute, de Londres: "*A great deal of contemporary social and cultural anthropology which is commonly thought to have it roots in the writings of* Levi-Strauss *and in reactions to varying styles of etnology and sociobiology, in fact comes from* Bateson *and specially from Naven*". Um *Naven* publicado em 1936 e, ao aparecer, desdenhado por alguns mestres: inclusive por Malinowski, tais as suas insurgências. Insurgências de um tal modo não-acadêmico em ciências do homem que Mr. Edmund Leach não hesita em compará-lo, menos a um *cher Maître* de feitio europeu ou francês que a um *guru:* de sua influência através mais de pequenos seminários de todo informais – como talvez os de Tagore, na Índia – do que de cursos formalmente universitários ou acadêmicos. E esse *guru,* com nítidas antecipações a pronunciamentos, mais divulgados, de um Levi-Strauss nem sempre reconhecido a antecipações do seu pensamento chamado estruturalista.

Insurgências e ressurgências, no setor do pensamento ou da pesquisa cientificamente social, vêm ocorrendo, com alguma freqüência, deixando quem como brasileiro for antes machadiano, na atitude sempre equilibrada, que sílvio-romeriano, nos modos enfaticamente radicais de ser insurgente, em situação de admitir ressurgências sem a elas aderir sistemática ou radicalmente. Ainda há pouco, o professor Valdemar Valente, em reunião do Seminário de Tropicologia do Recife, lembrou o que lhe pareceu pecado cientificamente nefando da minha parte: ter admitido, num livro insurgente, como foi, ao aparecer, o intitulado *Casa-grande & senzala,* possibilidades de ressurgência, capaz de retificar insurgência já tranqüilamente estabelecida, de princípios defendidos por aquele neolamarckismo aparecido nos Estados Unidos e na Europa – em meios universitários. É certo. Admitiam-se tais possibilidades. À base de quê? De em livro que li atentamente na década de 20, *Neurological foundations of animal behavior,* do professor C. Judson Herrick, da Universidade de Chicago (N.Y., 1924), no capítulo "*Tissue differentiation in the nervous system*", à página 102, escrever o autorizadíssimo autor: "*...stable structural differentiations are, in all cases, correlated with the mode of life of the organism, but it is not to be inferred that they are formed by inheritance of acquired characters in the Lamarckian sense. This may or may not be true...*". A possibilidade, admitida. E já em livro de mestre da Universidade de Colúmbia, de que fui aluno – esse mestre, Thomas Hunt Morgan –, já aparecera, em 1914, o clássico *Heredity and sex* e por mim lido a conselho do professor Bradbury, com quem me iniciei em biologia. Como se pronunciava o magistral Morgan a respeito de caracteres adquiridos? Sentenciosamente? Não. Enfaticamente, não. Admitindo, à página 17, que "*modern research has gone far towards establishing* Weismann's *claim...*", isto é, "*the germ cells are immortal*". Mas anotando: "*...the very large literature*" (neolamarckiana) "*that has grown up dealing with the matter*". E da hipótese de Weismann de poder-se ir além, numa extrema interpretação weismaniana do assunto, opinava Morgan à página 19 de obra tão importante: "*...there is no evidence that supports or even makes* *plausible his contention*". Amparava um weismanismo que reconhecia não se apresentar de todo vitorioso nas suas contenções.

Outro livro de mestre idôneo, este de sociologia e da Universidade de Pensylvania – *The physical basis of society* (N.Y., 1928), do professor Carl Kelsey –, levou-me, ao escrever *Casa-grande & senzala,* a acompanhar, com interesse social, experimentos neolamarckianos da época, admitindo possibilidades da ressurgência do lamarkismo em neolamarckismo. Isso dada a forte repercussão dos experimentos, nesse sentido, de Brown Sequard, é verdade que comprometidos pelo fracasso de Kammerer, durante a década de 20, nada insignificante. Para o professor Kelsey, em 1928, como revelou a página 313 daquele livro, referindo-se a esse surto de neolamarckismo, "*the belief (a opção neolamarckiana) will not down even in scientific circles*". Isto é, admitia esse cientista social ilustre, falando por vários dos seus colegas, que a opção neolamarckiana resistia a consagrações do triunfo weismaniano e tendia a resistir. O que importaria em admitir-se, da ressurgência neolamarckiana, que pudesse ser considerada competidora do seu contrário. Isso num setor de grande interesse para estudiosos ou estudantes – o meu caso, na década de 20 – de relações entre biologia, antropologia e sociologia.

De Lamarck lembra, no referido livro, o professor Kelsey, ter sido o fixador do uso científico da palavra biologia e – nos seus dias de biólogo insurgente, além de botânico encarregado de invertebrados no famoso Jardim das Plantas, de Paris – quem lançou a idéia de "caracteres adquiridos poderem ser transmitidos". Decerto uma insurgência biológica. Tinha, nesses dias, como rivais, sábios como Buffon e Cuvier. Só veio a perder tão alto prestígio na extrema velhice, quando, não só cego e pobre, foi combatido por Cuvier. Isso por volta do começo do século XVIII: nascera em 1741. Entretanto, no fim do século XIX viria a ser reconhecido um dos grandes sábios dos seus dias de primeiro esplendor. E essa sua ressurgência se prolongaria pelo começo do século XX, através de um neolamarckismo, repita-se que, na década de 20, com extensão pela de 30, nada insignificante. A tanto importou a controvérsia neolamarckismo e weismanismo.

Sob o impacto dessa ressurgência – a do lamarckismo – estiveram não só uns tantos biólogos como, através de uma compreensível repercussão de tal impacto, cientistas e pensadores sociais da década de 20: aquela em que se processaram, em parte, meus estudos universitários no estrangeiro. Daí minha atitude, menos de jovem convertido a um insurgente neolamarckismo, mas de quem o admitisse como insurgência: atitude de estudante, entre outras matérias, de ciências do homem, que fora iniciado, em conexão com essas ciências, no estudo de biologia.

Foi desses dias, e em ligação com o assunto, minha leitura de livro que decerto me impressionou: *Biological memory* – título de sua edição em língua inglesa –, de sábio professor italiano da Universidade de Milão, sócio correspondente do Instituto de França, editor da revista, também muito da minha leitura, *Scientia*, Eugenio Rignano. Livro traduzido e apresentado em Londres por outro sábio cientista, este zoólogo: o professor E. W. Mac Bride. Edição de Londres, 1926.

A introdução de Mac Bride – professor do Imperial Colégio de Ciência e Tecnologia da Grã-Bretanha – admitia da obra do colega italiano, por ele traduzida à língua inglesa, envolver um ponto de vista filosófico: uma filosofia sintética. Livro, portanto, de generalista numa época já de começo de extremo especialismo. Mas note-se da introdução do sábio inglês, que adverte o leitor contra a atitude do autor italiano com relação à metafísica: "...his scornful desmissal of metaphysical reasoning". Sinal de não ter apresentado o professor Rignano uma síntese filosófica de ciência de caráter metafísico, mas de propósito e segundo critério cientificamente objetivo. Com esse propósito e sob esse critério é que os dois idôneos cientistas apresentaram-se, em livro tão significativo aparecido em 1926, como inclinados a aceitar um, para eles, científico ressurgente e neolamarckismo em face de, para o inglês, recentes *crucial experiments* com relação à possibilidade de transmissão de caracteres adquiridos. Pelo que, segundo o professor Mac Bride, "*the possibility of this transmission, dogmatically denied by Weismann. On the ground of his own were theoretical conceptions of the structure or protoplasm – a conception which has been made to look ludicrous by the researches of Hertwig, Driesch and others of that school; and this dogma incritically copied from text-book to text-book has acquired in many zoological minds something of the fixity of a religious tradition...*". É o que consta da introdução de Mac Bride, à página 7 de *Biological memory,* livro cuja repercussão encontrei na própria Universidade de Colúmbia ao voltar, precisamente em 1926, aos Estados Unidos e ao procurar atualizar-me, o mais possível, em estudos sociais – inclusive, como sempre, os biológicos correlatos com os sociais, depois de, de 1923 a 1926, ter estado no Brasil: um Brasil que me pareceu, de modo geral – havia os Roquette Pinto, decerto, e os Osório de Almeida –, impressionantemente desatualizado em tais estudos e em tais correções.

Referia-se Mac Bride aos experimentos europeus, favoráveis a possibilidades apresentadas pelos neolamarckistas, de Kammerer em Viena – que, entretanto, fracassaram –, de Durkheim em Breslau – os de Durkheim confirmados pelos de Miss Brecher, também em Viena. Experimentos dos quais também encontrei a repercussão na Universidade de Colúmbia, então nos seus grandes dias de a mais confluente das grandes universidades dos Estados Unidos ou da Europa. A mais sensível a choques ou contradições entre *ismos*. E a década de 20 foi, decerto, a de mais agudos choques, na Europa, entre biólogos weismanistas e biólogos neolamarckistas, com esse choque entre biólogos repercutindo entre aqueles estudiosos e estudantes de ciências sociais, ainda lembrados da advertência de Herbert Spencer: a demonstração da possibilidade ou não de transmissão de caracteres adquiridos é o principal problema de biologia de interesse para antropólogos e sociólogos. Dessa possibilidade ou não dependem estimativas de valores sociais ou não ligados a grandes problemas sociais como o de educação.

Biological memory, com outros insurgentes estudos aparecidos na década de 20, atraiu-me a atenção para a questão da importância de sínteses de caráter filosófico – generalista, portanto – em face de extremos especialismos que, na Universidade de Colúmbia, sofriam restrições da parte de alguns dos seus maiores mestres da memorável década. Havia problemas – sustentava o professor Rignano no prefácio ao seu livro perturbador – "*with regard to which the specialist has nothing to say*". Daí a necessidade de sínteses que fossem desenvolvidas por filósofos com relação a choques entre especialismos: "*with the object of synthetizing the work of specialists...*". Perspectiva desenvolvida no decorrer do livro inteiro, todo ele favorável à necessidade de um novo generalismo que superasse a desconexão entre especilismos fechados. Pois – como diz o professor Rignano à página 215 de *Biological memory* –, *"the actual performance of experiments, where each experiment can be performed by itself, independently of all others, involves the risk of presenting the various results of these experiments actually made as independent of one another, even when there is in reality a connection between them"*.

Daí desencontros entre neolamarckianos e neodarwinianos terem chegado a conflitos quase entre quase-seitas de biólogos, com Lamarck, para os darwinianos, tendo desprezado o fator seleção e Darwin tendo se fechado na consideração deste fator: a chamada seleção natural.

Exclusivismo que só faria animar, além de uma doutrina neolamarckiana, os "experiments, observations and arguments" a que se refere o professor Rignano, sustentando, ainda em 1926, merecerem eles atenção científica, quanto a possibilidades desprezadas pelos darwinianos fechados. Inclusive com relação a um nada irrelevante aspecto do problema: o de que atuaria, no homem, um processo de assimilação como fenômeno mnemônico: memória biológica. E essa memória?

Daí, segundo o professor Rignano, à página 125 de *Biological memory*, admitida a atuação de um só elemento mnemônico, comprometer-se a posição de Weismann, secundado por Simon, de que as mais minuciosas particularidades de estrutura, e até as mais microscópias porções de células de cada fase de desenvolvimento, devessem ser representadas no gérmen-plasma por um determinante (*engram*) correspondente. Objeção do professor Rignano, com o apoio do professor Mac Bride, ao weismanismo fechado, que constituía uma das aberturas a possibilidades neolamarckianas, no próprio fim da década de 20. Exatamente o período de começos de elaboração, por então jovem brasileiro, de ensaio de um novo e ousado tipo em torno da formação social de uma sociedade de evidente novo tipo como a eurotropicalmente brasileira.

Na 1ª edição de *Casa-grande & senzala* (1933), o autor dá ênfase, para a época surpreendente, ao que destaca como sendo, ainda, debate agudo entre weismanianos e neolamarckianos – "talvez o mais importante problema que agita a biologia moderna" – em torno da possibilidade de transmissão de caracteres adquiridos. Essa ênfase seria retificada em edições posteriores sem se deixar de registrar a vigência de opiniões neolamarckianas, sem que isso tenha importado em adesão ao neolamarckismo. Daí salientar-se ainda nessas edições, em indireta conexão com o assunto, ser preciso não se esquecer "a importância da obra científica de Franz Boas, desde seus memoráveis estudos (1911) sobre alterações de formas de corpo de imigrantes..." (*Casa-grande & senzala*, 20ª ed., Rio, 1980, pág. 385).

Choques de posição entre eruditos de filosofias, de artes e de ciências são inevitáveis e deles vêm resultando sínteses ou triunfos de uma posição sobre outra: exemplo, o triunfo como que já consolidado do weismanismo sobre o neolamarckismo sem que, na década de 20 e em décadas imediatamente seguintes, o sensato fosse considerar o choque entre biólogos, em torno do problema de caracteres adquiridos, questão ainda aberta. Essa atitude aberta, até que se consolide o triunfo de um critério, por algum tempo incerto, sobre seu oposto, em torno de problema científico, ou se tenha desenvolvido uma síntese de contrários, vem sendo o principalmente seguido pelo autor deste *Insurgências e ressurgências atuais*, desde o seu, mesmo assim, em alguns pontos, inevitavelmente polêmico *Casa-grande & senzala*, precedido por um já, como tese universitária na Universidade de Colúmbia, em certos pontos, desafio a contraditas ou objeções. Por exemplo, quando lançou – ou lança – esta perspectiva das condições de vida, consideradas nas suas predominâncias, do escravo afro-negro ou seu descendente, no Brasil patriarcal, terem sido superiores, do ponto de vista social ou humano, às condições de vida dos trabalhadores – inclusive mulheres e crianças – nas novas fábricas da Europa nos primeiros e terríveis decênios de industrialização e de urbanização, sobretudo na Grã-Bretanha, algumas delas ligadas a industriais veementemente abolicionistas com relação ao Brasil. É uma das insurgências de jovem de que, talvez, possa ufanar-se hoje o autor deste *Insurgências e ressurgências atuais*. E que o leva a aqui abordar o problema de valores a que nenhum estudioso ou estudante de ciências sociais pode ser de todo estranho, para simular uma quase impossível neutralidade científica.

Lembra-se o autor atual sempre haver se preocupado com o assunto, tendo encontrado em alguns dos seus companheiros mais velhos, e até mestres de estudos sociais, igual preocupação. Um desses mestres, professor de filosofia da Universidade de Colúmbia, John Stork, de quem leu o excelente *Man and civilization; an inquiry into the basis of contemporary life* (3ª ed., Londres, 1929) quase como se o ouvisse na mesma universidade, quando ainda nos seus grandes dias: os de Boas, Giddings, Seligman, Dewey, Hayes. Vários outros, também magistrais.

Para um Stork que continua atual *"values not only exist... but they contain extrapersonal elements. ...They arise through the interfunctioning of impulses, folkways and facts and they attain ultimate validity in the degree that they assimilate these factors to each other"*. O que continua a me parecer exata apresentação do assunto.

Ao meu, não sei se diga, empenho, desde a época em que li o professor Stork, de vir a desenvolver em livro sobre a formação social brasileira a tese, apresentada em língua inglesa à Universidade de Colúmbia, *Social life in Brazil in the middle of the 19th century* (1922) – expansão em livro, nunca noutra dissertação acadêmica, aconselhada pelo crítico Henry L. Mencken, ao tomar conhecimento da mesma tese –, cedo juntaram-se preocupações com o relacionamento desse possível livro, com valores e não apenas com fatos. Com fatos – quando recorrências – suscetíveis de ser simbólicos, ou simbólicas, essa simbolização importando em destacar em fatos, quando recorrências, o que neles fosse, ou seja, maior ou menor sobrecarga de valores. Várias dessas recorrências, sob a forma de *mores*: palavra latina adotada, através do sociólogo Sumner, por esse outro latim moderno, com relação a ciências sociais, que é a língua inglesa. Para os romanos, *mores* significava costumes considerados úteis ao bem-estar geral. A sociologia moderna, ao aceitar a assimilação do clássico ao moderno iniciada por Sumner em *Folkways; a study of the sociological importance of usages, manners, customs, mores and morals* (Boston, 1907), seguiria a própria definição sociológica de *mores* apresentada por esse mestre: *"...the totality of popular usages and traditions, when they include a judgement that they are conducive to societal welfare and when they are exert a coercion on the individual to conform to them, although they are not coordinated by any authority"*. Não sei de definição sociológica ou sócio-antropológica, posterior à de Sumner, mais idônea. Parece de mestre francês e é de professor estadunidense dos dias ainda heróicos da sociologia moderna. Note-se, na definição de Sumner, a palavra *judgement,* ou julgamento. Julgamento como avaliação. E essa avaliação, junto ao reconhecimento de constituírem os valores reconhecidos como coercitivos, em grande parte, independentemente de coações autoritárias, implicando em constatar-se resultarem eles, valores, tanto de pressões vindas de consciências individuais – de indivíduos socializados em pessoas, além de aculturados como participantes de tipos específicos de culturas – como de pressões exteriores.

O já citado professor Stork refere-se ao que há, ou tem havido, de *insípido* e *trivial* nas tentativas de certos filósofos sociais para racionalizarem o setor social constituído pelas relações de valores com fatos. O comportamento humano, em sociedades e em culturas, escaparia a racionalizações: teriam que ser aceitos como, em grande parte, não-racionais. Daí a importância dos mitos sociais, do conceito de Georges Sorel: mitos por seu próprio caráter de mitos vindos de raízes ou impulsos menos lógicos ou racionais que intuitivos. Como seriam as pelo professor Julian Marias chamadas "vigências sociais", quase sempre de um vigor menos lógico ou racional que intuitivo: um intuitivo reforçado por consagrações em *mores,* em instituições, em normas: mesmo em normalidade.

Este, de modo geral, o relacionamento entre fatos sociais, quando sociologicamente recorrências e valores atuantes, através de sua consagração como social e culturalmente válidos, que eu teria que encontrar ao aventurar-me – aventura intelectual e ela própria aventura ética – a abordar sob perspectiva quase de todo nova a formação social de uma sociedade patriarcal e escravocrática brasileira associada a uma cultura pré-nacional, a princípio, de certa altura em diante, com a qual conviveu. Difícil de dizer-se se foi a sociedade que, de início, passou a viver com essa cultura, se essa cultura é que de início passou a viver com um tipo de sociedade eurotropical: portanto novo, em grande parte, para a experiência e para os *mores,* normas, moralidades, apenas lusocristãs dessa cultura.

Onde, nesse relacionamento, situar-se a ação reguladora de comportamentos sociais e pessoais, do direito, da lei, da pressão por códigos legais, dos direitos chamados substantivos e positivos ao lado dos denominados adjetivos? O sociólogo-professor Stork – veja-se a página 258 do seu citado livro – refere-se a um *"body of formal law"* que "never perfectly coincides with *mores*". Os *mores* seriam mais importantes que os direitos: positivos, substantivos, adjetivos. As normas de caráter sócio-antropológico, sociológico, psicossocial, histórico-social, mais importantes que leis impostas em vez de *mores* derivados de tais fontes. Ou que as inspiradas por critérios de promoção puramente econômica ou por interesse somente político. Foi por orientações sócio-antropológicas e sociológicas que, desde meus dias de estudante na Universidade de Colúmbia, sobretudo através de contatos que aí ocorreram com insurgências francesas, como a de Bergson e a de Georges Sorel, contra positivismos e racionalismos arbitrários, comecei a situar tais positivismos e tais racionalismos, nas suas expressões jurídicas, como sujeitos não só a *mores,* como às vigências sociais que encontraria tão lucidamente caracterizadas por Julian Marias e até como mitos sorelianos, na categoria de *ismos* muito mais condicionados do que, pela sua força, aparentemente absoluta, de coação, condicionantes. Daí viria uma das inovações ou insurgências de *Casa-grande* & *senzala*: a de, na abrangência social de sua perspectiva, opor a abstrações como a de um critério linearmente jurídico de considerar normalidades e anormalidades sociais, o existencial de vivências condicionadas por *mores* e até por mitos sociais.

Essa minha perspectiva – a importância de *mores,* de herança cultural, e mito social, através da identificação empática do observador com intimidades, e não apenas exterioridades ostensivas da realidade observada – com relação à formação sociocultural brasileira, que orientaria, desde *Casa-grande* & *senzala,* minha reinterpretação do Brasil, faria que o professor Afonso Arinos de Mello Franco, em brilhante conferência proferida há pouco no Seminário de Tropicologia da Fundação Joaquim Nabuco, do Recife, comparasse meu modo de ser ensaísta mais-que-literário, dado o seu alguma coisa de filosófico, com o clássico, alguma coisa de pós-moderno, Montaigne: tão da sua predilação. Confronto honrosíssimo para simples intelectual brasileiro. Mas implicando em certa superação de juridicismo político por um como que filosofismo social, ou mesmo antropologismo ou sociologismo: exatamente a perspectiva não só de formação social, como de atualidade brasileira, que separa o autor de

Insurgências e ressurgências atuais do jurista-político que, à revelia de maiores atenções a condicionamentos socioculturais do próprio direito e da própria política, é o professor Afonso Arinos de Mello Franco. Tanto que, na referida conferência proferida no Recife, foi enfático em expressar a convicção de que a atual crise brasileira não seria superada senão através de soluções jurídico-políticas, mostrando-se pouco atento a soluções socioculturais. Exatamente as soluções que Montaigne, ou um montaigniano, talvez considerasse básicas, ao defrontar-se com uma complexa atualidade brasileira e descesse às suas intimidades e até às suas aparentes insignificâncias psicossociais, difíceis ou impossíveis de ser compreendidas, atentando-se apenas em aspectos ostensivos de comportamentos nacionais. Ou considerando-se esses aspectos à revelia do conhecimento de passados sociais do Brasil, íntimos, quase secretos, a se projetarem sobre presentes e a condicionarem futuros.

Inclusive com relação a transformações sociais segundo ideologismos desatentos a tais intimidades. No Brasil – um exemplo –, ignorando-se o que é brasileiramente nacional, através de variantes regionais, em sentires, mais do que em pensares, não de todo condicionados, menos ainda determinados, por condições econômicas suscetíveis de serem de repente alteradas por leis: trabalho de juristas abstratos junto com economistas desatentos a esses sentires.

Aqui torna-se oportuno lembrar-se outra advertência do professor John Stork aos estudantes não só de sociologia como de direito da década de 20 – entre os de direito, na época, estaria um Thomas Dewey, depois candidato à Presidência da República, dos Estados Unidos, de quem suponho ter sido condiscípulo de direito internacional público. Essa outra advertência, quanto a alterações em formas de comportamentos nacionais, quando uma sociedade nacional é levada a maior contato com outra, este contato resultando em mudanças de perspectiva de valores projetados sobre condições materiais, econômicas, tecnológicas, de vivência ou convivência, modificáveis através de leis formais: de direitos. Inútil porém supor-se das populações atingidas, em seus sentires e hábitos socioculturais, por essas alterações de condições materiais de vida e por essas leis ou alterações de comportamento, através de imposições de caráter formalmente jurídico-político, serem, por essas imposições, de todo ou de fato, modificadas. A respeito do que, recorde-se sua citação de Bertrand Russell, para a época e para os dias de hoje, muito oportunas: a de que os próprios detentores do poder, por mais radicalmente radicais quando reformadores sociais, ao imporem tais leis a sociedades, não se modificavam no sentido das leis impostas. De modo que, de socialistas comprometidos a substituírem leis vigentes por outras, de acordo com sua ideologia radical, não se esperasse um comportamento, no exercício do poder absoluto, correspondente ao de ideólogos que, através de novas leis, realizariam reformas prometidas, em vez de encarnarem novo corpo de leis, eles corresponderiam, no exercício do poder, ao tipo característico de todos os detentores do poder absoluto: um tipo de poderosos nada tolerante de oposição nem amigo de liberdades.

Nenhum sistema social ou socioeconômico substitui outro, afirmando-se através de leis anunciadas como capazes de tornarem uma sociedade mais socialmente livre ou mais economicamente justa. O pronunciamento de Bertrand Russell sobre o assunto, referido pelo professor Stork, está no *Proposed roads to freedom; socialism, anarchism, syndicalism* (N.Y., Holt, 19). Um livro sempre considerado estimulante, desde estudante na Universidade de Colúmbia, pelo futuro autor de *Casa-grande & senzala,* malgrado restrições suas, em comentário de 1928, na *Revista do Brasil,* do Rio de Janeiro (fase Rodrigo de Mello Franco de Andrade), ao pedagogismo progressista de Russell. Atitude semelhante foi então a sua ao pedagogismo igualmente progressista de John Dewey, tão grande mestre da Universidade de Colúmbia, na década de 20, com projeção sobre as décadas seguintes, quanto seus mestres, para ele mais válidos, Boas, Giddings, Seligman, John Basset Moore, Hayes, Sir Alfred Zimmern, então ora de Oxford, ora de Colúmbia. Por que, entretanto, lembrar-se tanto do menos provecto John Stork? Vá aqui a talvez explicação.

A explicação talvez seja esta. Porque Stork, como professor universitário, em coincidência com o nada acadêmico Gilbert K. Chesterton – este através de seus livros e de seus artigos de jornal – foi, na época de 20 – nessa influente década de 20, prolongada na de 30 –, uma corajosa voz a favor da importância do que o então jovem, e hoje tão esquecido professor de Colúmbia, com menos brilho que o escritor-filósofo, chamava *"enormous body of ostentations matter of fact*" abafado por "*gaudier and more pretentions constructions of the culture*". E reparasse que "*the common-sense knowledge of a society seldom receives its due even in learned anthropological treatises...*". Não seria tanto assim. O antropólogo Boas levava seus alunos a raízes como que populares e, como populares, mais mágicas do que racionais, de sistemas religiosos, éticos, econômicos, jurídicos, capazes de se desenvolverem de primitivos, em expressões mais complexas – as civilizadas – de cultura. O que faltou a Boas para ter sido um mais influente mestre da antropologia que revolucionou? Talvez uma maior disposição – ou capacidade – para do apenas científico passar ao filosófico, servindo-se de uma mais artística expressão literária. Ele evitava tanto a generalização filosófica como a expressão literária. Evitava-as ou não se afoitava a procurar chegar até elas. Criticava-as, até, segundo rumores nos corredores de Colúmbia, no sociólogo Giddings, no economista Seligman, no pedagogo Dewey, seus colegas na grande universidade. Para devaneio artístico, bastava-lhe o musical: era um apaixonado da música esse pouco musical na frase. O que não é de admirar ante o exemplo do grande, como poeta-filósofo, Browning, tão amante e erudito de música, sem que à poesia filosófica desse poeta – por algum tempo tão em voga na língua inglesa que Eça de Queiroz, tendo conhecido a Inglaterra nos dias dessa voga, chegou a comparar a admiração britânica por Browning a um culto religioso, de tal modo lhe pareceu o poeta uma espécie de deus de guarda-chuva para os ingleses – caracterizasse musicalidade comparável à da expressão poética de Swinburne: segundo se diz, um ignorante de música. Da palavra de Boas nas aulas minha recordação é quase pedregosa, enquanto Giddings e Seligman – os dois, ao se apresentarem para públicos entusiásticos, sempre elegantemente de fraque e calças listradas, de padrinhos de casamentos, ao contrário do meio desconchavado Boas com sua cabeleira sempre boemiamente revolta – expressavam-se no melhor inglês: bom e até artístico.

Volte-se a Stork, para observar-se da importância sócio-antropológica ou sociológica, por ele quase chestertonianamente atribuída ao *senso comum* ou ao *bom senso* na impregnação de culturas, que associava essa importância ao fato de essas culturas, antes de se diferenciarem através de sofisticações, apresentarem-se semelhantes, nas suas bases, em virtude dessa impregnação. Ao analista científico de culturas não devia faltar sensibilidade a esses primeiros saberes dos homens sobre suas próprias manifestações socioculturais: as associadas à sua respiração, à sua procura de alimentos, ao seu comer, ao seu pescar, ao seu caçar, ao seu plantar, aos seus abrigos, às suas reservas de alimentos e, é claro que, ao seu procriar. E saberes básicos sobre essas primeiras ou básicas manifestações de cultura tendo sido os guiados por senso comum, compreende-se que a eles e para consolidá-los tenha se acrescentado o saber mágico expresso em rituais, impregnando o cotidiano cultural de mágica e de rito consolidadores de conhecimentos atingidos pelo senso comum. Mas um senso comum necessitado, para a consolidação dos seus saberes, de crenças que o habilitassem a opções entre o certo e errado através de resultados concretos de suas práticas. Assunto que teria um dos seus primeiros esclarecedores num psicólogo por vezes filósofo da antropologia, da sociologia, da psicologia: o anglo-americano William James. O James autor do um tanto não-racionalista, por intuitivista, *The will to believe and other essays in popular philosophy* (N.Y., Longmans, Green, 1896), logo criticado pelo racionalista Karl Pearson (*The grammar of science*, 3ª ed., Londres, Black, 1912), para quem, não sendo possível racionalizar, seria não só seu proveito, como anti-social, crer. O que, para Stork, faria o homem, por mais civilizado, ter de depender de probabilidades e hipóteses, com o senso comum – acrescente-se – chamado a sugerir opções na falta de apoios racionais ou científicos a probabilidades ou opções. Donde a importância de opiniões que se mostrem mais sensatas: o senso comum defendido por Chesterton que, no Brasil, viria a ser defendido como *o óbvio ululante* pelo teatrólogo e escritor, também ele com alguma coisa de chestertoniano, no seu próprio catolicismo anti-"progressita", Nelson Rodrigues. O admirável Nelson Rodrigues.

Entretanto, a própria repetição do que, em comportamentos socioculturais característicos de uma sociedade ou de uma cultura, se torna óbvio não corresponde a crenças ou gestos de todo consagrados como normais. O que Arnold Toynbee chamaria respostas a desafios nem sempre funcionaria sob a forma de respostas continuamente as mesmas aos mesmos desafios. Daí o incerto em comportamentos coletivos. Ao mesmo tempo, sabe-se de respostas a desafios que, dadas em certos momentos, não se estabilizam social e culturalmente senão através de ressurgências oportunas. Exemplo expressivo: o das pesquisas de Mendel com resultados sociais tão importantes. Foi preciso – vários os antropólogos e sociólogos que têm observado esse impressionante desencontro entre inovação e momento social, um deles o professor Stork –, para que se viessem registrando sucessivas disparidades entre a inovação e aqueles "prevailings trends in biology" que tanto retardaram a plena aceitação da teoria de Weismann como fizeram que ela, paradoxalmente, triunfasse sobre o neolamarckismo, encontrando resistências da parte de correntes predominantes em meios científicos não-decisivos.

O ritmo – ou a arritmia –, insurgência, ressurgência podem ser considerados uma constante do desenvolvimento cultural e na busca de interpretação do que seja a relação cultura-vivência, com o senso comum por vezes chamado a opinar sobre hipóteses científicas em conflito nessa procurada interpretação. Terá sido o senso comum que contribuiu para dar ganho de causa a Weismann contra neolamarckistas, ao discriminar entre evidências apresentadas, por algum tempo, tão sem uma evidência puramente científica ou puramente racional de todo avassaladora a favor de um princípio contra o outro.

Daí poder-se sugerir de respostas em torno de problemas de cultura quase nunca serem de todo precisas, isto é – pode-se acrescentar –, deixarem quase sempre portas abertas a opostos. A complexa exatidão científica na explicação do que é humano, social, cultural, psicossocial, parece não ser atingida nunca. O analista precisa contentar-se quase sempre com o incompleto de aproximações ou com o risco de opções por uma explicação, o senso comum advertindo para não se desprezar de todo o oposto.

O professor Stork observando que "...*we seldom secure a high degree of precision in our responses*" era, na Colúmbia dos seus dias de professor, como a voz de intelectual menor moderando, no trato de comportamentos humanos, ênfases dos mestres maiores como um Boas, à base de conclusões de suas revolucionárias pesquisas sobre mudanças de formas humanas em razão de sucessivas influências ambientais, um Seligman, quanto à interpretação marxistamente econômica da história, um Dewey, sobre como se devesse proceder para substituir métodos arcaicos de educação por modernos, à base de um exato conhecimento da personalidade da criança em relação com ambientes.

Mas que seria exatamente uma personalidade normal de criança, desdobrável na de indivíduo adulto, partindo-se do indivíduo biológico dentro de sua socialização em pessoa. Aqui um intelectual menor, como Stork, poderia objetar a um maior, como Dewey, que certas personalidades de anormais se apresentam mais bem controladas nas conseqüências, em suas pessoas, de agentes dos chamados seletivos, que as de indivíduos-pessoas considerados normais. Um paradoxo biossocial.

A verdade é que minhas leituras e contatos de adolescente alongado em jovem – os contatos europeus que tanto enriqueceriam os estadunidenses, os contatos com Paris, Londres, Oxford, Berlim, Munique: com intelectuais e artistas, sob recomendação de Amy Lowell principalmente, com museus dinâmicos de antropologia sob orientação de Boas, os artísticos também em companhia de Vicente do Rego Monteiro – foram me predispondo, sobretudo os contatos diretos em Paris com Maurras, Bourdelle, e com discípulos de Georges Sorel, Picasso e Mistral – gente tão diversa –, a encontrar em paradoxos abordagens mais esclarecedoras de realidades mais obscuras que as abordagens convencionalmente corretas ou acadêmicas. Se lia, ao lado de Marx, um Freud então recente e Frobenius, não deixava de ler um então em franca atividade jornalístico-literária Gilbert K. Chesterton, Nietzsche, Joyce, Yeats, Havelock Ellis, San Juan de la Cruz. Isto, ao mesmo tempo que o Morgan da *The theory of gene,* o Jennings de *Prometheus or biology and the advancements of man,* o Rignano de *Biological memory,* o Veblen de *Theory of the leisure class,* o Wissler de *Man and culture,* o Marvin de *The living past,* o Graham Wallas de *Our social heritage.* Mas também o Newman de *Apologia pro vita sua* e o Pater de *The greek studies,* que ganharam para mim maior interesse, através do Gilbert Murray que encontrei em Oxford na culminância do seu saber irradiante. De alemães modernos, além de Nietzsche e Karl Marx, Max Weber, Simmel, Spengler, Rilke. De franceses modernos, além de Georges Sorel, Febvre, Henri Poincaré. De espanhóis, Ramon y Cajal, Unamuno, Ortega e um, para mim fascinantemente paradoxal, Ganivet. Mas, em assuntos modernos de ciências do homem e de filosofia social, essas ciências adaptadas a um presente que me seduzia, embora já não o desprendesse nem de passados nem de futuros porventura atuantes sobre ele: a predisposição a um conceito de tempo tríbio. Uma grande predominância, nas minhas leituras universitárias, seguidas pelas de autores como que superuniversitários europeus, em língua inglesa. Ou em traduções em língua inglesa. Convenci-me – e diria no meu *Sociologia: introdução ao estudo dos seus princípios* (1ª ed., Rio, 1945 e, em edição mais recente, Rio, 1973) – que a língua inglesa era, para os modernos estudos sociais, quer científicos, quer filosóficos, o que fora, antes dela pela universalidade, a língua latina, com latins bárbaros fazendo por vezes as vezes do clássico. Mas sendo a língua, durante anos, por excelência universal, nisto superando o grego. Um grego que cheguei a estudar sem profundidade, mas o bastante para sentir nos seus ritmos e nos seus verbos uma agilidade dionisíaca que contrastava, a meus olhos e a meus ouvidos, com a tendência à solenidade apolínea da língua latina. Recordarei ter também estudado na Universidade de Baylor com o professor Homer Caskey, recém-chegado de Oxford e em substituição à língua alemã, de ensino então proibido devido à guerra – a Primeira Grande Guerra –, o anglo-saxão. Creio ter sido até hoje o único brasileiro a ter estudado o anglo-saxão. Foi valioso para mim, advertindo-me para o maior ou mais ágil vigor das palavras inglesas de raiz anglo-saxônica, em confronto com as de origem latina: estas quase sempre tendendo a ser polissílabas e solenes, as de origem anglo-saxônia, de poucas e mais incisivas sílabas. Creio que a impressão desse confronto, de modo é claro que oblíquo, influiria sobre o meu português literário que começaria a desenvolver sob influências de ligações, quer pessoais, quer intelectuais, no decorrer de contatos de adolescente e de jovem muito jovem com meios estrangeiros: principalmente os de língua inglesa. Insurgi-me, entretanto, à sugestão do meu grande amigo na Universidade de Baylor, A. Joseph Armstrong, professor de literatura inglesa e de literatura comparada, de quem fui discípulo, de, dado o que lhe pareceu minha vocação de escritor, substituir desde a adolescência a língua portuguesa pela inglesa e a nacionalidade brasileira pela estadunidense, com essa última substituição habilitando-me a *scholarship* de três anos na Universidade de Oxford – o famoso Rhodes – , segundo ele, certo, no meu caso seria o caminho para tornar-me – lógica do professor Armstrong – outro Conrad ou outro Santayana. Insurgi-me. Não haveria sedução – disse-lhe eu: tinha 19 anos – que me afastasse da língua portuguesa ou da nacionalidade brasileira. Talvez um modo convencional e arcaico de definir-se, em adolescente, nacionalista.

Será que acertei? Ou tornando-me possível escritor em língua inglesa, e nela me expressando diretamente como possível pensador de um novo tipo, teria feito mais pelo Brasil de origem lusitana – como Conrad pela Polônia e Santayana pela Espanha – do que conservando-me lusófono no escrever e brasileiro na cidadania política? Menciono pormenor tão pessoal porque a ele talvez esteja subterraneamente ligada minha preferência, desde ainda adolescente, em estudos universitários de ciências do homem por estes dois temas inter-relacionados: casa e família. Mais: pessoa e ambiente. Ainda mais: menino e antepassados.

Daí, talvez, ter encontrado num intelectual menor como o aqui tão citado John Stork, professor na Universidade de Colúmbia, apoios, no trabalho específico de certos temas psicossociais, não encontrados em mestres de maior porte que, aliás, não me faltaram, dando motivo à conclusão de certos brasileiros de eu ter regressado ao Brasil como que pré-fabricado como intelectual por esses grandes mestres: em conseqüência do privilégio de os ter tido. O brilhante Gilberto Amado foi o que insinuou sutilmente, quando convocado a pronunciar-se a meu respeito: identificou-me com um método superior que eu trouxera de meios universitários estrangeiros para com eles reinterpretar mistérios brasileiros.

Não me parece uma interpretação exata das minhas insurgências intelectuais ao tornar-me escritor brasileiro voltado de modo insólito para assuntos nacionais, lusitanos, tropicais: algumas delas a favor de ressurgências psicossociais ou socioculturais brasileiras. A verdade é que o livro em que me afirmaria, em língua portuguesa, escritor e reintérprete de uma realidade brasileira mais íntima, está longe de ter sido elaborado segundo um método único e este trazido, já feito, ou pronto, pelo autor, dos seus estudos em grandes universidades e do que aprendera de grandes mestres no estrangeiro. Equivocou-se de todo, a esse respeito, o brilhante Gilberto Amado.

Talvez a principal originalidade do livro *Casa-grande & senzala* e da análise e reinterpretação do Brasil que apresenta esteja em, pioneiramente, hereticamente, insurgentemente, não seguir método único e importado, mas servir-se de uma mistura de vários métodos – antropológicos, sociológicos, históricos, folclóricos – em torno de assuntos básicos: homem e casa; português e trópico; homem, desde criança, e família; europeu civilizado e não-europeus agrestes; família e sexo; economia e não-economia. Essa insurgência metodológica, surpreendeu-a, como mais argúcia do que ninguém, a crítica francesa do referido livro, através de Roland Barthes, ao reclamar para as origens francesas uma análise e uma reinterpretação semelhante à empreendida abrangentemente sobre as origens brasileiras, e o existencialista Jean Pouillon, ao denominar mistura tão inovadora de métodos "pluralismo metodológico". Pioneirismo brasileiro.

Ocorreu-me, ao procurar elaborar o livro que viria a chamar-se *Casa-grande & senzala,* talvez mais simbólica que dialeticamente, que assuntos como homem e casa, pessoa e família, civilização e trópico eram complexos demais para serem versados através de um método só. Que mestre universitário, dos grandes que tivera, que autor, dos muitos que eu lera, que pensador social, dos vários que me impressionaram, me induziria a essa audácia? Não me lembro de nenhum.

Tanto o assunto *casa* como o assunto *família* como o assunto *homem* – homem como expressão, quer de raça, quer de cultura, sem desatenção a hereditariedades e a constituições biopessoais – eram assuntos complexamente biossociais. Biologia dentro de Antropologia. Antropologia dentro de Sociologia. Sociologia dentro de História: sobretudo no trato de um tipo patriarcal de família vinda de uma Europa cristã para um trópico agreste. Tempo dentro de Espaço ou Espaço dentro de Tempo. Homem, indivíduo biológico. Homem, socializado em pessoa. Homem e Menino. Homem e Mulher. Cristão e não-Cristão. Civilizado e Agreste, repita-se.

Quem já criara um modelo para uma abordagem audaciosamente abrangente de tais inter-relações que pudesse ser seguido ou adaptado com relação ao Brasil em obra de caráter criativamente épico e não apenas documental? Edward Westermark? Sumner? Gaines, em *The Southern plantation?* Alexander Francis Chamberlain, em *The child, a study in the evolution of man?* Hertz, em *Rasse und Kultur?* John Johnson, em *Old Maryland manors?* Perdigão Malheiros, em *A escravidão no Brasil?* Oliveira Martins em *O Brasil e as colônias portuguesas?* *An American dilemma,* de Gunnar Myrdal? *De la colonisation chez les peoples modernes,* de Paul Leroy de Beaulieu? *Les maisons-types,* de Alfred Faville (Paris, 1899)? *Colonization – a study of the founding of new societies,* de Keller? *Tropical colonization,* de Alleyne? *The mothers,* de Briffault? *The clash of cultures and the contact of races, de* Pitt-Rivers? *A social history of the american family?* *Historia de la esclavitud de la raza africana en nuevo mundo,* de J. A. Saco? *Configurations of cultural growth,* de Kroeber? O *Jean Barois,* de Martin du Gard? E sem citar deles qualquer obra específica: Thomas Mann? Proust? Croce? Dilthey? Bergson? Max Weber? Estes grandes autores – os últimos citados – como romancistas, historiadores, filósofos, sociólogos, recordados aqui como exemplos dos mais contagiosos pensadores dos fins do século XIX e dos começos do XX, e como pensadores criadores de obras-modelos que pudessem comunicar alguns dos seus vigores épicos, mais do que líricos, a jovens dos começos do século XX a se considerarem aptos a realizar obras diferentes das convencionais? Creio não ter havido nenhuma obra que pudesse se apresentar como modelo ou inspiração para a abrangência sonhada pelo estudante de Colúmbia para aquela possível expansão de sua tese *Social life in Brazil in the middle of the 19th century* recomendada pelo crítico literário e de idéias, então – década de 20 – na sua maior voga, Henry L. Mencken. Recomendada para expansão em livro extra-universitário: fora das praxes acadêmicas. Com alguma coisa de épico. Que sendo de ciência fosse de literatura, como especificamente voltaria Mencken a recomendar ao ainda jovem brasileiro, ao se encontrarem, em 1931, em Nova York, depois de se corresponderem durante anos: grande parte dessa correspondência publicada, em tradução à língua portuguesa, no livro *Vida, forma e cor* (Rio, 1962).

A idéia de livro assim singularmente abrangente, através de sua pluralidade de abordagens de assunto complexo, esteve em projeto ou, talvez em sonho, várias vezes desfeito para ressurgir insistentemente de 1922 a 1930. Quando do encontro com Mencken, em

1931, já o caráter insurgente do possível livro como não-positivista, não-racionalista, anárquico, não convencionalmente acadêmico, estava assentado, embora o autor tivesse começado a rascunhá-lo em Lisboa, depois de inesperado e valioso contato com a África Negra, sem saber ao certo como entrelaçar suas espontaneidades, suas memórias – quer pessoais, desde a infância, quer de leituras –, suas reflexões, suas por vezes quase contradições.

Esse mínimo de ordenação, através de uma necessária coordenação de material tão diverso em torno de assuntos definidos, se realizaria sob a influência do próprio desenvolvimento da elaboração de livro tão singular: tão diferente de outros livros. Tão desvirginador de intimidades do assunto que, sendo em parte da memória ancestral, além da individual, do autor, nunca ninguém as tinha transferido a livro que, ao mesmo tempo que assim desordenado ou anárquico, fosse idoneamente científico no essencial. Irracional, sim, através de arrojos intuitivos, mas esse irracionalismo e esses arrojos deliberados visando capturas daquelas intimidades íntimas, de realidades: no caso, de uma realidade brasileira, eurotropical, mista de civilizada e primitiva que, podendo não ser lógicas nem racionais, fossem reais e pudessem chegar a ser mais-do-que-reais. Extremo nunca possível de ser atingido por abordagens rigidamente convencionais, no seu modo de serem racionais, lógicas, acadêmicas, ordenadas.

Recorda-se esse conjunto de atitudes de um jovem brasileiro da década de 20, para explicarem-se aspectos de obra insurgente que no começo da década de 30 fariam dele intelectual tão discutido, controvertido, incompreendido. Ele próprio talvez só agora esteja a ver-se situado num conjunto de influências, algumas das quais por ele assimiladas a seu modo, outras repelidas, até desenvolver, dentro dos seus limites, sua própria insurgência porventura criativa em face de uma realidade da qual os estudos no estrangeiro e os contatos com estranhos, se, por um lado, o afastaram, por outro lado o levaram a ver essa realidade com olhos que, sendo de nativo irredutível nas suas bases, de volta à terra natal, seriam um pouco de nativo em parte recriado por contatos com instituições, gentes, meios, culturas, tempos sociais, diferentes dos próprios. De onde um insurgente paradoxalmente ao lado de um amoroso de ressurgências, quer nativas, quer não. Conciliação de contrários que aprenderia a desejar ver misturarem-se a insurgências, em sínteses, ou quase sínteses, que eliminassem, de umas e outras, traços indesejados em face de circunstâncias saudavelmente seletivas. Algum platonismo, talvez. Ou sensibilidade a possibilidades de sínteses escondidas em ostensivas tendências para contrários inconciliáveis?

Não se esqueça do brasileiro, por cinco anos em estudos no estrangeiro, que, ao chegar a Paris, depois de pós-graduado pela Universidade de Colúmbia, tendo seu colega Regis de Beaulieu – um jovem e lúcido francês do sul que, depois dos seus contraditórios contatos na capital da França – como um, para ele, muito espanhol ou ibérico adventício, lhe dedicaria palavras de louvor em *L'étudiant français* (1922), destacando, nesse brasileiro, a, para ele, percepção intelectual de encontrar afinidades entre pensadores aparentemente tão inconciliáveis como Charles Maurras e Georges Sorel. E que talvez já revelasse, através dessa atitude, a predisposição de conciliar insurgências com ressurgências. Pois outra coisa não era a aproximação do maurrasismo do sorelismo, por um lado, e do regionalismo de Mistral, do outro, senão a *crença social* – como diria, em termos de hoje, o professor Julian Marias – , crença, mais do que a idéia, de poder-se ver a caminhar, dentro de uma perspectiva da década de 20, para uma síntese de um poder monárquico capaz de coordenar energias nacionais – inclusive espontaneidades de regiões autônomas – através de um Estado-Nação, no qual a Nação, assim descentralizada e coordenada, predominasse sobre o Estado. Estado simples veículo? Uma *crença social* talvez mais intuitiva do que racional.

Em Londres e em Oxford, sucederia também ao jovem brasileiro da década de 20, ao continuar seus contatos com insurgentes, em literatura, imagistas, trazidos de sua amizade com Amy Lowell e do seu conhecimento de Ezra Pound, combinando tais insurgências e os entusiasmos por Yeats e Joyce, com a sensibilidade aos cultos a Newman, a Pater e – mais notável – à mística espanhola representada por um Juan de la Cruz tão ele próprio, Juan, a um tempo insurgente e ressurgente. O mesmo na Alemanha, onde o encanto, em Munique, pelo insurgentíssimo expressionismo no teatro, na pintura, na escultura, não o impediria de encontrar em Nuremberg e em Düren valores germanicamente de sempre: passados a se projetarem ressurgentemente sobre presentes, não como fantasmas, porém como estímulos a criatividades que acrescentassem inovações a tradições.

Na Alemanha, seu companheiro de maior identificação com o expressionismo do que com os começos da insurgência picassiana foi o pintor brasileiro, como que expatriado em Paris, Vicente do Rego Monteiro. O grande Vicente. O de seu muito convívio em Paris: com ele e com o irmão, também pintor insurgente, Joaquim. Um Vicente que o pôs em contato com o escultor Brecheret e a pintora Tarsila do Amaral, de São Paulo. E, em dias da década de 20, também em Paris, em contato direto com insurgências das chamadas modernistas.

Creio ter conhecido também, em Paris, Oswald de Andrade. Lembro-me de um brasileiro, ao lado de Tarsila, de barba e de paletó de cor. Mas nem esse estranho me deu qualquer atenção, nem eu a ele. Anos depois, a desentendimentos ente nós dois – entre mim e Oswald – se seguiria uma compreensiva amizade ao descobrir ele no meu apregoado "reacionarismo", em que, ao gosto por insurgências, ligava-se certa inclinação por ressurgências, nada insignificantes afinidades com aqueles pós-marxismo, do qual escreveu em artigo, creio que no *Correio da Manhã,* na década de 40, assinalando ter encontrado, no suposto "reacionário", um moderno que, em vez de tomar conhecimento do marxismo, o considerou necessitado de pós-marxistizar-se. Ponto de vista que vinha se desenvolvendo em mim desde os dias de Colúmbia e da minhas conversas sobre o assunto, com três ou quatro colegas da universidade – Rudiger Bilden, alemão; René Carrier, francês; e o estadunidense Francis Butler Simkins. Algumas vezes com a recém-Ph-doutorada equatoriana Pastoriza Flores: um encanto talvez mais de mulher que de inteligência, muito dos meus dias de Colúmbia. Viria a falecer jovem e bela, em Quito, de febre má. Pena não ter chegado a ser ao menos balzaquiana como chegaria a mexicana Concha Romero.

Rudiger Bilden, estudante de Colúmbia, especializado em antropologia, vivia então em Greenwich Village, o bairro boêmio de Nova York, creio que por influência de Jane, linda sulista de sua paixão de teuto passional. Aí passei dias com eles. Creio ter influído um pouco sobre sua formação intelectual: pelo menos, na decisão de escrever tese acadêmica sobre a escravidão no Brasil. Muito germanicamente, reuniu sobre o assunto vasto material. Mas não chegou a concluir o trabalho, embora houvesse obtido, para isso, excelente bolsa que lhe permitiria viajar ao Brasil, onde me encontraria tanto no Recife – que se empenhou em visitar – como no Rio. Dois obstáculos impediram que levasse a cabo plano tão interessante, um desses obstáculos – o excesso de bebida – talvez conseqüência do outro: não ter sido feliz no seu amor pela sulista. Ao aparecer meu *Casa-grande* & *senzala* sentiu-se um tanto frustrado. Mas creio que sem razão. Poderia ter concluído sua tese sem que deixasse de trazer contribuição do todo dele sobre o assunto. Pois sua perspectiva seria preponderantemente a de um cientista social lógico, racional, técnico, de todo objetivo. Uma valiosíssima contribuição.

Era ciumentíssimo. Com relação a Jane, não teve motivo para enciumar-se de mim. Mas ao surpreender-me aos beijos com uma sua cunhada, creio que ainda mais linda do que Jane, agrediu-me com violentas palavras. Embora aluno de Boas, revelou-se etnocentricamente germânico ao considerar-me um latino libidinoso como só os latinos decadentes seriam. Na época, eu não conhecia ainda a Alemanha para poder lhe ter observado não ser a libido privilégio da raça latina.

A verdade, porém, é que, à parte esse episódio, fomos amigos quase fraternos. Muitas as nossas conversas, de quase todas elas participando o sulista Francis Butler Simkins, que visitei na sua, tão afim do Brasil, Carolina do Sul. Nunca me senti, no estrangeiro, tão noutro Recife como em Charleston. Sobrados parentes dos recifenses. Um inglês falado quase como o português tropicalizado falado pelos brasileiros. Toques de trópico no andar das pessoas. Semelhanças com o Brasil na culinária. A mãe de Francis, uma quase sinhá de sobrado do Recife. A irmã, outra. Um cunhado que me dava às vezes a impressão de brasileiro falando inglês. Nunca – nem mesmo por Amy Lowell, ao receber-me como uma princesa a um príncipe exótico no seu palácio de Boston, repleto de marfins, porcelanas, móveis do Oriente trazidos para os Estados Unidos por Lowells de velhos dias, a insigne Lowell fumando charutos de Manilha e fazendo-me experimentar um –, nunca, repito, senti-me tão festejado em família nos Estados Unidos. É que minha afinidade intelectual com Francis, dos antigos Butler do Sul, era grande. Se influí um pouco sobre Rudiger Bilden, muito maior foi minha influência intelectual sobre Francis Butler Simkins. Ainda ele em Colúmbia, doutorando-se Ph. D., e eu já no Brasil, onde, como Bilden, viria visitar-me, tendo meus pais o hospedado em casa como a um parente, proclamou no seu primeiro trabalho publicado em livro, *The Tilmann movement in South Carolina,* o que considerava sua dívida para comigo. Isso em dedicatória impressa em que proclamava essa dívida a um brasileiro que, segundo ele, o fizera compreender o passado do seu próprio país. Era um estrangeiro da minha idade que assim falava: Simkins. De compatriotas meus, pela influência que pessoalmente confessariam ter recebido de mim, quase nunca cheguei a receber igual testemunho público. Duas ou três exceções: José Lins do Rego, no prefácio a *Região e tradição.* Cícero Dias, em entrevista a jornal. Lula Cardoso Ayres, ao dedicar ao amigo de Apipucos, em palavras muito suas, sua belíssima exposição de 1980, no Recife. E também, em São Paulo, Osmar Pimentel.

Simkins, numa dedicatória impressa em livro que eu leria comovido, ao ser surpreendido por ela, era no que se antecipava: em proclamar essa, para ele, dívida. Um estrangeiro a dizer-se especificamente devedor a um brasileiro de sua mesma idade pela maneira por que passara a considerar o passado da sua própria gente: a do Sul dos Estados Unidos. Eu, ainda obscuro. Antes de escrever e ser publicado o livro *Casa-grande* & *senzala.* Simkins se pronunciava à base de minha simples tese de mestrado. À base de conversas pessoais que ele poderia deixar de reconhecer como intelectualmente influentes sobre suas perspectivas de historiador do Sul agrário e patriarcal dos Estados Unidos. Compreende-se que ao ter notícia da morte de Simkins, já autor ilustre de vários livros, sempre insurgente no seu modo de ser intelectual, sempre a favor de ressurgências que reabilitassem o Sul dos Estados Unidos no grande complexo nacional estadunidense, sempre cético de racionalismos, progressismos, atualismos absolutos, tenha chorado como se perdesse um irmão fraterníssimo. Outro Ulysses de Mello Freyre.

Será que na Universidade de Baylor, boa universidade de província onde estive, nos Estados Unidos, de 1918 ao outono de 1920, houve, entre colegas, equivalentes de Simkins ou de Bilden? Ou do que seria Esme Howard Junior, filho de Sir Esme, depois Lord

Howard, em Oxford? Ou Regis Beaulieu, em Paris? Rigorosamente não. A não ser que considere misto de mestre e colega o professor A. Joseph Armstrong. Um Armstrong ao mesmo tempo que mestre – considerado por alguns, na época, a maior autoridade na poesia filosófica de Robert Browning –, sempre jovem nas atitudes de intelectual e como *scholar*, como erudito, como sabedor de coisas literárias clássicas, um desassombrado entusiasta da *new poetry* em língua inglesa – essa insurgência que escandalizou, ao aparecer, tantos mestres universitários de literatura. Graças a Armstrong, na Universidade de Baylor, conheci pessoalmente aquela admirável Amy Lowel – de quem recebi o primeiro elogio público, numa conferência que ela proferiu na universidade – e um também admirável Vachel Lindsay – com quem, ainda graças a Armstrong, continuei amigo em Nova York, eu já estudante de Colúmbia –, Harriet Monroe, o velho Edwin Markman, célebre por sua poesia social. E, sobretudo, o grande William Butler Yeats.

Sei de Amy Lowell que, por intermédio de amigos em Paris, recomendou-me ao também imagista Ezra Pound e, por intermédio de Pound, ao próprio Joyce, que começava a surgir, insurgentemente, ao lado de outro insurgente de gênio: o francês, nos seus começos, mais reconhecido pela crítica inglesa do que pela francesa, o próprio André Gide – tão insurgente como homossexual cioso dos seus direitos sexuais, quanto preso a convenções, em assuntos de expressão artisticamente literária –, não tendo se apercebido da grandeza do maior insurgente, nessa expressão e na própria filosofia de arte em relação com o passado social, que era Proust.

Em La Rotonde, que muito freqüentei em Paris – meu amigo Vicente do Rego Monteiro era, aí, dançarino profissional: par de jovens e não-jovens americanas ricas que o café famoso supria dessa espécie de companhia –, já se ouvia falar de Proust. Comecei a lê-lo ao mesmo tempo que, em francês, Rilke. Um Rilke ligado a um Rodin que não me cansei de admirar, visitando suas esculturas magnificamente dionisíacas: seu João Batista caminhando, seu par de amorosos beijando-se, seu Balzac. Vicente fez-me conhecer escultores – um deles Bourdelle, de quem ilustraria um livro sobre a dança – e pintores já em voga. Um deles, certo japonês, Foujita, que estava a influenciá-lo, o influenciado assimilando o influente ao seu já indianismo ou amazonismo brasileiro, dada sua, até então, quase indiferença pela presença afro-negra no Brasil. Sob a influência de Foujita é que o Vicente pintou-me, em Paris, um retrato de corpo inteiro que perdeu-se quando dos acontecimentos de 1930, no Recife: o saque e incêndio da residência patriarcal dos Freyres seniores, na Madalena.

Esses contatos com escritores e com artistas, com letras e com artes, na formação de quem viria a escrever *Casa-grande & senzala* através de vivências tão abrangentes, parecem explicar a acusação por vezes levantada a esse livro de ser uma interpretação de passado social ou de passado humano tocada de perspectivas estéticas. De sensibilidades, por parte do autor, ao social, ou ao pessoal-social, nesses passados ou a relações entre tipos históricos de homem e suas relações com ambientes naturais, que seriam antes estéticas que sociológicas; antes visuais, olfativas, auditivas, sensuais, que cientificamente ou sociologicamente abstratas.

Lembro-me de, ao percorrer, mal saído de estudos universitários, museus europeus de antropologia, ter-me deixado impressionar tanto por revelações de arte nessas mostras, de formas antigas ou não-civilizadas de vivência como por aquelas revelações dessas formas atuais em balés – como o russo –, exposições de arte moderna ou modernista, vistas em Nova York e na Europa. E sempre sentido, ou percebendo ou supondo, correlações entre elas e outras formas de cultura, e nas suas interpretações estéticas. O que concordo que transparece em flagrantes de vivências recapturadas por imaginação científica – por suas intuições – de passados brasileiros, que dão a *Casa-grande & senzala* e a livros elaborados e escritos em continuação do que, nesse livro, é germinal, aspecto diferente de obras históricas, sociológicas e antropológicas de feitio convencional. Aspecto, inclusive, mais imagista.

Anote-se que, após os dias de estudante em Colúmbia, muito voltaria a ter contato com a universidade e com Nova York. Na universidade, sobretudo com o Clube de Professores. Reencontrando aí, e em salas de aula, Boas, Giddings, Seligman, Hayes, Munro, John Basset Moore, Dewey. Dewey e Merton, em almoços promovidos por Frank Tannenbaum, meu condiscípulo dos meus dias de aluno de Boas, quando foram também meus contemporâneos, dos mais marcados pela influência do grande antropólogo, Ruth Benedict, Margaret Mead, Herskovits, este, depois, um tanto ligado a mim e em quem eu teria o gosto de iniciar um, até então, ignorante do que fosse antropologia sociocultural, Arthur Ramos.

Num dos meus regressos a Colúmbia, como participante de seminários ou professor visitante, hospedado na International House, conheceria Serge Lifar – admirável artista entendido em antropologia – e teria a honra de ser procurado – infelizmente numa minha ausência – por Jacques Maritain. Nenhum regresso mais memorável, a Colúmbia e aos Estados Unidos, do que a convocação da universidade para incluir-me entre seus doutores H.C. por "estudo monumental sobre a escravidão", em solenidade na Catedral de são João Teólogo, presidida pela rainha-mãe da Grã-Bretanha, a cuja mesa de jantar, em dia tão ilustre – o segundo centenário de uma universidade fundada, como colégio do rei, por monarca britânico –, fui chamado a sentar-me. Creio datarem dessa consagração duas outras: o título de *Sir,* por mérito intelectual, que me concederia a rainha Elizabeth II – o que me tornaria colega de um Rabindranath Tagore, por mim também conhecido em Colúmbia, num chá de estudantes, e, honra suprema, de Charles Chaplin – e, suponho, o Prêmio Aspen, concedido pelo Instituto Aspen, ao "cientista social pensador e escritor criativo". E que, considerado o Nobel concedido pelos Estados Unidos, permanece o maior prêmio cultural trazido por brasileiro ao Brasil, ao lado do italiano, La Madonnina, por mérito especificamente literário.

Na Europa, aos primeiros contatos com Paris, Londres, Berlim, Munique, Lisboa, Madri, França, Grã-Bretanha, Alemanha, Bélgica, Espanha, Portugal, se seguiriam outros, acrescentados dos que teria com a Itália, com a Grécia, com a Áustria, com a Dinamarca, com a Holanda. Os contatos com Orientes e Áfricas – um no Senegal, em 1930 – só viriam na década de 50 com essas partes do mundo e com o Peru, sobrevoando os Andes, vendo do alto a Bolívia; nova perspectiva da América chamada Latina, já conhecido na década de 20 o México de fronteira com os Estados Unidos e, na década de 40, a Argentina, o Uruguai, o Paraguai.

Mas já então eu escrevera *Casa-grande* & *senzala,* em cuja elaboração estão presentes o visto, o experimentado, o sentido de perto naquela Europa Ocidental em que encontrei pessoalmente tantas daquelas premonições da sedução, quando ainda provinciano dos Estados Unidos, de Henry James. Mas essa sedução desde adolescente procurei de algum modo superar convencendo-me de que a Europa, só por si, não me bastava para redescobrir o Brasil num possível livro – o de um já muito mais sonho do que projeto meu: um livro que como aquela língua em que Eça de Queiroz, como escritor literário, fosse uma língua como não havia. Ao que um seu personagem, retificando-o, disse, contando o sonho de Eça: como não pode haver.

Vários os livros que, como revelações de situações humanas consideradas em profundidade, me pareciam obras-primas: desde as *Confissões* de santo Agostinho, como autobiografia, ao *Assim falou Zaratustra*, de Nietzsche. Várias as já lembradas, neste próprio capítulo, abordagens de grandes assuntos com os quais se relacionava minha preocupação, ao mesmo tempo que histórica, antropológica, sociológica, estética, autobiográfica, com raízes do homem, em geral, do brasileiro, em particular; casa, região, espaço, ecologia, passado, sentido de vida, sentido de infância, morte, sexo, amor, beleza. Mas nenhuma, por mais, aos meus olhos, admirável na sua realização, que me satisfizesse como inspiração. A todos esses livros, alguns, a meu ver, magníficos, o que meu sonho, mais do que projeto realizável, opunha, era obra de tal abrangência combinada com profundidade, tocando em tantas raízes e reunindo-as numa tal perspectiva total, como, decerto, não havia, ou não podia haver, sobre homem nacional ou regional, histórico ou ecológico, nenhum livro. Impossível de haver.

Entretanto, assim exigente de impossíveis, sem me fixar num projeto específico de livro que viesse a ser uma nova interpretação de homem brasileiro, partindo do homem do Nordeste, não por bairrismo de autor, mas por me parecer, dependendo de constatações, o mais germinal dos homens brasileiros mais antigos – quanto desejaria explicar este particular ao professor Eugene Genovese, marxista nada convencional que seria um tão lúcido analista do livro afinal escrito por mim sobre minha própria gente; assim exigente de impossíveis é que, repito, da década de 20 à de 30, por vezes em silêncio absoluto, sem escrever sequer artigo de jornal, juntei em segredo, sem confidente com que conversasse em profundidade a respeito de assunto tão íntimo, informes para possível tentativa de livro. Notas tomadas em arquivos, em bibliotecas, em museus antropológicos, em exposições de arte. Muitas nas bibliotecas da Universidade de Colúmbia e da Cidade de Nova York. Muitas no Senegal. Muitas em Lisboa, no Museu Etnológico quando dirigido pelo sábio Leite de Vasconcelos. Muitas em Londres, em Oxford, em Paris, em Berlim, em Munique, em Nuremberg. Observações em museus, várias: de acordo com sugestão de Boas. Até que circunstância violenta me obrigaria a sistematizar para um livro que me viesse a dar sustento independente, isto é, sem depender eu de cátedra ou de ocupação burocrática ou tecnocrática, notas que vim a tomar, para esse livro já projeto específico e não sonho vago, na Biblioteca da Universidade de Stanford, aonde me levou a aventura do exílio, na Biblioteca Pública do Rio de Janeiro, em restos de antigas e ignoradas e desdenhadas teses médicas da Faculdade de Medicina, também do Rio de Janeiro, em pesquisas de campo pelo antigo São Paulo patriarcalmente cafeeiro, pelo velho Rio de Janeiro também patriarcalmente cafeeiro (depois de ter sido principalmente canavieiro como o Nordeste), da Bahia ao Maranhão e por já tão meus conhecidos velhos engenhos de Pernambuco, de Alagoas, da Paraíba, ora na companhia de Pedro Paranhos, neto do visconde do Rio Branco e senhor de Japaranduba, ora na de Cícero Dias, com quem demoraria no Engenho Noruega, ora ainda na de José Lins do Rego e, mais, na de Júlio Bello. Nessas excursões, pude ainda entrevistar – história pioneiramente oral – velhas sinhás de casas-grandes, velhos senhores de engenhos, velhos escravos, como Luís Mulatinho, ou filhos de escravos, como Manuel Santana. Voltei, durante elas, a ser embalado em redes. A saborear ser acariciado por substitutas de mucamas. A ouvir, como nos dias da infância no Engenho São Severino, de Souzas Mello, primos de minha mãe, cantigas vindas dos dias da escravidão. Voltei também a participar de velhas festas patriarcalmente religiosas, como a de santo Amaro de Sirinhaém, na companhia do meu velho, e tão nórdico no aspecto como se acabasse de chegar do Norte da Europa, tio-avô, Manuel da Rocha Wanderley, de quem tanto ouvi histórias dos seus dias de menino do Engenho Mangueira, de também Wanderley tão típico – meu bisavô Manuel, senhor desse engenho – que seu retrato lembra bôer da África do Sul, barbado e um tanto severo.

Essa fase de elaboração específica de um livro durante anos sonho e segredo. E confluência de informes os mais diversos: desde os eruditíssimos aos telúricos. Desde os vindos de livros, de museus científicos e de arte, de arquivos públicos, particulares, de família como os telúricos, aos orais, colhidos de bocas de velhos, de rústicos, de antigos escravos, fazendo desses escravos não só personagens como aqueles participantes como quase co-autores que fizeram Blaise Cendrars dizer de *Casa-grande & senzala* que inaugurava nova maneira de fazer história, tal a presença nela do dominado ao lado do dominador. Portanto da senzala e não apenas da casa-grande, embora esta necessariamente mais importante pelo desempenho de papéis socioeconomicamente decisivos. Mas podendo-se lembrar da presença do escravo na sociedade e na cultura do Brasil agrário patriarcal, nos vários tempos vividos mais caracteristicamente por esse Brasil, até constituírem um transtempo sociocultural à revelia de rigores cronológicos de apegos de historiadores liberais, o que Sir Alfred Zimmern sempre salientava no seu notável curso sobre a sociedade mais caracteristicamente grega do transtempo greco-clássico – curso do mestre de Oxford seguido pelo futuro autor de *Casa-grande & senzala* nos seus estudos pós-graduados de mestrado alongado nos básicos, de doutorado, na Universidade de Colúmbia – não ter sido, nessa sociedade patriarcal escravocrata, o escravo um total dominado pelo cidadão livre.

Também do Brasil patriarcal escravocrata mostraria o autor brasileiro, em seu livro insurgente, terem sido, a despeito de crueldades, de modo algum negadas, da parte de senhores para com escravos, de tal modo existencialmente válidas as oportunidades não só de expressão sociocultural, como de influência sobre a cultura dominante, concedida aos portadores da cultura dominada, que tal relacionamento exigiria dos analistas retrospectivos, menos convencionais, atitude diferente das convencionais, estas, as de se separarem, de modo absoluto, dominante de dominados. No autor de *Casa-grande & senzala,* um dos seus rompimentos mais significativos com as posições convencionais, embora dessas já se desviasse um pouco, com relação pelo menos ao Nordeste agrário patriarcal, o ainda que ardente abolicionista, historiador a seu modo social, Joaquim Nabuco.

Justamente nesse ponto é que retrospectiva e, sob alguns aspectos, um pouco contemporaneamente, por empatia, seria *Casa-grande & senzala* livro vigorosamente defensor do negro africano contra dominadores civilizados. Sua perspectiva inesperada, a de ter sido o escravo negro *colonizador do Brasil*, O inglês Basil Davidson, no seu notável *Black Mother* (Atlantic Monthly Press, Books, Londres, 1961), seguiria essa perspectiva de autor brasileiro, ao reconhecer ter havido, no Brasil patriarcal-escravocrata, tais oportunidades não só de expressão, como de ascensão socioeconômica, para os afro-negros, nesse sistema de convivência, ao concluir, de suas pesquisas sobre o assunto, de tais afro-negros, terem, além de concorrido, trabalhando em canaviais, para a economia açucareira e, nesse desempenho, *"provided the arts and crafts and the foundations of Brazilian industry". Pois "they tilled and bred cattle and mined and gathered wealth for others if not for themselves... They added their own culture to the cultures of Europe and aboriginal South America, for along with their strenght and experience they had brought with them their songs and superstitions and their Gods"*.

Dos muitos, dessa categoria, para as quais pode-se reclamar o título de, ao lado dos portugueses, colonizadores do Brasil, co-colonizadores, alguns, como que supradotados, se destacaram, e continuam a destacar-se de tal modo, por sua criatividade a favor de uma cultura já pré-nacional ou nacionalmente brasileira, que sem eles não se concebe essa cultura tal como vem se afirmando nos vigores transeuropeus, ou já especificamente brasileiros, que a vêm distinguindo das apenas subeuropéias ou das somente ameríndio-europeias. Supradotados como, pela arte ou ação teluricamente, tropicalmente, ecologicamente militar, o guerrilheiro Henrique Dias, na guerra de pré-brasileiros contra holandeses, no século XVIII; como o grande escultor e arquiteto chamado o Aleijadinho, presente no que há de mais criativo na arte intitulada colonial no Brasil; como o compositor padre José Maurício; como, já quase nos nossos dias, o filho de mãe escrava e notável homem de ciências e de letras Teodoro Sampaio; como o também filho de escrava e bravo homem público, jornalista e orador José do Patrocínio; como o médico, dentre os maiores que tem tido o Brasil, Juliano Moreira; como a verdadeira dinastia de brasileiros ilustres como técnicos dentre também os mais valorosos, desdobrados em homens públicos, que foram, no Império, como seu sangue afro-negro junto ao europeu, os Rebouças. Estes, exemplos salientes de supradotados brasileiros de origem ou de sangue afro-negro em condições de relacionamento entre dominadores e dominados, com os dominados por vezes influindo notavelmente sobre os dominadores – condições peculiares ao Brasil desde sua afirmação em sociedade patriarcal-escravocrata – sociedade, essa, tão à brasileira, como a grega, de igual tipo, e tão analisada e reinterpretada pelo penetrante saber britânico de Sir Alfred Zimmern, como *Casa-grande & senzala* viria, talvez com maior amplitude, a reinterpretar à brasileira.

Viriam as duas constituir evidência sociológica de como podem ocorrer, em interpenetrações de contrários, influências decisivas do considerado inferior sobre o considerado superior. Mr. Basil Davidson destaca no seu livro outro exemplo de afro-negro que, pela sensualidade e pelo talento, superando sua condição de escrava de origem afro-negra, tornou-se, no Brasil do século XVIII, figura social e economicamente dominante: Jacintha de Siqueira. Figura revelada pelo livro *Casa-grande & senzala*. Seu triunfo foi favorecido por sua descoberta de ouro em Minas Gerais, episódio que suponho ter sido o primeiro a registrar, à base de revelador manuscrito que me foi dado conhecer nas próprias Minas Gerais, em residência particular: anotações de certo Luís Pinto sobre famílias mineiras. Foi nessa revelação em livro brasileiro que se firmou Mr. Davidson para considerar quase épico o triunfo – que, entretanto, no gênero, não foi único – de Jacintha, como mulher de origem afro-negra que, através do que deve ter sido sua beleza, sua personalidade, talvez sua graça sexual, tornou-se, à base de sua descoberta de ouro em Quatro Vinténs e conseqüente fundação da Vila Nova do Príncipe, no remoto ano de 1714, fundadora, não de uma, mas de várias famílias brasileiras importantes. Com os pais dos numerosos filhos de Jacintha tendo sido homens ricos e importantes, vários deles senhores de postos importantes no governo português da Capitania, compreende-se como através de seus filhos, depois assim nobres, a ex-escrava Jacintha se tenha afirmado matriarca tão mãe de fidalgos, marcados, parece evidente, por qualidades superiormente eugênicas, vindas de tal mãe e de seus como que, tratando-se de mulher certamente tão bela quanto rica, sucessivos príncipes consortes. Mr. Davidson vai a ponto de dizer dela, à base, quer do seu triunfo, como do seu provável ponto de origem africana, ter sido mulher *"one may well imagine, of large and splendid frame, strong and confident, tough in mind and morals – just such a woman as any traveler will meet today, without much searching in the villages and towns of Western Africa"*. O que vai por conta do saber antropológico de populações da África Negra do africanologista britânico, autor tanto de *Black mother* como de um *The lost cities of Africa* aclamado por críticos dentre os mais autorizados na matéria – um deles o do *New York Times Book Review* – como "*a singular accomplishement*" à base, quer de "*writings of classical commentator and Arab scholars*", quer de "modern historians and archaeologists", mas especialmente do seu próprio e seguro conhecimento do assunto.

Curioso que tenha sido esse mestre britânico de africanologia o único, dentre os atuais, e em contraste com o seu próprio compatriota, professor Boxer, a destacar a importância da singularidade brasileira com relação às oportunidades concedidas pelo Brasil, quer agrário-patriarcal, quer, segundo ele, bandeirante, ao afro-negro dentro de uma civilização ou cultura pré-nacional e nacionalmente brasileira: a insurgente perspectiva, além de histórico-social ou sócio-antropológica, sociológica levantada por *Casa-grande & senzala*. Curioso, também, que nenhum pesquisador brasileiro, em geral, ou mineiro, em particular, tenha se sentido fascinado pela tarefa de, completando sugestões manuscritas do velho Luís Pinto, traçar as descendências, em famílias importantes, de Jacintha de Siqueira. Conheço parte dessas descendências, aliás, ilustres. Mas, solicitado por carta, pelo africanologista britânico, a especificá-las, não me pareceu da melhor ética fazê-lo. Seria bom que o assunto fosse investigado por pesquisador idôneo e essas descendências reveladas, tanto mais quanto o preconceito de brasileiro ilustre ter samgue afro-negro já não se compreende atingir pessoas, além de ilustres, inteligentes, esclarecidas e instruídas. Descender de uma Jacintha de Siqueira não desmerece ninguém. Ao contrário: enobrece o descendente. Como é título de nobreza ser, no Brasil atual,

Rebouças. Ou neto ou bisneto de Teodoro Sampaio. Ou de José do Patrocínio como, segundo suponho, era o pintor Emiliano Di Cavalcanti. Para o que – essa nova espécie de brio ancestral – suponho ter o livro *Casa-grande & senzala* concorrido.

Ao decepcionar-se com o fato desse livro *não concluir,* o admirável sábio que foi João Ribeiro talvez não tenha sido de todo exato. Ou seu conceito do que seja *conclusão* limitava-se à conclusão didaticamente ostensiva. Conclusões dessa espécie faltam, na verdade, ao livro insurgente de 1933. Mas não as oblíquas. Não as que levam o leitor a um novo conceito do que seja – um exemplo – cultura e, dentro desse conceito, uma cultura afro-negra: expressão que, na época do aparecimento do livro, teria escandalizado o então jovem e já brilhante Afonso Arinos de Mello Franco. A cultura afro-negra que Mr. Basil Davidson, sem deixar de incluir nessa cultura sua projeção no Brasil, é dos que atualmente a situam, considerando algumas de suas expressões, entre civilizações. Mas mesmo quando consideradas nessas expressões sofisticadas, e não apenas vistas como culturas primitivas, dotadas de vigores criativos que parece justificarem de todo ter o autor de *Casa-grande & senzala* denominado o afro-negro, presente tão significativamente na formação sociocultural do Brasil, co-colonizador de parte crescentemente expressiva do mundo moderno.

Cabe aqui sugerir-se ter de *Casa-grande & senzala* se derivado, em grande parte, o conceito brasileiro de lusotropicalismo, depois estendido aos de lusotropicologia e de hispanotropicologia, pela constatação de terem sido portugueses e espanhóis os únicos criadores simbióticos de gentes e culturas eurotropicais, com os demais europeus, presentes em espaços tropicais, tendo sido valiosas presenças tecnocráticas nesses espaços: no setor agrícola, no industrializante, no higienizante, no econômico, por vezes, no socialmente assistencial. Mas sem característicos que possam ser considerados simbióticos, dadas interpenetrações em profundidade, biológicas e culturais.

O que situaria portugueses e espanhóis entre os principais responsáveis por descobrimentos de valorizações de ecologias e climas tropicais como parte importante de uma moderna tropicologia, que estaria atualmente tendo expressão científica mais sistemática, como esforço interdisciplinar, no Brasil – especialmente através do Seminário de Tropicologia da Fundação Nabuco – do que em qualquer outro país. Isto sem se desconhecerem contribuições específicas, em setores eurotropicais importantes. Contribuições relativas a saneamento, por exemplo, ou a outras engenharias físicas de projeções socioculturais, da parte de tecnocratas ingleses, franceses, holandeses, belgas, alemães, estadunidenses. Mas sem caráter simbiótico e sim benevolentemente europeu ou estadunidense ou japonês. Daí faltar de todo senso comum, tão complementar por vezes do científico, aos que supõem parcialidade falar-se em lusotropicologia ou hispanotropicologia como partes essenciais de uma moderna tropicologia que não deixe, é claro, de considerar como valiosas experiências e culturas autonomamente tropicais – como a indiana, as indonésias, as africanas, as nativamente australianas – sem que se tenham verificado na Austrália, ou na África do Sul Bôer, simbioses eurotropicais. Apenas coexistências paralelas quase sem interpenetração de europeus com afro-negros.

O papel que o Brasil eurotropical pode desempenhar, como antecipador de conciliações de modernismos com ecologismo, é assunto aberto a estudos e a verificações. O autor de *Insurgências e ressurgências atuais,* após seus contatos com Orientes e com Áfricas, vem advertindo, sobre o assunto, seus compatriotas. Encareceu a necessidade, na década de 50, de uma maior presença brasileira em Orientes e Áfricas tropicais: sobretudo nas então ainda colônias ou províncias de Portugal, com elementos, inclusive, entre seus nada desprezíveis elementos étnica e culturalmente mestiços, voltados mais para o Brasil, para que os brasileiros se solidarizassem com suas situações orientais e africanas, do que para uma metrópole portuguesa menos compreensiva dessas situações. Advertências vãs. O Itamarati, em 1950, já perdera a visão dos grandes dias de Rio Branco. Já era um Itamarati – com raras exceções entre seus diplomatas: um Mário Gibson, por exemplo – crescentemente tecnocrático e burocrático. Crescentemente tecnocrático e burocrático e, por vezes, ineptamente ideológico, no seu modo de entender ação diplomática e, ainda menos, diplomacia cultural.

Recapitulação geral e reflexões quase finais

Do livro *Um brasileiro em terras portuguesas*, escrito de 1951 a 1952 e publicado em 1953, ao lado de *Aventura e rotina* – este há pouco re-republicado no Rio –, repita-se que são observações provocadas, naqueles dias, num observador brasileiro, por contatos com Orientes e Áfricas. Orientes e Áfricas em que madrugavam, como insurgências antieuropéias, ressurgências de valores e mitos não-ocidentais. A essas observações juntou-se esta constatação: a ter o português, como europeu em expansão, desde o século XVI, em Orientes e em Áfricas, assimilado não poucos valores e, ao mesmo tempo, técnicas de não-europeus. Inclusive de árabes islâmicos. O que lhe teria assegurado, desde velhos dias, vantagens sobre outros europeus, colonizadores daqueles mesmos espaços com um sentido de todo etnocentricamente europeu de vida, de cultura, de relação do homem com ambientes.

Entre tais vantagens, a da sensibilidade a valores míticos e místicos, o que lhe permitiu, nesse setor, competir com maometanos no esforço civilizador de gentes afro-negras de culturas primitivas. Inclusive destacando-se de tal modo, à maneira maometana, como portador ou valorizador de místicas, de mitos, de espiritualidades, que tal atitude ganharia, para ele, um julgamento superior, da parte de não-europeus, ao concedido a outros europeus. Exemplo: livro publicado, nos nossos dias, pelo historiador-sociólogo indiano Panikkar.

Que verificou o observador brasileiro opinar paradoxalmente o indiano, historiador e internacionalista Panikkar, a esse respeito? Que a própria Inquisição estabelecida no século XVI pelos cristãos, isto é, católicos, portugueses, em Goa, significou valorizarem eles, mais que quaisquer outros europeus – holandeses, ingleses, franceses, espanhóis –, as pessoas, ou espíritos, as almas de orientais e de africanos. Daí seu empenho de as salvarem do que, para um católico romano da época, era perdição.

Atitude – acentue-se – coincidente com a islâmica. Com a maometana. Com a atitude desses civilizadores de gentes orientais e africanas de culturas menos desenvolvidas que a islâmica. Atitude em que se extremou, do lado português, o infante dom Henrique. Um infante dom Henrique para o qual, em conversa com o insigne Arnold Toynbee, quando o sábio inglês deu, há quatro anos, ao autor deste *Insurgências e ressurgências atuais,* a rara honra de uma visita, reclamei dele uma atenção, pelo menos igual à concedida por Toynbee a Vasco da Gama. Pois o infante talvez teria ido além de Vasco da Gama no seu humanismo cristão com relação a orientais ou africanos. A propósito do que é oportuno reproduzir-se aqui pronunciamentos do autor, em 1953, no livro *Um brasileiro em terras portuguesas,* tendo sob os olhos gentes e ambientes orientais e africanos vistos sob perspectivas brasileiras e, por isto mesmo, retrospectivamente portuguesas em alguns pontos e, em outros pontos, futurológica: prospectiva. Pronunciamentos nos quais, em 1952, destacam-se, no português, assimilações, além de sangues árabes ou mouros, semitas, orientais e africanos, de valores, de inspirações, de exemplos, de modelos, de práticas extra-européias que estão à base da própria formação brasileira. Inclusive na espiritualidade, na mística, na religiosidade, que, em vários pontos, seja junta contraditória ou paradoxalmente ao que foi – ou vem sendo –, na mesma formação, sensualidade, sexualidade, por vezes, até luxúria: opostos presentes ou constantes nessa ainda inacabada ou incompleta formação através de combinações até de contrários. Característicos do desenvolvimento, no Brasil, de uma civilização de base principalmente portuguesa a adaptar-se, surpreendentemente, a circunstâncias que vêm ultrapassando as encontradas pelo português em Orientes e em Áfricas.

Das modernas conciliações entre modernismos e tradicionalismos pode-se sugerir que algumas talvez continuem a verificar-se como ajustamentos a futuros. Inclusive ajustamentos de inovações em artes, letras, teatro, com aquelas constantes eruditas às quais não vem faltando capacidade de se nutrirem – o caso dos dom Quixotes ou dos Cervantes e, em língua portuguesa, de Gil Vicente –, dando a arrojos eruditos expressão mista: erudita e popular, científica e poética, racional e mágica. Sublimação literária de mistos dessa espécie recolhidos por indivíduos de gênio, de fontes as mais telúricas, as mais plebéias, as mais regionais, as mais mágicas, as mais humildes, as mais ilógicas.

É o caso – insisto no assunto – de uma surpreendente ressurgência que acabo de surpreender na Grã-Bretanha: a de uma culinária castiçamente, teluricamente, genuinamente inglesa ou britânica que, para os seus atuais restauradores, teria sido desvalorizada pelo impacto sobre a cultura britânica, em geral, da tecnocratizante Revolução Industrial. A culinária castiçamente britânica teria sido como que artesanal – à brasa e ao lume de lenha e, com o fogão a gás sucedido pelo elétrico, teria se tecnocratizado numa cozinha, no seu modo de ser progressista, insípida. Inclusive – pode-se acrescentar esta observação – sob o impacto de um *time is money,* inimigo de vagares culinários. A restauração ou reabilitação em começo não está se processando como idealização pura de um puro arcaísmo obsoleto e apenas pitoresco; e sim através de uma pós-modernização desse arcaísmo através dos próprios recursos de fontes as mais modernas de energia elétrica que possam ser postas a serviço da desejada reabilitação. Bem-sucedida essa reabilitação, a Grã-Bretanha pode surpreendentemente vir a competir com a cozinha francesa, com a italiana, com a polonesa, desfazendo-se a fama de incompetência inata da gente inglesa ou britânica para a arte culinária. Má fama que teria resultado de um episódio socioeconômico no desenvolvimento britânico, com algumas de suas tradições – inclusive a culinária – sacrificadas a um progressismo ou modernismo como que sociológica ou economicamente totalizante.

Recorde-se, a esse respeito, ter sido o atual movimento britânico de reabilitação, através de modernizações de supostos arcaísmos culinários, precedido, há meio século, por movimento brasileiro no mesmo sentido: o partido do Recife, na década de 20, como parte de um movimento regionalista, tradicionalista e, a seu modo, modernista. Pode-se dizer desse movimento que a sua expressão mais ostensiva foi precisamente esta: o afã de reabilitação de um conjunto de tradições regionais de culinária em crise aguda, dada a substituição que vinha se operando rápida e avassaladoramente, de quitutes, bolos e doces regionais do Nordeste brasileiro – tão opulento nesse particular – por importações, sobretudo da França, só um pouco da Itália, de *patés, marrons glacés, pickles,* molhos, sopas, frituras, guisados, assados, europeus ou estadunidenses.

Ressurgências como ressurgência é o poder islâmico, ressurgência o catolicismo místico com João Paulo II, continuador de João Paulo I, ressurgência o começo de reemprego do arcaico carvão como combustível. Ressurgências tão revolucionariamente vigorosas no mundo atual como as revolucionaríssimas inovações que vêm alterando formas humanas de vivência e de convivência: inclusive as próprias formas do corpo humano. As sensacionais alterações de aparências de sexo, de idade, de raça. Alterações através de cirurgias capazes de recriações de formas físicas com repercussões psicossociais.

Sobre aspectos de assuntos tão atuais, veja-se livro recente do autor de *Insurgências e ressurgências atuais,* intitulado *Além do apenas moderno,* já em tradução e edição em língua espanhola, lançada em 1978 por Espasa-Calpe, de Madri, com magistral prefácio do professor Julian Marias. Também sua *Sociologia da Medicina,* publicada pela excelente Fundação Gulbenkian, de Lisboa, dirigida com ampla visão humanística pelo mais-que-jurista Azeredo Perdigão e agora em edição italiana, *Sociologia della medicina,* de Rizzoli: o primeiro livro sistemático sobre a matéria aparecido em língua neolatina, marcando, assim, pioneirismo brasileiro. Está para aparecer, em novo aspecto, sob o título de *Médicos, doentes e contextos sociais,* pela Editora Globo, de Porto Alegre, com longa introdução do autor em que são consideradas ressurgências orientais na medicina mundial, ao lado de insurgências representadas por uma avançada cirurgia ocidental, capaz de estender alterações plásticas de corpo a transplantes quase recriadores de organismos humanos. Inclusive mudanças de sexo e de pigmento como característico racial, correções a efeitos de longevidade ou idades sobre seres humanos, para não se considerar o que possa vir a ocorrer de alterações genéticas com aspectos – possíveis essas alterações – gravemente éticos. O que significa uma expressiva ressurgência, problema já antigo, da importância da relação entre ética e ciência, no que diz respeito ao ser humano como indivíduo (biológico) projetado em pessoa (sociológica).

Reparo que nos leva a considerar outra ressurgência em resposta ao desafio de uma insurgência com tendências a absorvente: insurgência, a denunciada há anos pelo sociólogo estadunidense nada ortodoxo e, por essa sua atitude, insurgente, Lewis Mumford e há pouco retomada pelo professor Elting Morison, do Instituto de Tecnologia de Massachusetts, em perceptivo ensaio, "*The uncertain relation*". In: *Daedalus* (Inverno de 1980), da Academia de Artes e Ciências, de Boston, consagrado ao tema "*modern technology: problem or opportunity?*". Que atitude foi e é essa? A crítica a que "negócios, tecnologia e ciência possam não somente ocupar, no centro das coisas humanas, o lugar a que teriam legítimo direito, porém também aquele pertencente à arte, à religião e à poesia".

Daí um crescente impacto de máquinas sobre formas socioculturais de vivência e convivência humana. E, em conseqüência, de aperfeiçoamento em estudos do mundo físico – não só o natural como o criado por engenharias físicas –, projeções de processos intelectuais empregados nesses estudos, em análises científicas e humanísticas da natureza do homem. Mas sem que, através dessas projeções, tenha-se chegado – fala um cientista moderníssimo – ao necessário conhecimento do assunto: a natureza do homem. Pois, para o professor Morison, o que se precisa é de uma análise "menos cautelosa, menos analítica e menos fria" de tal assunto; e mais – vá uma palavra inglesa, que só conservada no original tem o seu exato saber – *telling:* "a far more telling account of the human conditions". Daí parecer ao professor Morison – e seu testemunho é autorizadíssimo – que a solução está em análises e interpretações de caráter artístico ou artisticamente humanístico, que inclui, decerto, a literatura: "*products of poetic energy in whatever form of expression they may be put forward*". Seriam "*the most effective counterweight to what is known in science and engineering*". Pois a arte – no lato sentido que lhe atribui o professor Morison – apresenta-se atualmente capaz, em face de fracassos científicos e tecnológicos no sentido de compreender o homem moderno, ou o homem de sempre, sua natureza, de modo mais profundo e mais amplo, de, em ligação com a procura dessa maior interpretação do humano, juntar elementos em conjunções reveladoras: *"bring things together in revealing arrangements"*. Inclusive "introduzindo a interpretação do significado de um evento, como princípio organizador". O que torna claro que se trata da ressurgência de um sentido de arte, consagrado por universidades antigas do Ocidente e por centros de saber orientais: arte como filosofia. A dos antigos estudos universitários ocidentais de artes liberais, coincidentes, em vários pontos, como os ministrados, à sua maneira, por gurus orientais, aos seus ouvintes. E atualizados por Tagore, na Índia, na informal escola ao ar livre que criou em lugar de sua predilação poética ou lírica, sem que ao seu lirismo faltassem influências ocidentais de pendor artístico. O professor Morison insiste, a propósito do seu abrangente e, nos nossos dias, em parte ressurgente sentido de arte, em lembrar terem os gregos, nas suas concepções e aplicações de saber, atribuído importância ao conhecimento estético.

Não estará havendo, em certos meios ocidentais, uma ressurgência desse sentido de saber, de aprendizado e de sua aplicação, como filosofia de cultura, a expressões de vida e de formas humanas de vivência e de convivência? Num testemunho pessoal de brasileiro sempre em contato com meios ocidentais dessa espécie, direi ter encontrado essa aplicação na renovadora universidade britânica que é Sussex: renovação que teve início com o professor, antes e agora de Oxford, Asa Briggs – Lord Briggs –, quando seu arrojado reitor. O que mais me impressionou nesse arrojo, quando o conheci nos dias como que heróicos do seu misto de insurgência e ressurgência, foi a identificação de seu *campus* com esse misto. A Universidade de Sussex teve esta rara ventura: a de ter contado como pai de uma jovem aluna um residente de Oxford chamado simplesmente Henry Moore. Para não poucos críticos de arte, dentre os mais idôneos de hoje, o maior escultor moderno e, também ele, misto de ressurgente e de insurgente, uma espécie de Antonio, ou Antoni Gaudi inglês, que, como o não só arquiteto como escultor catalão, na segunda metade do século XIX, viesse realizando, em nossos dias, obra de gênio, como de Gaudi escreveu o talvez mais exato dos seus intérpretes atuais, Michel Tapié, em *Gaudi; la pedrera* (Barcelona, s/d), em que *"sabiduria e intuición artística coinciden en una obra de dimensión excepcional, absolutamente única en el período llamado moderno"*. Mais: que *"supera artisticamente los juegos de cálculos sabios"*.

Conhecendo as esculturas dos dois, as de Gaudi, em Barcelona, as de Henry Moore, em Sussex – onde tive a honra de ser, com ele, doutorado *honoris causa* pela universidade, e de, jantando em sua companhia, ser pelo próprio escultor genial instruído acerca de suas concepções de um, ao mesmo tempo, ressurgente dos gregos e insurgente em sua modernidade –, felicito-me de ter tido com Sussex – o experimento triunfal que representa – um dos contatos mais estimulantes de todas as minhas aventuras de cigano de beca.

Coincidência, para a mais criativa das universidades modernas, ter podido surgir nos verdes da região inglesa do maior amor de Henry Moore, e despertando nele um ânimo de colaborador amoroso na concepção e na construção de um *campus,* como nenhum, enobrecido pelas esculturas, a um tempo anárquicas e construtivas, desse europeu de gênio. Pois é a impressão que provocam essas esculturas. Têm raiz helênica. Mas são de uma originalidade a que só poderia afoitar-se um artista de todo senhor daquele seu modo de ver gentes e coisas, como que apalpando-as e assimilando-as com os olhos, para dessa visão sensualíssima resultarem criações inesperadas. Gentes e coisas recriadas e não copiadas. Combinações imprevistas de cores.

Que universidade, como a de Sussex, com um *campus* assim, ele próprio, arte inspiradora de quantos nela aprendem ou ensinam? Arte da espécie desejada pelo professor Morison como corretivo ao puro ensino tecnológico, lógico, científico. Arte da que, ligada a quanto seja estudo ou ensino universitário, desburocratiza-o, destecnocratiza-o, quase desracionaliza-o até, para que nele como que ressurja sob aspectos novos, vigorosamente modernos, pós-modernos, o velho espírito dos colégios universitários como escolas de artes liberais: aquele que, na mesma Inglaterra de Sussex, sobrevive arcaica mas não degradadamente, em Oxford e em Cambridge e, na Escócia, em Saint Andrews, embora seja para lamentar que esse arcaísmo tenha sofrido algum impacto do quase sempre insípido, no seu especialismo tecnocrático, Ph. Deísmo.

Note-se, a propósito, ser possível reparar-se do mestre admirável que é o professor da Universidade de Madri – como continuador de Ortega y Gasset – Julian Marias, que no seu, como em todos os seus livros, provocante e brilhante *La mujer en el siglo XX* (Buenos Aires, 1980), lembra do também seu *Innovación y arcaísmo* (Madri, 1973), ter aí se referido a um anarquismo, a atualizar-se, como "*amenaza a nuestro tiempo*". Será a concepção de anarquismo construtivo a atualizar-se, ressurgência do de bombas ou assassínios de reis ou chefes de Estado e, como tal, de todo indesejável, ou atualização, em termos assim criativos, do sonhado por Tolstoi contra estatismos, burocratismos, hierarquismos asfixiadores de liberdades pessoais e de espontaneidades artísticas em face de racionalismos também esterilizantes de sensibilidades e de inteligências? Não vem sendo Tolstoi reabilitado como homem não-teologicamente religioso, nem atualmente, nem nos seus dias, arcaico; e que, entretanto, após ao racionalismo então dominante e hoje ainda atuante, aquele *senso de mistério* que o padre Gustave Weigel, S. J., em prefácio ao livro de Thomas F. O'Dea, *American catholic dilemma,* defenda com alguma veemência, sem prejuízo da lucidez, que seja um mistério renovadamente inquietante. O que defende o padre Weigel? Uma atitude, da parte do católico jovem, universitário ou intelectual, que não seja a de um passivo devoto de crenças apenas herdadas, porém – pode-se talvez dizer – que ressurjam em torno de mistérios que sejam inquietadores, em vez de, pelo intelectual jovem, engolidos como se lhe fossem dados em colheres: mistérios religiosos, cristãos, católicos. Mistérios-desafios, com o jovem universitário valendo-se, nessas buscas de conhecimentos, de estudos antropológicos, sociológicos ou psicológicos que se juntem aos especificamente religiosos.

Ao que se sugere de buscas em torno de mistérios religiosos, porém, é preciso acrescentar-se o oposto: nos estudos cientificamente sociais, em particular, e nos científicos ou tecnológicos, em geral, não se deixar de considerar os conhecimentos que vêm dos informes humanísticos, literários, poéticos. É no que se salientam insurgências didáticas, da parte do sistema universitário, um tanto construtivamente anárquico criado pela Universidade de Sussex: nas facilidades concedidas a inter-relações entre diferentes estudos, segundo tendências ou gostos do estudante. Em vez de cursos rigidamente ordenados, segundo especializações fechadas, essa liberdade de opções e inter-relações. Bacharelados, mestrados, doutorados em artes, um tanto segundo um critério ressurgente de artes liberais dentro de uma insurgência didaticamente a mais criativa.

Inter-relacionismo ou generalismo, em estudos universitários, de algum modo semelhante ao de Sussex, vem surgindo, nos Estados Unidos, através dos seminários do tipo Tannenbaum: iniciativa, na Universidade de Colúmbia, hoje seguida noutras universidades, do, por longo tempo, professor de Colúmbia Frank Tannenbaum. São seminários, esses, interdisciplinares, em que um assunto – a Renascença, por exemplo, ou a América Latina ou o Oriente – é considerado por grupos constituídos por estudiosos, representantes de diferentes saberes científicos e humanísticos.

Seminário desse tipo, com acréscimos de brasileirismos inovadores que mereceram a aprovação do próprio Tannenbaum, existe atualmente na Fundação Joaquim Nabuco, do Recife, por iniciativa do seu presidente, Fernando de Mello Freyre, e coordenado pelo antropólogo Roberto Motta, depois de ter tido seu início na Universidade Federal de Pernambuco, quando de seu magnífico reitor, o jurista-humanista Murilo Guimarães. Está atualmente no seu décimo sétimo ano de atividade, com anais já publicados, a que estão sendo acrescentados outros: alguns de difícil recuperação, da última fase em que o seminário funcionou na referida universidade federal, onde nem sempre lhe foram dadas facilidades para o seu melhor funcionamento. Dos brasileirismos característicos de um tipo já Tannenbaum-Recife de seminário destaquem-se dois: o de ser renovadamente e constantemente representativo, na sua composição de vinte membros – de membros, homens e mulheres, de diversas gerações e não apenas de diversos saberes ou especialidades intelectuais, científicas e humanísticas; o de incluir sempre ao lado de representantes de saberes universitários, de experiências ou atividades extra-universitárias como empresários, executivos, operários, técnicos, líderes religiosos, jornalistas, escritores, artistas, homens públicos em atividade ou de experiência em cargos nacionais ou estaduais. Seminário de tropicologia do feitio do recifense está também em brilhante começo na Universidade do Rio Grande do Norte. São talvez ressurgências do ânimo que, no século XIX, como que explodiu na chamada Escola do Recife: ressurgência de ânimo semelhante ao de Tobias Barreto, Sílvio Romero, Martins Júnior, Artur Orlando, Clóvis Beviláqua, numa outra dimensão e de modo algum substituindo um germanismo exclusivo por um ianquismo copiado do de Colúmbia: recriando-o. Recifensizando-o de tal maneira na metodologia e na constância do assunto – o homem, em geral, o brasileiro, em particular, situado em ecologia tropical e paratropical – que a ressurgência, mais do que isso, é uma insurgência pelos arrojos de sua criatividade. Pois com esse seminário é que se está criativamente sistematizando uma ciência-arte – no sentido de arte do professor Morison – daquela relação de certo tipo de homem com certo tipo de ambiente, sobre a qual existam apenas esforços, aliás admiráveis, de precursores como o alemão Konrad Guenther, o estadunidense Marston Bates, o francês Pierre Gourou. De modo que, quando distinto antropólogo estadunidense, em entrevista, há três anos, a um semanário brasileiro, proclamou a necessidade de desenvolver-se uma sistemática de estudo daquela relação de homem com tópico, resvalou no descuido de ignorar um esforço brasileiro que já existia. E que continua a existir através de reuniões enriquecidas com a presença até de estrangeiros como o professor Fernando Henriques, nativo de uma das Antilhas, titulado de Oxford e, por algum tempo, coordenador de estudos relativos a situações multirraciais na Universidade de Sussex. Ao que se acrescente o particular interesse demonstrado pelo seminário por Arnold Toynbee, quando de sua visita ao Recife e do seu contato pessoal com o fundador do Seminário de Tropicologia. Só a doença grave impediu Arnold Toynbee de voltar ao Brasil para, a convite, no Seminário de Tropicologia desenvolver, em reunião que teria sido memorável, o tema por ele aprovado em Apipucos: "O futuro do trópico visto por um historiador".

Saliente-se desse seminário universitário que, ao empenho de considerar intelectualmente assuntos ligados à relação homem-trópico, vem juntando o interesse por aquela outra inovação, por alguns pensadores sociais da hoje chamada *"credibility of experts and public participants*", tendente a concorrer para soluções de problemas e decisões por executivos. Atitude que coincide com toda uma vigorosa tendência em países dos chamados desenvolvidos para juntarem-se a recomendações de elites científicas participações de não-especialistas engajados em atividades práticas ligadas a assuntos em consideração, sob critério interdisciplinar, por especialistas. É assunto versado, em ensaio publicado no mais recente número (Inverno, 1980) de *Daedalus,* de Boston, por Mr. Edward E. David, ex-assessor da Presidência da República dos Estados Unidos, sob o título "On the dimensions of the technology controversy". O que salienta Mr. David à base de uma valiosa experiência de assessor de órgão de decisão tão importante como a Presidência da República dos Estados Unidos da América? Que é preciso evitar-se considerar a solução puramente tecnológica ou a própria solução puramente científica de problema socioeconômico ou sócio-político à parte de sua compatibilidade, ou não, com a sociedade ou a cultura – no sentido sociológico de cultura – a que se destina. Daí o fato de, a uma solução ou inovação tecnológica importada, poder faltar compatibilidade com a cultura ou a sociedade a que se destina, provocando rejeições nem sempre compreendidas pelos, no caso, elitistas puros, que seriam ou puros cientistas, os outros intelectuais, os puros acadêmicos seduzidos pela excelência, em termos ideais, de soluções propostas. Ao Seminário de Tropicologia do Recife não vêm faltando, na consideração de aspectos complexos da relação homem-trópico, estes dois corretivos tantas vezes ausentes em decisões, quer acadêmicas, quer já práticas, isto é, de aplicação, de inovações ou soluções tecnológicas ou científicas: a reação humanística a tais soluções, através da palavra de humanistas que compõem, sob critério interdisciplinar, o seminário; a reação de homens práticos – empresários, executivos, homens de ação, operários – convocados sucessivamente para membros ou participantes do mesmo seminário. Isso explica que, no Seminário de Tropicologia da Fundação Joaquim Nabuco do Recife, esteja se verificando notável esforço brasileiro de sistematização de uma tropicologia, a que não estão faltando corretivos de ciência pura ou de pura intelectualidade ou de pura visão tecnológica: os de origem, no caso, não-elitista, classificando-se como elitismo uma perspectiva de tal modo especializada que não considere, em soluções propostas e decisões recomendadas, suas compatibilidades com vigências sociais ou culturas, regionais ou nacionais ou, tratando-se do mundo eurotropical, transnacionais.

Outra área em que se impõe como sabedoria da melhor – científica-humanística – a perspectiva de arte, em sentido de certo modo ressurgente de arte, como de tal modo valiosamente ressurgente em estudos superiores, que se sobreponha a perspectivas puramente científicas ou puramente tecnológicas, quer nesses estudos, quer em decisões altamente governamentais. Talvez seja nessas decisões altamente governamentais que a falta de uma perspectiva de arte, assim abrangente, esteja se revelando mais carente de corretivo. Que o diga o próprio caso do Brasil atual: vítima, na área de decisões altamente governamentais, quer de um tecnocraticismo quase exclusivamente dominador, quer de um economicismo por vezes de tal modo exclusivista, que vem operando alheio a advertências, contrárias a esse exclusivismo, de cultores das próprias ciências do homem suas vizinhas imediatas.

O que hoje se apresenta de mais grave, nessas inter-relações entre ciência ou tecnologia e a consideração de compatibilidade de soluções ou decisões, para técnicos e cientistas, ideais, dentro de suas purezas científicas ou técnicas, é precisamente a falta de abertura ou de oportunidade para participações não-técnicas e não-científicas, na fixação dessas soluções ou dessas decisões.

Para Mr. Edward E. David Junior parece haver – creio interpretá-lo com exatidão –, para ele, cortes, num perverso sentido de elite – porque há outro, decerto positivo –, elitistas, que, à base de seus tipos ideais de soluções ou decisões técnicas ou científicas, pretendem, através desse elitismo, dominar governos, ou administrações, à revelia de outras participações. Talvez se possa incluir entre exemplos desse perverso elitismo o da construção de Brasília, entregue, de modo exclusivo, no caso, não a cientistas ou a tecnocratas propriamente ditos, mas a dois admiráveis arquitetos, um deles genialmente escultural, mas ambos dominados – a despeito do seu socialismo marxista – pela convicção de sua suficiência de especialistas para resolverem em definitivo problemas tão exigentes de participações plurais, como os relacionados com a construção de uma cidade. Também outro admirável especialista resvalou no mesmo elitismo perverso: o economista Celso Furtado, ao organizar, com carta branca, a superintendência de Desenvolvimento do Nordeste, sob critério exclusivamente economicista, evitando participações de outras perspectivas que não fosse a rigidamente econômica. Exclusivismo de que Celso Furtado, como mestre autêntico, viria a retificar-se ele próprio, com sua alta inteligência e seu lúcido saber, ao situar sua perspectiva econômica de assuntos brasileiros, em contexto abrangentemente social ou sociocultural. Exemplo para economicistas que insistem em impor soluções ou decisões apenas economicistas para problemas nacionais e inter-regionais complexamente psicossocioculturais.

Soluções que já não podem prescindir de uma futurologia, impossível de tornar-se válida em projeções de caráter efetivo, se faltar-lhe base generalista que junte, a saber científico, saber humanístico: inclusive, além do da história, o da filosofia, como o da arte no sentido morrisoniano. O da história, quanto possível dentro de conceitos de tempo, em geral, do histórico, em particular, que coincidam com a concepção brasileira de tempo tríbio, já de não pouca repercussão fora do Brasil. Talvez mais fora do que dentro do Brasil.

Interessante terem se pronunciado, em 1980, acerca de previsões de base histórica, dois mestres de Oxford, um deles, Lord Asa Briggs, historiador social, no próprio Brasil, em Brasília, em simpósio aí realizado por promoção do então ministro da Educação e Cultura, Eduardo Portella, e do magnífico reitor da Universidade de Brasília, José Carlos de Azevedo, sobre assunto brasileiro. O professor Briggs, dentro de uma perspectiva de história social tão mais criativa que a política ou a econômica nas suas constantes, embora também sujeita a impactos de insurgências sobre as consideradas normalidades de comportamento humano; o professor Trevor Roper, fixando uma de suas maiores atenções no problema das previsões em história.

O problema das previsões de base histórica, sem faltar ao historiador sensibilidade a possíveis futuros.

O fenômeno, de todo surpreendente para muitos, da ressurgência, ao mesmo tempo que insurgência, do poder islâmico, repita-se que foi antevisto pelo autor deste *Insurgências e ressurgências atuais* na já um pouco remota década de 50, como atestam seus livros, publicados em 1953 no Rio de Janeiro e em Lisboa, *Aventura e rotina* e *Um brasileiro em terras portuguesas*.

Para o professor Sir Hugh Trevor-Roper, em história, é preciso deixar-se espaço para a imaginação (veja-se "História e imaginação". In: Cultura, suplemento de *O Estado de S. Paulo* – o jornal brasileiro mais inteligentemente ligado a assuntos especificamente culturais –, de 19-10-1980). Pois " a história não é meramente o que aconteceu: é o que aconteceu dentro do contexto do que poderia ter acontecido". E mais: "idéias e mitos são forças poderosas na história". E ainda: "pois quantas vezes a história real zombou de seus profetas *científicos*, quantas vezes seu curso real fluiu não a partir de acontecimentos óbvios, mas a partir de fontes escondidas e não detectadas". Dizendo o que, a atitude do professor Hugh Trevor-Roper é de todo coincidente com a do autor deste *Insurgências e ressurgências atuais,* desde não somente *Casa-grande & senzala* (1933) como de *Social life in Brazil in the middle of the 19th century* (1920): tese remota de mestrado, em língua inglesa, na Universidade de Colúmbia que marca insurgência não só na valorização, quase antiuniversitária ou inacadêmica, para a época, quanto "a fontes escondidas e não detectadas", como esforço de valorização tal de aspectos positivos de um passado social em geral considerado só apenas nos aspectos negativos que, desde então, vêm alguns críticos mais convencionais considerando o autor *saudosista*. Quando seu suposto saudosismo vem de sua empatia na tentativa de ressurgência de um passado brasileiro intimamente social à base de *ethos* nacional marcado pelos positivos e pelos negativos dessa experiência pela primeira vez detectada em intimidades quase secretas e, decerto, tidas como, no máximo, lixo histórico: o brasileiríssimo cafuné do Brasil patriarcal que, surpreendido em *Casa-grande & senzala,* seria tema de ensaio histórico-sociológico quase psicanalítico de Roger Bastide.

Quanto a previsões em história, o testemunho do professor por algum tempo de Oxford e agora de Cambridge é sociologicamente valioso. Conta ele ter estado no Irã, na cidade sagrada de Qum, "residência de um *mulah,* então desconhecido, o *ayatolah* Khomeini", no momento exato em que acabava de ser perfurado, perto de Qum, novo poço de petróleo. Conheceu o engenheiro iraniano encarregado da perfuração: iraniano educado no Ocidente, que "se rejubilava daquele novo triunfo do progresso tecnológico". Observa o mestre inglês de história: "...como o jovem Macauley, ele se enobrecia com sua própria visão da nova sociedade moderna que seria criada pelo petróleo. (Daqui a vinte anos, ele dizia com orgulho, nós teremos criado um novo Irã e aqueles velhos *mulahs* ali – acenou com a mão desrespeitosamente em direção à cidade sagrada – terão desaparecido: não terão mais lugar, não serão sequer imagináveis, em nosso admirável mundo novo.) Hoje já se esgotaram vinte anos. Imagino se aquele engenheiro ainda está vivo. Se estiver, deve estar muito surpreso". E comenta o mestre inglês: "...não há homens mais surpresos do que aqueles que acreditam ter descoberto os segredos (da história): daqueles que pensam que sabem, não intuitivamente, mas cientificamente, o rumo que a história está tomando".

E quanto a ressurgência do poder mística e miticamente islâmico que ele próprio parece não ter previsto ao ouvir o tecnocrata islâmico considerar-se encarnação da próxima vitória do Irã tecnocratizado e racionalizado sobre os talvez decadentes *mulahs:* "...a revolução islâmica hoje, com o desenvolvimento do Estado de Israel, é um fenômeno que poderia ter sido previsto... Mas ela nunca foi prevista pelos historiadores científicos que olharam confiantemente o futuro, porque haviam olhado o passado com insuficiente imaginação. Quem, então, entre os historiadores viu mais longe no futuro? Ironicamente, aqueles que menos arrotaram uma profecia racional: aqueles que, ao olharem a história passada, admitiram as limitações da livre vontade humana, mas que, por outro lado, também foram cautelosos em preservar os direitos dela e que, a fim de permitir algum espaço para o trabalho da imaginação, preferiram perguntar, ao invés de responder, imaginar ao invés de explicar por quê...". Pois no final é a imaginação do historiador, não seu escolasticismo ou seu método (embora eles sejam necessários) que, segundo mais de um analista do assunto, animava as forças de transformação. Daí, Jacob Burckhardt, tendo negado que a história fosse científica, ter previsto o que nem Ranke, nem Marx, nem qualquer outro contemporâneo, pôde prever: o – recorda o professor Trevor-Roper – "surgimento do corpo em decomposição da Europa liberal, dos novos despotismos industriais do século XX e, em particular, da Alemanha do século XX".

Registre-se, aqui, que tanto o pronunciamento, em Oxford, do professor Trevor-Roper, como o que marcou a participação lucidamente erudita, sem eruditismo, do também mestre de Oxford, Lord Asa Briggs, no simpósio de outubro de 1980, na Universidade de Brasília, favorecem orientações que vêm sendo seguidas, um tanto insurgentemente, desde a mocidade, pelo autor deste *Insurgências e ressurgências atuais* no trato de assuntos de sociologia da história ou da filosofia, da antropologia. Orientações em que, a análises, quanto possível, científicas de temas dessa espécie e de recorrências consideradas sociológica, antropológica ou sócio-historicamente, vêm sendo acrescentadas, a métodos convencionalmente científicos, imaginação, intuição, empatia que os ampliem. Ingredientes de interpretações de situações dramáticas – os começos do conflito entre civilizações ou culturas predominantemente mágicas ou míticas e artesanais e civilizações predominantemente econômicas, tecnocráticas, racionais – que, tendo permitido ao autor dos livros *Aventura e rotina* e *Um brasileiro em terras portuguesas* prever a ressurgência do poder islâmico – segundo o professor Trevor-Roper não detectada nem por ele, no seu contato com o Irã, nem por historiadores – e poderia ter acrescentado antropólogos, sociólogos e psicólogos de orientação exclusivamente racional ou científica – do Ocidente mais erudito –, à base de seus contatos de 1951-52 com Orientes e Áfricas, ainda aparentemente conformadas com sua dominação por um Ocidente imperial, permitem que, neste *Insurgências e ressurgências atuais,* não só recorde tais antecipações, como anote confirmações de futuros previstos à base de descobertas, em 1951-52, de sinais como que ainda ocultos de insurgências ou ressurgências que só algum tempo depois se definiriam e, em alguns casos, explodiriam.

Uma das mais felizes generalizações, à base de ocorrências ou recorrências delatadas, com olhar argutamente observador, do professor Julian Marias – outro participante do Simpósio de Brasília de 1980 –, no seu recentíssimo *La mujer en el siglo XX* (Buenos Aires, Ediciones de Arte Gaglianone, s/d), é a que se refere as por ele denominadas vigências sociais, por seu próprio caráter, pouco favoráveis – observe-se – tanto a insurgências como a ressurgências psicossocioculturais, de tal modo favorecem normalidades, dentro de sociedades e de culturas das quais se tornam características. É que o socialmente vigente é, para o magistral discípulo de Ortega y Gasset – e o seu conceito de vigência social confessa ser elaboração de importante idéia orteguiana –, o conjunto de *"contenidos de la vida colectiva que tienen vivacidad, vigor o fuerza: todo que encuentro en mi contorno social y con lo qual tengo que contar. Algo es vigente cuanto exerje presión sobre nosotros, de manera que las vigencias nos impelen a seguirlas o aceptarlas, en outro caso, a resistir a ella, lo que supone algun esfuerzo"*. A violação de uma vigência é uma exceção. Assim – interprete-se mestre Julian Marias – quem diz vigência social diz o próprio nervo de uma normalidade nacional ou regional, quanto a espaço; ou característica de uma época – a Vitoriana, por exemplo, ou no Brasil, a patriarcal escravocrata – quanto a tempo social.

Importante, na interpretação do professor Julian Marias, do poder das *vigências sociais* sobre indivíduos, segundo os sociólogos, socializados em pessoas – os objetos das especiais atenções sociológicas –, é que a essas vigências ligam-se crenças. E de crenças é que viveria principalmente o homem. Inclusive o ocidental. E, no Ocidente, inclusive o intelectual. Principalmente de crenças e não de idéias. O que, sendo certo, concorreria para esclarecer o conflito entre civilizações predominantemente econômicas, tecnocráticas e racionais do Ocidente e as predominantemente não-nacionais, não-econômicas, não-tecnocráticas de Orientes e de Áfricas, como conflitos entre crenças predominantes. Crenças não só especificamente religiosas como em torno de valores socioculturais. Inclusive – pode-se talvez especificar à margem do valor atribuído pelo pensador espanhol a crenças como superiores, em sua ligação com vivências, a idéias: idéias, sobretudo, racionais ou pararracionais – valores ligados a modos de vestir – ou de pouco ou de nada vestir –, a usos e etiquetas de alimentação, a usos e ritos de relações entre sexos, idades, classes, etnias, entre lazer ou recreação e trabalho. Usos e ritos sociais tão diferentes, em suas predominâncias, dos característicos de sociedades tipicamente não-ocidentais, em confronto com as tipicamente ocidentais, por essa divergência explicando-se incompreensões não decorrentes apenas das incompatibilidades entre crenças e ritos especificamente religiosos.

Quando Veblen, ao pretender derivar formas de comportamento características do homem social em geral de, para ele, instintos, fixou – como lembra Y. A. Horson, em seu *Veblen* (trad. espanhola do Fondo de Cultura Económica, México, 1941) – um tanto arbitrariamente num "instinto de trabalho" *(workmanship)*, noutro, de "espírito de grupo" envolvendo amor filial *(parental bent)*, acrescentou um terceiro, que caraterizou como *bent of idle curiosity*: a curiosidade por si mesma. Dentro desse critério arbitrário, não escapou a Veblen a importância do trajo como distintivo de classe; e no sexo feminino, como adorno que, na classe dominante no Ocidente civilizado, ainda no fim do século XIX e no começo do XX, através do que Julian Marias chamaria *vigências* – no caso através de ritos como a moda do espartilho –, exprimiria a consagração desse tipo senhorial de mulher como "incapaz de trabalho", isto é, de trabalho manual, como a da camponesa ou a da operária nunca espartilhada. Exemplo que pode ser estendido a outros usos e a outro ritos que vêm condicionando ou exprimindo *status*, tanto em sociedades civilizadas do Ocidente como do Oriente; e tanto entre civilizações como entre apenas culturas das chamadas primitivas. Inclusive com relação a tatuagens e penteados, entre primitivos, e penteados e até compressões de pés femininos por sapatos de moda ritualmente feminina, até há pouco, entre sociedades ocidentais civilizadas. Aspecto do assunto que poderia ter merecido maior atenção do professor Julian Marias na sua notável obra sobre a mulher no século XX e que despertou a atenção do observador brasileiro que, na década de 50, em contato com sociedades e culturas não-ocidentais, anotou, nessas culturas e sociedades. Nas culturas e sociedades que, grandemente afetadas pela marcante ocorrência que foi a Segunda Grande Guerra, permitiram ao mesmo observador surpreender nelas, ao lado de insurgências sob a forma de rebeldias contra o primado imperial, sobre elas, do Ocidente econômico, tecnológico, racional, ressurgências de vivências e de crenças que, com as insurgências, se revitalizariam sob novas expressões de uma chamada por meu velho mestre Franklin Giddings *consciência de espécie*. Uma espécie que, sem deixar de ser biologicamente racial – gentes de cor –, se manifestaria como principalmente psicossociocultural: vigências sociais – da expressão de Marias – ligadas a crenças, não só religiosas, como não-religiosas, em suas raízes, civilizadamente e civilizantemente opostas às ocidentais que lhes vinham sendo impostas através de várias formas de pressão. Desde as violentas às suaves.

Inclusive pressões agradáveis e aceitas, por vezes, quase masoquistamente, como a de certos ritos socioculturais adotados, por populações ou gentes coloniais, como novos símbolos de *status* a ser acrescentados aos antigos. Por exemplo: alterações em trajos, usos, etiquetas de relacionamento e até atitudes que não afetassem crenças – religiosas ou não-religiosas – nos seus valores mais íntimos e, por vezes, secretos em face dos ostensivos. Lembro-me, a esse respeito, de ter visto na Guiné, entre grupos de gentes nativas ostensivamente nuas – nus adornados de tatuagens simbólicas acrescentadas a penteados e pulseiras também simbólicas – alguns a exibirem, como novos símbolos de *status,* aquisições de técnicas civilizadas acrescentadas a condições não-civilizadas do próprios corpos: em contrate com completos nus, óculos, tecnicamente civilizados, por homens, e *soutiens,* também civilizados, por mulheres. A impressão dessas contradições, fixei-a em desenhos enviados ao Brasil.

Até que ponto tais aquisições e ostentações de aparatos civilizados, por nativos de culturas primitivas, tornariam esses desviados de vigências sociais características de suas culturas maternas? Não me pareceu, no episódio de que fui testemunha na Guiné, que tais insolências – insolências no sentido de desvios de solências: solências no significado sociológico desse neologismo, criado pelo professor Julian Marias – fossem rejeitadas pelos nativos solentemente em estado de pura nudez. Ao contrário: aceitas. O que me induziu a acreditar que igual receptividade houvesse, no tempo social em que ocorreu o episódio aqui referido até passar de ocorrência a recorrência, para outras aquisições e ostentações, por gentes de cultura primitiva, de aparatos tecnicamente civilizados, essas aquisições podendo estender-se a menos ostensivos valores civilizados, tenocráticos e racionais.

E o que se sugere dessas aquisições e ostentações, quando verificadas da parte de gentes de culturas primitivas, para com tais aparatos, pode ser estendido ao que verifiquei em contatos com Orientes e Áfricas, na década de 50, de civilizações não-européias, ou não-ocidentais, com civilizações superiormente econômicas, tecnológicas e predominantemente racionais, do Ocidente. Na Índia, ou União Indiana, no Paquistão, na Arábia Saudita e no Egito, com os quais estive então em contato, impressionaram-me substituições de trajos não-ocidentais por trajos ocidentais, assim como tendências para o acréscimo de recreações, lazeres, esportes não-ocidentais, por elementos de populações orientais, aos seus lazeres e recreações tradicionais, sem esses acréscimos se apresentarem como insólitos. E sugerindo aos observadores que tecnocratizações e racionalizações mais profundas poderiam vir a ocorrer, embora criando entre elementos de populações não-ocidentais assim desviados de vigências sociais próprias ou tradicionais, barreiras de classe dentro das mesmas populações já nacionais ou ainda paranacionais: entre ricos e pobres, entre assimiladores de ocidentalismos através de livros, revistas, artes, teatros, cinemas e não-assimiladores desses valores, quer por ignorância de línguas civilizadas, quer por sua situação de iletrados ou analfabetos, de todo orais em suas culturas, suas recreações, seus lazeres e os desempenhos de suas funções operárias, agrárias, pastoris.

Pode-se notar que aquisições e ostentações de ocidentalismos estão ocorrendo atualmente como insurgências, de modo aberto, nas Chinas, na chamada popular e na já não ortodoxamente comunista – como por alguns anos –, mas crescentemente neocapitalistas. Basta que se atente no fato significativo da ocidentalíssima bicicleta ser hoje mais característica do chinês orientalmente civilizado, durante longo tempo quase de todo fechado, quer a ocidentalizações, quer a racionalizações – exceção feita da adoção, em época predecessora da atual, de relógios, agentes de alterações profundas de um sentido tradicional de tempo –, do que de qualquer país europeu ou americano de civilização mais econômica, tecnocrática e racionalmente ocidental ou ocidentalizada. E tudo parece indicar que à bicicleta estão a juntar-se outros valores e outras técnicas ocidentais que as atuais lideranças estão assimilando a uma política desenvolvimentista – por conseguinte, insurgente – sem que isso importe em repúdio ao essencial de características orientais ou chinesas. Interessante, a este respeito, o relatório de Sir Raymond Firth, antropólogo inglês de máxima autoridade, recente contato com a

China. Recente, porém anterior às atualíssimas reorientações das lideranças políticas da China no sentido de uma maior abertura a ocidentalizações e de mais firme decisão de promover seu próprio desenvolvimento em linhas pragmáticas – tão em harmonia com a sua mais característica filosofia de vida e de cultura, marcada por Confúcio – e muito a seu modo, e de maneira alguma ao modo russo-soviético, marxista. Um marxismo que pragmaticamente está admitindo formas neocapitalistas de economia, de vida e, portanto, de civilização.

Resta saber que tolerância, na fase atual de sua auto-reconstrução social, está a China inclinada a conceder a um equivalente de carnaval ocidental que permita a, através de aparentemente puras expansões recreativas, acolherem líderes de uma nação em transformação, críticas sociais tão úteis ou utilizáveis como os chamados passados sociais, úteis e utilizáveis. O que nos leva a considerar aquela observação do professor Georges Balandier, em *Le pouvoir sur scènes* (Paris, Balland, 1980), de que "*la fête ouvre des espaces livres à l'interieur des sociétés*". Não estarão as civilizações atuais, tanto as orientais, como as ocidentais, precisando de festas o mais possível coletivas, através das quais se abririam, dentro delas, civilizações, espaços, além de livres, criativos, onde se realizem um tanto pragmaticamente harmonizações de insurgências úteis com ressurgências também úteis, de passados úteis com presentes e concepções, também elas, imaginativamente úteis de futuros?

O mundo está, como nunca, a realizar sua própria história de um modo tão imediato que o atual quase não cessa de ser atual ao tornar-se história. Tornar-se história de um modo tão abrangente, graças aos modernos meios de informática com relação a ocorrências imediatas, que toda ela, história do tempo ainda fluente, tende a ser social ou psicossociocultural, com histórias separadamente políticas, econômicas, intelectuais, artísticas com tendências a se deixarem assimilar pela totalmente social, sem deixarem de existir, para fins especificamente informáticos ou, então, lúdicos, como histórias especializadas ou específicas ou mais recreativas que informativas.

É oportuno, a esta altura, lembrar-se que, quando o autor distingue o esforço colonizador português como sociologicamente cristocêntrico, dos imperialismos europeus predominantemente etnocêntricos de outros europeus, de modo algum pretende atribuir a esse esforço português virtudes religiosamente cristãs, superiores às de comportamentos do agente de imperialismos assim predominantemente etnocêntricos como foram o britânico, o francês, o holandês, o belga. Ocorre-lhe a respeito o que, em recente número (vol. 15, nº 2, junho de 1980) de *Man,* a excelente revista do Real Instituto Antropológico da Grã-Bretanha e Irlanda, escreveu o professor Lee Drumond, da Universidade Mc Gill, acerca de "The cultural continuum; a theory of intersystems". Partindo de um critério especializado de interpretação de lingüística poliétnica – à margem de obra há pouco aparecida sobre *Dynamic of a creole system* (1975), em que o autor, Dereck Bickerton, pretende, das linguagens crioulas da Guiana ex-britânica, suprir os estudiosos de tal matéria com uma nova "metáfora de cultura". O professor Lee Drumond sugere novo relacionamento entre etnicidade, religião e política, através de um *continuum* cultural no qual o antigo colonizador britânico – antes socialmente distante do colonizado, destaque-se aqui, do simbioticamente próximo dessa figura – continua presente numa sociedade política e economicamente descolonizada e na sua respectiva cultura.

Essa presença, sob que aspectos? Aqui entra o aspecto social ou culturalmente religioso do *continuum* cultural. O *continuum* cultural a agir, sob esse aspecto, em cerimônias cristãs ligadas a casamentos: um exemplo. E dessa cerimônia, na parte social, segundo ritos deixados na Guiana pelo antigo colonizador britânico, são agora participantes pessoas ou famílias de origem exclusiva ou quase exclusiva afro-negra. Portanto, um particular cristocêntrico do impacto britânico sobre a ex-Guiana, com esse particular dominando, em grande parte, socialmente, impactos culturalmente rivais: o indiano, com suas práticas, em face do cristianismo, pagãs, e os próprios descendentes de afro-negros, quanto, senão a crenças, ritos sociais ou socioculturais, ligados a essas crenças.

De onde esta observação sociológica surpreendente da parte do professor Lee Drumond: *"...although the English as a group have disappeared from the country, Christianity has not: indeed public expression of religious views is more common in Guyana and throughout the West Indies than in Europe or North America... persons of African descent have filled the void left by the departing colonists and become culturally English...*". Um dos raros aspectos – raros, inesperados, surpreendentes – de coincidência de um processo norte-europeu de colonização com o lusitano, ou simbioticamente lusotropical, que vem resultando num Brasil notável por esta ocorrência: numa substituição tal do colonizador pelo colonizado, ou pelo, de certa altura em diante, autocolonizador, no desempenho de papéis socioculturais como que rigidamente exclusivos, dentro de outros relacionamentos de colonizador com colonizado, do cocolonizador.

No caso da Guiana ex-britânica – já visitada pelo autor de *Insurgências e ressurgências atuais* – apresentado pelo professor Drumond é interessante notar ter o substituto afro-negro do colonizador inglês, no exercício de papéis não tanto indistintamente socioculturais, como especificamente místicos ou míticos, civilizantes, ter se tornado mais expressivamente religioso do que o europeu substituído. O que indica como, sob a mesma formas sociais ou culturais, conteúdos emotivamente místicos podem acentuar, através de expressões menos racionais que as modelares, empenhos religiosos de conseqüências mais-que-religiosas como, no caso, o cristianismo continuar a afirmar-se, sob o aspecto de religião ligada a recorrências sociais, como que socioculturalmente superior a seus rivais hindus ou afro-negros.

Pode-se sugerir do que vem acontecendo socioculturalmente, e, dentro desse contexto, com o cristianismo, no Brasil de formação, nas suas bases, principalmente lusotropical, que sua expansão em sociedade e em cultura plurais representa um *continuum* cultural em que essas bases continuam a incluir sobre essa expansão. Muito mais do que na Guiana ex-britânica, da interpretação sociológica do professor Lee Drumond, no Brasil, os substitutos, quer de origem principalmente afro-negra ou teluricamente ameríndia, quer de procedências étnico-culturais mais recentes – européias, síria, japonesa – do principal colonizador – um europeu antes cristocêntrico do que eurocêntrico –, vêm realizando essa substituição, sem repúdio aos valores básicos. O caráter sociologicamente cristocêntrico da colonização portuguesa, em particular, ou hispânica, em geral, do Brasil, terá assegurado à sociedade e à cultura brasileira, desde dias prénacionais, um sentido de *continuum* cultural diferente dos etnocêntricos. Terá predisposto essa sociedade e essa cultura a uma consciência sociocultural livre de ressentimentos contra colonizadores que aqui tivessem se definido como construtores de um sistema eticamente fechado, com a etnicidade, em vez da religiosidade, na base dessa construção, de resto menos racionalmente planejada ou calculada, do que, como a pintura de que Cervantes fala em *Dom Quixote*. Perguntado o pintor sobre o que pintava, ou o que pretendia desenvolver na pintura, respondeu quase como um anárquico construtivo: era o que ia se ver.

Favorável, a esse como que anarquismo construtivo, que caracterizou a formação sociocultural brasileira, foi não haver essa formação se realizado nem estatal nem teocraticamente: seu grande contraste com a formação de sociedades da América Espanhola e sua semelhança – alguma e não absoluta – com as formas, também antes livres de impactos estatistas e teocráticos, que a mercê de iniciativas não-oficiais. Essas iniciativas não-oficiais, as de iniciativa particular representada pela família patriarcal. Suponho ter sido o autor de *Casa-grande & senzala* o primeiro intérprete do processo de formação brasileira a atribuir a essa instituição o mais importante e mais criativo papel nesse processo. Nem reis de Portugal nem bispos, nem abades de mosteiros nem jesuítas, os principais construtores da sociedade brasileira desde dias pré-nacionais, e sim os senhores de casas-grandes de engenhos, de fazendas e de estâncias e os escravos – vários desses escravos, alforriados pelos senhores, como se fossem antecessores da princesa Isabel, através de numerosos pré-trezes-de-maio – das senzalas. Eles, senhores completados por esses escravos, e os compadres, os afilhados, os protegidos – as protegidas, talvez, mais que os protegidos – desses senhores: compadres, afilhados, amantes, filhos naturais de amantes, como extensão da família patriarcal. Ou das famílias patriarcais residentes nas casas-grandes, sem que se deixe de recordar terem constituído parte como que mítica e mística, dessas famílias, os santos prediletos de cada família e os mortos por vezes sepultados nas próprias capelas das casas-grandes, à sombra desses santos também quase pessoas de casa.

À família patriarcal, à sua presença criativa na formação sociocultural brasileira, pode-se atribuir a decisiva importância de ter sido o centro mesmo dessa formação. Lamente-se não ter tido o Brasil colonial universidades iguais às que cedo surgiram na América Espanhola – estatais e eclesiásticas – sem que ao século XVI brasileiro tivessem faltado – há quem insista em ignorar o fato – colégios universitários criados pelos jesuítas, aos que não tardariam a juntar-se aulas filosóficas estabelecidas por franciscanos.

Mas é possível que à falta, no Brasil, desses aparelhos ou órgãos de saber e de ensino eruditos e superiores importados da Europa e convencionalmente racionais – aristotélicos, uns, outros nominalistas – tenha correspondido uma espécie de criativo *learn by doing,* da parte de senhoras de casas-grandes – um exemplo – com o auxílio de cunhãs, isto é, mulheres indígenas, através do qual, desde o século XVI, começou-se no Brasil a experimentar, com resultados culturais não-acadêmicos excelentes, combinações de saberes europeus com conhecimentos indígenas, adaptações a um paladar e a um sistema de nutrição civilizados, além da mandioca, de vegetais, de frutos, de carnes de animais não-europeus, dando início a uma culinária que, no começo do século XX, Blaise Cendrars viria a considerar digna de ser comparada, em importância, à chinesa e à francesa. Mas não só sucedeu esse arrojo insurgente no setor da culinária: também no da farmacopéia. Também com relação a bebidas. Também com relação à adaptação de trajos civilizados, de fibras e tecidos indígenas. Criações, adaptações, combinações que brotaram de fontes caseiras – familiais, em particular –, as mais inacadêmicas a fazerem as vezes de experimentações acadêmicas ou universitárias ou mesmo conventuais: com relação a vinhos, licores, xaropes.

Admitido o que, pode-se concluir ter ausência, no Brasil colonial, de universidades com seus saberes importados, convencionais, trazidos de fora para dentro, suscitando invenções, criações, brasileirismos, do mais puro valor cultural, saídos das mãos, da inteligência intuitiva, de simples mulheres domésticas, de colonos rústicos, alguns talvez analfabetos e, por isso mesmo, mais fácil e descontraidamente inclinados a entrar em relações de intimidade cultural com indígenas e de intimidade direta com a natureza tropical. De onde uma muito alegada deficiência da colonização portuguesa do Brasil poder ser apontada como vantagem para começos mais espontâneos que acadêmicos, mais telúricos que transoceânicos, mais de dentro para fora do que de fora para dentro, de uma cultura pré-nacionalmente brasileira. A falta de saber racional compensada pela espontaneidade criativa. E essa espontaneidade criativa, surgida da predominância, no Brasil em começo, de um sistema patriarcal de família. E esse sistema, favorável a contatos de mulheres européias, senhoras das primeiras casas-grandes, com mulheres indígenas e com mulheres recém-vindas da África, umas e outras, conhecedoras de ervas, frutas, animais tropicais e capazes de iniciarem as portuguesas no conhecimento desses produtos dos trópicos e dos seus usos socioculturais. Insistindo-se no quê, procura-se dar justo destaque ao valor de um familismo ou de um patriarcalismo sociologicamente cristão, que pode ser considerado a principal chave para a interpretação da formação brasileira. A presença, nela, de ânimos de iniciativa particular que neutralizam excessos, sobre essa formação de forças estatizantes, teocratizantes, oficializantes, academicizantes, tão dominadoras das formações de sociedades, de começos contemporâneos da sociedade brasileira, da América Espanhola, marcou uma vantagem da formação brasileira sobre essas outras formações.

Se é certo, como observa L. T. Hobhouse, em capítulo do seu *Morals in evolution,* incorporado à clássica obra coletiva *The making of man; an outline of anthropology,* organizada por V. F. Calverton e incluindo seleções de Boas, Frazer, Westermarck, Rivers, Lowie, Sumner, junto à de Hobhouse, que *"the special home of slavery is, of course, Negro Africa, where the exceptions in which the insitution is not found is quite inconsiderable"*, a transferência de afro-negros, como escravos, da África para o Brasil, ocorreu em termos, para sociedades africanas, socialmente normais. Para o Brasil, a presença desse elemento como força de trabalho comandado, constituiu para os transferidos de suas sociedades e culturas nativas aventuras diferentes. Mas quase todos foram sujeitos não a comandos de empresas industriais ou comerciais ou de reis ou poderes políticos, mas de patriarcas familiais: de chefes ou senhores de famílias patriarcais e estas, em suas atitudes para com escravos, orientadas por modelos psicossociais islâmicos ou maometanos adaptados a crenças ou motivações cristãs. E *"under Mohammedan influence"*, informa um Hobhouse especializado no estudo do assunto, *"the slave is by no means rightless"*. Isto é: sob influência maometana, o escravo não é um ser sem direitos. Daí, sob essa influência, *"house slaves... treated as members of the family*: norma que, em parte, sob projeção da mesma influência, se comunicaria ao Brasil. Daí – em parte – explicar-se que, em confronto, por observadores europeus, desde o século XVII, com escravos encontrados noutros países, os do Brasil parecerem, quase sempre, aos mesmos estrangeiros, desfrutar *status* de membros de uma família sociológica, em vez de se apresentarem quase animais a serviço de empresas não familiais, porém industriais e comerciais. No próprio Brasil, quase sempre, os das Minas e os de um Maranhão menos brasileiramente patriarcal, também terem, em muitos casos, se apresentado aos analistas do seu relacionamento com seus senhores, como vítimas de um tratamento diferente dos das regiões de famílias agrárias mais tradicionais. Sumários de testemunhos de estrangeiros idôneos sobe a benignidade do tratamento recebido por escravos, dos seus senhores patriarcas de casas-grandes, naquelas partes agrárias do Brasil como Pernambuco, outras partes do Nordeste, a Bahia, o Rio de Janeiro, onde dominou o sistema, semelhante ao maometano, de incorporação dos servos afro-negros ou seus descendentes, de incorporação desses servos – pelo menos os domésticos, numerosos, aliás – à família senhorial. Daí tantos deles, abrasileirados e cristianizados, adotarem, logo que batizados, nomes cristãos, de acordo com seus padrinhos; e a esses nomes cristãos acrescentarem os das famílias ou das casas-grandes a que se sentiam afetiva e efetivamente ligados. Daí Cavalcantis, Mellos, Wanderleys, Aciolys, Lins, Argolos, Ferreiras, Silvas, Alves. Ou nomes de engenhos, de fazendas, de estâncias. Exemplos de testemunhos sobre a benignidade de patriarcas agrários do Brasil para com escravos, membros agrários de suas famílias, podem ser encontrados no livro do autor deste *Insurgências e ressurgências atuais,* intitulado *O escravo nos anúncios de jornais brasileiros do século XIX* (2ª ed., Editora Nacional, São Paulo, 1979).

Sabe-se que, na Grécia, a democracia só existia para os cidadãos livres. Mas é certo, por outro lado, que aos escravos eram concedidos direitos. Inclusive – lembra Hobhouse – o de possuir terra e o de fundar família. Além do quê, podiam comprar sua liberdade. Direito, este último, desfrutado consideravelmente pelo escravo afro-negro ou seu descendente no Brasil – uma significativa ressurgência –, explicando-se assim – e pelo fato de ter se tornado atitude cristã, da parte de famílias patriarcais, comemorarem datas familialmente festivas – uma das expressões da influência das festas sobre formas brasileiras de convivência de senhores com escravos – alforriando escravos. Alforrias comemorativas de casamentos de filhos, de batizados de crianças, de bacharelamentos em direito ou doutoramentos em medicina de jovens, de ordenação de filhos padres, de triunfos políticos de filhos políticos. Festas familiares favoráveis a escravos, enquanto a muito brasileira festa carnavalesca – festa de rua e não íntima de confraternização de casa-grande com senzala – permitia a escravos troçarem de senhores, vestirem seus trajos, ostentarem óculos, arremedarem passos de valsa vienense no meio dos de samba ou de coco. Do que há oblíquas ressurgências atuais.

Para Hobhouse, a humanidade está tendendo a tornar-se uma só: sem grandes diferenças a separarem homens uns dos outros ou grupos humanos uns dos outros. A Arnold Toynbee impressionou o que viu no Brasil como expressão de uma já abrangente miscigenação: cada dia – na verdade, acrescente-se a Toynbee – menores as diferenças entre grupos étnicos, já menos ciosos – eles e pessoas, individualmente – daqueles purismos dos dias em que vigoravam *castas de branquitude* ou símbolos, seus equivalentes, de ação antes diferenciadora ou criadora de castas, do que democratizante: trajo, vocabulário, gestos, preferências ou exclusivismo de paladar, e de recreação, preferências por músicas, por formas de lazer, por tipos de atividade, de opções por cores, por bebidas, por vícios, até, segregadores e, portanto, disgenicamente plurais.

Será exagero dizer-se do Brasil que, com todas as suas deficiências – que não são poucas nem pequenas – está a aproximar-se da humanidade do sonho sociológico de Hobhouse, talvez mais do que qualquer outra sociedade ou cultura nacional de hoje? Não estará se desenvolvendo entre brasileiros uma sociedade ao mesmo tempo que crescentemente, sem falta de uma saudável pluralidade a expressar-se em formas regionalmente, tipologicamente, pessoalmente diferentes do brasileiro ser brasileiro? Não é crescente, na população brasileira, um amorenamento sem que esse amorenamento, em vez de uniformemente e inexpressivamente pardo, como pretende o Instituto Brasileiro de Geografia e Estatística, em sua expressão de morenidade, seja a "vária cor", através de vários graus de morenidade, das palavras de Camões? Não é certo dos próprios brasileiros ruivos, louros, alvos, de procedência nórdica, até – que não poucos procuram amorenar-se ecologicamente ao sol bronzeador das muitas copacabanas do país? Não é, também, certo que brasileiros de qualquer pigmento ou origem étnica, da qual raros insistem em ostentar consciência, quer pela cadência da fala, pelos ritmos do andar, pela forma aberta de sorriso, pelas coincidências de gostos de paladar, de religiosidade e de música – característicos socioculturalmente antropológicos e não fisicamente antropológicos – constituírem, cada dia mais, um inconfundível tipo nacional, sem desprezo por subtipos regionais, de homem e de mulher?

À sugestão de já constituir a gente brasileira não uma raça, nem sequer expressão da "raça cósmica" do sonho de José Vasconcelos para um futuro não só mexicano como um futuro latino-americano, não parece faltar apoio na dinâmica realidade nacionalmente e inter-regionalmente já tão característica do Brasil. O brasileiro é crescentemente uma metarraça, em grande parte – mas não exclusivamente – morena. É uma metarraça que, em termos de beleza de mulher, é tão representada pelas Veras Fischer louras como pelas Sônias Braga morenas. Apenas a morenidade, para muito brasileiro, já não é condicionada somente por pigmento ou cor. Também por alguma coisa que vem da velha tendência do brasileiro, tão psicossocialmente significativo, de chamar pessoa querida, por mais alvo ou mais louro, "minha nêga" ou "meu nêgo". Espécie de reconhecimento, pelo brasileiro típico, de uma expressão de ternura, nas relações interpessoais, vinda daquelas mães pretas, daquelas mucamas, daquelas segundas mães ou avós de cor, tão presentes no passado mais simbolicamente e mais ancestralmente social, afetivo, confraternizante de brancos com pessoas ou gentes de cor, desse mesmo brasileiro típico, quer através de experiências concretamente ancestrais, quer de uma ancestralidade simbolicamente coletiva que parece ligar quase todo brasileiro a essa como que memória biológica, e não apenas sociológica. A essa, uma outra como que memória coletiva que parece associar-se, e a da "nêga" idealmente recordada pelo fato de ter sido, para muito brasileiro, a iniciadora em delícias não só de amor físico, como, anteriormente, de paladar, como quituteira, como que materna. Associação que seria uma confirmação, da parte do Brasil, socialmente antropológico, àquela generalização do antropólogo Robert Briffault no clássico *The mothers,* que atribui o máximo de importância às mães no contexto antropológico. Mas a associação paladar, sexo, mulher mãe, no caso do passado social do brasileiro, com a mãe preta, tantas vezes, a principal mãe quituteira do menino de formação patriarcal, ainda porventura presente, como resíduo, na formação do menino pós-patriarcal, concorreria para explicar ter sido tão brasileira a metáfora de identificar-se a posse de uma mulher por um homem, ou mesmo de um homem por uma mulher, com o comer de um bom quitute por um *gourmet* ou um *gourmand*.

Sem chegar a essa identificação dos dois gostos, Briffault recorda, de evidências antropológicas, a remotíssima, entre grupos humanos, do macho amoroso ferir, fazer sangrar, fazer sofrer, e até devorar volutuosamente a fêmea amada, podendo sugerir da procura da fêmea pelo macho humano ter sido, remotamente, "*to improve nutrition*". E através de um combate biologicamente cru e não de todo suave, como o que se teria tornado a imagem dominante numa idealização social, superação da pura realidade biológica. Mas com a realidade biológica sobrevivente na idealização sociocultural e essa sobrevivência explicando a ainda em dias atuais, ou quase atuais, vir-se associando o prazer da experiência sexual a experiências deleitosas do paladar. Daí o verbo "comer" empregado na linguagem popular brasileira – como se destaca já no livro *Casa-grande & senzala* – para sugerir o que há de deleitoso na experiência sexual e esse deleite em termos comparáveis aos do paladar. Lembre-se mais a esse respeito o que adverte Robert Lowie em *Primitive religion:* "*...we may be driven to reduce the sex instinct to that of nutrition when a lover hungers for the sight of his sweetheart and charge him with a latent cannibalistic inclination which is at least improbable*", como se lê no excelente trecho antológico dessa obra-prima de antropólogo que V. F. Calverton inclui em sua seleção de clássicos modernos *The making of man* (The Modern Library, Nova York, 1931). Trecho em que Lowie transcreve de William James o reparo interessantíssimo de que o sentimento religioso, para expressar-se, recorre a símbolos os mais corriqueiramente de funções tanto respiratórias como digestivas: o caso também, tanto do homem civilizado como do primitivo, na expressão da efusão sexual em termos de gozo do paladar. O homem brasileiro, ligado como é ao prazer do paladar, é, talvez, na sua cultura sob vários aspectos misto de primitiva e de civilizada, um dos que mais identifica com o prazer do paladar a própria efusão, não só sensual como lírica, do sexo.

Lembre-se que, para Briffault, o prolongado período de cuidado materno exigido no caso do homem social se ligaria à tese, por ele tão defendida, da importância das mães nas sociedades humanas. Mesmo – um paradoxo – acrescente-se a Briffault, quando essas sociedades patriarcais, e como patriarcais, machistas. Mas um machismo – acrescente-se – que nunca abafou um maternalismo, presente, de modo notável, em várias sociedades patriarcais, uma delas a brasileira. E na brasileira, de base principalmente lusocristã, muito ligado esse maternalismo a um culto católico, não só ortodoxo, eclesiástico, teológico, porém principalmente familial, popular, lírico, dentro de uma configuração característica do aspecto sociocultural do catolicismo brasileiro, em sua ênfase como que socialmente ecológica de verdades teologicamente consagradas pela Igreja em Roma para irradiações universais. O assunto, entretanto, é daqueles que exigem do analista ou intérprete que junte, àquela capacidade de detectar uniformidades ou generalidades, o cuidado com pormenores diferenciadores, segundo a advertência, em palavras magistralmente sábias, de A. L. Kroeber, no seu também clássico *Anthropology*. Isto ao falar em "*discrimination of detail*", quanto a tempo e espaço, sem que, entretanto, o especialista passe a ocupar-se tanto com peculiaridades que desatenda a uniformidades: "*...until peculiarities occupy more of his attention than uniformities*". Daí para Kroeber não ser possível, em antropologia cultural, sínteses significativas senão, principalmente, através de interpretações analiticamente ou perceptivelmente psicológicas, que se projetem sobre puros registros de puros fatos históricos, pelos historiadores convencionais ligados literalmente a datas também convencionalmente históricas. O caso do aliás provecto historiador inglês professor C. R. Boxer, no seu *Mary and misogyny; women in Iberian expansion overseas 1415-1815, some facts, fancies and personalities* (Londres, 1975) ao, à página 54, depois de considerar o livro brasileiro *Casa-grande & senzala* (em língua inglesa *The masters and the slaves*), como que repreender pedagogicamente o autor por não datar convencionalmente, cronologicamente, o que apresenta como uniformidades de comportamento da mulher senhorial do Brasil dos dias coloniais. Primeiro, ignorando o conceito de tempo tríbio seguido pelo autor brasileiro em suas aplicações desse conceito a interpretações do essencial, dentro do existencial, à formação brasileira. Segundo, revelando-se mais uma vez menos humanista-cientista caracteristicamente britânico que *scholar* desse tipo admirável afetado pelo Ph. Deísmo estadunidense. Explica-se assim apegar-se tanto a pormenores, significativos ou não, de cronologia histórica, que parece por vezes perder a percepção de uniformidades superiores a pormenores puramente literais ou numéricos. E quando assim superiores, válidas, não só em antropologia social ou cultural como naquela história social que para ingleses como o professor Lord Asa Briggs, de Oxford, encontra na moderna história social, tocada de antropologia cultural, através da qual vem sendo reinterpretada, por autores brasileiros, o passado do Brasil ligado a antecipações de futuros – futuros surpreendidos no essencial por abrangências tríbias desse passado sempre incompleto como puro passado –, inspiração para historiadores de língua inglesa e estímulos para, também eles, superarem convencionalismos cronológicos tão da devoção etária de Ph. D.D. estadunidenses de hoje. Um hoje que corresponde a declínio de qualidade em formações pós-graduadas nos Estados Unidos.

Não deixa de ser interessante, no livro do professor Boxer, o fato do historiador considerar, no livro, no capítulo intitulado "The cult of Mary and the practice of misogyny", sob perspectiva menos convencionalmente histórica e próxima da antropocultural, assunto tão rico de implicações psicológicas ou psicossociais. Recorda-se aí a extensão do culto a Maria na Península Ibérica; pelo menos desde o século XIV, especificando o historiador os muitos estabelecimentos pios dedicados a Nossa Senhora: do Rosário, das Dores, das Neves, da Assunção, entre vários outros. Vários navios ibéricos com esse nome. Registra-os vasta literatura hagiográfica. Adoração de imagens tidas por milagrosas.

Da Península Ibérica, o culto a Maria comunicou-se ao ultramar. Macau foi considerado "a terra de santa Maria". Curioso que uma imagem de Nossa Senhora seria a única sobrevivente de furiosa devastação do Conselho Municipal de Macau por comunistas, em 1966. Guararapes guardaria até nossos dias a memória de milagrosa intervenção da Virgem contra ataque de hereges holandeses, em 1622. O folclore conserva muita consagração popular da devoção mariana, também encontrada, em reminiscências lusocristãs, na Indonésia, Malaca, Ceilão, Goa.

A popularidade desse culto, o professor Boxer sugere ser em parte explicada pelo culto budista, paralelo ao cristão de Maria, da Deusa do Perdão, Kwan-Yn, também protetora de navegantes. E a propósito, o historiador inglês menciona semelhanças entre imagens de Maria, do culto lusocristão, e imagens budistas, de porcelana: semelhanças que o autor de *Insurgências e ressurgências atuais* observou em seus contatos com Orientes assim como observaria semelhanças da imagem de Maria com representações de objetos de cultos afro-negros em várias partes da África que visitou: a imagem da Mãe de Jesus ou Mãe de Deus ou Virgem Maria superando essas outras representações sem deixar de delas assimilar influências como que ecológicas. Inclusive antropologicamente étnicas.

O mesmo com relação às Filipinas. Mas é também curioso que a associação do culto a Maria à exaltação da virgindade encontrasse da parte de tradições ameríndias, em certas áreas do ultramar ibérico, resistências de ordem que poderiam ser denominadas antropossocioculturais. A resistência de ameríndias do Peru à exaltação da castidade representada pelo culto a Maria, pelo fato de ser convicção profunda desses ameríndios que antes de casar-se a mulher deveria ser concubina. Resistência igual encontraria o culto cristão da virgindade da parte de nativos de áreas tão diversas como o Congo e o Japão. Mais: até entre iberos, esse culto cristão teve por vezes de vencer a mesma resistência baseada em não ser a fornicação pecado, segundo apuraram agentes da Inquisição. Mas essa interpretação favorecia a luxúria masculina. Pois na realidade em todo o mundo ibérico predominou, segundo testemunhos dos dias coloniais, entre as mulheres, a castidade, sendo o adultério da mulher considerado crime grave.

Estranhe-se no, aliás, sempre admiravelmente erudito professor Boxer não dar destaque, no culto a Maria relacionado com o mundo ibérico, ao que nele é, ou vem sendo, exaltação não só da Virgem como da Mãe de Jesus, de Deus, dos Homens, dos Desvalidos, dos Pobres. O maternalismo que, de modo significativo, no Brasil, agiu sobre o próprio patriarcalismo, como o autor de *Insurgências e ressurgências atuais* procurou sugerir, em torno do relacionamento homem-mulher no Brasil pós-patriarcal, no livro *Sobrados e mocambos,* surgido em 1937. Também é de estranhar que lhe falte o conhecimento de abordagens antropoculturais do assunto – sem deixarem de ser histórico-sociais – como o excelente *Black mother; the years of African slave trade* (Boston-Toronto, 1961) do também inglês, e também erudito admirável, Basil Davidson.

Black mothers teriam sido, para o pesquisador inglês de gentes e coisas africanas, fora da África, sob critério antropocultural, mulheres quase matriarcais no seu poder de iniciativa e realização: no Brasil, várias delas chamadas cristãmente Maria, expressões de uma presença afro-negra na formação social brasileira rival, sob vários aspectos, da européia ou portuguesa, no processo de colonização de parte tão vasta da América. Fixou-se a atenção de Basil Davidson numa dessas típicas *mães* ou quase matriarcas: a Jacintha, de quem encontrou o perfil, traçado à base de inéditos encontrados pelo autor de *Insurgências e ressurgências atuais* no interior de Minas Gerais e por ele apresentado em *Casa-grande & senzala.* Esses inéditos, manuscritos deixados por certo Luís Pinto e que, conhecidos através desse livro brasileiro em sua edição em língua inglesa, *The masters and the slaves,* supriram Mr. Basil Davidson de material para levantar um quase arquétipo de afro-negra tornada no Brasil variante do tipo de bandeirante; e como expressão além de feminina, adiante-se que, além de materna, quase matriarcal, desse tipo fundadora – mulher de sucessivos esposos ricos e poderosos, como detentores de cargos prestigiosos, e fecunda mãe de numerosos filhos – de uma como vasta família, importantíssima na formação mineira em particular, brasileira em geral, de toda uma elite. Da matriarca Jacintha Siqueira, e dos seus filhos, resultaria a Vila Nova do Príncipe. Mr. Davidson caracteriza-a como exemplo de *founding mother*. E pelas notas deixadas por Luís Pinto, seus descendentes incluiriam fundadores, por sua vez, de famílias proeminentes. Na própria Minas Gerais dos nossos atualíssimos dias.

Segundo Mr. Davidson, Jacintha poderia ser dada como testemunho do valor de afro-negros que, chegados ao Brasil como escravos, encontraram oportunidade para a alforria; e livres, vários deles, não só homens como mulheres do tipo superior de Jacintha, teriam se afirmado, antes rivais que passivos subordinados do colonizador europeu. Faltam-nos pormenores elucidativos da origem africana de Jacintha: elucidativos da área cultural de sua procedência. Talvez da de gente especializada, mais do que europeus, no trato de metais: gente que não faltou à colonização de Minas Gerais. Afro-negros assim peritos no trato de metais, explica-se que tenham feito sentir, em vários casos, quando favorecidos por encantos ou dotes pessoais – a beleza na mulher, a inteligência superior tanto na mulher como no homem, o conhecimento de artes ou técnicas aplicáveis ao desenvolvimento brasileiro –, o excepcional valor representado por esses seus dotes, esses seus conhecimentos, essas suas valiosas aptidões.

Jacintha terá reunido em sua – mera conjuntura – beleza e atração sexual, personalidade, ao mesmo tempo atraente e incisiva, conhecimento de arte ou de artes valiosas do Brasil em desenvolvimento do século XVIII, e a esses dotes é possível ter juntado a fácil ou plástica adaptação ao cristianismo mariano, isto é, valorizador do sexo chamado belo, através do culto a Maria. Pinto menciona alguns dos seus descendentes com nomes lusitanamente ou brasileiramente cristãos: evidências de aculturação através da integração numa religião de Maria favorável tanto a Marias como a Josés, Antônios e Pedros. Foi já como descendentes de enlaces de afro-negras com europeus, que a descendência de Jacintha Siqueira tornou-se gente socialmente dominadora na capitania brasileira por excelência dos metais. Socialmente, economicamente, politicamente dominadora, tendo esse poder ou esse prestígio chegado aos dias do próprio Luís Pinto, que destaca o fato histórico sem se aperceber de sua implicação sociológica. De qualquer modo, a existência, no Brasil pré-nacional e no nacional, de Jacintha ou quase Jacinthas, cujas imagens projetadas sobre tradições orais constituem aspecto significativo da oportunidade, dentro do sistema brasileiro de família patriarcal e escravocrata, de escravos – inclusive escravas – chegarem não só ao *status* de pessoas livres, como, através desse *status,* a posições de prestígio rival ou superior ao de membros, de origem e formação européias, da classe dominante.

Segundo o excelente "Mort à l'homo oecomicuces" (extrato de *Arquives Européennes de Sociologie,* XXI, 1980), do cada dia mais mestre brasileiro José Guilherme Merquior, recorrências na história socioeconômica do homem estariam entre expressões mistas de individualismo e igualitarismo consideradas pelo autor e, antes dele, em estudo que cita, por Louis Dumont, no seu *Homo hierarchicus* (1967). As Jacinthas, como mães, ao mesmo tempo que, uma vez livres, figuras quase matriarcais – ou substitutos de patriarcas –, conformando-se com uma norma social em vigor, triunfaram, dentro dessa norma, por qualidades individuais criativas: uma criatividade de todo permitida, pelo sistema patriarcal escravocrático, a homens e mulheres afro-negros. Quando, há pouco, li em jornal de São Paulo, em meia página concedida a um movimento tendente a criar no Brasil a figura nada brasileira de um negro semelhante ao dos Estados Unidos, deparei com a afirmação, de uma adepta de tal movimento, de *Casa-grande & senzala* só apresentar, para um teatro que venha a dignificar figuras afro-negras, molequinhos de senzala. Engano. Dá destaque tal a Jacinthas e a equivalentes de Jacinthas que esse destaque provocou comentários do maior interesse sócio-antropológico da parte do historiador inglês Basil Davidson no notável livro que é *Black mother*.

A implicação sociológica favorece a tese de ao escravo afro-negro, no Brasil patriarcal, quando de personalidade e inteligência superiores, raramente terem faltado oportunidades não só de alforria como de ascensão social: cultural, econômica, política. O paradoxo está em que essas oportunidades não se ampliaram nem se consolidaram ou se sistematizaram com a abolição, sob flores, quer naturais, quer de retórica, do 13 de maio. Ao contrário. A um escravo, mais patriarcalmente assistido do que desassistido, sucedeu um ex-escravo, um subcidadão, um sub-brasileiro livre, desprezado quer pelo novo poder político – os republicanos, quer liberais, quer positivistas –, pelo novo poder econômico – os industriais urbanos – e, ainda, pelo novo clero de uma igreja separada – saudavelmente separada, aliás – do Estado, porém sem consciência de suas responsabilidades sociais para com um novo elemento de população: o afro-negro retoricamente livre mas desassistido. Tornado um marginal de cidades. Despreparado para sua nova situação em circunstâncias predominantemente urbano-industriais. Sem senhores rurais economicamente aptos a continuarem a assisti-los patriarcalmente quanto à alimentação, à saúde, à religião. Tendo de contentar-se com um culto a Maria sem quase nada poderem esperar do seu maternalismo: só vagos consolos. Entre estes, o de poderem identificar Marias Mães de Deus ou são Beneditos com reis e rainhas de maracatus, para os brancos curiosidades ou pitorescos de dias de carnaval, para descendentes de escravos o mito sociológico e não apenas a mística cristã, de haver uma salve-rainha capaz de ser para eles uma duradoura princesa Isabel: mais amiga de gentes de cor do que de brancos. Um mito sociológico mais forte do que uma mística religiosa? É duvidoso. As místicas religiosas custam a desaparecer. A mística de Maria protetora dos desvalidos subsiste no Brasil como em Portugal. Em Portugal, com o reforço de Fátima. No Brasil, o esplendor de cultos, devoções, procissões como o de Nossa Senhora da Aparecida, em plena São Paulo, assombra estrangeiros. Ainda mais, o fenômeno de Nossa Senhora de Nazareth, em Belém do Pará, unindo, como só no Brasil seria possível, gentes de várias cores, várias classes, várias culturas. E não se despreze a expressão mística, sem deixar de ser mítica, do culto de Nossa Senhora da Conceição, no Recife.

Mas à Maria misticamente materna já há vozes – inclusive de poetas como um negro angolano – que exaltam "as mães negras cujos filhos partiram". Ou as "minhas mães" só da terra: incapazes de socorrer filhos que se sentem eles próprios a única Esperança com "E" grande: "a Esperança somos nós, teus filhos". Serão? Ou essa insurgência de filhos, a dizerem não precisarem nem de Maria Mãe de Jesus nem mesmo de Marias suas mães da terra, é retórica, além de agnóstica, puramente demagógica. A recente visita de João Paulo II – para lembrar esse outro fenômeno mítico – não terá marcado a ressurgência, no Brasil, entre brasileiros ainda de fé cristã, de um culto maior de Maria? A professora Graziela Peregrino, intelectual do Recife e católica, é para o que está concorrendo: para um culto maior de Maria em correspondência, no Brasil, com o começo de uma maior presença da mulher na própria ação política: o caso de Sandra Cavalcanti é expressivo.

Sugeri ao general João Figueiredo, quando de sua visita ao Recife como candidato à presidência da República, que incluísse no seu ministério um brasileiro afro-negro, evidentemente preto, no seu modo de ser brasileiramente moreno escuro, e de inteligência e saber notáveis – um Cláudio França, por exemplo –, e também uma mulher – uma Sandra Cavalcanti seria talvez ideal. Não pareceram oportunas ao ilustre brasileiro tais sugestões: decerto modo, insurgências. Entretanto, dariam novo vigor ao que já se pode considerar, ao lado do de metarraça e morenidade, outro adiantado brasileirismo sob a forma de mito positivo: o de ser o Brasil, como sociedade nacional, um exemplo de equilíbrio de antagonismos menos racional e calculadamente procurado do que através de intuitivas confluências de contrários harmonizáveis.

No autor deste *Insurgências e ressurgências atuais* foi o que consideraram básico na sua interpretação da realidade brasileira, em recentes pronunciamentos, quer eminente diplomata intelectual alemão, por algum tempo embaixador da República Federal em Brasília, quer, em conferência proferida em simpósio internacional, na mesma Brasília, o professor de história social da Universidade de Oxford, Lord Asa Briggs, ao destacar, na obra por ele analisada autorizadamente, através de estudos histórico-sociais brasileiros, esta concepção brasileira do Brasil: o vir se verificando, entre os brasileiros, desde os seus começos pré-nacionais, um equilíbrio entre antagonismos sempre presentes e nunca gravemente conflitantes. Sempre tendentes a harmonizações. E do Recife informa pesquisadora idônea da Fundação Joaquim Nabuco, de rigorosa formação, pós-graduada em universidades francesas, ter sido a vigência desse equilíbrio pacificador de antagonismos, através de soluções quase sempre superadoras de conflitos graves, entre brasileiros, confirmada por pesquisa realizada, há pouco, sob sua direção e responsabilidade.

Aceito esse equilíbrio, como mito positivo – no sentido soreliano de mito social – na constância de sua vigência, estaria um dos característicos mais significativos não só da formação social como do próprio *ethos* brasileiro. Seria a gente brasileira favorecida, nas suas expressões de desenvolvimento dentro de um sentido raramente ausente de constância de certas opções decisivas, vizinhas de apegos a valores sentidos mais do que racionados, por essa tendência a equilibrar ou conciliar diferenças, harmonizando-as ou tão somente equilibrando-as.

Daí, talvez, aquela já referida observação de Aldous Huxley, em conversa com brasileiro que visitou por toda manhã – seguindo recomendação do irmão Julian Huxley, desde Paris, já amigo do mesmo brasileiro –, de que muito do que vinha surpreendendo no Brasil lhe parecia improvável. Mas – atalhou – funcionava. Era como se tivesse se defrontado com mitos da caracterização soreliana em vigência entre brasileiros favorecida por especialíssimas condições, além de sociológicas, histórico-socias. Isto sem que, indo além da concepção soreliana, vivessem num Brasil, desde seus começos inclinado a comportar-se não mais irracional que racionalmente, sem com isto perder-se mais em fracassos do que em acertar em soluções intuitivas, correspondesse por vezes ao *"the encounter between contemporary faiths and archaic realities"* de que trata, em *Myths, dreams and mysteries,* Mircea Eliade (tr. Harper Torchbooks, N.Y. e Evanston, 1957). O principal confronto estabelecido nessa análise de Eliade tendo sido entre sociedades caracterizadas por sobrevivências arcaicas, do tipo das orientais, e as modernas do tipo ocidental, suas conclusões são apoio a este *Insurgências e ressurgências atuais.* Mais: com o Ocidente civilizado, nos últimos decênios, voltando-se, por vezes, em atitude de diálogo, para recorrências psicoculturais características de situações não-ocidentais e não-civilizadas com seus mitos e seus mistérios de difícil interpretações por lógicas civilizadas ou ocidentais, as conclusões de Eliade tornam-se atualíssimas. Que sociedade ou que cultura, mais do que a sociedade e a cultura brasileiras, mais mistas de civilidade e primitividade nas suas crenças sociais do que a sociedade e a cultura brasileiras? Daí a oportunidade de estudos sobre o assunto do tipo dos que vêm começando a realizar, continuando os Renés Ribeiro, os Thales de Azevedo e os Meira Pena, antropólogos, em particular, analistas sociais ainda jovens, em geral, do Brasil, em torno de assuntos brasileiros como José Guilherme Merquior, Gilberto de Melo Kujawski, Eduardo Portella, Roberto da Matta, Roberto Motta, Baeta Neves, dentre outros. O confronto entre as duas atitudes predominantes tenderá, como já notava no fim da década de 50 Mircea Eliade, a um maior esclarecimento do mundo de símbolos e mitos em que vem vivendo o homem, com o ocidental – acrescente-se sempre, a propósito do assunto – demasiadamente fechado, desde o século XVIII, num racionalismo incapaz de penetrar em significados de comportamentos, para esse racionalismo absoluto, desprezíveis.

Que, entretanto, entender-se por mito aqui adjetivado como positivo, em face da palavra sugerir superficial porém fortemente aquela *"rather special kind of diremption"*, como lembra o professor H. Stuart Hughes no seu *Consciousness and society: the reorientation of european social thought (1890-1930)* (N,Y., 1958). O próprio Stuart Hughes, mestre de uma Harvard ainda de dias mais brilhantes que os atuais, que, interpretando o conceito soreliano de mito, esclareça de *mito* precisar de ser considerado mais um complexo que um significado exclusivo. Sendo reflexo de uma realidade de caráter fluido, seria, como essa realidade, não-racional. Diferente de abstrações logicamente ordenadas. Mais sob mitos que sob abstrações logicamente ordenadas é que o ser humano agiria. Viria agindo. Assim não-abstrato nem suscetível de ordenação lógica é que se apresenta o complexo que é o mito para ser aceito como um todo: espécie, esse todo, até certo ponto, do fluxo bergsoniano, embora sem ir Sorel até à idéia de Bergson, da *inversão no fluxo,* notando o professor Stuart Hughes que, de um impasse metodológico, Sorel é salvo por William James. Um e outro, Georges Sorel e William James, desatendendo a formalidades exclusivamente intelectualistas para valorizarem, através de abordagem ou metodologia mais intuitiva que racionalista, aspectos práticos envolvidos pelas recorrências sociais.

Nenhum deles, nem Georges Sorel, nem William James, destacando-se dos *progressistas* do século XVIII e dos positivistas do século XIX, foram a um extremo de radical antiintelectualismo. A posição dos dois foi a de repúdio a extremos intelectualistas: lógicos, racionais, exclusivos. Mas com Sorel nunca chegando a uma síntese propriamente dita de sua filosofia: conservando-se ele próprio como que miticamente fluido. Aspectos do assunto, aborda-os magistralmente José Guilherme Merquior no seu recente *Rousseau and Weber: two studies in the theory of legitimacy* (Routledge & Kegan Paul, Londres, 1980).

É evidente que o fato de Sorel ter sido invocado por Mussolinis e outros autocratas como pensador de filosofia ou de sociologia a eles supostamente favorável não compromete o criador de novo conceito de mito social com esses seus supostos apologistas. O que nele é superiormente criativo, ao mesmo tempo, insurgente – contra Rousseaus, Voltaires, progressistas do século XVIII, positivistas do século XIX – e ressurgente da filosofia interrogadora – a dos Sócrates, a dos Nietzsches, a dos Agostinhos –, está longe de prestar-se a essas deformações. Principalmente questionando e interrogando é que abriu novas perspectivas ao trato de problemas sociais. Problemas do homem, sempre pessoa – e, como tal, complexo – em relação com universos complexos.

À base de sua nunca de todo sistematizada concepção de mitos sociais – mas, mesmo assim, criativas –, pode-se reabordar, em sociedades modernas, mais de uma daquelas, para ele, realidades sempre complexamente fluidas. O que o atualíssimo Julian Marias sugere acerca da relação idéias-crenças sociais, com as crenças sociais, para o pensador-sociólogo espanhol, mais dinamicamente atuantes que as idéias, pode-se dizer que é nova expressão do conceito soreliano de mito social. Atualiza, cientificiza, sistematiza, até, esse conceito genial.

Homens e sociedades agem, na verdade, sob mitos que tanto podem ser negações ou mistificações de realidades sociais – e, nesse caso, negativos – como intensificações simbólicas – equivalentes das expressionistas em artes – dessas realidades. E como mitos positivos, dinamizações de vagas predisposições de uma sociedade ou definidoras de uma cultura nacional ou de uma época social.

À sociedade nacionalmente brasileira – nas suas predominâncias ostensivas – não vêm faltando mitos positivos que, correspondendo a predisposições vindas de dias ou saídas de momentos germinais, podem agir dinamicamente sobre a unificação de forças que, nessa sociedade, mais a constituem: religiosas, sindicais, regionais, as Forças Armadas, as artísticas, as agrárias, as industriais, as comerciais, com o Estado menos como ordenador do que como coordenador das energias que essas forças representem. Forças das quais é de esperar que surjam novas e úteis insurgências a se cruzarem com também úteis ressurgências. Anarquismo construtivo.

No seu recente livro já citado, José Guilherme Merquior concorda com o professor Ernest Gellner – filósofo-sociólogo dentre os mais lúcidos, de hoje – ter Max Weber de certo modo sociologizado Kant ao considerar a racionalidade, não um absoluto universal, mas condicionado, como aliás o "valor da verdade científica", por certas culturas e seus estilos de vida e suas circunstâncias orteguianamente históricas. E para o pensador brasileiro, a por Weber considerada "sociedade tecnológica" – característica de um Ocidente ostensivamente racionalista – estaria apresentando-se, nos últimos decênios, alterada, nos seus estilos de vida, por *static creeds, irrationalist trends and a mounting clamour of technique-bashing*. É certo que existem essas erupções irracionalistas com contemporizações no tocante a áreas de defesa de saúde e de produção. Mas – objete-se a José Guilherme Merquior –, mesmo nessas áreas, não estão ocorrendo aquelas erupções com resultados que um discípulo de William James poderia considerar favoráveis a um neopragmatismo? E a insurgência atual, no Ocidente, de medicinas ou terapêuticas orientais?

Através da orientação seguida, neste como noutros dos ensaios do autor, opõe-se a explicações deterministas, sugestões não-deterministas, aceitando-se os condicionamentos de recorrências: aquelas recorrências que, indo além das ocorrências convencionalmente históricas – ora apresentadas cronologicamente, ora logicamente –, tornam-se objetos ou sujeitos de estudo – análise ou interpretação – sócio-antropológico. São recorrências que principalmente são consideradas no trato, neste ensaio, de insurgências e recorrências atuais, embora admitindo-se ocorrências significativas. Essas ocorrências, quer através de personalidades incisivas e criativas, quer de fatos quase singulares, em que se manifestem idéias, soluções, iniciativas, quer insurgentes, quer ressurgentes, que estariam, nos nossos dias, rompendo, por vezes explosivamente, com constantes já quase rotinas.

Anexo:
outras antecipações do autor à sua atual perspectiva de cruzamentos de insurgências e ressurgências

No livro *Um brasileiro em terras portuguesas*, aparecido em 1953, em Lisboa e no Rio de Janeiro, já se recorda que desde a primeira metade do século XV os chamados "navios de dom Henrique" começaram a trazer para a Europa, da África não já moura, porém negra, escravos destinados a Portugal; e desde esses dias remotos que esse elemento retintamente estranho foi acolhido pelo que havia de mais benigno no paternalismo português de então. Prolongamento da muita experiência dos brancos de Portugal com mouros de pele escura, nem sempre seus inferiores, mas, ao contrário, em algumas coisas, seus superiores e, noutras, seus iguais. Não conhecera Portugal a civilização islâmica, representada por mouros, dentro dos seus próprios muros?

O clássico Zurara – ou Azurara – não nega que fosse cruel a partida desses primeiros grupos de escravos da África Negra, por cristãos portugueses. Dos cativos, uns gemiam "lastimosamente" ao aproximar-se o momento de filhos se separarem das mães; outros bradavam como se pedissem socorro ao "pai da natureza"; ainda outros "batiam com as mãos no rosto, lançando-se ao chão". Havia mães que "apertavam os filhos nos braços e lançavam-se com eles de bruços no chão, recebendo feridas com pouca piedade das suas carnes, para lhes não serem tirados".

Do alto de possante cavalo, assistindo a essas pungentes separações que afastavam para sempre africanos uns dos outros para tornar, os mais escolhidos, portugueses, o infante dom Henrique. O cronista nos assegura que era para dom Henrique "de grande prazer considerar que a salvação daquelas almas se teria para sempre perdida se não fosse ele". E não se duvida que o místico se exaltasse com alegria, compensadora da tristeza de ver brutalmente separados africanos moços e até meninos das suas mães. Mas tudo parece indicar que à alegria do místico cristão, empenhado na salvação das almas do gentio, se juntasse a preocupação de português realista, convencido da necessidade de aumentar Portugal sua população para poder cumprir no ultramar uma tarefa que exigia corpos e não apenas almas a serviço d'el-rei. Corpos vigorosos, corpos procriadores, corpos geradores. Era preciso que aos corpos brancos e morenos, assim vigorosos, se juntassem, em Portugal, os pardos e pretos trazidos da África, para que, abrigando todos almas de cristãos, se unissem naquele serviço, ao mesmo tempo de Cristo e d'el-rei. Realizaria então uma das nações menos populosas da Europa o esforço que, normalmente, tocava a povo numeroso e até pletórico. A retificação pela sabedoria ou pela ciência dos sábios do determinismo demográfico, tão irmão do econômico e do de raça. A idéia – de que fala o grande sociólogo alemão Max Weber – a atuar e influir decisivamente sobre situações que dentro de critério rigidamente materialista apenas refletiriam causas ou determinações de ordem chamada material.

Aumentava-se, com efeito, o número de portugueses acrescentando-se a esse número africanos na condição de escravos ou cativos, é certo, mas escravos e cativos a quem se facilitava a situação de portugueses através da de cristãos. Escravos ou cativos que a nação desde logo se dispôs a absorver cristãmente dentro do seu sistema de família patriarcal em que o afilhado com facilidade se tornava filho. Filho sociológico igual ao biológico. Filho de cor igual ao branco. Método islâmico.

Sabe-se que, entre outros, Lançarote, escudeiro da casa do infante, trouxe cativos da África Negra a Portugal, na primeira metade do século XV. Duzentos cativos, diz o cronista, e entre ela raparigas que foram batizadas, junto com os mais, e adotadas pelas casas fidalgas, que as tratavam com brandura – acrescenta a crônica –, instruindo-as, casando-as, dotando-as. Era já o sistema patriarcal das casas fidalgas que, no Brasil, se requintaria no das casas-grandes de engenho ou de fazenda. Concorria já naquela época experimental para o bem público através de uma obra de assimilação de elemento exótico na cultura cristã e na família ou na sociedade portuguesa que só esse sistema – ou quase-sistema – soube realizar com inteira eficiência e sem sacrifício da afetividade ou da cordialidade que fluía ou decorreria de sua própria configuração familista ou paternalista. Era já o quase sistema português de inspiração islâmica, a fazer de meninas-moças de cor, meninas-moças quase iguais às de Bernardim Ribeiro: poetizadas pelo encanto ou pela graça de afilhadas quase filhas de matronas ilustres; protegidas em seus amores e levadas por essa proteção à doce rotina de casamentos estáveis, sólidos, regulares, com dotes. Casamentos em que as meninas-moças de cor, criadas com mimo em famílias fidalgas, não se apresentariam socialmente inferiores aos brancos que as tomassem por esposas. Ao contrário: em alguns casos seriam superiores aos maridos.

Azurara chega a pormenores expressivos sobre o que foi essa obra de assimilação de africanos verificada, num Portugal mal saído da Idade Média, à sombra do mesmo sistema patriarcal que no Brasil viria a adquirir tanto vigor e tanta amplitude. De "alguns senhores viúvos", informa que tratavam os cativos por ele comprados "como filhos". Mais: deixavam-lhes legados nos seus testamentos para que pudessem depois casar bem e ser considerados livres. Absolutamente livres. E personalizando sua informação, a ponto de torná-la um depoimento, assegura com enfáticas palavras nunca ter visto nenhum cativo, dos incorporados a sistema patriarcal de família portuguesa, a ferros com os outros escravos; e quase nenhum que não se tornasse cristão e que não fosse tratado com muita benignidade.

Muitas vezes, acrescenta ter sido convidado por senhores desses cativos para seus batismos e casamentos; e não faziam tais senhores menos solenidade que se fossem seus filhos ou parentes. Era o *método,* não só do Albuquerque da Índia, como do Albuquerque do Brasil a definir-se em Portugal um século antes de manifestar-se nos trópicos.

Oliveira Martins fixa em sua clássica *História de Portugal* os excessos ou as deformações, ainda em Portugal, do método depois ultramarino, como se tais excessos fossem o método em sua pureza: processo injusto de caracterizar-se qualquer sistema ou instituição ou de fazer-se dele crítica sociológica. Que aquele modo de assimilação doméstica de elementos exóticos, ainda quentes dos trópicos e das selvas, prestava-se a fáceis deformações capazes de comprometer os próprios rudimentos da moral cristã de família, é evidente. Mas o que não seria justo seria julgar-se o método em si – método, acentue-se, islâmico – por essas deformações, mesmo numerosas como certamente foram.

O método, em sua pureza de objetivo e de ação, transformou em Marias e Antônios lusitanamente da Silva ou dos Santos, muita negra e muito negro, de início, literalmente da selva, africanamente dos demônios do mato; e a adoção de nomes cristãos e prenomes portugueses importou quase sempre em civilizar-se, aportuguesar-se, cristianizar-se, domesticar-se o selvagenzinho, a ponto de tornar-se – como já se viu – filho da casa domesticadora, membro da família educadora. A qual, tomando o exótico como escravo, elevou-o muitas vezes a tão bom súdito d'el-rei, a tão fiel devoto de Nossa Senhora, a português tão escorreito em seu comportamento e tão castiço em sua fala e só exótico – às vezes atraentemente exótico do ponto de vista erótico – ou estético – em sua cor, em suas formas, em seu cabelo –, que não se tornou difícil sua incorporação à sociedade lusocristã pelo casamento.

E com esses acréscimos, expandiu-se essa sociedade sem perder suas características principais: aquelas que um moralista – no sentido não de censor intransigente de quaisquer desvios dos padrões estabelecidos de moral ou de forma social, mas de intérprete compreensivo desses desvios em relação com a normalidade da época ou do meio – não hesitaria em considerar perturbadas, porém não anuladas, pelo que representou de aventura ou de risco a grande experiência portuguesa do século XV. Experiência tentada ou realizada dentro das próprias casas-grandes de Portugal e das próprias plantações da Estremadura e do Alentejo, antes de realizar-se nas casas de engenho e nas plantações de açúcar da Madeira, de São Tomé e do Brasil; e no próprio Oriente, sob o comando de Albuquerque, e, um tanto retardada, naquela Angola, semelhante ao Brasil, a que se referem cronistas menos remotos.

Repugnou experiência portuguesa aos moralistas mais estreitos da época – um deles, o flamengo Clenardo que, no século XVI, visitou Portugal – e de épocas posteriores: aqueles que, mesmo favorecidos pela perspectiva, como Oliveira Martins, nem sempre têm conseguido libertar-se, nos seus julgamentos, de mesquinharias de quem viajasse, pelo tempo das descobertas, em pichelinga comandada por duro calvinista do Norte. Pois há iniciativas, aventuras, experiências lusitanas que os próprios moralistas portugueses têm insistido em considerar, julgar e condenar com olhos de inimigos de portugueses, como forma, na época dos descobrimentos, os calvinistas do Norte da Europa. Gente que tendo identificado, quando ainda católica, com um fervor de cristãos cruamente novos, o Cristo – judeu talvez moreno em sua forma humana – com os homens louros das florestas e das neves de um Norte ainda bárbaro, aproximara-se dos povos escuros dos trópicos como de populações demoníacas, das quais devessem os cristãos brancos guardar severamente o corpo ou o sexo, só transigindo com mulheres vermelhas, pardas, pretas, amarelas, em coitos dos chamados danados. Repelindo, então, os filhos desses coitos. Tratando de resto as mães desses mestiços. Deixando de reconhecer como filhos meninos alourados ou arruivados, como aqueles que os primeiros colonos regulares do Brasil português encontraram soltos e nus pelos matos do Nordeste: filhos de aventureiros franceses do Norte com ameríndias abandonadas pelos pais. Filhos de franceses de uma França não menos católica ou menos latina que as Espanhas e a Itália; mas, talvez, menos amaciada, em seu barbarismo nórdico, ao defrontar-se com ameríndios, pelo contato com árabes, mouros, judeus, já de alta civilização, que portugueses.

Aventuras de sexo dos portugueses em terras tropicais quase sempre tomaram o rumo da rotina ou da ordem ou da tradição familial cristã e da estabilização imediata e, quando possível, completa, de mestiços, doutro modo irrequietos e indecisos, em portugueses e cristãos. E isto por vários motivos. O principal já o sugerimos: ter sentido Portugal, desde os começos do século XV, pelo seus homens de visão mais larga – aqueles que ao misticismo transoceânico juntaram de início o senso da realidade como que terra-a-terra –, a necessidade de aumentar por esse meio seu capital-homem, tão necessário à efetiva ocupação econômica e social quanto à militar, de novas províncias ultramarinas.

Este o motivo terra-a-terra, secular, econômico – e solidamente português – ao qual deve ter-se juntado, em mais de um caso, o místico ou ideal de, na verdade, aumentar-se, por esse doce processo de assimilação, o número de almas para Jesus. Pois aqui nos defrontamos com um daqueles fenômenos mistos, a que se refere o mestre alemão Fachs, autoridade máxima em assuntos de sociologia das religiões: fenômenos que exigem, do intérprete, atitude ou critério também misto, de interpretação. O critério materialista, até certo ponto; e, de certo ponto em diante, o que admita influência de ideais ou de mitos sobre o comportamento nem todo fatalmente econômico ou biológico dos homens. Ou, antes, deve o intérprete seguir ambos os critérios, ao mesmo tempo, em atitude de quem se dispusesse sempre a reconhecer a constante interpenetração, nos atos humanos, do ideal e do real.

Quando anglo-saxões como Jayne não vêem na incorporação de africanos à população e à cultura lusocristãs senão a necessidade, ao mesmo tempo econômica e biológica, experimentada pelo português depois de muitas e graves perdas de homens nas batalhas contra os mouros, de compensar-se dessas perdas, importando escravos negros da costa ocidental da África para os campos quase abandonados da Estremadura e do Alentejo, resvalam na mesma parcialidade de critério, deformadora da realidade em que, por outro lado, se extremam aqueles louvadores do infante, empenhados em só enxergarem nas iniciativas lusitanas do século XV, em torno da captura de escravos pretos ou de cor para o serviço das casas e dos campos de Portugal, o afã de salvar almas para Cristo e estender à África e outras partes o cristianismo. Houve este afã, sem que aquela necessidade deixasse de fazer-se sentir com uma adstringência que homens, ao mesmo tempo de estudo e de Estado, como alguns dos portugueses mais lúcidos do século XV, decerto, procuraram suavizar, por método antes árabe ou mouro que europeu de compensação de perdas de guerras e de aumento de população sem risco de dissolução da cultura – inclusive a religiosa – tribal ou nacional. Este o ponto a que supostos realistas, em suas técnicas de reconstituição do passado português, têm-se conservado lamentavelmente alheios, não entrevendo o que há em método tão pouco europeu de assimilação de gente exótica e ancilar, de conciliação – na verdade de inspiração islâmica – dos interesses práticos e até das solicitações biológicas, com a solicitações do ideal religioso ou do sistema ético, dentro do complexo cultural, se não decorrente ou dependente desse ideal, por ele colorido em suas várias manifestações.

Do método árabe, mouro ou, antes, islâmico ou maometano, de assimilação de gente exótica e ancilar, que nos parece ter sido a forma ou o método de recuperação e aumento de população, sem sacrifício da cultura nacional – ao contrário: com vantagem para sua expansão –, adotado pelo português desde os começos do século XV, se não conscientemente, por força de contágio com o mesmo mouro ou árabe, como base de uma política social, ao mesmo tempo nacional e ultramarina, ainda hoje pode o estudioso surpreender na África toda uma série de efeitos que contrastam com os métodos ou sistemas das nações européias, empenhadas na consolidação de conquistas africanas. Principia-se então a ver que o método português, na forma, é sociologicamente semelhante ao maometano, embora a substância cristã de que esta forma é portadora contraste fortemente com a substância maometana, sua rival.

O mais sábio dos antropólogos modernos, o professor Franz Boas, no ano já distante de 1938 – ano em que tive a honra de dirigir, como professor extraordinário da Universidade de Colúmbia, em curso de doutorado, um seminário sobre sociologia da escravidão –, comentando com a generosidade de antigo mestre páginas então só publicadas por mim em língua portuguesa sobre a influência árabe islâmica, na cultura lusíada, salientava o triunfo maometano na África, em contraste com o fracasso europeu, como evidência de superioridade de técnica de assimilação, da parte não só do árabe, como do hamita arabizado, civilizador do Sudão. Assunto de que Boas se ocupara, com a penetração de sempre, em estudo sobre o negro na África. Tanto que me animou a observar em Portugal, no Oriente e na África, do ponto de vista das relações – que eu já sustentava ser particularmente íntimas – do sistema português de colonização dos trópicos com o maometano.

"Que fizera o hamita arabizado, invasor do Sudão?", perguntava Boas. Misturara-se com a gente nativa submetida ao seu jogo ou conquistada por sua força e, à maneira árabe, em parte escravizada, isto é, incorporada em pequenos números, de fácil assimilação ou domesticação, às famílias ou casas maometanas. E embora etnicamente o hamita tivesse quase desaparecido sob o impacto do sudanês nativo – seu superior em número –, a cultura maometana é que, através desse processo de amalgamento e de assimilação, passara a ser a cultura característica da região, chegando o chamado Império de Ghana e os denominados Estados Haussás a atingir a civilização dos semitas da Arábia. Civilização de que o Brasil – colônia se beneficiou quando dessas áreas africanas foram importados escravos para plantações e casas pré-brasileiras.

Pensava Boas que, enquanto o método islâmico ou maometano de assimilação da África Negra à civilização semita lembrava o dos gregos e romanos em suas relações com as tribos brancas, mas ainda bárbaras, do Norte da Europa – relações que não excluíram o amalgamento de raças, ainda hoje lamentado por puristas, alguns dos quais, pretendendo exprimir o sentimento teutônico, falam em *mongolização*: a degradação étnica de tribos nórdicas pelo sangue da gente civilizadora –, o método europeu, na mesma África, vinha se limitando à afirmação da presença européia entre os negros, através de agentes ou residentes brancos – na sua maioria, note-se bem, arredios dos nativos e até hostis a eles – e numerosos produtos de manufaturas inglesas, francesas, belgas, alemãs, etc. Nenhum amalgamento da melhor classe de brancos com a gente negra: o amalgamento em que se têm como que especializado hamitas maometanos, neste ponto favorecidos por uma instituição islâmica – a poligamia – ideal para a seleção eugênica de mulheres pelos conquistadores e para a criação e educação dos filhos das várias mulheres como membros de uma só e grande família. Vantagens – as daquela seleção e as desta educação – procuradas e alcançadas por meios nem sempre ortodoxalmente cristãos pelos Albuquerques que, no Oriente, na América, na África, compreenderam desde o início do esforço português de expansão ultramarina, que havia o que imitar dos maometanos, na obra de assimilação das populações conquistadas por pequeno número de invasores.

A verdade é que, muito antes de os chamados *frades brancos* imitarem, na África e no Oriente, os islâmicos ou maometanos, no trajo ou na aparência, para melhor conquistarem a simpatia ou o favor dos nativos e, à sombra desse favor, lhes transmitirem a substância de cultura vigorosamente rival da imitada – a cristã –, os portugueses já vinham assimilando dos mesmos maometanos formas ou métodos de ação colonizadora, a serviço da disseminação ou expansão daquela substância cultural de que o nervo era a fé cristã: fé a que nunca deixaram de todo de ser fiéis. Polígamos foram a seu modo os portugueses, no ultramar, principalmente no Brasil do século XVI ao XIX: polígamos que, tomando muitas mulheres de cor nos haréns das casas-grandes patriarcais e atraiçoando, assim, a monogamia, pecaram contra a Igreja. Mas não, propriamente, contra o cristianismo. Por que, através desse terrível pecado de cristãos contagiados pelo exemplo maometano, expandiu-se a civilização católica em terras americanas com uma rapidez e uma amplitude que não teriam sido possíveis dentro da estrita ortodoxia cristã ou da perfeita normalidade monogâmica.

Mas não se limitou à poligamia a imitação, pelos portugueses, de formas maometanas de dominação e assimilação de gente exótica numerosa por invasores escassos. Tomou outros aspectos.

Aquela doçura de tratamento dos escravos, principalmente os postos no serviço doméstico, notada por Azurara, no século XV, era islâmica ou maometana. Maometana a técnica de incorporação, desses escravos, como afilhados, a famílias de que alguns tomavam, além do nome e da fé, modos e comportamentos, até tornarem-se iguais a indivíduos livres.

Para o maometano em expansão não importava – nem importa hoje – a raça ou a cor das populações alcançadas pelo seu domínio: importava e importa o fato de adotarem essas populações o islamismo, isto é, a fé com todas as suas conseqüências sociais e culturais de comportamento. Daí terem se tornado, em numerosos casos, chefes maometanos indivíduos de várias raças e cores.

Ora, não foi outra a política que, de modo geral, o português, segundo o exemplo islâmico, adotou em sua expansão nos trópicos, como o mais sério rival europeu – do ponto de vista sociológico da assimilação das gentes nativas – do maometano. O cristão português imitou na sua difícil dominação dos trópicos – dominação de populações numerosas com reduzido capital-homem – aquele povo extraordinariamente dúctil, lúcido, móvel, que, desde eras remotas, fora seu competidor na Europa; e em quem, nesse período de competição, entrecortado de fases de cooperação ou aproximação cordial, reconhecera o portador de uma civilização, sob vários aspectos superior à da Europa cristã. Também o exemplo de uma plástica de homem, de uma forma de mulher, de uma cor de gente que, não sendo as formas e cor caracteristicamente européias, eram as de um povo antes superior que inferior ao da Europa. Muito sangue mouro fora absorvido então em Portugal. Muita cultura maometana. E a própria mulher moura – o valor mais renitente, do ponto de vista maometano, contra a absorção por estranhos – tornara-se valor português sob a forma de um ideal de estética feminina, cristalizado no mito da *moura encantada*.

Autores especializados em assuntos islâmicos recordam que aos exércitos árabes, nos dias mais intensos de expansão do islamismo, só árabes podiam pertencer. Mas ser árabe era ser não apenas árabe puro como filho de pai árabe, fosse qual fosse a raça da mãe. Em geral, a mulher árabe só casava com árabe: sistema maometano resguardava-se das aventura da exogamia. O homem, porém, tinha ampla liberdade de casar com mulher de qualquer raça conquistada; e os filhos dessas uniões exógamas, fosse qual fosse a raça, condição social – livre ou escrava – ou religião da mãe, eram filhos tão legítimos de árabes quanto os de puro ventre árabe e de mãe maometana. E não só legítimos: livres, mesmo quando ainda oriundos de ventre escravo. Ao receber a semente islâmica, o ventre escravo passava a produzir maometanos livres. Os escravos eram filhos de pai e mãe escravos; ou os escravizados por sua rebeldia à fé maometana. E a estes, mesmos, dava-se oportunidade de se tornarem livres, tornando-se maometanos.

Daí o rápido aumento de população culturalmente maometana ou socialmente islâmica. Daí a fácil penetração por islã de áreas de cultura e raças diversas que foram para sempre coloridas por conquistadores tão pouco etnocêntricos no sentido biológico que a figura do árabe desaparecia na do maometano. Conquistadores cujas conquistas tiveram por centro, não uma raça, mas um sistema: o cultural, social ou moral de disseminação de *ethos* e de cultura maometana. O que fosse biológico ou étnico, a pureza de raça ou de sangue, eram considerações secundárias à margem desse sistema de expansão cultural, religiosa, lingüística.

O principal era a disseminação da fé, da mística, da cultura, do estilo maometano de vida através de representantes, agentes ou portadores desse sistema que se fixavam entre os conquistados, como uma aristocracia dominadora a que os mesmos conquistados podiam, entretanto, ascender. Semelhante aristocracia nunca se fechou de todo aos diversos grupos conquistados, entre os quais espalhou-se, mais de uma vez, a cultura maometana, através de *línguas francas,* comuns a numerosas tribos e a consideráveis populações mestiças: o caso do *swaheli*, na África Oriental. Nessas *línguas francas* se exprimiu quase sempre a capacidade do sistema expansionista de absorver dos povos conquistados palavras de sabor ou significado local, às quais se acrescentavam as de origem árabe e de sentido geral, isto é, maometano.

O professor Richard Thurnwald, autor do clássico *Economics in primitive societies* (Londres, 1932), ao considerar relações entre raças e culturas na África Oriental, salienta o fato de numerosas famílias mestiças, descendentes de pais árabes islâmicos, e de mulheres pretas e escravas, terem atingindo, naquela área, a situação de famílias dominantes sobre cadeias de clãs. Foi a situação da família Walindi, por exemplo: família que os alemães encontraram, nos fins do século XIX, senhora das colinas de Usambra, dominando os shambala e mantendo-se através de relações patrilineares e por meio de sultanatos. Embora Thurnwald observe que essa dominação patrilinear representasse "contato pela força", ele próprio recorda que os dominadores, fazendo de mulheres nativas e escravas suas esposas, realizaram "adaptação em linhas biológicas " à qual se seguiu – pode-se acrescentar ao investigador alemão – adaptação em linhas sociológicas, através do que ele próprio destaca como atitude *agressiva* da parte dos descendentes mestiços daquelas uniões, para com os primos puramente africanos. Atitude *agressiva* com a qual estes se conformaram passivamente, aceitando a dominação mestiça e patrilinearmente árabe. E o fato é que esse tipo de organização, biológica e sociologicamente mista, em vez de enfraquecer, fortaleceu os grupos africanos que alcançou. De tal modo que, ao tomarem contato com tais grupos islamizados, nos fins do século passado, os alemães encontraram da parte deles notável resistência aos seus intuitos e dominação européia.

As vitórias desses e de outros grupos europeus sobre sociedades africanas já islamizadas, parece que a situação atual de grande parte da África indica não terem sido, como chegaram a supor observadores menos profundos, vitórias definitivas ou completas, mas transitórias ou parciais. O maometano parece vir sobrevivendo ao europeu como dominador e civilizador de numerosos grupos africanos. Como que sentem estes grupos, desde dias remotos, no islamita moreno, maior proximidade com sua própria raça; e, no sexo desse invasor, maior disposição para confraternizar com as mulheres pretas e maior capacidade ou, pelo menos gosto, para delas haver filhos, que o sistema maometano reconhece e prestigia, em vez de desprezar ou renegar.

Daí virem sendo os árabes islâmicos ou maometanos mais estimados ou simpatizados que os indianos pelos negros africanos: atitude que pude constatar em contatos com Áfricas, além das de formação portuguesa. Tão morenos quanto os árabes, e tão habituados quanto eles ao calor e ao meio tropicais, os indianos poderiam, por essas circunstâncias de ordem física, vir sendo considerados pelos negros tão próximos de sua raça e de sua terra quanto aqueles. Essa vantagem, porém, vem sendo anulada entre indianos, por uma série de atitudes de ordem social que podem ser hoje consideradas expressões de inadaptação, em linhas sociológicas, ao papel, tão incisivamente exercido pelos árabes, islâmicos, de civilizadores ou assimiladores de sociedades primitivas dos trópicos,. Muitos deles, indianos, não têm sido, em relação com as sociedades primitivas da

África, senão exploradores de um tipo mais doce que o da maioria dos europeus. Tendo se avantajado aos árabes islâmicos, em atividade comercial, o exercício, por eles, dessa atividade, como grupo à parte dos grupos nativos, já conquistou para muitos deles, entre esses grupos, situação equivalente à dos israelitas em certos meios europeus e americanos. Generalização que não alcança os goeses, como não alcança a totalidade dos indianos que a aventura comercial tem trazido à África.

Há anos que chegam eles à África, de Guzerate, de Punjab, de outra regiões indianas. Vêm buscar fortuna. Seu sonho – conversei com alguns – é regressarem ricos à Índia.

De tal modo tem-se acentuado entre eles a tendência para virem do Oriente já casados e até com filhos e constituírem, uns casais com outros, grupos à parte entre as sociedades africanas, que seu procedimento tornou-se exemplo vivo de procedimento contrário ou oposto ao dos árabes, célebres pela sua miscibilidade e cordialidade nos meios tropicais. Não só sob o ponto de vista da quase ausência de relações íntimas com as populações nativas, como do ponto de vista do efêmero ou do transitório de sua atividade em terras africanas, vêm os indianos contrastando com os árabes no seu modo de adaptar-se à África. Enquanto a tendência dos filhos de Maomé tem sido para se fixarem para a vida toda em terras africanas, cercados de mulheres nativas e de filhos mestiços, numa ostensiva demonstração de amor ao meio e à gente, muitos dos indianos têm vivido na África só o bastante para a acumulação de pequena fortuna a ser gozada na própria Índia. Fortuna reunida à custa do que já se denominou *ascetismo econômico,* tão árido aos olhos indígenas quanto o ascetismo sexual da maioria dos indianos. Daí a reputação de *sovina* que cerca na África a figura do indiano, em contraste com a de generoso, hospitaleiro, fidalgo e, ao mesmo tempo, bravo, que prestigia ou romantiza a do árabe, facilitando a expansão islâmica.

Deve-se salientar, a esta altura, que as reputações antagônicas que cercam, na África, os dois povos morenos e tropicais que ali têm rivalizado com os europeus em influência sobre a vida, a cultura e a paisagem indígenas – os indianos *indus* e os indianos islâmicos – derivam-se, em grande parte, dos sistemas sociais diversos de que têm sido portadores naquele continente, como noutras partes do mundo, árabes e indianos. Os árabes – principalmente os *swaheli* – têm-se feito notar na África como portadores de um islamismo, já caraterizado por mais de um estudioso do assunto como *liberal* em sua receptividade a estranhos: dinâmico e liberal a um tempo. Os indianos (Ismailya, seguidores de Aga Khan, Isnasheri, Bohora), como portadores de um sistema não só viciado ou marcado por sentimentos de castas hostis a livres contatos com estranhos e a novas e audaciosas combinações em estilos de convivência humana, tendem a ser ascéticos: econômica e sexualmente ascéticos. Como os africanos parecem ser, em sua maioria, gente pouco ascética em sua economia e mesmo em seu comportamento sexual – o que significa menos que lhes faltem, nessas atividades, restrições e tabus, compensados, aliás, por danças excitantes do sexo, do que lhes escasseie, em sua atitude para com a vida, em geral, aquela mocidade de espírito ou aquela disposição para aventuras de renovação, tão rara entre indianos de formação ou feitio mais hirtamente hindu –, é natural que a simpatia africana venha se dirigindo antes para os árabes islâmicos – como me pareceu evidente – que para os indianos daquele feitio árido. Para os árabes islâmicos e para os próprios chineses: outra gente que, a despeito de portadora de uma civilização antiqüíssima e, a sua maneira, apolínea, prima pela mocidade de espírito. Mocidade ou vitalidade de espírito, com aquele não sei quê de *pacificamente conquistador*, notado nos chineses pelo professor André Siegfried, que contrasta com a ancianidade – também de espírito – característica do comportamento de numerosos indianos e europeus, tão exageradamente apolíneos que chegam a parecer assexuais em seus modos, mesmo quando desbragadamente libidinosos ou volutuosamente dionisíacos na intimidade.

E toda essa tentativa de contraste da figura do árabe islâmico com a do indiano através do comportamento dos dois povos morenos e tropicais da África Negra, estudados já por vários orientalistas, procuro esboçá-la em traços ligeiros e um tanto indecisos de noviço no assunto, com que fim? Com o fim de situar ao lado do árabe islâmico *pacificamente conquistador*, e em contraste com os europeus, a figura do português. Porque a figura do português como civilizador de áreas tropicais parece ter se destacado de tal modo das dos outros europeus, pelas linhas quer biológicas, quer sociológicas, que tomou sua ação ou seu comportamento – colorido pela influência do Oriente, e, principalmente, do árabe islâmico –, que o seu parentesco sociológico com esse árabe islâmico ou mouro maometano pede um estudo que espanta não ter sido ainda feito.

Estudo que me seduz desde 1938, quando, na Universidade de Colúmbia, discuti – como já foi recordado – o assunto com Franz Boas, o então supremo mestre de antropologia dessa universidade, e ele, arregalando para mim aqueles seus olhos de velho sempre moço no espírito, animou-me com seu mais incisivo *go on*: era uma mina a ser imediatamente explorada. Era impossível, porém, *go on* faltando-me o contato – que só anos depois me foi dado experimentar – com o árabe ou o maometano na própria Ásia e na África; com o indiano na própria Índia e, também na África, onde também pude surpreender o chinês integrado, quase tanto como em Macau, em áreas de colonização sino-lusitana ou de formação lusocristã: aquelas que foram o objeto principal da minha viagem de lusotropicalista por terras africanas e orientais. Agora que experimentei esse contato, posso sugerir com maior segurança, em páginas que podem ser consideradas nota prévia a um estudo mais concentrado do assunto, o parentesco sociológico do português civilizador dos trópicos com o árabe ou o maometano, dominador mais antigo do mesmo espaço e cujos métodos de *conquista pacífica* – métodos, talvez, mais dinâmicos e incisivos que os chineses – de povos, e raças e culturas as mais diferentes, foram magnificamente assimilados pelo homem luso e postos a serviço da expansão cristã no Oriente, na África, na América.

Inclusive – para voltar a ponto já ferido – o método ou a técnica de escravidão. O método ou a técnica portuguesa de escravidão, desde os dias de dom Henrique aos do Brasil opulentamente patriarcal, foi método ou técnica de inspiração principalmente árabe ou maometana. Donde a sua maior doçura e a sua maior flexibilidade social, quando comparado com outros sistemas escravocráticos.

É do antropólogo inglês George Henry Lane-Fox Pitt-Rivers, no seu estudo, hoje clássico – *Clash of cultures and contact of races* (Londres, 1927) – sobre o que denomina "leis de adaptabilidade racial", o reparo de que, entre os povos do Oriente, a escravidão "significa de ordinário alguma coisa muito diferente, mais nobre e menos degradantemente intolerável do que significou na Europa e nos Estados Unidos da América". E acrescenta da poligamia que, também essa instituição, tal como é praticada nas civilizações islâmicas e brâmanes, merece o respeito dos ocidentais.

Precisamente em conceitos árabe-islâmicos orientais de escravidão e de poligamia é que o português parece ter-se inspirado para seguir, desde os dias do infante, na sua expansão ultramarina e mesmo no seu esforço de recuperação de forças e de homens na própria Europa, uma política social de feitio tão pouco europeu que acentuou, desde então, a singularidade da posição dos lusitanos e sobretudo dos seus continuadores brasileiros, entre os poderes imperiais: os lusitanos, uma potência menos européia – intransigentemente européia – que lusotropical – flexivelmente lusotropical – em seus método ou formas de expansão. O que se acentuaria no Brasil.

A substância da expansão brasileira seria principalmente – principalmente e não exclusivamente – européia. Mas suas formas seriam mistas: européias e orientais. Cristãs e maometanas. Lusas e tropicais, se por tropicais entendermos formas não só do que Pitt-Rivers chama *adaptabilidade racial* de grupos europeus a populações tropicais, mas o que poderemos, talvez, considerar formas de adaptabilidade do europeu ao clima, ao meio, aos usos, às culturas tropicais, sem nessa adaptabilidade dissolver-se do todo o potencial da cultura invasora. Adaptabilidade ecológica, talvez se pudesse dizer, em que o homem adaptado a novo espaço não rompesse de todo com o seu passado ou seu tempo social: seu modo ou do seu grupo ou cultura materna. Adaptabilidade em que primou nos trópicos o português e vem primando, ainda mais, o brasileiro por um como instinto de sobrevivência nos climas quentes que chega a lembrar um fenômeno de agressão, elevado da escala individual à nacional. A despeito de indecisões, deficiências e conflitos de técnica propriamente política, em que resvalaram vários dos líderes civis, militares e eclesiásticos de expansão portuguesa no ultramar, o português primou nessa adaptabilidade ao mesmo tempo biológica – ou aparentemente biológica – e social. Adaptabilidade em que primara já – e continuaria a primar até os nossos dias – o maometano, com iguais deficiências de unidade e de vigor de chefia ou comando, a comprometerem a ação dos maometanos simplesmente maometanos, em sua conquista como que instintiva e até volutuosamente pacífica de povos que a só conquista militar, política ou econômica não adoçaria nunca em súditos ou escravos, auxiliares de reis ou grupos conquistadores. Auxiliares integrados nos objetivos e nos estilos principais de convivência estabelecidos por esses grupos ou reis.

Vasco da Gama e Afonso de Albuquerque – talvez os dois maiores capitães portugueses da era das conquistas (ponto em que eu tanto insisti em conversa com Arnold Toynbee, posterior a meus contatos com Orientes e Áfricas) – defrontaram-se, tanto quanto o infante na fase ainda experimental ou inicial dessas conquistas, como exemplos de técnica islâmico-maometana de dominação de povos, áreas e condições tropicais por grupos relativamente pequenos de invasores. Vasco da Gama, em Moçambique. Aí, ele e os companheiros chegaram a ser tomados por maometanos. Pois eram áreas que, sob o favor dos ventos ou de acordo com as monções – e não nos esqueçamos da afirmativa de um historiador especializado no assunto, o professor Williamson, de terem os portugueses "simplesmente copiado dos árabes a prática de *monsoon sailing,* isto é, de navegar de acordo com as monções –, recebiam, desde tempos remotos, visitas de negociantes da Arábia, da Pérsia e da Índia. Tais negociantes não se limitavam ao tráfico de mercadorias: interessava-os também o comércio de escravos.

Eram áreas, as da África Oriental, salpicadas de sangue e de cultura maometanos de um modo que deve ter surpreendido e impressionado os portugueses do século XVI: por meio de agentes que se arranchavam entre os nativos, com esposas e concubinas africanas e filhos mestiços em torno de suas figuras ao mesmo tempo senhoriais e afetivas. Numerosos filhos mestiços tornaram-se disseminadores do sangue, da religião, da língua e dos costumes do país. Havia escravos africanos a serviço desses árabes islâmicos e mestiços, relativamente sedentários.

Nessa áreas islâmicas, amorosamente arabizadas ou islamizadas, quase não houvera conquista militar da parte dos árabes. Muito divididos entre si, os nativos tinham facilmente se acomodado à invasão, seguida daquela conquista ao mesmo tempo pacífica e dinâmica, amorosa e revolucionária, que alteraria de modo decisivo a composição étnica e, sobretudo, a organização social e a cultura das populações africanas e rústicas.

Não só o litoral vinha sendo dessa maneira penetrado e conquistado pelo sangue e pela cultura dos árabes islâmicos: também ao interior ia chegando sua ação islamizante sobre a cultura dos africanos. Ação ao mesmo tempo clareadora da pele dos africanos e modificadora da própria paisagem social.

Portadores do sangue e dos costumes dos pais semitas, os mestiços acrescentavam-se à África quase sem fazerem violência às tradições e paisagens físicas mais caracteristicamente africanas: harmonizando-se com elas. Sistematizando muitos dos costumes e usos nativos dentro de formas mais altas de organização e de cultura: as islâmicas.

Foi o que sucedeu com várias instituições africanas, arabizadas ou islamizadas por esses conquistadores pacíficos mas dinâmicos e populações negras. Ao tráfico de escravos, por exemplo, deram eles caráter de comércio transoceânico, abrindo o caminho para as proporções mundiais que o comércio de negros, brutalizando-se sob uma espécie de lei sociológica dos *grandes números,* tomaria sob a direção menos de portugueses que de outros europeus, empenhados, desde o século XVI, em suprir de braços cativos as plantações das Américas. Principalmente das áreas tropicais e quase-tropicais das Américas.

Mas não nos adiantemos nem no espaço nem no tempo. Recorde-se, ainda, que os árabes islâmicos estabelecidos na África Oriental, dentro de limites de espaço físico tornados depois ridículos pelos portugueses, foram, até à chegada à mesma África desses seus rivais, assimiladores de grande número de negros africanos ao sistema maometano de civilização. Assimilação realizada quer através daqueles agentes e de seus filhos mestiços, patriarcalmente estabelecidos com esposas, concubinas e escravaria na própria África, quer através dos negros por eles levados, como cativos, para a Arábia, a Turquia e a Pérsia, cujas populações absorveriam durante séculos sangue escravo e cultura negro-africana. Foram esse sangue e essa cultura incorporados ao complexo maometano de civilização por meio de eficiente sistema de assimilação de elementos exóticos: o sistema patriarcal, polígamo e escravocrático de família, em que o sangue dos pais era bastante, quer em terras estranhas, quer nas maometanas, para islamizar, arabizar ou enobrecer filhos mestiços: filhos de mães escravas e não apenas selvagens. Destes só se exigia que seguissem os pais na sua fé, nos seus ritos, nos seus costumes para serem iguais a eles em sua condição social ou *status*. O que podia acontecer aos próprios escravos africanos, mais profundamente assimilados pela cultura maomecêntrica dos seus senhores em terras como a Arábia, a Turquia, a Pérsia.

Não se tratava do que o sociólogo francês René Maunier chama de *imperialismo assimilador,* senão no sentido de que se fazia obra de imperialismo cultural. Imperialismo cultural em proveito da expansão de todo um sistema de vida e de fé e não apenas de economia ou de política. O maometano realizava entre as populações africanas esforço quase instintivo e apolítico de assimilação, por meio de indivíduos ou grupos sem o nexo ou o sentido político e, ao mesmo tempo, teocrático, que pretendeu ter, a certa altura, no Oriente, o imperialismo, mais metodicamente assimilador, do português.

O qual, nesta sua pretensão – posteriormente relaxada mas nunca abandonada de todo –, foi um tanto aristotélico. Pois Aristóteles sabe-se que entendia ser direito do civilizado *conquistar,* para *civilizar,* e em sua *Política* atribuiu essa função ao poder político. Isócrates – lembra o professor Maunier, noutro estudo clássico sobre imperialismos culturais –, indo mais longe que Aristóteles, queria que os bárbaros fossem conquistados ou dominados para ser especificamente helenizados; e, para tanto, teria chegado a pregar a união das cidades gregas: assim unidas colonizariam – isto é, helenizariam – o Oriente. Imperialismo assimilador sob a direção do poder político.

Os árabes islâmicos deram, desde dias remotos, aos portugueses que teriam nos brasileiros continuadores do tipo criativo, um exemplo de ação assimiladora de populações bárbaras ou, simplesmente, infiéis, diferente do oferecido pelos teóricos da Grécia e pelos práticos de Roma. Uma ação assimiladora exercida antes por indivíduos, ou pela família maomecêntrica, que pelo poder político ou teocrático. O que aconteceria no Brasil de modo mais atuante.

Exemplo oferecido aos portugueses, desde os antigos contatos de Portugal com a gente maometana, parece ter-se apresentado com novos contornos aos lusitanos quando às preocupações com problemas técnicos de cosmografia e navegação – na solução dos quais é sabido ter sido valiosíssima a experiência ou sabedoria de mestres árabes e judeus, alguns atraídos ou convocados lucidamente a Sagres pelo infante – começaram a juntar-se inquietações de ordem sociológica, em torno de problemas igualmente graves e complexos. Problemas de compensação ou recuperação de população – escassa num Portugal decidido a dominar pelo menos meio mundo; de relações de raças: de contatos de cultura portuguesa ou cristã com as dos povos estranhos ou gentílicos que viessem a ser submetidos pela gente de Portugal.

Para o esclarecimento desses problemas, tanto quanto para a solução de navegação, cosmografia, astrologia, o português valeu-se dos exemplos que lhe ofereciam árabes e judeus com sua experiência ou seu conhecimento de espaços extra-europeus. Mas, endógamos, por preconceito teológico, os judeus e, a seu modo, exógamos, os árabes islâmicos, os exemplos deste seriam os mais úteis a um povo numeroso como o português. E úteis ao brasileiro. Predisposto antes à exogamia que à endogamia, não só o exemplo árabe ou mouro de exogamia seria útil aos portugueses, mas o da exogamia regulada pela descendência masculina ou paterna. O contrário das leis e costumes que sobreviviam da Idade Média na Europa Ocidental de quatrocentos e de quinhentos. O costume árabe islâmico coincidia, neste ponto, com o espartano, para o qual o filho mestiço, havido de mulher ilota, tinha todos os direitos espartanos e era educado como tal, concorrendo, assim, para o crescimento da população integralmente espartana e não para a formação de grupos inferiores e insatisfeitos de subespartanos.

Adotado pelo português, o método árabe-islâmico marcou uma das precedências de caráter sociológico mais significativas, da parte da gente portuguesa, sobre as demais, da Europa Ocidental. E permitiu que Portugal se aventurasse à tarefa de povo imperialmente civilizador a que se aventurou, suprindo os mestiços a deficiências de portugueses brancos e concorrendo a igualdade, em muitos casos, de *status,* entre portugueses puros e seus descendentes de cor, para que, em torno do luso e do seu descendente, se desenvolvesse no Oriente, na África e na América, uma simpatia da parte dos nativos que contrastava com o ódio velado ou ostensivamente dedicado aos outros europeus.

A Vasco da Gama o método árabe, ou maometano, em ação na própria África Negra, deve ter impressionado quando do seu contato com Moçambique, ainda no século XV. Já no XVI, Albuquerque – mais estadista do que Gama – teria, na Índia, o sentido exato da utilidade do método maometano ou mouro, como meio imediato de aumento de população portuguesa nos trópicos. Aumento pela assimilação de elemento exótico, valorizando ou prestigiando o próprio Estado as uniões mistas, também abençoadas pela Igreja. Dessas uniões era de esperar que resultassem, dentro do antigo critério espartano, guerreiros para o serviço d'el-rei no Oriente; e dentro da técnica maometana de assimilação, a serviço do cristianismo e da civilização européia, aumento, no Oriente, do número de cristãos e aumento do número de pessoas predominantemente européias ou portuguesas nos seus costumes ou no seu procedimento. Foi o que sucedeu, embora, do ponto de vista militar, avulte o julgamento desfavorável aos mestiços de portugueses com mulheres orientais – inclusive mouras: não se teriam revelado tão valorosos soldados quanto os pais. Julgamento a que se tem juntado certo *albinismo* – desde que *arianismo* nem sempre caracterizaria bem a atitude desses críticos como, de resto, não a caracteriza exatamente *albinismo,* sabido como é que alguns orientais são tão brancos de pele quanto os europeus – sôfrego por concluir pela inferioridade de qualquer híbrido: mesmo de *arianos* alourados como *arianos* ou *semitas* morenos. A verdade é que o ambiente social e de cultura da Índia mais casticamente hindu parece não ter sido nunca favorável ao livre desenvolvimento de qualidades agressivamente guerreiras em homens quase sempre inclinados a modos e a atitudes que, aos olhos dos ocidentais, lembrariam modos e até plástica de mulher e mesmo de efebo. Modos evidentemente condicionados nesse admirável povo oriental, não por uma biologia toda especial de raça ou de sexo, mas pelas tradições indianas de convivência pacífica e ascética ou voluptuosamente pacífica. Semelhantes tradições não seriam modificadas, na Índia Portuguesa, no breve tempo sociológico preenchido por duas ou três gerações de híbridos, imperfeitamente assimilados à civilização portuguesa e ao espírito guerreiro dos Albuquerques terríveis.

Sabe-se o que foi o *método Albuquerque* na Índia com relação aos primeiros casamentos mistos: dar às mouras cativas, das quais nos dizem, aliás, os cronistas que eram brancas e belas – e já que os imediatos casamentos de portugueses com indianas de alta casta não seriam fáceis e as mulheres dos dominadores maometanos se apresentavam com superiores atrativos de ordem estética a olhos europeus –, maridos lusitanos, *escolhidos* – poderia dizer um analista atento ao pormenor eugênico – dentre "os melhores de entre eles", isto é, os melhores de entre os soldados ou militares, que eram a flor biológica do grupo invasor. Ao escrúpulo eugênico – porque as mulheres mouras eram por sua vez a flor biológica do seu sexo entre os dominadores maometanos de Goa – juntou-se o cuidado moral: não hesitou Albuquerque, fiel ao seu modo terrível de ser justo e não apenas bravo, em mandar enforcar na verga duma nau certo Rui Dias pelo crime de, contra suas ordens severas de chefe, ter ido muito em segredo para a nau onde estavam mouras cativas, naturalmente com o fim de procurar gozar, fora de compromissos matrimoniais, algumas das lindas mulheres, descritas por cronista mais retórico como *cor de âmbar*, que Albuquerque reservava para esposas – e não amantes – de seus melhores soldados.

Tivesse o *método Albuquerque* encontrado, da parte dos sucessores do grande capitão português no governo da Índia, quem continuasse a praticá-lo com igual escrúpulo paternalista, e o resultado teria sido uma das mais puras experiências de biologia de raça e de sociologia de cruzamento já empreendidas no Oriente ou nos trópicos, com a seleção de indivíduos eugenicamente superiores dentro de condições morais as mais favoráveis à organização da família e à prole mestiça. Não houve rigor de continuidade. O método sobreviveu a Afonso de Albuquerque, mas sem outros Albuquerques que paternalmente cuidassem do aspecto eugênico dos casamentos mistos e do aspecto moral das uniões de europeus com mulheres do Oriente. O Estado português deixou de continuar a fazer sentir sua presença providencialmente paternalista na execução do método de assimilação copiado, é certo, dos maometanos pelos cristãos portugueses, mas por estes seguido dentro do seu sistema político-estatal, e não apenas familial, de colonização da Índia; e passou esse método a ser praticado, pelo mesmos portugueses, na Índia, noutras partes no Oriente, na América, na África, quase do mesmo modo que entre os mouros estabelecidos em terras africanas: ao sabor de caprichos ou desejos romanticamente individuais, embora reguladas as uniões de invasores com mulheres conquistadas pelo sistema maometano de organização de família e de sociedade, valorizador, também, da condição dos filhos mestiços. Valorização que tendia a processar-se independente da proteção desses filhos pelo Estado – quase ausente entre os maometanos e pouco presente no Brasil patriarcal – quando lhes faltasse a presença imediatamente protetora dos pais naturais, em muitos casos substituídos, nas áreas de expansão portuguesa, pelos pais sociais, à sombra do prestígio das famílias patriarcais. O que aconteceria no Brasil.

Antes de Albuquerque, com aqueles seus olhos de estadista aquilino, que nele corrigia o de militar terrível – olhos aquilinos que até se alongaram em alcançar as possibilidades de obras de desvio de águas do Nilo favoráveis à expansão portuguesa –, ter se apercebido da situação social do Oriente e da necessidade de imitarem os cristãos portugueses usos, não apenas técnicas, dos seus poderosos rivais nos trópicos – os árabes islâmicos –, Gama praticara, com relação aos maometanos, erros políticos de conseqüências profundas. Atos de mistificação, de violência e até de crueldade com gente confiante, que por longo tempo comprometeriam as relações entre povos tão capazes de se compreenderem e talvez de se tolerarem e completarem dentro dos seus antagonismos de fé religiosa e de interesse econômico. Mesmo assim, supõe-se ter Vasco da Gama aprendido com os árabes de Moçambique a técnica de construção de tanques de madeira para reservatório de água no fundo das embarcações. Com os mesmos árabes de Moçambique, inteiraram-se os portugueses da técnica de construção de barcos de tal modo tropicalmente ecológicos que tinham velas tecidas de palmas – palmas, talvez, de coqueiros, pois cronista minucioso fala de palmeiras que produziam frutos do tamanho de melões –, enquanto as peças atavam-se um às outras sem pregos, por meio de cipós, como as palhotas de indígenas de várias áreas tropicais. E dos compassos, quadrantes e cartas de navegar dos árabes, encontradas em Moçambique por Vasco da Gama e seus companheiros, há quem pretenda que fossem superiores em exatidão às dos portugueses, aliás, em grande parte, fabricadas com o auxílio de mestres árabes e não apenas de doutores judeus. Do que não se aperceberam completa e imediatamente os portugueses, nesse seu primeiro contato com os árabes islâmicos na costa oriental da África, foi – pode reparar um historiador moderno – do valor antiescorbútico de frutas cítricas, das quais um chefe maometano lhes fizera generoso presente. De qualquer modo, parece que no conhecimento desse valor das frutas cítricas os portugueses se anteciparam a outros europeus; e essa antecipação devida, ao que parece, aos maometanos.

Ainda aos maometanos da África Oriental pensam alguns cronistas que deveram os portugueses o perito que os teria levado à Índia por mares nunca dantes navegados por europeus. Não seria simples piloto, porém sábio ou mestre: mestre na arte de navegação e aritmética ou mestre de navegação astronômica. Na pessoa desse velho mestre oriental, de 60 anos ainda robustos e animados do gosto e da coragem da aventura, toda uma síntese da arte náutica dos árabes teria se acrescentado à já um tanto arabizada ciência de navegar dos portugueses para permitir que Vasco da Gama, da África Oriental, chegasse à Índia: objeto principal de sua expedição que pretendia também atingir as então chamadas terras do Preste João, isto é, a Abissínia. Terras também cristãs, supunha-se em Portugal. A ligação entre dois reinos cristãos – o português e o de Preste João – teria sido assim condicionada, de início, pelo auxílio técnico de maometanos, aos portugueses. Esse auxílio, conseguiu-o o próprio Gama, a despeito da sua evidente falta de tato, de fleuma, de serenidade: da sua nenhuma paciência cristã em face de homens, como os orientais, acostumados a um ritmo de vida que não era então, como não é hoje, o do Ocidente. Um Ocidente mais sôfrego que o Oriente de resultados imediatos. Mais ativista.

Pensam também alguns historiadores ter sido pela mão de um mestre árabe islâmico, em que afinidades com os portugueses eram maiores que as dessemelhanças – e esse árabe islâmico descobriu, séculos depois da aventura de Vasco da Gama, o inglês Burton, que se tornaria uma espécie de santo sírio, a quem os marinheiros do mar Vermelho rezavam antes de empreenderem suas viagens –, que os portugueses chegaram a Calicute; onde se encontraram, como rivais dos *mouros,* diante de tão vasta fartura de sedas da China, de canela do Ceilão, de pimenta de Malabar, de marfim do interior da Índia e do centro da África, de sândalo, de cânfora, de tecidos de algodão fiado pela gente indiana; e tudo tão vermelho, tão amarelo, tão verde a brilhar ao sol do Oriente, que foi como se tivessem chegado a um reino encantado. No meio dessa variedade de coisas belas e raras movia-se uma variedade de homens de raças e cores diversas a regalarem-se, com seus vagares orientais, do perfume, da cor e do gosto de frutas, aos olhos dos portugueses estranhas ou exóticas: mangas, mangostões, canas doces, tamarindos ácidos, cocos verdes e secos; e não apenas bananas, laranjas, limões, tropicalmente dourados por um sol que não era o do Sul da Europa mas outro: mais forte. Frutas às vezes arrancadas à boca dos homens por macacos e outros bichos, orientalmente soltos nas ruas. Frutas a que se juntavam plantas, sementes, raízes, gomas de curar doenças, avivar sentidos, adormecer vontades, reanimar desejos; e perfumes de perfumar os corpos dos homens e das mulheres para o amor ou simplesmente para a vida não de dia de festa mas dos dias comuns, sabido como é que nessas terras delicadas do Oriente não era retórica a afirmativa – que alguém me recordou no Oriente – do árabe Abd-er-Razzak: "Esta gente não pode viver sem rosas, que considera tão necessárias quanto os alimentos". De rosas se atapetavam as casas para os próprios pés nus das pessoas – no Oriente, ainda hoje, tão mais bem cuidados pelos homens e pelas mulheres do que no Ocidente – perfumarem-se e deliciarem-se, machucando perfume fresco; e as pessoas se apresentarem limpas e aromáticas, de cabeça aos pés.

Se ainda hoje esse contraste no tratamento dos pés separa ocidentais de orientais, é de imaginar como pareceu estranho aos primeiros europeus chegados a Calicute, pela mão do velho piloto árabe, povo de corpo inteiro tão asseado como o indiano das castas altas. Como é de imaginar a repulsa ou náusea que a gente oriental de corpo assim asseado deve ter sentido por ocidentais às vezes nauseabundos, não só por não se lavarem nem se perfumarem tanto quanto os homens do Oriente, como por não disporem, até o século XV, dos mesmos meios ou recursos de asseio pessoal, representados pelos tecidos de algodão da Índia.

Aqui toco em ponto sociologicamente importante, ainda que geralmente esquecido, das primeiras relações marítimas – comerciais e pessoais – do Ocidente com o Oriente; e tocando nesse ponto, defrontamo-nos com um dos maiores e mais significativos serviços prestados à Europa, quer do ponto de vista da estética, quer do da economia e da higiene do vestuário, pelos portugueses que, com auxílio árabe islâmico, descobriram o caminho chamado das Índias; e tendo os árabes islâmicos e os próprios venezianos por inimigos, regularizaram os arriscados e difíceis contatos transoceânicos do Ocidente com o Oriente até serem imitados e superados, no que de aventura passara a rotina, por ingleses, holandeses e franceses, seus superiores em número e em técnica e recursos de navegação comercial. Principalmente depois que se construíram, no Norte da Europa, navios comercialmente mais vantajosos que as caravelas e naus das primeiras aventuras lusas em mares "nunca dantes navegados" por europeus.

Os tecidos de algodão do Oriente, cujo uso, não por poucos, mas por muitos, foi tornado possível na Europa pela ação portuguesa que estabeleceu aqueles contatos regulares do Ocidente com a Índia, vieram, na verdade, dar começo a nova fase na economia, na estética, na higiene de vestuário e roupa de cama entre europeus: principalmente entre a gente média. Eram tecidos, ao contrário dos que utilizavam até então os europeus, fáceis de ser lavados. Vantagem que os tornaria ideais para roupas brancas, saias de baixo, ceroulas de homem, meias e camisas de homem e mulher, lenços, lençóis de cama.

Porque antes da regularização, graças aos portugueses, em grande parte islamizados, daqueles contatos – a princípio aventuras, depois rotina comercial –, a parte mais íntima do vestuário europeu era toda de linho ou de lã felpuda; e o linho, ainda mais do que a lã, artigo raro e caro, só acessível aos burgueses muito ricos e aos fidalgos muito opulentos. A lã felpuda, difícil de ser lavada, não era nenhum ideal de higiene para o vestuário íntimo, isto é, pegado ao corpo do homem ou da mulher.

O algodão da Índia, cujo uso na Europa decorreu daquela série de aventuras portuguesas de que a principal foi a primeira viagem ao Oriente de Vasco da Gama, viria resolver os dois problemas: o da roupa branca ao mesmo tempo acessível a grande número de europeus e fácil de ser lavada. Viria revolucionar a higiene – e com a higiene, a estética – do vestuário europeu no sentido da imitação de usos orientais, em grande parte islâmicos – de cujas vantagens os portugueses foram, também, os primeiros a se aperceber, em contato com árabes islâmicos, indianos, chineses.

Não só os primeiros a se aperceber, como os primeiros a se aprofundar numa imitação que, longe de revelar relaxamento ou descaracterização de *status* europeu nos trópicos – como até ao século XVIII e mesmo ao XIX pareceu a ingleses menos inteligentes, escandalizados com os modos orientalizados ou islamizados de trajar dos portugueses em terras tropicais (acerca do que há documento inglês na Real Sociedade Asiática, de Bombaim) –, revelava a capacidade, tão dos lusos, de se adaptarem mais rapidamente que esses duros, hirtos, rotineiros europeus, a condições de vida tropical, nessas condições incluídos costumes e gostos de alimentação, da habitação e de recreação e não apenas de vestuário e adorno pessoal.

Pois se da generalização não só do uso dos tecidos de algodão tropical como de corantes tropicais de panos – o anil e o pau-brasil, entre outros – na Europa se poderá afirmar que foi realizada antes por europeus do Ocidente, em geral, que pelos pioneiros portugueses exclusiva ou singularmente, parece fato indispensável que, na imitação de estilos e cores mais vivamente orientais de vestuário para os climas quentes e para os próprios verões ou estilos da Europa, os portugueses, favorecidos pelo seu convívio, desde velhos dias, com os árabes islamizados, parece terem se antecipado a europeus menos plásticos em sua capacidade de assimilação. Europeus mais hirtos em suas atitudes para com os valores, os costumes e os estilos tropicais de vestuário, de habitação e de alimentação.

Os venezianos precederem de certo modo os portugueses na adoção de valores orientais como as sedas, as pedras preciosas, o guarda-sol brilhantemente de cor: insígnia de fidalguia elegante. Mas aos venezianos, parecem os lusos ter se avantajado na maneira de associar tais valores ao cotidiano da vida média: à economia burguesa e não apenas à fidalguia ou grã-burguesa, quer na Europa, quer em áreas à que se foi estendendo, por intermédio do português, a civilização européia, como a América tropical. Particularmente o

Brasil, tão cedo beneficiado por uma série de manufaturados trazidos do Oriente pelos portugueses que enriqueceram também a América tropical com numerosas plantas alimentares, medicinais e de gozo, do Oriente e da África.

Por outro lado, plantas, artefatos e até volúpias da América tropical, entre estas a rede, foram por eles assimilados. Com relação ao tabaco americano, isto é, ao vício de fumá-lo, mascá-lo, ou sorvê-lo em pitadas, não se pode afirmar ter sido singular ou pioneira a ação propagadora dos lusos. Contribuíram eles, entretanto, larga ou vivamente, para essa propagação tanto quanto para a do sândalo e a do chá, a da borracha e a da porcelana oriental, a da pimenta e a da seda, a da batata e a da mandioca, a do cajueiro e a da mangueira, dada a variedade de contatos que, antes de qualquer outro europeu, chegaram a estabelecer entre a Europa e o Oriente, entre o Ocidente e os trópicos, estendendo também suas aventuras comerciais a La Plata e a Terra Nova. Acredita-se que ao iniciar o século XVII já fossem numerosos os navios portugueses que mantinham comércio da Europa e do Oriente com a região platina, de onde atingiram o Peru, opulentamente rico de prata: tão desejada na China quanto a seda chinesa o era já nas Américas Espanhola e Portuguesa – e não apenas na Europa. E no Peru dos vice-reis – ainda há poucos meses o verificamos com os próprios olhos – grande foi a influência portuguesa: assunto para um estudo que ainda não foi feito com rigor sistemático e esmero de especialização: apenas penetrado em alguns dos seus aspectos mais gerais por historiadores ibero-americanos, como Medina e Palma.

Embora historiadores ingleses – entre eles J. A. Williamson, no seu excelente *The ocean in English History* (Oxford, 1941) – pretendam que se deva à Inglaterra a renovação de hábitos causada, na Europa, pela importação de tecidos de algodão da Índia, mediante a qual se verificou aquela lenta mas segura democratização social que decorreu da possibilidade do pobre – ou pelo menos o homem médio – quase igualar o opulentamente rico, em asseio pessoal, a verdade parece ser outra: a de que essa renovação de hábitos iniciou-se com os portugueses, quando, em 1498, começaram a substituir os árabes islâmicos – em tantas coisas seus mestres – no domínio de fontes asiáticas de mercadorias capazes de causarem aquela renovação e concorrerem para aquela democratização. Acertadamente observa dos árabes islâmicos o professor Williamson terem sido eles notáveis pela coragem, pela capacidade de iniciativa, pela superioridade de técnicas de navegação e, ao mesmo tempo, medíocres como comerciantes sistemáticos: atividade ou rotina em que, inferiores no Oriente aos chineses e aos hindus – a ponto de freqüentemente se valerem de indianos para guarda-livros e gerentes comerciais –, seriam superados no comércio intercontinental pelos portugueses, como estes, abertos e regularizados os caminhos para tal comércio pela sua energia e pela sua coragem, foram ultrapassados pelos holandeses e ingleses em técnicas de sistematização comercial e de transporte mercantil. Porque, povo de formação colorida pela influência árabe ou islâmica e não apenas pela nórdica, pela latina ou pela israelita, o português absorvera do semita maometano não só aquelas virtudes de pioneiro, fidalgo demais para lidar com as coisas miúdas e de rotina, como certa incapacidade para o ramerrão comercial bem organizado: capacidade tão dos holandeses e tão dos ingleses, povos por excelência burgueses e negociantes. Disciplinados e metódicos. Ligados aos judeus – expulsos em grande número de Portugal, por atos de inépcia política dos portugueses, de conseqüências profundas –, fácil lhes seria deslocar os portugueses das vantajosas posições comerciais que a gente lusitana, seguindo principalmente exemplos árabes e servindo-se da experiência deles ainda mais que da dos judeus, conquistara no Oriente e na África, conseguindo, durante breve tempo, dominar sozinha um comércio intercontinental como nunca houvera: um comércio intercontinental em escala gigantesca.

Rápido seria o processo de superação dos portugueses pelos ingleses e holandeses, favorecidos, estes, pelo auxílio da capacidade do judeu para a rotina comercial, como os portugueses o haviam sido, em suas viagens de pioneiros de um novo tipo de comércio – o intercontinental em larga escala –, pela capacidade do árabe maometano para a aventura não só marítima como tropical. Não é justo, porém, que se atribua hoje aos ingleses, aos holandeses ou aos franceses, a renovação social e cultural da Europa em conseqüência daquele tipo novo de comércio que de repente pôs à disposição do europeu médio e até do pobre – e não apenas do rico – tantos e tão variados valores tropicais. Essa renovação social e de cultura, que consistiu principalmente em ligar valores tropicais à vida cotidiana – e não apenas à de dias de festa – dos europeus, iniciou-se com as viagens, sistemática ou regularmente comerciais dos portugueses – discípulos na prática da navegação de árabes islamizados –, tendo por competidores na América os espanhóis e, em menor escala, piratas ou traficantes franceses. E não com os ingleses ou holandeses, cuja obra foi antes de aperfeiçoamento de técnicas de navegação e de comércio intercontinentais que de iniciação dessa navegação e desse comércio de modo regular ou sistemático.

Se os padrões europeus de vida elevaram-se em conseqüência dessa navegação e desse comércio, não é justo que levianamente se atribua tal vantagem aos continuadores dos portugueses, esquecendo-se de todo, quer esses pioneiros, quer os que assimilaram de ordens islâmicas. Os iniciadores da nova fase ou sistema de relações intercontinentais. Os quais, se não se conservaram por mais de um século à frente desse sistema nem o ampliaram em suas mais grandiosas conseqüências econômicas – a industrialização da Europa carbonífera, tendo por base matérias-primas não só européias como tropicais –, é que aos portugueses faltaram, além de condições culturais representadas pela capacidade para o comércio metódico e para a ação disciplinada, condições simplesmente físicas essenciais àquela obra de conservação de fontes tropicais de matérias-primas e de ampliação do domínio comercial dos trópicos em atividades industriais na Europa: população e solo rico em carvão. O solo rico em carvão que dava aos ingleses decisiva vantagem sobre holandeses e franceses, tornando o seu comércio transoceânico auxiliar de sua atividade industrial. Atividade transformadora de algodão, de mascavo, de tabaco, de borracha, de cacau, de outros valores vindos brutos dos trópicos, em produtos como que europeus: tecido, açúcar refinado, geléia, rapé, seringa, bombom. Atividade tornada possível pelo ferro e pelo carvão, animador de fornalhas, máquinas, motores. Desenvolvida, tal atividade industrial passou a servir-se também de tintas, gomas, óleos, resinas, essências, madeiras, plumas, nozes, vindas também do ultramar e principalmente dos trópicos.

Tão grande ampliação das conquistas ultramarinas – a industrial –, não estava Portugal em situação de sequer tentar realizar. Não tinha ferro nem carvão para efetivá-la na Europa do mesmo modo que não tivera população suficiente para realizar, em tempo, a consolidação da conquista de bases ultramarinas de matérias-primas. Impedimentos de natureza física, impossíveis de serem supridos com recursos de ordem cultural. O próprio Williamson, no já citado e magistral *The ocean in English History*, o reconhece: "*...there was never any basis of industry to which her trading might have been applied*". Ao contrário: o próprio comércio ultramarino, que pôde conservar, contra a cobiça holandesa e a absorção inglesa, as próprias reservas tropicais de matérias-primas que conseguiu preservar daquela cobiça e dessa absorção – o Brasil, um pouco da Índia, a Angola, a Madeira, os Açores, duas ou três outras terras tropicais –, Portugal não as dominou nem as gozou por longo tempo, senão superficialmente: a Inglaterra carbonífera, industrial e bancária retirou dessas conquistas portuguesas as maiores e melhores vantagens, deixando aos portugueses a tarefa desprezível de ocupá-las, já que não eram as terras tropicais espaços em que pudesse florescer, como nas terras frias, o europeu albinamente puro: só o impuro, moreno ou disposto à aventura da miscigenação. Excepcionalmente, o nórdico puro.

Aventura a que o português se entregou com um arrojo que nenhum outro europeu teve até hoje igual. Com uma capacidade e até um gosto de melanização nos trópicos que cedo se revelou naquele afã de um santo lusitano – João de Brito – em parecer tão pardo quanto os seu irmãos, nativos das terras quentes da Ásia; para o quê, incapaz de esperar que o sol tropical lhe escurecesse o corpo de europeu alvo, deu para untar a pele de óleos que a amorenassem, antecipando-se, nesse processo de melanização rápida, a toda uma moda moderna de cor de pele entre elegantes da Europa e das Américas. Outra antecipação portuguesa. Apenas, neste caso um santo, todo intensidade em seu desejo de tornar-se homem tropical, seria continuado por pecadores levianos, a alguns dos quais a muita brancura ou alvura de pele dá aquela impressão de *pele doente* de que me falava, há pouco, um norte-americano ilustre, que uma vez por outra vem ao Rio só para regalar os olhos com a nudez saudavelmente parda ou morena das brasileiras de Copacabana; e procurar, ele próprio, amorenar, nas mesmas areias, a pele de anglo-saxão.

Em sua coragem ou gosto de melanização – gosto por longo tempo desdenhado pelo europeu albino –, o português seguiu, também, o árabe islâmico. Ao árabe islâmico nunca faltou o gosto pela chamada Vênus fosca, do mesmo modo que nunca lhe limitou ou perverteu a expansão aquele sentido etnocêntrico de vida que do hebreu se transmitiu principalmente ao anglo-saxão; e que perverte também o universalismo do hindu, sujeitando-o ao castismo. Para o árabe maometano já se recordou que a fé sempre bastou para tornar o estranho plenamente árabe, desprezando-se considerações de ordem étnica. Maomecêntrico é o que ele foi e continua a ser em sua expansão, explicando-se assim a amplitude e o vigor atingidos por tal expansão numa África cuja cristianização vem sendo tentada principalmente por europeus antes etnocêntricos que cristocêntricos, como os anglo-saxões, os alemães, os belgas, os italianos, os próprios franceses. Etnocêntricos numa África em que o avanço maometano vem há longo tempo se acentuando, em contraste com o lento e difícil progredir do cristianismo.

Só um povo europeu revelou-se nos trópicos mais cristocêntrico do que etnocêntrico: adaptação do exemplo islâmico-árabe. Esse povo é o português tipicamente português, desde a Ásia conhecido mais por *cristão* do que por *luso* ou por *português*. O almirante Sarmento Rodrigues, português que conhece desde moço o Oriente – e a quem devo meus contatos com Orientes e Áfricas –, já recordou o fato de, em certas áreas orientais, *cristão* significar, para os naturais, português; e *falar cristão,* falar português.

O caráter sociologicamente cristocêntrico da expansão portuguesa, no mundo, recordando o maomecêntrico, da expansão árabe, explica muito do que há, ou tem havido, de singular, na expansão lusa, a ponto de contrastarem seus métodos, seus rumos e seus efeitos com os de outras expansões européias, do mesmo modo que a árabe contrasta com a israelita. A israelita é, na verdade, o exemplo já clássico das vantagens e dos defeitos de uma expansão vigorosamente etnocêntrica. Nela o motivo religioso vem sendo posto a serviço da mística de conservação de uma raça *messiânica, pura* ou *superior.* O albinismo europeu em suas diferentes expressões etnocêntricas – a anglo-saxônica, a germânica, a flamenga, para apenas recordar as principais – não tem feito senão repetir, exagerar ou perverter o judaísmo etnocêntrico e, quanto possível, endogâmico.

O árabe islâmico seguiu rumo diverso do israelita, dando de início base espiritual em vez de física, sociológica em vez de biológica, a uma expansão, ainda hoje vigorosa como nenhuma na África e em partes da Ásia; e na qual, através da poligamia, um só árabe vem se multiplicando em dezenas e até centenas de *árabes*. Árabes, todos estes híbridos, pela sua condição de *maometanos,* de *filhos* multicores ou apenas melados de árabes, com direitos iguais aos dos árabes brancos ou quase brancos. O melanismo em sua plenitude e em sua maior riqueza de variedade. Mas toda essa variedade biológica condicionada pela unidade sociológica de fé de que a inteira cultura maometana sempre se mostrou impregnada – talvez ainda mais do que a cristã, do cristianismo –, sem sacrifício de considerável absorção de outras substâncias culturais: grega, persa e hindu, por exemplo. Substâncias culturais diversas acomodadas a formas maometanas de expressão.

Não se diga que esse método maometano de expansão só se tem revelado válido com relação a raças ou culturas das chamadas ou consideradas arbitrariamente *inferiores.* Revelou seu vigor com relação à Europa, e é sabido que da própria substância da cultura grega, acomodada a formas maometanas de expressão, o árabe ou maometano tornou-se tão assimilador, disseminador e aperfeiçoador como da hindu: cultura igualmente elevada. Os próprios germanistas reconhecem ter o invasor maometano das Espanhas desenvolvido aí uma cultura superior à de qualquer área da Europa então teutônica.

Desse contato com o maometano ninguém ignora que as Espanhas guardam, até hoje, traços que lhes comprometem a pureza européia tanto de raça como de cultura. Do próprio embate na área hispânica, do cristianismo com o islamismo, resultou um modo particular intenso de ser cristão, da parte do hispano, que o exclui da comunidade normalmente cristã e normalmente européia. A esse modo particularmente intenso de ser cristão juntou-se, num português aguçado em sua lusitanidade – vá a expressão camoniana, ainda hoje impugnada por alguns doutos –, pela resistência ao espanhol fraterno mas absorvente, um modo particularmente intenso de ser português. Mas nem assim intenso, o modo de ser nacionalmente português superou, no português, o modo, ainda mais intenso, de ser cristão: um modo de ser cristão à maneira do árabe ou do mouro ser maometano. Durante seus séculos de dominador das Espanhas fora sempre aos olhos dos cristãos – todos os hispanos e quase todos os europeus – o árabe ou o mouro, mais maometano que árabe ou mouro. Ele próprio era como se apresentava aos hispanos, mesmo quando disposto a macias intransigências, que ficaram tão célebres nas relações de maometanos com cristãos nas Espanhas quanto a duras intolerâncias de parte a parte. Pode-se talvez sustentar hoje, à base de evidências e até de documentos, que a tendência dominante, naquelas relações, foi para os dois povos – o hispano e o árabe –, rivais em seus sistemas de religião e de cultura, desenvolverem através de longo convívio e de longa interpenetração social e de sangue, formas idênticas de ser homens: as substâncias, as culturas sistemáticas diversas e até antagônicas, mas as formas de ser homens, as mesmas, ou quase as mesmas, da parte dos dois povos em suas expressões típicas. Uma dessas formas, a subordinação da raça à fé: forma de ser e de crescer que o português, ao entregar-se, sob a cor de cristão, às aventuras de expansão ultramarina, seguiria tão naturalmente e sem esforço quanto a seguiria – e continuaria a seguir – o árabe ou o maometano em suas expansões pela Ásia, pela Europa e pela África.

De modo que, aventurando-se no Oriente, na África, na América, aos riscos de miscigenação, o português continuou a ser, nessas áreas, o mesmo português da Europa, condicionado em seu modo ou em sua forma de ser homem e de multiplicar a sua grei, pelo exemplo de um inimigo mais de uma vez amado, admirado e imitado: o maometano. Tão admirado que a tradição popular conserva o encanto da gente portuguesa pela mulher moura simbolizada na figura sexual e socialmente superior, da *encantada*: quase sempre princesa ou filha de fidalgo, à espera de ser desencantada, possuída e cristianizada por algum português mais valente, mais ousado ou mais aventuroso. Esse desencantar de mouros pelo amplexo sexual, todos já sabemos que sucedeu literalmente na América, tanto quanto no Oriente, com filhas de caciques, amadas, fecundadas e cristianizadas por Albuquerques menos terríveis como guerreiros do que, a seu modo, maometanamente gulosos de mulheres de cor: de várias, ao mesmo tempo, ao modo também maometano, e não apenas de uma só, à maneira seca e ortodoxalmente cristã a que o português, tão cristão noutros ritos, tem encontrado particular dificuldade em adaptar-se no ultramar.

As primeiras incursões de portugueses em povoações de guinéus, sabemos por Azurara que foram aos gritos de "Santiago! Portugal!". Santiago primeiro, Portugal depois. Cristãos primeiro, e, em segundo lugar, portugueses, é que eram os homens do dom Henrique. Sua expansão por terras africanas de negros, uma continuação do seu embate com os mouros em terras européias: embate entrecortado das mesmas confraternizações de vencedores com vencidos, mesmo quando reduzidos estes ao cativeiro. Um cativeiro quase sempre doce: terminado em cristianização do vencido por um lado e em miscigenação de vencedores e vencidos por outro. Um cativeiro em conseqüência de condições de guerra cavalheirescas.

Pois, no embate de portugueses com maometanos, aguçou-se nos dois povos um sentido particularmente cavalheiresco de vida. Nos portugueses, esse sentido desenvolveu-se ao lado do espírito de aventura não só comercial como militar, com que se entregaram às conquistas ultramarinas. Um sentido ou afã de *honra* que, de início, marcou os homens de dom Henrique: "a honra conquistada contra os elementos ou contra os homens", como diz, lucidamente, o professor Hernani Cidade, ao comentar a insistência de Azurara ou Zurara em destacar, naqueles primeiros conquistadores do ultramar, o gosto ou empenho de *buscar* honra, de "tornar honradamente para o reino", de ter cada um sua honra *acrescentada.*

Gosto ou empenho encontrado também entre os maometanos, com os quais os cristãos portugueses tiveram que defrontar-se na África e no Oriente. Donde o fato de as guerras entre eles, nessas áreas tropicais – guerras religiosas e guerras econômicas –, terem tido, ao lado de aspectos terrivelmente crus, episódios de compreensão mútua e de mútuo e cavalheiresco respeito. Essa compreensão e esse respeito talvez se expliquem pela longa interpenetração social e de sangue que durante séculos unira os dois povos rivais, em terras européias. Um desses episódios, o do "Johan Frrz", que, numa aventura menos militar que comercial, da primeira metade do século XV, desembarcara nas costas da Guiné de uma caravela de Antão Gonçalves, mandada à África pelo infante; e pela Guiné ficara "em poder dos parentes daquele mouro que a esta terra trouxe Antam Gllz", conta Azurara. Se é certo que houve nessas terras quem tomasse a João Fernandes "suas roupas de vestir", além de seu "bizcoito" e até "alguũ trigo", o fato é que o aventuroso portuguezinho encontrou quem o levasse a um chefe mouro que o recebeu do melhor modo; quem lhe respeitasse a vida; quem lhe tolerasse a ousadia; quem o alimentasse com pescado e leite de camela; que lhe favorecesse viagem de sete meses, durante os quais viu muita paisagem nova – "outeiros e serras todos darea" –, árvores: "assy como figueiras" e palmeiras; ovelhas, camelos, emas, antas, gazelas; mouros que se guiavam pelos ventos e pelo vôo das aves. E quando "Johan Frrz" deixou esses bons mouros "com quem nos passados sete meses conversara", diz o cronista que "muytos delles choravam com soydoso pensamento". O que despertou em Azurara reflexões de ânimo fraternal ao mesmo tempo cristão português: "...sey que somos todos filhos de Adam, compostos de huũs mesmos ellamentos, e que todos recebemos alma come creatures razoavees!". Convicção que, a respeito dos mouros, animava muita gente portuguesa desde época remota: sabia o português serem os mouros "creaturas razoavees" a quem Portugal era devedor de numerosos benefícios e valores consagrados pela boca do povo como "obras do tempo dos mouros". Que eram civilizados e não bárbaros. Que deles tinham os cristãos o que aprender e não apenas o que repudiar.

Não foi único o caso de João Fernandes. Outros Joões Fernandes penetraram em terras de mouros para serem aí fraternalmente acolhidos pela gente maometana, dadas as afinidades que, exceção feita do ritual religioso, prendiam aos mouros Joões, Antônios e Pedros portugueses, por mais da Silva ou dos Santos ou da Trindade que fossem.

O caso, também, do Sancho Pires, simples homem de Matosinhos que se tornou general da cavalaria de Nizan Shah, com o nome de Frangui Khan. Fora para a Índia, bombardeiro; e na Índia – por um desses extremos de espírito português de aventura de que resultaria Diogo Álvares tornar-se Caramuru e quase deus entre indígenas da Bahia; de que resultaria outro português tornar-se rei de Pegu e Fernão de Magalhães desgarrar-se em navegador a serviço dos espanhóis; e Rodrigues França, sob o nome de Dr. Francia, castilhanizarse em caudilho do Paraguai; e Fernando de Bulhões, sob o nome de santo Antônio, tornar-se ao mesmo tempo de Pádua e de Lisboa – fugira para os mouros. E entre os mouros fizera tais proezas que lhe deram o primeiro lugar, com o título ou a honra de general. "Fizera-se mouro" – explica o conde de Ficalho – "para ser general e Khan e rico"; mas – acrescenta de Sancho o historiador – "tinha seus escrúpulos". E recorda que o aventureiro, triunfante em terras de mouros, quando jantava com Garcia de Orta, os dois "comiam todas as coisas proibidas por Mafoma". Que Sancho "rezava em segredo". Que "das (suas) grandes rendas socorria os portugueses pobres e mandava largas esmolas às misericórdias e confrarias". A aventura maometana, enriquecendo e enobrecendo entre os mouros o aventureiro português, não destruíra nele o gosto da rotina, da tradição, da repetição dos velhos ritos e gestos de cristãos e de lusitanos: o rezar aos santos; o comer leitão assado regado a vinho; o dar esmolas às santas casas. Pelo que se pode, na verdade, concluir com Alberto Sampaio que Sancho Pires "representa tipicamente o aventureiro muito comum da nossa raça: ávido de riquezas, às quais sacrifica tudo, conserva sempre no fundo a religiosidade e o amor da terra natal".

O gosto da rotina ou da tradição tem agido sobre os Joões Fernandes, Sanchos Pires, Caramurus, fazendo a quase todos regressar de terras de mouros e de outras terras, não só a Portugal como às aldeias portuguesas de onde partiram para suas aventuras exóticas, alguns vindo a morrer aí iguais aos portugueses que nunca saíram do ramerrão de aldeolas, fazendo aquelas *obras de beneficência,* e não apenas praticando aquelas ostentações de novo-riquismo, de arrivismo e de exotismo, tão ligadas aos nomes de *brasileiros,* de *nababos* do Oriente, de *africanistas.* Ao nome, por exemplo, do Gaspar Manoel, piloto-mor da carreira da Índia, China e Japão, que em 1603 edificou em Vila do Conde aquela capela da Senhora do Socorro, em estilo ostensivo de pagode indiano: extremo de tendência de tantos outros aventureiros vindos de terras de mouros e de outras terras para adaptarem a Portugal e a domínios portugueses do Atlântico e da América estilos de casa e de igreja, de móvel e de louça, de vestuário e de calçado, de higiene do corpo e de adorno do cabelo e das mãos, dos maometanos, dos indianos, dos chineses, de civilizações orientais já estendidas triunfalmente aos trópicos.

Principalmente dos maometanos, à sombra de maiores afinidades sentidas pelos lusos com esses seus precursores na ocupação e civilização de áreas mais cruamente tropicais.

Parecendo dissolver-se de todo entre mouros e em outros povoadores de terras quentes, imitando-os até em pormenores de comportamento, o que o português quase sempre fez foi, conservando, ou procurando conservar, "a alma só de Deus" – isto é, de Cristo –, acrescentar ao corpo, além de filhos mestiços, valores adquiridos desses povos orientais tropicais que, de corpo, foram se estendendo ao móvel, à casa, à cozinha, à botica, ao meio de transporte, à própria igreja. Donde o muito de mouro ou de árabe ou de maometano que se descobre hoje, quer pela pesquisa antropológica, quer pela indagação sociológica, em corpos de portugueses e de brasileiros e em seus costumes de habitação, alimentação e recreação. Valores assimilados pelo cristão português, da gente mais intensamente rival da cristã, não só na Europa mas no ultramar. Assimilados através de aventuras quase loucas de ousadias de contato e de extremos de intimidade, de que os episódios de João Fernandes e Sancho Pires, entre mouros, e o de João Ramalho e o de Caramuru, entre indígenas do Brasil, e, mais recentemente, o de Silva Porto, entre negros da Angola, são apenas os mais célebres ou mais romanescos da parte de indivíduos. A assimilação por meio de grupos foi com certeza a mais rica em efeitos da natureza social e cultural, embora a menos ostensiva. A menos ostensiva, embora nem sempre a menos dramática pelo que representou, quer de aventura de miscigenação, quer de risco de degradação de cultura tecnicamente superior sob impactos das consideradas inferiores. Aventura na qual europeu nenhum parece ter ido tão longe em sua insurgência, como o português. O brasileiro ampliou epicamente tal aventura. Ou tal insurgência.

Processo ainda em curso no Brasil. Mas com possibilidades de que aqui se repitam resultados semelhantes aos, segundo o antropólogo John Gillin, em *The ways of men; an introduction to anthropology* (N.Y., 1948), característicos de um experimento clássico: "*The significant thing is that in those regions where there was the greatest amount of race mixture, namely in Attica, Fononia, and in a very corner of Northeastern Pelopomnesius, there was the highest development of Greek genius*".

Biobibliografia
de Gilberto Freyre

1900 Nasce no Recife, em 15 de março, na antiga estrada dos Aflitos (hoje Avenida Rosa e Silva), esquina de rua Amélia (o portão da hoje residência da família Costa Azevedo está assinalado por uma placa), filho do Dr. Alfredo Freyre – educador, Juiz de Direito e catedrático de Economia Política da Faculdade de Direito do Recife – e Francisca de Mello Freyre.

1906 Tenta fugir de casa, abrigando-se na materna Olinda, desde então, cidade muito de seu amor e da qual escreveria, em 1939, o *2º Guia prático, histórico e sentimental*.

1908 Entra no jardim de infância do Colégio Americano Gilreath. Lê as *Viagens de Gulliver* com entusiasmo. Não consegue aprender a escrever, fazendo-se notar pelos desenhos. Tem aulas particulares com o pintor Telles Júnior, que reclama contra sua insistência em deformar os modelos. Começa a aprender a ler e escrever em inglês com Mr. Williams, que elogia seus desenhos.

1909 Primeira experiência da morte: a da avó materna, que muito o mimava por supor ser o neto retardado, pela dificuldade em aprender a escrever. Temporada no engenho São Severino do Ramo, pertencente a parentes seus. Primeiras experiências rurais de menino de engenho. Mais tarde escreverá sobre essa temporada uma das suas melhores páginas, incluída em *Pessoas, coisas & animais*.

1911 Primeiro verão na praia de Boa Viagem, onde escreve um soneto camoniano e enche muitos cadernos com desenhos e caricaturas.

1913 Dá as primeiras aulas no colégio. Lê José de Alencar, Machado de Assis, Gonçalves Dias, Castro Alves, Victor Hugo, Emerson, Longfellow, alguns dramas de Shakespeare, Milton, César, Virgílio, Camões e Goethe.

1914 Ensina latim, que aprendeu com o próprio pai, conhecido humanista recifense. Toma parte ativa nos trabalhos da sociedade literária do colégio. Torna-se redator-chefe do jornal impresso do colégio: *O Lábaro*.

1915 Lições particulares de francês com Madame Meunieur. Lê La Fontaine, Pierre Loti, Molière, Racine, *Dom Quixote*, a *Bíblia*, Eça de Queiroz, Antero de Quental, Alexandre Herculano, Oliveira Martins.

1916 Corresponde-se com o jornalista paraibano Carlos Dias Fernandes, que o convida a proferir palestra na capital do Estado vizinho. Como o Dr. Freyre não apreciava Carlos Dias Fernandes, pela vida boêmia que levava, viaja autorizado pela mãe e lê no Cine-Teatro Pathé sua primeira conferência pública, dissertando sobre Spencer e o problema da educação no Brasil. O texto foi publicado no jornal *O Norte*, com elogios de Carlos Dias Fernandes.

Influenciado pelos mestres do colégio, tanto quanto pela leitura do *Peregrino* de Bunyan e de uma biografia do Dr. Livingstone, toma parte em atividades evangélicas e visita a gente miserável dos mucambos recifenses. Interessa-se pelo socialismo cristão, mas lê, como espécie de antídoto a seu misticismo, autores como Spencer e Comte.

É eleito presidente do Clube de Informações Mundiais, fundado pela Associação Cristã de Moços do Recife. Lê ainda, nesse período, Rui Barbosa, Joaquim Nabuco, Oliveira Lima, Nietzsche, Sainte-Beuve.

1917 Conclui o curso de Barechal em Ciências e Letras do Colégio Americano Gilreath, fazendo-se notar pelo discurso que profere como orador da turma, cujo paraninfo é o historiador Oliveira Lima, desde então seu amigo (ver referência ao primeiro encontro com Oliveira Lima no prefácio à edição de suas *Memórias*, escrito a convite da viúva e do editor José Olympio). Leitura de Taine, Renan, Darwin, Von Ihering, Anatole France, William James, Bergson, Santo Tomás de Aquino, Santo Agostinho, São João da Cruz, Santa Teresa, Padre Vieira, Padre Bernardes, Fernão Lopes, São Francisco de Assis, São Francisco de Sales, Tolstoi. Começa a estudar grego. Torna-se membro da Igreja Evangélica, desagradando a mãe e a família católica.

1918 Segue, no início do ano, para os Estados Unidos, fixando-se em Waco (Texas) para matricular-se na Universidade de Baylor. Começa a ler Stevenson, Pater, Newman, Steele e Addison, Lamb, Adam Smith, Marx, Ward, Giddings, Jane Austen, as irmãs Brönte, Carlyle, Mathew Arnold, Pascal, Montaigne, Euclides da Cunha, Monteiro Lobato. Inicia sua colaboração no *Diário de Pernambuco*, com a série de cartas intituladas "Da outra América".

1919 Ainda na Universidade de Baylor, auxilia o geólogo John Casper Branner no preparo do texto português da *Geologia do Brasil*. Ensina francês a jovens oficiais norte-americanos convocados para a guerra. Estuda geologia com Pace, biologia com Bradbury, economia com Wright, sociologia com Dow, psicologia com Hall, literatura com A. J. Armstrong, professor de literatura e crítico literário especializado na filosofia e na poesia de Robert Browning. Escreve os primeiros artigos em inglês publicados por um jornal de Waco. Divulga suas primeiras caricaturas.

1920 Conhece pessoalmente, por intermédio do professor Armstrong, o poeta irlandês William Butler Yeats (ver, no livro *Artigos de jornal*, um capítulo sobre este poeta), os "poetas novos" dos Estados Unidos: Vachel Lindsay, Amy Lowell e outros. Escreve em inglês sobre Amy Lowell. Como estudante de sociologia, faz pesquisas sobre a vida dos negros de Waco e dos mexicanos marginais do Texas. Conclui, na Universidade de Baylor, o curso de Bacharel em Artes, mas não comparece à solenidade da formatura: contra as praxes acadêmicas, a Universidade envia-lhe o diploma por intermédio de um portador. Segue para Nova Iorque e ingressa na Universidade de Columbia. Lê Freud, Westermarck, Santayana, Sorel, Dilthey, Hrdlicka, Keith, Rivet, Rivers, Hegel, Le Play, Brunhes, Croce. Segundo notícia publicada no *Diário de Pernambuco* de 5 de junho, a Academia Pernambucana de Letras, por proposta de França Pereira, elege-o sócio-correspondente.

1921 Segue, na Faculdade de Ciências Políticas (inclusive as Ciências Sociais Jurídicas) da Universidade de Columbia, cursos de graduação e pós-graduação dos professores Giddings, Seligman, Boas, Hayes, Carl van Doren, Fox, John Basset Moore e outros. Conhece pessoalmente Rabindranath Tagore e o Príncipe de Mônaco (depois reunidos no livro *Artigos de jornal*), Valle-Inclán e outros intelectuais e cientistas famosos que visitam a Universidade de Columbia e a cidade de Nova Iorque. A convite de Amy Lowell, visita-a em Boston (ver, sobre essas visitas, artigos incluídos no livro *Vida, forma e cor*). Segue, na Universidade de Columbia, o curso do professor Zimmern, da Universidade de Oxford, sobre a escravidão na Grécia. Visita a Universidade de Harvard e o Canadá. É hóspede da Universidade de Princeton, como representante dos estudantes da América Latina que ali se reúnem em congresso. Lê Patrick Geddes, Ganivet, Max Weber, Maurras, Péguy, Pareto, Rickert, William Morris, Michelet, Barrès, Huysmans, Verlaine, Rimbaud, Baudelaire, Dostoievski, John Donne, Coleridge, Xenofonte, Homero, Ovídio, Ésquilo, Aristóteles, Ratzel. Torna-se editor-associado da revista *El Estudiante Latino-Americano*, publicada mensalmente em Nova Iorque pelo Comitê de Relações Fraternais entre Estudantes Estrangeiros. Publica diversos artigos no referido periódico.

1922 Defende tese para o grau de M. A. (*Magister Artium* ou *Master of Arts*) na Universidade de Columbia sobre *Social life in Brazil in the middle of the 19th Century*, publicada em Baltimore pela Hispanic American Historical Review (v. 5, n. 4, nov. 1922) e recebida com elogios pelos professores Haring, Shepherd, Robertson, Martin, Oliveira Lima e H. L. Mencken, que aconselha o autor a expandir o trabalho em livro. Deixa de comparecer à cerimônia de formatura, seguindo imediatamente para a Europa, onde recebe o diploma, enviado pelo reitor Nicholas Murray Butler. Visita a França, a Alemanha, a Bélgica, tendo antes estado na Inglaterra, demorando-se em Oxford. Demora na França, atravessa a Espanha e conhece Portugal, onde se demora. Lê Simmel, Poincaré, Havelock Ellis, Psichari, Rémy de Gourmont, Ranke, Bertrand Russel, Swinburne, Ruskin, Blake, Oscar Wilde, Kant, Gracián. Tem o retrato pintado pelo modernista brasileiro Vicente do Rego Monteiro. Convive com ele e com outros artistas modernistas brasileiros como Tarsila do Amaral e Brecheret. Na Alemanha conhece o Expressionismo; na Inglaterra, o ramo inglês do Imagismo, já seu conhecido nos Estados Unidos. Na França, o anarco-sindicalismo de Sorel e o federalismo monárquico de Maurras. Convidado por Monteiro Lobato – a quem fora apresentado por carta de Oliveira Lima – inicia sua colaboração na *Revista do Brasil* (nº 80, p. 363-371, agosto de 1922).

1923 Continua em Portugal, onde conhece João Lúcio de Azevedo, o conde de Sabugosa, Fidelino de Figueiredo, Joaquim de Carvalho, Silva Gaio. Regressa ao Brasil e volta a colaborar no *Diário de Pernambuco*. Da Europa escreve artigos para a *Revista do Brasil* (São Paulo), a pedido de Monteiro Lobato.

1924 Reintegra-se no Recife, onde conhece José Lins do Rego, incitando-o a escrever romances, em vez de artigos políticos (ver referências ao encontro e início da amizade entre o sociólogo e o futuro romancista do Ciclo da Cana-de-Açúcar no prefácio que este escreveu para o livro *Região e tradição*). Conhece José Américo de Almeida através de José Lins do Rego. Funda-se no Recife, a 28 de abril, o Centro Regionalista do Nordeste, com Odilon Nestor, Amaury de Medeiros, Alfredo Freyre, Antônio Inácio, Morais Coutinho, Carlos Lyra Filho, Pedro Paranhos, Júlio Bello e outros. Excursões pelo interior do Estado de Pernambuco e pelo Nordeste com Pedro Paranhos, Júlio Bello (que a seu pedido escreveria as *Memórias de um senhor de engenho*) e seu irmão Ulysses Freyre. Lê, na capital do Estado da Paraíba, conferência publicada no mesmo ano: "Apologia pro generatione sua" (incluída no livro *Região e tradição*).

1925 Encarregado pela direção do *Diário de Pernambuco*, organiza o livro comemorativo do primeiro centenário de fundação do referido jornal: *Livro do Nordeste*, onde foi publicado pela primeira vez o poema modernista de Manuel Bandeira "Evocação do Recife", escrito a seu pedido (ver referências no capítulo sobre Manuel Bandeira no livro *Perfil de Euclydes e outros perfis*). O *Livro do Nordeste* consagrou, ainda, o até então desconhecido pintor Manuel Bandeira e publica desenhos modernistas de Joaquim Cardoso e Joaquim do Rego Monteiro. Lê na Biblioteca Pública do Estado de Pernambuco uma conferência sobre D. Pedro II, publicada no ano seguinte.

1926 Conhece a Bahia e o Rio de Janeiro, onde faz amizade com o poeta Manuel Bandeira, os escritores Prudente de Morais, neto (Pedro Dantas), Rodrigo M. F. de Andrade, Sérgio Buarque de Holanda, o compositor Villas-Lobos e Paulo Prado. Por intermédio de Prudente, conhece Pixinguinha, Donga e Patrício e se inicia na nova música popular brasileira em noitadas boêmias. Escreve um poema longo, modernista ou imagista e ao mesmo tempo regionalista e tradicionalista, do qual Manuel Bandeira dirá depois que é um dos mais saborosos do ciclo das cidades brasileiras: "Bahia de todos os santos e de quase todos os pecados" (publicado no Recife, no mesmo ano, em edição da *Revista do Norte*, reeditado, em 20 de junho de 1942, na revista *O Cruzeiro* e incluído no livro *Talvez poesia*). Segue para os Estados Unidos como delegado do *Diário de Pernambuco*, ao Congresso Pan-Americano de Jornalistas. Convidado para redator-chefe do mesmo jornal e para oficial de gabinete do Governador eleito de Pernambuco, então vice-presidente da República. Colabora (artigos humorísticos) na *Revista do Brasil* com o pseudônimo de J. J. Gomes Sampaio. Publica-se no Recife a conferência lida, no ano anterior, na Biblioteca Pública do Estado de Pernambuco: "A propósito de Dom Pedro II" (edição da *Revista do Norte*, incluída, em 1944, no livro *Perfil de Euclydes e outros perfis*). Promove no Recife o 1º Congresso Brasileiro de Regionalismo.

1927 Assume o cargo de oficial de gabinete do novo Governador de Pernambuco, Estácio de Albuquerque Coimbra, casado com a prima de Alfredo Freyre, Joana Castelo Branco de Albuquerque Coimbra. Conhece Mário de Andrade no Recife e proporciona-lhe um passeio de lancha no rio Capibaribe.

1928 Dirige, a pedido de Estácio Coimbra, o jornal *A Província*, onde passam a colaborar os escritores novos do Brasil. Publica no mesmo jornal artigos e caricaturas com diferentes pseudônimos: Esmeraldino Olímpio, Antônio Ricardo, Le Moine, J. Rialto e outros. Lê Proust e Gide. Nomeado pelo Governador Estácio Coimbra, por indicação do diretor A. Carneiro Leão, torna-se professor da Escola Normal do Estado de Pernambuco: primeira cadeira de sociologia que se estabelece no Brasil com moderna orientação antropológica e pesquisas de campo.

1930 Acompanhando Estácio Coimbra ao exílio, visita novamente a Bahia, conhece parte do continente africano (Dacar, Senegal) e inicia, em Lisboa, as pesquisas e os estudos em que se basearia *Casa-grande & senzala* ("Em outubro de 1930 ocorreu-me a aventura do exílio. Levou-me primeiro à Bahia; depois a Portugal, com escala pela África. O tipo de viagem ideal para os estudos e as preocupações que este ensaio reflete", como escreverá no prefácio do mesmo livro).

1931 A convite da Universidade de Stanford, segue para os Estados Unidos, como professor extraordinário daquela Universidade. Volta, no fim do ano, para a Europa, demorando-se na Alemanha, em novos contatos com seus museus de antropologia, de onde regressa ao Brasil.

1932 Continua, no Rio de Janeiro, as pesquisas para a elaboração de *Casa-grande & senzala* em bibliotecas e arquivos. Recusando convites para empregos que lhe foram feitos pelos membros do novo governo brasileiro – um deles José Américo de Almeida – vive, então, com grandes dificuldades financeiras, hospedando-se em casas de amigos e em pensões baratas do Distrito Federal. Estimulado pelo seu amigo Rodrigo M. F. de Andrade, contrata com o poeta Augusto Frederico Schmidt – então editor – a publicação do livro por 500 mil réis mensais, que recebe com irregularidades constantes. Regressa ao Recife, onde continua a escrever *Casa-grande & senzala*, na casa do seu irmão Ulysses Freyre.

1933 Conclui o livro, enviando os originais ao editor Schmidt, que publica em dezembro.

1934 Aparecem em jornais do Rio de Janeiro os primeiros artigos sobre *Casa-grande & senzala*, escritos por Yan de Almeida Prado, Roquette-Pinto, João Ribeiro e Agrippino Grieco, todos elogiosos. Organiza no Recife o 1º Congresso de Estudos Afro-Brasileiros. Recebe o prêmio da Sociedade Felipe d'Oliveira pela publicação *Casa-grande & senzala*. Lê na mesma Sociedade conferência sobre "O escravo nos anúncios de jornal do tempo do Império", publicada na revista *Lanterna Verde* (v. 2, fev. 1935). Regressa ao Recife e lê, no dia 24 de maio, na Faculdade de Direito e a convite de seus estudantes, conferência publicada, no mesmo ano, pela Editora Momento: "O estudo das ciências sociais nas universidades americanas". Publica-se no Recife (Oficinas Gráficas The Propagandist, edição de amigos do autor, tiragem de apenas 105 exemplares em papel especial e coloridos a mão por Luís Jardim) o *Guia prático, histórico e sentimental da cidade do Recife*, inaugurando, em todo o mundo, um novo estilo de guia de cidade, ao mesmo tempo lírico e informativo e um dos primeiros livros para bibliófilos publicados no Brasil. Nomeado em dezembro diretor do *Diário de Pernambuco*, cargo que exerceu por apenas 15 dias por causa da proibição, por Assis Chateaubriand, da publicação de uma entrevista de João Alberto Lins de Barros.

1935 A pedido dos alunos da Faculdade de Direito do Recife e por designação do Ministro da Educação, inicia na referida escola superior um curso de sociologia com orientação antropológica e ecológica. Segue, em setembro, para o Rio de Janeiro, onde, a convite de Anísio Teixeira, dirige na Universidade do Distrito Federal o primeiro Curso de Antropologia Social e Cultural da América Latina (ver texto das aulas no livro *Problemas brasileiros de antropologia*). Publica-se no Recife (Edições Mozart) o livro *Artigos de jornal*. Profere, a convite de estudantes paulistas de Direito, no Centro XI de Agosto, da Faculdade de Direito de São Paulo, a conferência "Menos doutrina, mais análise", tendo sido saudado pelo estudante Osmar Pimentel.

1936 Publica-se no Rio de Janeiro (Companhia Editora Nacional, volume 64 da Coleção Brasiliana) o livro que é uma continuação da série iniciada com *Casa-grande & senzala*: *Sobrados e mucambos*. Viagem à Europa, demorando-se na França e em Portugal.

1937 Mais uma viagem à Europa, desta vez como delegado do Brasil ao Congresso de Expansão Portuguesa no Mundo, reunido em Lisboa. Lê conferências nas Universidades de Lisboa, Coimbra e Porto e na de Londres (King's College), publicadas no Rio de Janeiro no ano seguinte. Regressa ao Recife e lê conferência política no Teatro Santa Isabel, a favor da candidatura de José Américo de Almeida à presidência da República. A convite de Paulo Bittencourt inicia colaboração semanal no *Correio da Manhã*. Publica-se no Rio de Janeiro (José Olympio) o livro *Nordeste* (aspectos da influência da cana sobre a vida e a paisagem do Nordeste do Brasil).

1938 Nomeado membro da Academia Portuguesa de História pelo presidente Oliveira Salazar. Segue para os Estados Unidos como lente extraordinário da Universidade de Columbia, onde dirige seminário sobre sociologia e história da escravidão. Publica-se no Rio de Janeiro (Serviço Gráfico do Ministério da Educação e Saúde) o livro *Conferência na Europa*.

1939 Primeira viagem ao Rio Grande do Sul. Segue, depois, para os Estados Unidos, como professor extraordinário da Universidade de Michigan. Publica-se no Rio de Janeiro (José Olympio) a primeira edição do livro *Açúcar* e no Recife (edição do autor, para bibliófilos) *Olinda, 2º guia prático, histórico e sentimental de cidade brasileira*. Publica-se em Nova York (Instituto de las Españas en los Estados Unidos) a obra do historiador Lewis Hanke, *Gilberto Freyre, vida y obra*.

1940 A convite do Governo português, lê no Gabinete Português de Leitura do Recife a conferência (publicada no Recife, no mesmo ano, em edição particular) "Uma cultura ameaçada: a luso-brasileira". Lê em Aracaju, na instalação da 2ª Reunião da Sociedade de Neurologia, Psiquiatria e Higiene Mental do Nordeste, conferência publicada no ano seguinte pela mesma sociedade. Lê no dia 29 de outubro, na Biblioteca do Ministério das Relações Exteriores e a convite da Casa do Estudante do Brasil, conferência sobre Euclides da Cunha, publicada no ano seguinte. Lê, no dia 19 de novembro, na Biblioteca do Estado do Rio Grande do Sul, conferência por ocasião das comemorações do bicentenário da cidade de Porto Alegre, publicada em 1943. Toma parte no 3º Congresso Sul-Rio-grandense de História e Geografia, ao qual apresenta, a pedido do historiador Dante de Laytano, o trabalho *Sugestões para o estudo histórico-social do sobrado no Rio Grande do Sul*, publicado no mesmo ano pela Editora

Globo e incluído, posteriormente, no livro *Problemas brasileiros de antropologia*. Publica-se em Nova York (Columbia University Press) o opúsculo *Some aspects of the social development on Portuguese America*, separata da obra coletiva *Concerning Latin American culture*. Publicam-se no Rio de Janeiro (José Olympio) os livros *Um engenheiro francês no Brasil* e *O mundo que o português criou*, com longos prefácios, respectivamente, de Paul Arbousse-Bastide e Antônio Sérgio. Prefacia e anota o *Diário íntimo do engenheiro Vauthier*, publicado no mesmo ano pelo Serviço do Patrimônio Histórico e Artístico Nacional.

1941 Casa-se no mosteiro de São Bento do Rio de Janeiro com a senhorita Maria Madalena Guedes Pereira. Viagem ao Uruguai, Argentina e Paraguai. Torna-se colaborador de *La Nación* (Buenos Aires), dos *Diários Associados*, do *Correio da Manhã* e de *A Manhã* (Rio de Janeiro). Prefacia e anota as *Memórias de um Cavalcanti*, do seu parente Félix Cavalcanti de Albuquerque Melo, publicadas pela Companhia Editora Nacional (volume 196 da Coleção Brasiliana). Publica-se no Recife (Sociedade de Neurologia, Psiquiatria e Higiene Mental do Nordeste) a conferência "Sociologia, psicologia e psiquiatria", depois expandida e incluída no livro *Problemas brasileiros de antropologia*, contribuição para uma psiquiatria social brasileira que seria destacada pela Sorbonne ao doutorá-lo *H.C.* Publica-se no Rio de Janeiro (Casa do Estudante do Brasil) e em Buenos Aires a conferência "Atualidade de Euclydes da Cunha", (incluída, em 1944, no livro *Perfil de Euclydes e outros perfis*) Ao ensejo da publicação, no Rio de Janeiro (José Olympio), do livro *Região e tradição*, recebe homenagem de grande número de intelectuais brasileiros, com um almoço no Jóquei Clube, em 26 de junho, do qual foi orador o jornalista Dario de Almeida Magalhães.

1942 É preso no Recife, por ter denunciado, em artigo publicado no Rio de Janeiro, atividades nazistas e racistas no Brasil, inclusive as de um padre alemão a quem foi confiada, pelo Governo do Estado de Pernambuco, a formação de jovens escoteiros. Juntamente com seu pai reage à prisão, quando levado para "a imunda Casa de Detenção do Recife", sendo solto, no dia seguinte, por interferência direta do seu amigo General Góes Monteiro. Recebe convite da Universidade de Yale para ser professor de filosofia social, que não pôde aceitar. Profere, no Rio de Janeiro, discurso como padrinho de batismo de avião oferecido pelo jornalista Assis Chateaubriand ao Aeroclube de Porto Alegre. É eleito para o Conselho Consultivo da American Philosophical Association. É designado pelo Conselho da Faculdade de Filosofia da Universidade de Buenos Aires "Adscrito Honorário" de Sociologia e eleito membro correspondente da Academia Nacional de História do Equador. Discursa no Rio de Janeiro, em nome do Sr. Samuel Ribeiro, doador do avião *Taylor* à campanha de Assis Chateaubriand. Publica-se em Buenos Aires (Comisión Revisora de Textos de Historia y Geografía Americana) a primeira edição de *Casa-grande & senzala* em espanhol, com introdução de Ricardo Saenz Hayes. Publicam-se no Rio de Janeiro (José Olympio) o livro *Ingleses* e a segunda edição de *Guia prático, histórico e sentimental da cidade do Recife*. A Casa do Estudante do Brasil divulga, em segunda edição, a conferência "Uma cultura ameaçada: a luso-brasileira", proferida no Gabinete Português de Leitura do Recife (1940).

1943 Visita a Bahia, a convite dos estudantes de todas as escolas superiores do Estado, que lhe prestam excepcionais homenagens, às quais se associa quase toda a população de Salvador. Lê na Faculdade de Medicina da Bahia, a convite da União dos Estudantes Baianos, a conferência "Em torno de uma classificação sociológica" e no Instituto Histórico da Bahia, por iniciativa da Faculdade de Filosofia do mesmo Estado, a conferência: "A propósito da filosofia social e suas relações com a sociologia histórica" (ambas incluídas, juntamente com os discursos proferidos nas homenagens recebidas na Bahia, no livro *Na Bahia em 1943*, que teve quase toda a sua tiragem apreendida, nas livrarias do Recife, pela Polícia do Estado de Pernambuco). Recusa, em carta altiva, o convite que recebeu para ser catedrático de sociologia da Universidade do Brasil. Inicia colaboração no *O Estado de S. Paulo* em 30 de setembro. Por intermédio do Itamaraty, recebe convite da Universidade de Harvard para ser seu professor, que também recusa. Publicam-se em Buenos Aires (Espasa-Calpe Argentina) as primeiras edições, em espanhol, de *Nordeste* e de *Uma cultura ameaçada* e a segunda, na mesma língua, de *Casa-grande & senzala*. Publicam-se no Rio de Janeiro (Casa do Estudante do Brasil) o livro *Problemas brasileiros de antropologia* e o opúsculo *Continente e ilha* (conferência lida, em Porto Alegre, no ano de 1940 e incluída na segunda edição de *Problemas brasileiros de antropologia*). Publica-se também, no Rio de Janeiro (Livros de Portugal), uma edição de *As farpas*, de Ramalho Ortigão e Eça de Queiroz, selecionadas e prefaciadas por ele, bem como a 4ª edição de *Casa-grande & senzala*, livro publicado a partir deste ano, pelo editor José Olympio.

1944 Visita Alagoas e Paraíba, a convite de estudantes desses estados. Lê na Faculdade de Direito de Alagoas conferência sobre Ulysses Pernambucano, publicada no ano seguinte. Deixa de colaborar nos *Diários Associados* e em *La Nación*, em virtude da violação e extravio constantes de sua correspondência. Em 9 de junho de 1944, comparece à Faculdade de Direito do Recife, a convite dos alunos dessa escola, para uma manifestação de regozijo em face da invasão da Europa pelos exércitos aliados. Lê em Fortaleza a conferência "Precisa-se do Ceará". Segue para os Estados Unidos, onde lê, na Universidade do Estado de Indiana, seis conferências promovidas pela Fundação Patten e publicadas no ano seguinte, em Nova York, no livro *Brazil: an interpretation*. Publicam-se no Rio de Janeiro os livros *Perfil de Euclydes e outros per-*

fis (José Olympio), *Na Bahia em 1943* (edição particular) e a segunda edição do guia *Olinda*. A Casa do Estudante do Brasil publica, no Rio de Janeiro, o livro *Gilberto Freyre*, de Diogo Melo Menezes, com prefácio consagrador de Monteiro Lobato.

1945 Toma parte ativa, ao lado dos estudantes do Recife, na campanha pela candidatura do Brigadeiro Eduardo Gomes à presidência da República. Fala em comícios, escreve artigos, anima os estudantes na luta contra a ditadura. No dia 3 de março, por ocasião do primeiro comício daquela campanha no Recife, começa a discursar, na sacada da redação do *Diário de Pernambuco*, quando tomba a seu lado, assassinado pela Polícia Civil do Estado, o estudante de direito Demócrito de Sousa Filho. A UDN oferece, em sua representação na futura Assembléia Nacional Constituinte, um lugar aos estudantes do Recife e estes preferem que seu representante seja o bravo escritor. A Polícia Civil do Estado de Pernambuco empastela e proíbe a circulação do *Diário de Pernambuco*, impedindo-o de noticiar a chacina em que morreram o estudante Demócrito e um popular. Com o jornal fechado, o retrato de Demócrito é inaugurado na redação, com memorável discurso de Gilberto Freyre: "Quiseram matar o dia seguinte" (*cf. Diário de Pernambuco*, 10 de abril de 1945). Em 9 de junho, comparece à Faculdade de Direito do Recife, como orador oficial da sessão contra a ditadura. Publicam-se no Recife (União dos Estudantes de Pernambuco) o opúsculo de sua autoria em apoio à candidatura Eduardo Gomes: *Uma campanha maior do que a da abolição* e a conferência lida, no ano anterior, em Maceió: "Ulysses". Publica-se em Fortaleza (edição do autor) a obra *Gilberto Freyre e alguns aspectos da antropossociologia no Brasil*, de autoria do médico Aderbal Sales. Publica-se em Nova York (Knopf) o livro *Brazil: an interpretation*. A editora mexicana Fondo de Cultura Económica publica *Interpretación del Brasil*, com orelhas escritas por Alfonso Reyes.

1946 Eleito deputado federal, segue para o Rio de Janeiro, a fim de tomar parte nos trabalhos da Assembléia Constituinte. Em 17 de junho, profere discurso de críticas e sugestões ao projeto da Constituição, publicado em opúsculo: "Discurso pronunciado na Assembléia Nacional Constituinte" (incluído na 2ª edição do livro *Quase política*). Em 22 de junho lê no Teatro Municipal de São Paulo, a convite do Centro Acadêmico XI de Agosto, conferência publicada no mesmo ano pela referida organização estudantil "Modernidade e modernismo na arte política" (incluída, em 1965, no livro *6 conferências em busca de um leitor*). Em 16 de julho, lê na Faculdade de Direito de Belo Horizonte, a convite de seus alunos, conferência publicada no mesmo ano: "Ordem, liberdade, mineiralidade" (incluída em 1965, no livro *6 conferências em busca de um leitor*). Em agosto inicia colaboração no *Diário Carioca*.

Em 29 de agosto profere na Assembléia Constituinte outro discurso de crítica ao projeto da Constituição (incluído na 2ª edição do livro *Quase política*). Em novembro, a Comissão de Educação e Cultura da Câmara dos Deputados indica, com aplauso do escritor Jorge Amado, membro da Comissão, o nome de Gilberto Freyre para o Prêmio Nobel de Literatura de 1947, com o apoio de numerosos intelectuais brasileiros. Publica-se no Rio de Janeiro a 5ª edição de *Casa-grande & senzala* e em Nova York (Knopf) a edição do mesmo livro em inglês: *The masters and the slaves*.

1947 Apresenta à Mesa da Câmara dos Deputados, para ser dado como lido, discurso sobre o centenário de nascimento de Joaquim Nabuco, publicado no ano seguinte. Em 22 de maio, lê no auditório da Associação Brasileira de Imprensa, a convite da Sociedade dos Amigos da América, conferência sobre Walt Whitman, publicada no ano seguinte. Trabalha ativamente na Comissão de Educação e Cultura da Câmara dos Deputados. Convidado para representar o Brasil no 19º Congresso dos Pen Clubes Mundiais, reunido em Zurique. Publica-se em Londres a edição inglesa de *The masters and the slaves*, em Nova York a segunda impressão de *Brazil: an interpretation* e no Rio de Janeiro a edição brasileira deste livro em tradução de Olívio Montenegro: *Interpretação do Brasil* (José Olympio). Publica-se em Montevidéu a obra *Gilberto Freyre y la sociología brasileña*, de Eduardo J. Couture.

1948 A convite da Unesco, toma parte, em Paris, no conclave de oito notáveis cientistas e pensadores sociais (Gurvitch, Allport, Sullivan, entre eles) reunidos pela referida Organização das Nações Unidas por iniciativa do então diretor Julian Huxley para estudar as "Tensões que afetam a compreensão internacional": trabalho em conjunto depois publicado em inglês e francês. Lê, no Ministério das Relações Exteriores, a convite do Instituto Brasileiro de Educação, Ciência e Cultura (Comissão Nacional da Unesco) conferência sobre o conclave de Paris. Repete na Escola do Estado-Maior do Exército a conferência lida no Ministério das Relações Exteriores.

Inicia em 18 de setembro sua colaboração no *O Cruzeiro*. Em dezembro, profere na Câmara dos Deputados discurso justificando a criação do Instituto Joaquim Nabuco de Pesquisas Sociais, com sede no Recife (incluído na 2ª edição do livro *Quase política*). Lê no Museu de Arte de São Paulo duas conferências: uma sobre Emílio Cardoso Ayres e outra sobre Da. Veridiana Prado. Lê mais uma conferência na Escola do Estado-Maior do Exército. Publicam-se no Rio de Janeiro (José Olympio) o livro *Ingleses no Brasil* e os opúsculos *O camarada Whitman* (incluído, em 1965, no livro *6 conferências em busca de um leitor*), Joaquim Nabuco (incluído, em 1966, na 2ª edição do livro *Quase política*) e *Guerra, paz e ciência* (este editado pelo Ministério das Relações Exteriores). Inicia sua colaboração no *Diário de Notícias*.

1949 Segue para os Estados Unidos, a fim de tomar parte, na categoria de ministro, como delegado parlamentar do Brasil, na 4ª Conferência Internacional da Organização das Nações Unidas. Lê, conferências na Universidade Católica da América (Washington, D.C.) e na Universidade de Virgínia. Lê, em 12 de abril, na Associação de Cultura Franco-Brasileira do Recife, conferência sobre Emílio Cardoso Ayres (apenas pequeno trecho foi publicado no *Bulletin* da Associação). Em 18 de agosto, lê na Faculdade de Direito do Recife conferência sobre Joaquim Nabuco, na sessão comemorativa do centenário de nascimento do estadista pernambucano (incluída no livro *Quase política*). Em 30 de agosto, profere, na Câmara dos Deputados, discurso de saudação ao Visconde Jowitt, presidente da Câmara dos Lordes do Reinos Unido da Grã-Bretanha e Irlanda do Norte (incluído em *Quase política*). No mesmo dia, lê, no Instituto Histórico e Geográfico Brasileiro, conferência sobre Joaquim Nabuco. Publica-se, no Rio de Janeiro (José Olympio), a conferência lida no ano anterior, na Escola de Estado-Maior do Exército: "Nação e Exército" (incluída, em 1965, no livro *6 conferências em busca de um leitor*).

1950 Profere na Câmara dos Deputados, em 17 de janeiro, discurso sobre o pernambucano Joaquim Arcoverde, primeiro cardeal da América Latina, por ocasião da passagem do primeiro centenário de seu nascimento (incluído em *Quase política*). Profere na Câmara dos Deputados, em 5 de abril, discurso sobre o centenário de nascimento de José Vicente Meira de Vasconcelos, constituinte de 1891 (incluído em *Quase política*). Profere na Câmara dos Deputados, em 28 de abril, discurso de "definição de atitude na vida pública" (incluído em *Quase política*). Profere na Câmara dos Deputados, em 2 de maio, discurso sobre o centenário da morte de Bernardo Pereira de Vasconcelos (incluído em *Quase política*). Profere na Câmara dos Deputados, em 2 de junho, discurso contrário à emenda parlamentarista (incluído em *Quase política*). Profere na Câmara dos Deputados, em 26 de junho, discurso no qual transmite apelo que recebeu de três parlamentares ingleses, em favor de um governo supranacional (incluído em *Quase política*). Profere na Câmara dos Deputados, em 8 de agosto, discurso sobre o centenário de nascimento de José Mariano (incluído em *Quase política*). Profere no Parque 13 de Maio, do Recife, discurso em favor da candidatura do deputado João Cleofas de Oliveira ao Governo do Estado de Pernambuco (incluído na 2ª edição de *Quase política*). Em 11 de setembro inicia colaboração diária no *Jornal Pequeno*, do Recife, sob o título "Linha de Fogo" em prol da candidatura João Cleofas ao Governo do Estado de Pernambuco. Profere, em 8 de novembro, na Câmara dos Deputados, discurso de despedida por não ter sido reeleito para o período seguinte (incluído na 2ª edição de *Quase política*). Publica-se em Urbana (University of Illinois Press) a obra coletiva *Tensions that cause wars*, em Paris, em 1948. Contribuição de Gilberto Freyre: "Internationalizing social sciences". Publicam-se no Rio de Janeiro (José Olympio) a primeira edição do livro *Quase política* e a sexta de *Casa-grande & senzala*.

1951 Publicam-se no Rio de Janeiro (José Olympio) as seguintes edições de *Nordeste* e de *Sobrados e mucambos* (esta refundida e acrescida de cinco novos capítulos). A convite na Universidade de Londres, escreve, em inglês, estudo sobre a situação do professor no Brasil, publicado, no mesmo ano, pelo *Year book of education*. Publica-se em Lisboa (livros do Brasil) a edição portuguesa de *Interpretação do Brasil*.

1952 Lê, na sala dos capelos da Universidade de Coimbra, em 24 de janeiro, conferência publicada, no mesmo ano, pela Coimbra Editora: *Em torno de um novo conceito de tropicalismo*. Publica-se em Ipswich (Inglaterra) o opúsculo editado pela revista *Progress* de Londres com o seu ensaio: *Human factors behind Brazilian development*. Publica-se no Recife (Edições Região) o *Manifesto regionalista de 1926*. Publica-se no Rio de Janeiro (Serviço de Documentação do Ministério da Educação e Cultura) o opúsculo *José de Alencar* e (José Olympio) a 7ª edição de *Casa-grande & senzala* em francês, feita pelo professor Roger Bastide, com prefácio de Lucien Fèbvre: *Maîtres et esclaves* (volume 4 da coleção La Croix du Sud, dirigida por Roger Caillois). Viagem a Portugal e às províncias ultramarinas. Em 16 de abril inicia colaboração no *Diário Popular* de Lisboa. Inicia colaboração no *Jornal do Commercio* do Recife.

1953 Publicam-se no Rio de Janeiro (José Olympio) os livros *Aventura e rotina* (escritos durante a viagem a Portugal e às províncias luso-asiáticas, "à procura das constantes portuguesas de caráter e ação") e *Um brasileiro em terras portuguesas* (contendo conferências e discursos proferidos em Portugal e nas províncias ultramarinas, com longa "Introdução a uma possível luso-tropicologia").

1954 Escolhido pela Comissão das Nações Unidas para o estudo da situação racial na união sul-africana, como o antropólogo de qualquer país mais capaz de opinar sobre essa situação, visita o referido país e apresenta à Assembléia Geral da ONU um estudo por ela publicado no mesmo em: *Elimination des conflits et tensions entre les races*. Publica-se no Rio de Janeiro a 8ª edição de *Casa-grande & senzala*, no Recife (Edições Nordeste) o opúsculo *Um estudo do prof. Aderbal Jurema* e em Milão (Fratelli Bocca), a primeira edição, em italiano, de *Interpretazione del Brasile*. Em agosto é encenada no Teatro Santa Isabel a dramatização de *Casa-grande & senzala*, feita por José Carlos Cavalcanti Borges. O professor Moacir Borges de Albuquerque defende, em concurso para provimento efetivo de uma das cadeiras de português do Instituto de Educação de Pernambuco, tese sobre *Linguagem de Gilberto Freyre*.

1955 Lê, na sessão inaugural do 4º Congresso Brasileiro de Neurologia, Psiquiatria e Higiene Mental, conferência sobre "Aspectos da moderna convergência médico-social e antropo-cultural" (incluída na 2ª edição de *Problemas brasileiros de antropologia*). Em 15 de maio profere no encerramento do curso de treinamento de professores rurais de Pernambuco, discurso publicado no ano seguinte. Comparece, como um dos quatro conferencistas principais (os outros foram o alemão von Wreie, o inglês Ginsberg, o francês Davy) e na alta categoria de convidado especial, ao 3º Congresso Mundial de Sociologia, realizado em Amsterdã e no qual apresenta a comunicação, publicada em Louvain, no mesmo ano, pela Associação Internacional de Sociologia: *Morals and social change*. Para discutir *Casa-grande & senzala* e outras obras e idéias e métodos de Gilberto Freyre, reúnem-se em Cerisy-LaSalle os escritores e professores M. Simon, R. Bastide, G. Gurvitch, Leon Bourdon, Henri Gouhier, Jean Duvignaud, Tavares Bastos, Clara Mauraux, Nicolas Sombart, Mário Pinto de Andrade: talvez a maior homenagem já prestada na Europa a um intelectual brasileiro, os demais seminários de Cerisy tendo sido dedicados a filósofos da história, como Toynbee e Heidegger. Publicam-se no Recife (Secretaria de Educação e Cultura) os opúsculos *Sugestões para uma nova política no Brasil: a rurbana* (incluída, em 1966, na 2ª edição de *Quase política*) e *Em torno da situação do professor no Brasil*. Publica-se em Nova York (Knopf) a segunda edição de *Casa-grande & senzala*, em inglês: *The masters and the slaves*. Publica-se em Paris (Gallimard) a primeira edição de *Nordeste* em francês: *Terres du sucre* (volume 14 da Coleção La Croix du Sud, dirigida por Roger Caillois).

1957 Lê, em 4 de agosto, na Escola de Belas Artes da Universidade Federal de Pernambuco, em solenidade comemorativa do 25º aniversário de fundação daquela escola, conferência publicada no mesmo ano: *Arte, ciência social e sociedade*. Dirige, em outubro, Curso sobre Sociologia da Arte na mesma escola. Volta a colaborar no *Diário Popular* de Lisboa, atendendo a insistentes convites do seu diretor, Francisco da Cunha Leão. Publicam-se no Recife os opúsculos *Palavras às professoras rurais do Nordeste* (Secretaria de Educação e Cultura do Estado de Pernambuco) e *Importância para o Brasil dos institutos de pesquisa científica* (Instituto Joaquim Nabuco de Pesquisas Sociais); no Rio de Janeiro (José Olympio) a 2ª edição de *Sociologia*; no México (Editorial Cultural) o opúsculo *A experiência portuguesa no trópico americano*; em Lisboa (Livros do Brasil) a primeira edição portuguesa de *Casa-grande &*

senzala e a obra *Gilberto Freyre's "luso-tropicalism"*, de autoria de Paul V. Shaw (Centro de Estudos Políticos Sociais da Junta de Investigações do Ultramar).

1958 Lê, no Fórum Roberto Simonsen conferência publicada no mesmo ano pelo Centro e Federação das Indústrias do Estado de São Paulo: "Sugestões em torno de uma nova orientação para as relações intranacionais no Brasil". Publica-se em Lisboa (Centro de Estudos Políticos e Sociais da Junta de Investigações do Ultramar) o livro, com texto em português e inglês, *Integração portuguesa nos trópicos/Portuguese integration in the tropics*. Publica-se no Rio de Janeiro (José Olympio), a 9ª edição brasileira de *Casa-grande & senzala*.

1959 Lê, em abril, conferências no Instituto Joaquim Nabuco de Pesquisas Sociais, iniciando e concluindo Cursos de Ciências Sociais promovidos pelo referido órgão. Em julho, lê na Faculdade de Direito da Universidade Federal de Minas Gerais conferência publicada pela mesma Universidade no ano seguinte. Publica-se em Nova York (Knopf) *New world in the tropics*, cujo texto contém, grandemente expandido e praticamente reescrito, o livro (publicado em 1945 pelo mesmo editor) *Brazil: an interpretation*; na Guatemala (Editorial de Ministério de Educación Pública José de Pineda Ibarra) o opúsculo *Em torno a algunas tendencias actuales de la antropología*; no Recife (Arquivo Público do Estado de Pernambuco) o opúsculo *A propósito de Mourão, Rosa e Pimenta: sugestões em torno de uma possível hispanotropicologia*; no Rio de Janeiro (José Olympio) a primeira edição do livro *Ordem e progresso* (terceiro volume da série *Introdução à história patriarcal no Brasil*, iniciada com *Casa-grande & senzala*, continuada com *Sobrados e mucambos* e a ser finalizada com *Jazigos e covas rasas*, livro nunca concluído) e *O velho Félix e suas memórias de um Cavalcanti* (que é a segunda edição, aumentada, da introdução ao livro *Memórias de um Cavalcanti*, publicado em 1940); em Salvador (Universidade da Bahia) o livro *A propósito de frades* e o opúsculo *Em torno de alguns túmulos afro-cristãos de uma área africana contagiada pela cultura brasileira*; e em São Paulo (Instituto Brasileiro de Filosofia) o ensaio *A filosofia da história do Brasil na obra de Gilberto Freyre*, de autoria de Miguel Reale.

1960 Viaja pela Europa, nos meses de agosto e setembro, lendo conferências em universidades francesas, alemãs, italianas e portuguesas. Publica-se em Lisboa (Livros do Brasil) o livro *Brasis, Brasil e Brasília*; em Belo Horizonte (Edições da *Revista Brasileira de Estudos Políticos*) a conferência "Uma política transnacional de cultura para o Brasil de hoje", no Recife (Imprensa Universitária) o opúsculo *Sugestões em torno do Museu de Antropologia do Instituto Joaquim Nabuco de Pesquisas Sociais*, e no Rio de Janeiro (José Olympio) a 3ª edição do livro *Olinda*.

1961 Em 24 de fevereiro recebe em sua casa de Apipucos a visita do escritor norte-americano Arthur Schlesinger Júnior, assessor e enviado especial do Presidente John F. Kennedy. Em 20 de abril profere na Faculdade de Medicina da Universidade Federal de Pernambuco uma conferência sobre "Homem, cultura e trópico" iniciando as atividades do Instituto de Antropologia Tropical, criado naquela Faculdade por sugestão sua. Em 25 de abril é filmado e entrevistado em sua residência pela equipe de televisão e cinema do Columbia Broadcasting System. Em junho viaja aos Estados Unidos, onde faz conferência no Conselho Americano de Sociedades Científicas, no Centro de Corning, no Centro de Estudos de Santa Bárbara e nas Universidades de Princeton e Columbia. De volta ao Brasil, recebe, em agosto, a pedido da Comissão Educacional dos Estados Unidos da América no Brasil (Comissão Fulbright), para uma palestra informal sobre problemas brasileiros, os professores norte-americanos que participam do II Seminário de Verão promovido pela referida Comissão. Em outubro, lê, no Instituto Joaquim Nabuco de Pesquisas Sociais, quatro conferências sobre sociologia da vida rural. Ainda em outubro e a convite dos corpos docente e discente da Escola de Engenharia da Universidade Federal de Pernambuco, lê na mesma escola três conferências sobre "Três engenharias inter-relacionadas: a física, a social e a chamada humana." Viaja a São Paulo e lê, em 27 de outubro, no auditório da Academia Paulista de Letras, sob os auspícios do Instituto Hans Staden, conferência intitulada "Como e porque sou sociólogo". Em 1º de novembro, lê no auditório da ABI e sob os auspícios do Instituto Cultural Brasil-Alemanha, conferências sobre "Harmonias e desarmonias na formação brasileira". Em dezembro, segue para a Europa, demorando três semanas na Alemanha Ocidental, para tomar parte, como representante do Brasil, no encontro germano-hispânico de sociólogos. Publica-se em Tóquio (Ministério da Agricultura do Japão, série de "Guias para os emigrantes em países estrangeiros"), a edição japonesa de *New world in the tropics: Atsuitai no sin sekai*. Publica-se em Lisboa (Comissão Executiva das Comemorações do V Centenário da Morte do Infante D. Henrique) – em português, francês e inglês – o livro *O luso e trópico: les Portugais et les tropiques* e *The portuguese and the tropics* (edições separadas). Publica-se no Recife (Imprensa Universitária) o livro *Sugestões de um novo contato com universidades européias*; no Rio de Janeiro (José Olympio) a 3ª edição brasileira de *Sobrados e mucambos* e a 10ª edição brasileira (11ª em língua portuguesa) de *Casa-grande & senzala*.

1962 Em fevereiro, a Escola de Samba de Mangueira desfila, no Carnaval do Rio de Janeiro, com enredo inspirado por *Casa-grande & senzala*. Em março é escolhido presidente do Comitê de Pernambuco do Congresso Internacional para a Liberdade da Cultura. Em 10 de junho, lê, no Gabinete Português de Leitura do Rio de Janeiro, a convite da Federação das Associações Portuguesas do Brasil, conferência publicada, no mesmo ano, pela referida entidade: *O Brasil em face das Áfricas negras e mestiças*. Em agosto reúne-se em Porto Alegre o 1º Colóquio de Estudos Teuto-Brasileiros, organizado por sugestão sua. Ainda em agosto é admitido pelo Presidente da República como Comandante do Corpo de Graduação da Ordem do Mérito Militar. Por iniciativa do Banco Interamericano de Desenvolvimento, o professor Leopoldo Castedo profere em Washington, D. C., no curso Panorama da Civilização Ibero-americana, conferência sobre La valorización del tropicalismo em Freyre. Em outubro, torna-se editor-associado do *Journal of Interamerican Studies*. Em novembro, dirige na Faculdade de Letras da Universidade de Coimbra um curso de seis lições sobre sociologia da história. Ainda na Europa, lê conferências em universidades da França, da Alemanha Ocidental e da Espanha. Em 19 de novembro recebe o grau de Doutor *Honoris Causa* pela Faculdade de Letras de Coimbra. Publicam-se no Rio de Janeiro (José Olympio) os livros *Talvez poesia* e *Vida, forma e cor*, a 2ª edição de *Ordem e progresso* e a terceira de *Sociologia*; em São Paulo (Livraria Martins Editora) o livro *Arte, ciência e trópico*; em Lisboa (Livros do Brasil) as edições portuguesas de *Aventura e rotina* e de *Um brasileiro em terras portuguesas*. Publica-se no Rio de Janeiro (José Olympio) a obra coletiva *Gilberto Freyre: sua ciência, sua filosofia, sua arte* (ensaios sobre o autor de *Casa-grande & senzala* e sua influência na moderna cultura do Brasil, comemorativos do 25º aniversário de publicação desse livro).

1963 Em 10 de junho, inaugura-se no Teatro Santa Isabel do Recife uma exposição sobre *Casa-grande & senzala*, organizada pelo colecionador Abelardo Rodrigues. Em 20 de agosto, o Governo de Pernambuco promulga a Lei estadual nº 4.666, de iniciativa do deputado Paulo Rangel Moreira, que autoriza a edição popular, pelo mesmo Estado, de *Casa-grande & senzala*. Publica-se em *The American Scholar*, Chapel Hill (United Chapters of Phi Beta Kappa e University of North Caroline) o ensaio *On the Iberian concept of time*. Publica-se em Nova York (Knopf) a edição de *Sobrados e mucambos* em inglês, com introdução de Frank Tannenbaum: *The mansions and the shanties (the making of modern Brazil)*; em Washington, D.C. (Pan American Union) o livro *Brazil*; em Lisboa, a 2ª edição do opúsculo *Americanism and latinity AmericaI* (em inglês e francês); em Brasília (Editora Universidade de Brasília) a 12ª edição brasileira de *Casa-grande & senzala* (13ª edição em língua portuguesa) e no Recife (Imprensa Universitária) o livro *O escravo nos anúncios de jornais brasileiros do século XIX* (reedição muito aumentada da conferência lida, em 1935, na Sociedade Felipe d'Oliveira). O professor Thomas John O'Halloran apresenta à Graduate School of Arts and Science, da New York University, dissertação sobre *The life and master wri-*

tings of Gilberto Freyre. As editoras A. A. Knopf e Random House publicam em Nova York a 2ª edição (como livro de bolso) de *New world in the tropics*.

1964 A convite do Governo do Estado de Pernambuco, lê na Escola Normal do mesmo Estado, em 13 de maio, conferência como orador oficial da solenidade comemorativa do centenário de fundação daquela Escola. Recebe em Natal, em julho, as homenagens da Fundação José Augusto pelo 30º aniversário da publicação de *Casa-grande & senzala*. Recebe, em setembro, o Prêmio Moinho Santista para Ciências Sociais. Viaja aos Estados Unidos e participa, em dezembro, como conferencista convidado, do seminário latino-americano promovido pela Universidade de Columbia. Publica-se em Nova Iorque (Knopf) uma edição abreviada (Paperback) de *The masters and the slaves*. Publica-se em Madri (separata da *Revista de la Universidad de Madri*) opúsculo *De lo regional a lo universal en la interpretación de los complejos socioculturales*; no Recife (Instituto Joaquim Nabuco de Pesquisas Sociais), em tradução de Waldemar Valente, a tese universitária de 1922, *Vida social no Brasil nos meados do século XIX* e o opúsculo (Imprensa Universitária) *O Estado de Pernambuco e expressão no poder nacional: aspectos de um assunto complexo*; no Rio de Janeiro (José Olympio) a seminovela *Dona Sinhá e o filho padre*, o livro *Retalhos de jornais velhos* (2ª edição, consideravelmente ampliada, de *Artigos de jornal*), o opúsculo *A Amazônia brasileira e uma possível-luso tropicologia* (Superintendência do Plano de Valorização Econômica da Amazônia) e a 11ª edição brasileira de *Casa-grande & senzala*. Recusa convite do Presidente Castelo Branco para ser Ministro da Educação e Cultura.

1965 Viagem a Campina Grande, onde lê, em 15 de março, na Faculdade de Ciências Econômicas, a conferência (publicada no mesmo ano pela Universidade Federal da Paraíba) *Como e porque sou escritor*. Toma parte no Simpósio sobre Problemática da Universidade Federal de Pernambuco (março/abril), com uma conferência sobre a conveniência de introdução na mesma Universidade, de "Um novo tipo de seminário (Tannenbaum)". Viagem ao Rio de Janeiro, onde recebe, em cerimônia realizada no auditório de *O Globo*, diploma com o qual o referido jornal homenageou, no seu 40º aniversário, a vida e a obra dos Notáveis do Brasil: brasileiros vivos que, "por seu talento e capacidade de trabalho de todas as formas invulgares, tenham tido uma decisiva participação nos rumos da vida brasileira, ao longo dos quarenta anos conjuntamente vividos". Em 9 de novembro, gradua-se, *in absentia*, doutor pela Universidade de Paris (Sorbonne), em solenidade na qual também foram homenageados outros sábios de categoria internacional, em diferentes campos do saber, sendo a consagração por obra que vinha abrindo "novos caminhos à filosofia e às ciências do homem". A consagração cultural pela Sorbonne juntou-se à recebida das Universidades da Columbia e de Coimbra e às quais se juntaram as de Sussex (Inglaterra) e Münster (Alemanha), em solenidade prestigiada por nove magníficos reitores alemães. Publica-se em Berlim (Kiepenheur & Witsch) a primeira edição de *Casa-grande & senzala* em alemão: *Herrenhaus und Sklavenhütte (Ein Bild der Brasilianischen Gesellschaft)*. Publica-se no Recife (Imprensa Oficial do Estado de Pernambuco) o opúsculo *Forças Armadas e outras forças*; e no Rio de Janeiro (José Olympio) o livro *6 conferências em busca de um leitor*.

1966 Viagem ao Distrito Federal, a convite da Universidade de Brasília, onde lê, em agosto, seis conferências sobre futurologia, assunto que foi o primeiro a desenvolver no Brasil. Por solicitação das Nações Unidas, apresenta ao United Nations Human Rights Seminar on Apartheid (realizado em Brasília, de 23 de agosto a 5 de setembro) um trabalho de base sobre "Race mixture and cultural interpenetration: the Brazilian example", distribuído na mesma ocasião em inglês, francês, espanhol e russo. Por sugestão sua, funda-se na Universidade Federal de Pernambuco o Seminário de Tropicologia, de caráter interdisciplinar e inspirado pelo seminário do mesmo tipo, iniciado na Universidade de Columbia pelo professor Frank Tannenbaum. Publica-se em Barnet, Inglaterra, *The racial factor in contemporary politics*; no Recife (Governo do Estado de Pernambuco) o primeiro tomo da 14ª edição brasileira (15ª em língua portuguesa) de *Casa-grande & senzala* (edição popular, para ser vendida a baixo preço, de acordo com a Lei estadual nº 4.666, de 20 de agosto de 1963); e no Rio de Janeiro (José Olympio) a 13ª edição do mesmo livro.

1967 Em 30 de janeiro, lançamento solene, no Palácio do Governo do Estado de Pernambuco, do primeiro volume da edição popular de *Casa-grande & senzala*. Em julho, viagem aos Estados Unidos, para receber, no Instituto Aspen de Estudos Humanísticos, o Prêmio Aspen do ano (30.000 dólares e isento de imposto sobre a renda) "pelo que há de original, excepcional e de valor permanente em sua obra ao mesmo tempo de filósofo, escritor literário e antropólogo". Recebe o Nobel dos Estados Unidos na presença de Embaixador, enviado especial do Presidente Lyndon B. Johnson que se congratula com Gilberto Freyre pela honraria na qual foi precedido por apenas três notabilidades internacionais: o compositor Benjamin Britten, a dançarina Martha Graham e o urbanista Constantino Doxiadis por obras reveladoras de "criatividade genial". Em dezembro, lê na Academia Brasileira de Letras, no Instituto Histórico e Geográfico Brasileiro e no Instituto Joaquim Nabuco de Pesquisas Sociais, conferências sobre Oliveira Lima, em sessões solenes comemorativas do centenário de nascimento daquele historiador (expandidas no livro *Oliveira Lima, Dom Quixote gordo*). Publica-se em Lisboa (Fundação Calouste Gulbenkian) o livro *Sociologia da medicina*; em Nova Iorque (Knopf) a tradução da "seminovela" *Dona Sinhá e o filho padre: mother and son, a Brazilian tale*; no Recife (Instituto Joaquim Nabuco de Pesquisas Sociais) a 2ª edição de *Mucambos do nordeste* e a 3ª edição do *Manifesto Regionalista de 1926*; em São Paulo (Arquimedes Edições) o livro *O Recife, sim! Recife não!* E no Rio de Janeiro (José Olympio) a 4ª edição de *Sociologia*.

1968 Em 9 de janeiro, lê, no Palácio do Governo do Estado de Pernambuco, a primeira da série de conferências promovidas pelo Governador do Estado para comemorar o centenário de nascimento de Oliveira Lima (incluída no livro *Oliveira Lima, Dom Quixote gordo*, publicado no mesmo ano pela Imprensa da Universidade de Recife. Viagem à Argentina e conferência sobre Oliveira Lima na Universidade do Rosário. Viagem à Alemanha Ocidental, onde recebe o título de Doutor *Honoris Causa* pela Universidade de Münster por sua obra comparada à de Balzac. Publica-se em Lisboa (Academia Internacional da Cultura Portuguesa) o livro em 2 volumes, *Contribuição para uma sociologia da biografia (o exemplo de Luís de Albuquerque, governador de Mato Grosso no fim do século XVII)*. Publica-se no Distrito Federal (Editora Universidade de Brasília) o livro *Como e porque sou e não sou sociólogo*; e no Rio de Janeiro (Gráfica Record Editora) as segundas edições dos livros *Região e tradição e Brasis, Brasil e Brasília*. Ainda no Rio de Janeiro, publica-se (José Olympio) as quartas edições dos livros *Guia prático, histórico e sentimental da cidade do Recife* e *Olinda, 2ª Guia prático, histórico e sentimental de cidade brasileira*.

1969 Recebe o Prêmio Internacional de Literatura "La Madonnina" por "incomparável agudeza na descrição de problemas sociais, conferindo-lhes calor humano e otimismo, bondade e sabedoria", através de uma obra de "fulgurações geniais". Lê conferência, no Conselho Federal de Cultura, em sessão dedicada à memória de Rodrigo M. F. de Andrade. A Universidade Federal de Pernambuco lança os dois primeiros volumes do seminário de Tropicologia, relativos ao ano de 1966: *Trópico & colonização, Nutrição, Homem, Religião, Desenvolvimento, Educação e cultura, Trabalho e lazer, Culinária, População*. Lê no Instituto Joaquim Nabuco de Pesquisas Sociais, quatro conferências sobre "Tipos antropológicos no romance brasileiro". Publica-se no Recife (Instituto Joaquim Nabuco de Pesquisas Sociais) o ensaio *Sugestões em torno da ciência e da arte da pesquisa social*, e no Rio de Janeiro (José Olympio) a 15ª edição brasileira de *Casa-grande & senzala*.

1970 Completa setenta anos de idade residindo na província e trabalhando como se fosse um intelectual ainda jovem: escrevendo livros, colaborando em jornais e revistas nacionais e estrangeiros, dirigindo cursos, proferindo conferências, presidindo o Conselho Diretor e animando as atividades do Instituto Joaquim Nabuco de Pesquisas Sociais, presidindo o Conselho Estadual de Cultura, dirigindo o Centro Regional de Pesquisas Educacionais e o Seminário de Tropicologia da Universidade Federal de Pernambuco, comparecendo às reuniões mensais do Conselho Federal de Cultura e atendendo a convites de universidades européias e norte-americanas, onde é sempre recebido como o embaixador intelectual do Brasil. A editora A. A. Knopf publica em Nova York *Order and progress*, com texto traduzido e refundido por Rod W. Horton.

1971 Recebe a 26 de novembro, em solenidade realizada no Gabinete Português de Leitura, do Recife, e tendo como paraninfo o Ministro Mário Gibson Barbosa, o título de Doutor *Honoris Causa* pela Universidade Federal de Pernambuco. Discursa como orador oficial da solenidade de inauguração, pelo Presidente Emílio Médici, do Parque Nacional dos Guararapes, no Recife. A rainha Elizabeth lhe confere o título de *Sir* (Cavaleiro Comandante do Império Britânico) e a Universidade Federal do Rio de Janeiro o grau de Doutor *Honoris Causa* em filosofia. Publica-se a primeira edição da *Seleta para jovens* (José Olympio) e a obra *Nós e a Europa germânica* (Grifo Edições). Continua a receber visitas de estrangeiros ilustres na sua casa de Apipucos, devendo-se destacar as de Embaixadores do Reino Unido, França, EUA, Bélgica e as de Aldous Huxley, George Gurvitch, Shelesky, John dos Passos, Jean Duvignaud, Lincoln Gordon, Roberto Kennedy, a quem oferece jantar a pedido desse visitante. A Companhia Editora Nacional publica em São Paulo, como volume 348 de sua coleção Brasiliana, a primeira edição brasileira de *Novo mundo nos trópicos*.

1972 Preside o Primeiro Encontro Inter-regional de Cientistas Sociais do Brasil, realizado em Fazenda Nova, Pernambuco, de 17 a 20 de janeiro sob os auspícios do Instituto Joaquim Nabuco de Pesquisas Sociais. Recebe o título de Cidadão de Olinda que lhe foi conferido por Lei Municipal nº 3.774, de 8 de março de 1972. Recebe, em sessão solene da Assembléia Legislativa do Estado de Pernambuco, a medalha Joaquim Nabuco, que lhe foi conferida pela Resolução nº 871, de 28 de abril de 1972. Em 14 de junho profere no Instituto Joaquim Nabuco de Pesquisas Sociais palestra sobre José Bonifácio. Profere, no Instituto Joaquim Nabuco de Pesquisas Sociais, as duas primeiras conferências da série comemorativa do centenário de Estácio Coimbra. Inaugura-se na praia de Boa Viagem, no Recife, em 15 de dezembro, o Hotel Casa-grande & senzala. A editora Giulio Einaudi publica em Turim a edição italiana de *Casa-grande & senzala (Case e catatecchie)*.

1973 Recebe em São Paulo o Troféu Novo Mundo, "por obras notáveis em sociologia e história", e o Troféu Diários Associados pela "maior distinção anual em artes plásticas". Exposições de telas de sua autoria, uma no Recife, outra no Rio, esta na residência do casal José Maria do

Carmo Nabuco, com apresentação de Alfredo Arinos de Mello Franco. Por decreto do Presidente E. G. Médici é reconduzido ao Conselho Federal de Cultura. Viagem a Angola, em fevereiro. A 10 de maio, a convite da Assembléia Legislativa do Estado de Pernambuco, profere discurso no Cemitério de Santo Amaro, diante do túmulo de Joaquim Nabuco, comemorativo do Sesquicentenário do Poder Legislativo no Brasil. Recebe em setembro, em João Pessoa, o título de Doutor *Honoris Causa* pela Universidade Federal da Paraíba. Profere na Câmara dos Deputados, em 29 de novembro, conferência sobre "Atuação do Parlamento no Império e na República", na série comemorativa do Sesquicentenário do Poder Legislativo no Brasil. Profere na Universidade de Brasília palestra em inglês para o corpo diplomático, sob o título de *"Some remarks on how and why Brazil is different"*. Em 13 de dezembro é operado pelo professor Euríclides de Jesus Zerbini, no Hospital da Beneficência Portuguesa de São Paulo.

1974 Recebe em São Paulo o troféu Novo Mundo conferido pelo Centro de Artes Novo Mundo. Sua primeira exposição de pintura em São Paulo: 40 telas adquiridas imediatamente. A 15 de março, o Instituto Joaquim Nabuco de Pesquisas Sociais comemora com exposição e sessão solene, os 40 anos da publicação de *Casa-grande & senzala*. Em 20 de julho profere no Instituto Joaquim Nabuco de Pesquisas Sociais conferência sobre a "Importância dos retratos para os estudantes biográficos: o caso de Joaquim Nabuco". A 29 de agosto, a Universidade Federal de Pernambuco inaugura no saguão da Reitoria uma placa comemorativa dos 40 da *Casa-grande & senzala*. A 12 de outubro recebe a Medalha de Ouro José Vasconcelos, outorgada pela Frente de Afirmación Hispanista do México, para distinguir, cada ano, uma personalidade dos meios culturais hispano-americanos. O cineasta Geraldo Sarno realiza documentário de cinco minutos intitulado *Casa-grande & senzala*, de acordo com uma idéia de Aldous Huxley. O editor Alfred A. Knopf publica em Nova York a obra *The Gilberto Freyre Reader*.

1975 Diante da violência de uma enchente do rio Capibaribe, em 17 e 18 de julho, lidera com Fernando de Mello Freyre, diretor do Instituto Joaquim Nabuco, um movimento de estudo interdisciplinar sobre as enchentes em Pernambuco. Profere, em 10 de outubro, conferência no Clube Atlético Paulistano sobre "O Brasil como nação hispano-tropical". Recebe em 15 de outubro, do Sindicato dos Professores do Ensino Primário e Secundário de Pernambuco e da Associação dos Professores do Ensino Oficial, o título de Educador do Ano, por relevantes serviços prestados à comunidade nordestina no campo da educação e da pesquisa social. Profere em 7 de novembro, no Teatro Santa Isabel, do Recife, conferência sobre o Sesquicentenário do *Diário de Pernambuco*. O Instituto do Açúcar e do Álcool lança, em 15 de novembro, o Prêmio de Criatividade Gilberto Freyre, para os melhores ensaios sobre aspectos socioeconômicos da zona canavieira do Nordeste. Publicam-se no Rio de Janeiro suas obras *Tempo morto e outros tempos* (José Olympio), *O brasileiro entre os outros hispanos* (idem) e *Presença do açúcar na formação brasileira* (I.A.A.).

1976 Viaja à Europa em setembro, fazendo conferências em Madri (Instituto de Cultura Hispânica) e em Londres (Conselho Britânico). Homenageado com a esposa, em Londres, com banquete pelo Embaixador Roberto Campos e esposa (presentes vários dos seus amigos ingleses, como Lord Asa Briggs). Em Paris, como hóspede do Governo francês, é entrevistado pelo sociólogo Jean Duvignaud, na rádio e televisão francesas, sobre "Tendências atuais da cultura brasileira". Homenageado com banquete pelo diretor de *Le Figaro*, seu amigo e escritor e membro da Academia Francesa, Jean d'Ormesson, presentes Roger Caillois e outros intelectuais franceses. Em Viena, identifica mapas inéditos do Brasil no período holandês, existentes na Biblioteca Nacional da Áustria. Na Espanha, como hóspede do Governo, realiza palestra no Instituto de Cultura Hispânica, presidido pelo Duque de Cadis. Em Lisboa é homenageado com banquete pelo Secretário de Estado de Cultura, presentes intelectuais, ministros, diplomatas. Em 7 de outubro, lê em Brasília, a convite do Ministro da Previdência Social, conferência de encerramento do Seminário sobre Problemas de Idosos. A Livraria José Olympio Editora publica as 16ª e 17ª edições de *Casa-grande & senzala* e o IJNPS a 6ª edição do *Manifesto regionalista*; 2ª edição portuguesa de Lisboa de *Casa-grande & senzala*.

1977 Estréia em janeiro no Nosso Teatro (Recife) a peça *Sobrados e mucambos*, adaptada por Hermilo Borba Filho e encenada pelo Grupo Teatral Vivencial. Recebe em fevereiro, do embaixador Michel Legendre, a faixa e as insígnias de Comendador das Artes e Letras da França. Profere em março, no Seminário de Tropicologia, conferência sobre "O Recife eurotropical". Profere na Câmara dos Deputados, em Brasília, conferência de encerramento do ciclo comemorativo do Bicentenário da Independência dos Estados Unidos. Exibição, na Biblioteca Municipal Mário de Andrade, de São Paulo, de um documentário cinematográfico sobre sua vida e obra – *Da palavra ao desenho da palavra* – com debates dos quais participam Freitas Marcondes, Leo Gilson Ribeiro, Osmar Pimentel e Egon Schaden. Profere conferência na Câmara dos Deputados, em Brasília, em 19 de agosto, sobre "A terra, o homem e a educação", no Seminário sobre Ensino Superior, promovido pela Comissão de Educação e Cultura. Profere conferência no Teatro José de Alencar de Fortaleza, em 24 de setembro, sobre "O Nordeste visto através do tempo". Lançamento em São Paulo, em 10 de novembro, do álbum *Casas-grandes & senzalas*, com guaches de Cícero Dias. Profere, no Arquivo Público Estadual de Pernambuco, conferência de encerramento do Curso sobre o Sesquicentenário da

Elevação do Recife à condição de Capital, sobre "O Recife e a sua autobiografia coletiva". Acolhido como sócio honorário do Pen Clube do Brasil. Inicia em outubro colaboração semanal na *Folha de S. Paulo*. A livraria José Olympio Editora publica *O outro amor do Dr. Paulo*, seminovela, continuação de *Dona Sinhá e o filho padre*. A Editora Nova Aguilar publica, em dezembro, a *Obra escolhida*, volume em papel-bíblia que inclui *Casa-grande & senzala*, *Nordeste* e *Novo mundo nos trópicos*, com introdução de Antônio Carlos Villaça, Cronologia da vida e da obra e Bibliografia ativa e passiva, por Edson Nery da Fonseca. A Editora Ayacucho publica em Caracas a 3ª edição em espanhol de *Casa-grande & senzala*, com introdução de Darcy Ribeiro. As Ediciones Cultura Hispánica publicam em Madri a edição em espanhol da *Seleta para jovens*, com o título de *Antología*. A editora Espasa-Calpe publica, em Madri, *Más allá de lo moderno,* com prefácio de Julián Marías. A Livraria José Olympio Editora publica a 5ª edição de *Sobrados e mucambos* e a 18ª edição brasileira de *Casa-grande & senzala*.

1978 Viagem a Caracas para proferir três conferências no Instituto de Assuntos Internacionais do Ministério das Relações Exteriores da Venezuela. Abre no Arquivo Público Estadual, em 30 de março, ciclo de conferências sobre escravidão e abolição em Pernambuco, fazendo "Novas considerações sobre escravos em anúncios de jornal em Pernambuco". Profere conferência sobre "O Recife e sua ligação com estudos antropológicos no Brasil", na instalação da XI Reunião Brasileira de Antropologia, no auditório da Universidade Federal de Pernambuco, em 7 de maio. Em 22 de maio, abre em Natal a I Semana de Cultura do Nordeste. Profere em Curitiba, em 9 de junho, conferência sobre "O Brasil em nova perspectiva antropossocial", numa promoção da Associação dos Professores Universitários do Paraná. Profere em Cuiabá, em 16 de setembro, conferência sobre "A dimensão ecológica do caráter nacional". Profere na Academia Paulista de Letras, em 4 de dezembro, conferência sobre "Tropicologia e realidade social", abrindo o 1º Seminário Internacional de Estudos Tropicais da Fundação Escola de Sociologia e Política. Publicação da obra *Recife & Olinda*, com desenhos de Tom Maia e Thereza Regina. A Editora Nova Fronteira publica *Alhos & bugalhos*. A Editora Cátedra publica *Prefácios desgarrados*. A Ranulpho Editora de Arte publica *Arte & ferro*, com pranchas de Lula Cardoso Ayres. O Conselho Federal de Cultura publica *Cartas do próprio punho sobre pessoas e coisas do Brasil e do estrangeiro*. A Editora Gallimard publica a 14ª edição de *Maîtres et Esclaves*, na coleção TEL. A Livraria Editora José Olympio publica a 19ª edição brasileira de *Casa-grande & senzala*. A Fundação Cultural do Mato Grosso publica a 2ª edição de *Introdução a uma sociologia da biografia*.

1979 O Arquivo Estadual de Pernambuco, em março, a edição fac-similar do *Livro do Nordeste*. Participa, no auditório da Biblioteca Municipal de São Paulo, em 30 de março, da Semana do Escritor Brasileiro. Recebe em Aracaju, em 17 de abril, o título de Cidadão Sergipano, outorgado pela Assembléia Legislativa de Sergipe. Homenageado pelo 44º Congresso Mundial de Escritores do Pen Clube Internacional, reunido no Rio de Janeiro, em julho, recebe a medalha Euclides da Cunha, sendo saudado pelo escritor Mário Vargas Llosa. Recebeu o grau de Doutor *Honoris Causa* pela Faculdade de Ciências Médicas da Fundação do Ensino Superior de Pernambuco – Universidade de Pernambuco, em setembro. Viagem à Europa em outubro. Conferência na Fundação Calouste Gulbenkian, em 22 de outubro, sobre "Onde o Brasil começou a ser o que é". Abre o ciclo de conferências comemorativo do 20º aniversário da Sudene, em dezembro, falando sobre "Aspectos sociais do desenvolvimento regional". Recebe em dezembro o Prêmio Caixa Econômica Federal, da Fundação Cultural do Distrito Federal, pela obra *Oh de Casa!* Profere na Universidade de Brasília conferência sobre "Joaquim Nabuco: um novo tipo de político". A Editora Artenova publica *Oh de Casa!* A Editora Cultrix publica *Heróis e vilões no romance brasileiro*. A MPM Propaganda publica *Pessoas, coisas & animais*, em edição fora do comércio. A Editora Ibrasa publica *Tempo de aprendiz*.

1980 Em 24 de janeiro, a Academia Pernambucana de Letras inicia as comemorações do seu octogésimo aniversário, com uma conferência de Gilberto Osório de Andrade sobre "Gilberto Freyre e o trópico". Em 25 de janeiro, a Codepe inicia seu Seminário Permanente de Desenvolvimento, dedicando-o ao estudo da obra de Gilberto Freyre. O Arquivo Público Estadual comemora a efeméride, em 26 e 27 de fevereiro, com duas conferências de Edson Nery da Fonseca. Recebe em São Paulo, em 7 de março, a medalha de Ordem do Ipiranga, maior condecoração do Estado. Em 26 de março, recebe a medalha José Mariano, da Câmara Municipal do Recife. Por decreto de 15 de abril, o Governador do Estado de Sergipe lhe confere o galardão de Comendador da Ordem do Mérito Aperipê. Missa cantada na catedral de São Pedro dos Clérigos do Recife, mandada celebrar pelo Governo do Estado de Pernambuco, sendo oficiante monsenhor Severino Nogueira e regente o padre Jayme Diniz. Inauguração, na redação do *Diário de Pernambuco*, de placa comemorativa da colaboração de Gilberto Freyre, iniciada em 1918. Almoço na residência de Fernando Freyre. *Open house* na vivenda Santo Antônio. Sorteio de bilhete da Loteria Federal da Praça de Apipucos. Desfile de clubes e blocos carnavalescos e concentração popular em Apipucos. Sessão solene do Congresso Nacional, em 15 de abril, às 15 horas, destinada a homenagear o escritor Gilberto Freyre pelo transcurso do seu octogésimo aniversário. Discursos do presidente, Senador Luís Viana Filho, dos senadores Aderbal Jurema e Marcos Freire, e do deputado Thales Ramalho. Viagem a

Portugal em junho, a convite da Câmara Municipal de Lisboa, para tomar parte nas comemorações do 4º Centenário da Morte de Camões. Conferência "A tradição camoniana ante insurgências e ressurgências atuais". Homenageado, em 6 de julho, durante a 32ª Reunião Anual da Sociedade Brasileira para o Progresso da Ciência, realizada no Rio de Janeiro. Homenageado, em 25 de julho, pelo XII Congresso Brasileiro de Língua e Literatura, promovido pelas universidades estaduais do Rio de Janeiro e Universidade Federal do Rio de Janeiro. Em 11 de agosto, recebe do embaixador Hansjorg Kastl a Grã-Cruz do Mérito da República Federativa da Alemanha. Ainda em agosto, homenageado pelo IV Seminário Paraibano de Cultura Brasileira. Recebe o título de Cidadão Benemérito de João Pessoa, outorgado pela câmara municipal da capital paraibana. Recebe o título do sócio honorário do Instituto Histórico e Geográfico da Paraíba. Em 2 de setembro, homenageado pelo Pen Clube do Brasil com um painel sobre suas idéias, no auditório do Palácio da Cultura, Rio de Janeiro. Encenação, no Teatro São Pedro de São Paulo, da peça de José Carlos Cavalcanti Borges *Casa-grande & senzala*, sob a direção de Miroel Silveira, pelo grupo teatral da Escola de Comunicação e Artes da USP. Em 10 de outubro, conferência da Fundação Luisa e Oscar Americano, de São Paulo, sobre "Imperialismo Cultural do Conde Maurício". De 13 a 17 de outubro, Simpósio Internacional promovido pela Universidade de Brasília e pelo Ministério da Educação e Cultura, com a participação, como conferencistas, do historiador social inglês Lord Asa Briggs, do filósofo espanhol Julián Marías, do poeta e ensaísta português David Mourão-Ferreira, do antropólogo francês Jean Duvignaud e do historiador mexicano Silvio Zavala. Recebe o Prêmio Jabuti, de São Paulo, em 28 de outubro. Recebe, em 11 de dezembro, o grau de Doutor *Honoris Causa* pela Universidade Católica de Pernambuco. Em 12 de dezembro, recebe o prêmio Moinho Recife. A Ranulpho Editora de Arte publica o álbum *Gilberto poeta: algumas confissões, com serigrafias* de Aldemir Martins, Jenner Augusto, Lula Cardoso Ayres, Reynaldo Fonseca e Wellington Virgolino e posfácio de José Paulo Moreira da Fonseca. As Edições Pirata, do Recife, publicam *Poesia reunida*. A Editora José Olympio publica a 20ª edição brasileira de *Casa-grande & senzala*, com prefácio do Ministro Eduardo Portella. A Editora José Olympio publica a 5ª edição de *Olinda*. A Editora José Olympio publica a 3ª edição da *Seleta para jovens*. A Companhia Editora Nacional publica a 2ª edição de *O Escravo nos anúncios de jornais brasileiros do século XIX*. A Editora José Olympio publica a 2ª edição brasileira de *Aventura e rotina*. A editora Greenwood Press, de Westport, Conn., publica, sem autorização do autor, a reimpressão de *New world in the tropics*.

1981 A Classe de Letras da Academia de Ciências de Lisboa reúne-se, em fevereiro, para ouvir comunicação do escritor David Mourão-Ferreira sobre "Gilberto Freyre, criador literário". Encenação, em março, no Teatro Santa Isabel, da peça-balé de Rubens Rocha Filho *Tempos per-*

didos, nossos tempos. Em 25 de março, recebe do embaixador Jean Beliard a *rosette* de Oficial da Légion d'Honneur. Inauguração de seu retrato, em 21 de abril, no Museu do Trem da Superintendência Regional da Rede Ferroviária Federal. Em 29 de abril, o Conselho Municipal de Cultura lança, no Palácio do Governo, um álbum de desenhos de sua autoria. Lançamento, em 7 de maio, no Museu Nacional da Quinta da Boa Vista, da edição quadrinizada de *Casa-grande & senzala*, numa promoção da Universidade Federal do Rio de Janeiro, Museu Nacional e Editora Brasil-América. Profere conferência, em 15 de maio, no auditório Benício Dias da Fundação Joaquim Nabuco, sobre "Atualidade de Lima Barreto". Viagem à Espanha, em outubro, para tomar posse no Conselho Superior do Instituto de Cooperação Ibero-americana, nomeado que foi pelo rei João Carlos I.

1982 Recebe em janeiro a medalha comemorativa dos 30 anos do Conselho Nacional de Desenvolvimento Científico e Tecnológico (CNPq). Profere na Academia Pernambucana de Letras conferência sobre "Luís Jardim Autodidata?", comemorativa do octogésimo aniversário do pintor e escritor pernambucano. Na abertura do III Congresso Afro-Brasileiro, em 20 de setembro, profere conferência no teatro Santa Isabel. Em setembro, é entrevistado pela Rede Bandeirantes de Televisão, no programa Canal Livre. Recebe do embaixador Javier Vallaure, na Embaixada da Espanha em Brasília, a Grã-Cruz de Alfonso, El Sabio (outubro). Profere no auditório do Palácio da Cultura, em 9 de novembro, conferência sobre "Villa-Lobos revisitado". Profere no Nacional Club de São Paulo, em 11 de novembro, conferência sobre "Brasil: entrepassados úteis e futuros renovados". A Editora Massangana publica *Rurbanização: o que é?* A Editora Klett-Cotta, de Stuttgart, publica a primeira edição alemã de *Das Land in der Stadt. Die Entwicklung der urbanem Gesellschaft Brasiliens* (*Sobrados e mucambos*) e a segunda de *Herrenhaus und Sklavenhütte* (*Casa-grande & senzala*).

1983 Iniciam-se em 21 de março – Dia Internacional das Nações Unidas Contra a Discriminação Racial – as comemorações do cinqüentenário da publicação de *Casa-grande & senzala*, com sessão solene no auditório Benício Dias, presidida pelo Governador Roberto Magalhães e com a presença da Ministra da Educação, Esther de Figueiredo Ferraz, e do Diretor-Geral da Unesco, Amadou M'Bow, que lhe entrega a medalha "Homenagem da Unesco". Recebe em 15 de abril, da Associação Brasileira de Relações Públicas, Seção de Pernambuco, o Troféu Integração por destaque cultural de 1982. Em abril, expõe seus últimos desenhos e pinturas na Galeria Aloísio Magalhães. Viagem a Lisboa, em 25 de outubro, para receber, do Ministro dos Negócios Estrangeiros, a Grã-Cruz de Santiago da Espada. Em 27 de outubro, participa de sessão solene da Academia de Ciências de Lisboa e da Academia Portuguesa de História, comemorativa do cinqüentenário da publicação de *Casa-grande & senzala*. A Fundação Calouste Gulbenkian promove em Lisboa um ciclo de conferências sobre *Casa-grande & senzala* (2 de novembro a 4 de dezembro). Homenageado pela Feira Internacional do Livro do Rio de Janeiro, em 9 de novembro. O Seminário de Tropicologia reúne-se, em 29 de novembro, para ouvir conferência de Edson Nery da Fonseca, intitulada "Gilberto Freyre, cultura e trópico". Recebe em 7 de dezembro, no Liceu Literário Português do Rio de Janeiro, a Grã-Cruz da Ordem Camoniana. A Editora Massangana publica *Apipucos: que há num nome?* A Editora Globo publica *Insurgências e ressurgências atuais* e *Médicos, doentes e contextos sociais* (2ª edição de *Sociologia da medicina*). Realiza-se na Fundação Joaquim Nabuco, de 19 a 30 de setembro, um ciclo de conferências comemorativo dos 50 anos de *Casa-grande & senzala*, promovido com apoio do Governo do Estado e de outras entidades pernambucanas (anais editados por Edson Nery da Fonseca e publicadas em 1985 pela Editora Massangana: *Novas perspectivas em Casa-grande & senzala*. A editora José Olympio publica no Rio de Janeiro o livro de Edilberto Coutinho *A imaginação do real: uma leitura da ficção de Gilberto Freyre*, tese de doutoramento defendida na Universidade Federal do Rio de Janeiro. A editora Record publica no Rio de Janeiro *Homens, engenharias e rumos sociais*.

1984 Lançamento, em 20 de janeiro, de selo postal comemorativo do cinqüentenário de *Casa-grande & senzala*. Viagem a Salvador, em 14 de março, para receber homenagem do Governo do Estado pelo cinqüentenário de *Casa-grande & senzala*. Inauguração, no Museu de Arte Moderna da Bahia, da exposição itinerante sobre a obra. Conferência de Edson Nery da Fonseca sobre "Gilberto Freyre, *Casa-grande & senzala e a Bahia*". Convidado pelo Governador Tancredo Neves, profere em Ouro Preto, em 21 de abril, o discurso oficial da Semana da Inconfidência. Profere em 8 de maio, na antiga Reitoria da UFRJ, conferência sobre "Alfonso X, o sábio, ponte de culturas". Recebe da União Cultural Brasil-Estados Unidos, em 7 de junho, a medalha de merecimento por serviços relevantes prestados à aproximação entre o Brasil e os Estados Unidos. Em 8 de junho, profere conferência no Clube Atlético Paulistano sobre "Camões: vocação de antropólogo moderno?", promovida pelo Conselho da Comunidade Portuguesa de São Paulo. Em setembro de 1984, o Balé Studio Um realiza no Recife o espetáculo de dança *Casa-grande & senzala*, sob a direção de Eduardo Gomes e com música de Egberto Gismonti. Recebe a Medalha Picasso da Unesco, desenhada por Juan Miró em comemoração do centenário do pintor espanhol. Em setembro, homenageado por Richard Civita no Hotel 4 Rodas de Olinda, com banquete presidido pelo Governador Roberto Magalhães e entrega de passaportes para o casal se hospedar em qualquer hotel da rede. Participa, na Arquidiocese do Rio de Janeiro, em outubro, do Congresso Internacional de Antropologia e Práxis, debatedor do tema *Cultura e redenção*, desenvolvido por D. Paul Poupard. Homenageado no Teatro Santa Isabel do Recife, em 31 de novembro, pelo cinqüentenário do 1º Congresso Afro-Brasileiro, ali realizado em 1934. Lê no Museu de Arte Sacra de Pernambuco (Olinda) a conferência *Cultura e museus*, publicada no ano seguinte pela FUNDARPE. Convidado pelo Conselho da Comunidade Portuguesa do Estado de São Paulo, lê no Clube Atlético Paulistano, em 8 de junho (Dia de Portugal) a conferência *Camões: vocação de antropólogo moderno?* publicada no mesmo ano pelo Conselho.

1985 Recebe da Fundação do Patrimônio Histórico e Artístico de Pernambuco (Fundarpe) a Homenagem à Cultura Viva de Pernambuco, em 18 de março. Viaja em maio aos Estados Unidos, para receber, na Baylor University, o prêmio consagrador de notáveis triunfos (Distinguished Achievement Award). Profere em 21 de maio, na Havard University, conferência sobre "My first contacts with american intellectual life", promovida pelo Departamento de Línguas e Literaturas Românicas e pela Comissão de Estudos Latino-americanos e Ibéricos. Realiza exposição na Galeria Metropolitana Aloísio Magalhães do Recife: "Desenhos a cor: figuras humanas e paisagens". Recebe, em agosto, o grau de Doutor *Honoris Causa* em Direito e em Letras pela Universidade Clássica de Lisboa. Nomeado em setembro, pelo Presidente da República, para compor a Comissão de Estudos Constitucionais. Recebe o título de Cidadão de Manaus, em 6 de setembro. Profere, em 29 de outubro, conferência na inauguração do Instituto Brasileiro de Altos Estudos (Ibrae) de São Paulo, subordinada ao título "À beira do século XX". Em 20 de novembro, apresentação, no Cine Bajado, de Olinda, do filme de Kátia Mesel *Oh de Casa!* Em dezembro viaja a São Paulo, sendo hospitalizado no Incor para cirurgia de um divertículo de Zenkel (hérnia de esôfago). A Editora José Olympio publica a 7ª edição de *Sobrados e mucambos* e a 5ª edição de *Nordeste*. Por iniciativa do Centro de Estudos Latino-americanos da Universidade da Califórnia em Los Angeles, a editora da Universidade publica em Berkeley reedições em brochuras do mesmo formato *The masters and the slaves, The mansions and the shanties* e *Order and progress*, com introduções, respectivamente, de David H. E. Mayburt-Lewis e Ludwig Lauerhass Jr.

1986 Em janeiro, submete-se no Incor a uma cirurgia do esôfago para retirada de um divertículo de Zenkel. Regressa ao Recife em 16 de janeiro, reclamando: "agora estou em casa, meu Apipucos". Em 22 de fevereiro, volta a São Paulo para uma cirurgia de próstata o Incor, realizada em 24 de fevereiro. Recebe em 24 de abril, em sua residência de Apipucos, do embaixador Bernard Dorin, a comenda de Grande Oficial da Legião de Honra, no grau de Cavaleiro. Em maio, recebe da Empetur o prêmio Cavalo-Marinho. Em agosto, recebe o título de Cidadão de Aracaju. Em 24 de outubro, reencontra-se no Recife com a dançarina Katherine Dunhm. Em 28 de outubro é eleito para ocupar a cadeira 23 da Academia Pernambucana de Letras, vaga com a morte de Gilberto Osório de Andrade. Posse em 11 de dezembro na Academia Pernambucana de Letras. Recebe, em 16 de dezembro, o título de Pesquisador

Emérito do Instituto de Pesquisas Sociais da Fundação Joaquim Nabuco. Publica-se em Budapeste a edição húngara de *Casa-grande & senzala: Udvarház es szolgaszállás*. A professora Élide Rugai Bastos defende na Pontifícia Universidade Católica de São Paulo a tese de doutoramento *Gilberto Freyre e a formação da sociedade brasileira*, orientada pelo professor Octavio Ianni. A Áries Editora publica em São Paulo o livro de Pietro Maria Bardi *Ex-votos de Mário Cravo* e a editora Creficul o livro do mesmo autor *40 anos de MASP*, ambos prefaciados por G. F.

1987 Instituição, em 11 de março, da Fundação Gilberto Freyre. Em 30 de março, recebe em Apipucos a visita do Presidente Mário Soares. Em 7 de abril, submete-se no Incor do Hospital Português a uma cirurgia para introdução de marcapasso. Em 18 de abril, Sábado Santo, recebe de D. Basílio Penido O.S.B. os sacramentos da Reconciliação, da Eucaristia e dos Enfermos. Morre no Hospital Português, às 4 horas da madrugada de 18 de julho, aniversário de Magdalena. Sepultamento no Cemitério de Santo Amaro, às 18 horas, discursando o Ministro Marcos Freire. Em 20 de julho, o Senador Afonso Arinos ocupa a tribuna da Assembléia Nacional Constituinte para prestar homenagem à sua memória. Em 19 de julho o jornal *ABC de Madri* publica um artigo de Julián Marías: "Adiós a um brasileño universal". Em 24 de julho, missas concelebradas, no Recife, por D. José Cardoso Sobrinho e D. Heber Vieira da Costa O.S.B., e em Brasília, por D. Hildebrando de Melo e pelos vigários da catedral e do palácio da Alvorada. Coral da Universidade de Brasília. Missa mandada celebrar pelo Seminário, com canto gregoriano a cargo das Beneditinas de Santa Gertrudes, de Olinda. A Editora Record publica *Modos de homem e modas de mulher* e as segundas edições de *Vida, forma e cor*; *Assombrações do Recife Velho* e *Perfil de Euclydes e outros perfis*. A Editora José Olympio publica a 25ª edição brasileira de *Casa-grande & senzala*. O Círculo do Livro publica nova edição de *Dona Sinhá e o filho padre*. A Editora Massangana publica *Pernambucanidade consagrada* (discursos de Gilberto Freyre e Waldemar Lopes na Academia Pernambucana de Letras). Ciclo de conferências promovido pela Fundação Joaquim Nabuco em memória de Gilberto Freyre, tendo como conferencistas Julián Marías, Adriano Moreira, Maria do Carmo Tavares de Miranda e José Antônio Gonsalves de Mello (convidado, deixou de vir, por doença, o antropólogo Jean Duvignaud). Ciclo de conferências promovido em Maceió pelo Governo do Estado de Alagoas, a cargo de Maria do Carmo Tavares de Miranda, Odilon Ribeiro Coutinho e José Antônio Gonsalves de Mello. Homenagem do Conselho Latino-Americano de Ciências Sociais, na abertura de sua XIV Assembléia Geral, realizada no Recife, de 16 a 21 de novembro. A editora mexicana Fondo de Cultura Económica publica a 2ª edição, como livro de bolso, de *Interpretación del Brasil*. A revista

Ciência e Cultura publica em seu número de setembro o necrológio de G. F. solicitado por Maria Isaura Pereira de Queiroz a Edson Nery da Fonseca.

1988 Em convênio com a Fundação Gilberto Freyre e sob os auspícios do Grupo Gerdau, a editora Record publica no Rio de Janeiro a obra póstuma *Ferro e civilização no Brasil*.

1989 Em sua 26ª edição, *Casa-grande & senzala* passa a ser publicada pela editora Record, até a 46ª edição, em 2002.

1990 A Fundação das Artes e a Empresa Gráfica da Bahia publicam em Salvador *Bahia e baianos*, obra póstuma organizada e prefaciada por Edson Nery da Fonseca. A editora Klett-Cotta publica em Stuttgart a segunda edição alemã de *Sobrados e mucambos* (*Das land in der Sdadt*). Realiza-se na Fundação Joaquim Nabuco o seminário *O cotidiano em Gilberto Freyre*, organizado por Fátima Quintas (anais publicados no mesmo ano pela Editora Massangana).

1994 A Câmara dos Deputados publica, como volume 39 de sua coleção Perfis Parlamentares, *Discursos Parlamentares* de G. F., texto organizado, anotado e prefaciado por Vamireh Chacon. A editora Agir publica no Rio de Janeiro a antologia *Gilberto Freyre*, organizada por Edilberto Coutinho como volume 117 da coleção Nossos Clássicos, dirigida por Pedro Lyra. A editora 34 publica no Rio de Janeiro a tese de doutoramento de Ricardo Benzaquen de Araújo *Guerra e paz: Casa-grande & senzala e a obra de Gilberto Freyre nos anos 30*.

1995 Realiza-se na Fundação Joaquim Nabuco a semana de estudos comemorativos dos 95 anos de G. F. Conferências reunidas e apresentadas por Fátima Quintas na obra coletiva *A obra em tempos vários*, publicada em 1999 pela editora Massangana. A Fundação de Cultura da Cidade do Recife e a Imprensa Universitária da Universidade Federal de Pernambuco publicam no Recife *Novas conferências em busca de leitores*, obra póstuma organizada e prefaciada por Edson Nery da Fonseca. A editora Massangana publica o livro de Sebastião Vila Nova *Sociologias e pós-sociologia em Gilberto Freyre*.

1996 Realiza-se na Fundação Joaquim Nabuco o simpósio *Que somos nós?*, organizado por Maria do Carmo Tavares de Miranda em comemoração aos 60 anos de *Sobrados e mucambos* (anais publicados pela editora Massangana em 2000).

1997 Comemorando seu 75º aniversário, a revista norte-americana *Foreign Affairs* publica o resultado de um inquérito destinado à escolha de 62 obras "que fizeram a cabeça do mundo a partir de 1922". *Casa-grande & senzala* foi apontada como uma delas pelo professor Kenneth Maxwell. A Companhia das Letras publica em São Paulo a 4ª edição de *Açúcar*, livro reimpresso em 2002 por iniciativa da Usina Petribú.

1999 Por iniciativa da Fundação Oriente, da Universidade da Beira Interior e da Sociedade de Geografia de Lisboa, iniciam-se em Portugal as comemorações do centenário de nascimento de G. F., com o colóquio realizado na Sociedade de Geografia de Lisboa, de 11 e 12 de fevereiro, *Lusotropicalismo revisitado*, sob a direção dos professores Adriano Moreira e José Carlos Venâncio. A Fundação Oriente institui um prêmio anual de um milhão de escudos para "galardoar trabalhos de investigação na área da perspectiva gilbertiana sobre o Oriente". As comemorações pernambucanas foram iniciadas em 14 de março, com missa solene concelebrada na basílica do Mosteiro de São Bento de Olinda, com canto gregoriano pelas Beneditinas Missionárias da Academia Santa Gertrudes. Pelo decreto nº 21.403, de 7 de maio, o Governador de Pernambuco declarou, no âmbito estadual, "Ano Gilberto Freyre 2000". Pelo decreto de 13 de julho, o Presidente da República instituiu o ano 2000 como "Ano Gilberto Freyre". A UniverCidade do Rio de Janeiro instituiu, por sugestão da editora Topbooks, o prêmio de 20 mil dólares para o melhor ensaio sobre Gilberto Freyre.

2000 Por iniciativa da TV Cultura de São Paulo, foram elaborados os filmes Gilbertianas I e II, dirigidos pelo cineasta Ricardo Miranda com a colaboração do antropólogo Raul Lody. Em 13 de março ocorreu o lançamento nacional, numa promoção do Shopping Center Recife/UCI Cinemas/Weston Táxi Aéreo. Em 21 de março ocorreu o lançamento, na sala Calouste Gulbenkian da Fundação Joaquim Nabuco, Núcleo de Estudos Freyrianos, Governo do Estado de Pernambuco, Sudene e Ministério da Cultura. Por iniciativa do canal GNT, VideoFilmes e Regina Filmes, o cineasta Nelson Pereira dos Santos dirigiu 4 documentários com o título genérico de *Casa-grande & senzala*, tendo Edson Nery da Fonseca como co-roteirista e narrador. Filmados no Brasil, em Portugal e na Universidade de Columbia em Nova York, o primeiro – *O Cabral moderno* – vem sendo exibido pelo canal GNT a partir de 21 de abril. Os três outros – *A cunhã - mãe da família brasileira, O português – colonizador dos trópicos* e *O escravo na vida sexual e de família do brasileiro* – foram exibidos pelo mesmo canal, a partir de 2001. As editoras Letras e Expressões e Abregraph publicam a 2ª edição de *Casa-grande & senzala em quadrinhos*, com ilustrações de Ivan Wasth Rodrigues colorizadas por Noguchi. A editora Topbooks publica a 2ª edição brasileira de *Novo mundo nos trópicos*, prefaciada por Wilson Martins. A revista *Novos Estudos Cebrap*, em seu número 56, publica o dossiê "Leituras de Gilberto Freyre", com apresentação de Ricardo Benzaquen de Araújo, incluindo as introduções de Fernand Braudel à edição italiana de *Casa-grande & senzala*, de Lucien Febvre à edição francesa, de Antonio Sérgio a *O mundo que o português criou* e a de Frank Tannembaum à edição norte-americana de *Sobrados e mucambos*. Em 15 de março realiza-se na Maison de Sciences de l'Homme et de la Science o colóquio

"Gilberto Freyre e a França", organizado pela professora Ria Lemaire, da Universidade de Poitiers. Em 15 de março o arcebispo de Olinda e Recife, José Cardoso, celebra missa solene na igreja de São Pedro dos Clérigos, com cantos do coral da Academia Pernambucana de Música. Na tarde de 15 de março foi apresentada, na sala Calouste Gulbenkian, em projeção de VHF, a Biblioteca Virtual Gilberto Freyre, que entrou imediatamente na Internet, http://prossiga.bvgf.fgf.org.br. De 21 a 24 de março realizou-se na Fundação Gilberto Freyre o *Seminário Internacional Novo Mundo nos Trópicos* (anais publicados com título homônimo). De 28 a 31 de março realizou-se no Centro Cultural Banco do Brasil do Rio de Janeiro o ciclo de palestras *À propósito de Gilberto Freyre* (não reunidas em livro). De 14 a 16 de agosto realizou-se o seminário *Gilberto Freyre Patrimônio Brasileiro*, promovido conjuntamente pela Fundação Roberto Marinho, UniverCidade do Rio de Janeiro, Colégio do Brasil, Academia Brasileira de Letras, Folha de S. Paulo e Instituto de Estudos Avançados da Universidade de São Paulo. Iniciado no auditório da Academia Brasileira de Letras e num dos campi da UniverCidade, foi concluído no auditório da Folha de S. Paulo e na cidade universitária da USP. Em 18 de outubro, realizou-se no anfiteatro da História da USP o *Seminário Multidisciplinar Relendo Gilberto Freyre*, organizado pelo Centro Angel Rama da Faculdade de Filosofia, Letras e Ciências Humanas na mesma universidade. Em 20 de outubro iniciou-se na embaixada do Brasil em Paris o seminário *Gilberto Freyre e as Ciências Sociais no Brasil*, promovido pelo Ministério das Relações Exteriores e Fundação Gilberto Freyre. Em 30 de outubro realizou-se em Buenos Aires o seminário *À la busqueda de la identidad: el ensayo de interpretación nacional en Brasil y Argentina*. De 6 a 9 de novembro realizou-se no Sun Valley Park Hotel, em Marília, SP, a Jornada de Estudos Gilberto Freyre, organizada pela Faculdade de Filosofia e Ciências da UNESP. Em 21 de novembro realizou-se na Universidade de Essex o seminário *The English in Brazil: a Study in Cultural Encounters*, dirigido pela professora Maria Lúcia Pallares-Burke. Em 27 de novembro realizou-se na Universidade de Cambridge o seminário *Gilberto Freyre & História Social do Brasil*, dirigido pelos professores Peter Burke e Maria Lúcia Pallares-Burke. De 27 a 30 de novembro realizou-se no Centro de Ciências Humanas, Letras e Artes da Universidade Federal da Paraíba o simpósio *Gilberto Freyre: Interpenetração do Brasil*, organizado pela professora Elisalva Madruga Dantas e pelo poeta e multiartista Jomard Muniz de Brito (anais com título homônimo publicados pela editora Universitária em 2002). De 28 a 30 de novembro realizou-se na sala Calouste Gulbenkian da Fundação Joaquim Nabuco o *Seminário Internacional Além do Apenas Moderno*. De 5 a 7 de dezembro realizou-se no auditório João Alfredo da Universidade Federal de Pernambuco o seminário *Outros Gilbertos*, organizado pelo Laboratório de Estudos Avançados de Cultura Contemporânea do Departamento de Antropologia da mesma universidade. Publica-se em São Paulo, pelo Grupo Editorial Cone Sul, o ensaio de Gustavo Henrique Tuna *Gilberto Freyre - entre tradição & ruptura*, premiado na categoria "ensaio" do 3º Festival Universitário de Literatura, organizado pela Xerox do Brasil e pela revista *Livro Aberto*. Por iniciativa do deputado Aldo Rebelo a Câmara dos Deputados reúne no opúsculo *Gilberto Freyre e a formação do Brasil*, prefaciado por Luís Fernandes, ensaios do próprio deputado, de Otto Maria Carpeaux e de Regina Maria A. F. Gadelha. A editora Comunigraf publica no Recife o livro de Mário Hélio *O Brasil de Gilberto Freyre, uma introdução à leitura de sua obra*, com ilustrações de José Cláudio e prefácio de Edson Nery da Fonseca. A editora Casa Amarela publica em São Paulo a segunda edição do ensaio de Gilberto Felisberto Vasconcellos *O Xará de Apipucos*. A Embaixada do Brasil em Bogotá publica o opúsculo *Imagenes*, com texto e ilustrações selecionadas por Nora Ronderos.

2001 A Companhia das Letras publica em São Paulo a 2ª edição de *Interpretação do Brasil*, organizada e prefaciada por Omar Ribeiro Thomaz (nº 19 da coleção Retratos do Brasil). A editora Topbooks publica no Rio de Janeiro a obra coletiva *O imperador das idéias: Gilberto Freyre em questão*, organizada pelos professores Joaquim Falcão e Rosa Maria Barboza de Araújo, reunindo conferências do seminário realizado no Rio de Janeiro e em São Paulo de 14 a 17 de agosto de 2000. A editora Topbooks e UniverCidade publicam no Rio de Janeiro a 2ª edição de *Além do apenas moderno*, prefaciada por José Guilherme Merquior e as terceiras edições de *Aventura e rotina*, prefaciada por Alberto da Costa e Silva e de *Ingleses no Brasil*, prefaciada por Evaldo Cabral de Melo. A editora da Universidade do Estado de Pernambuco publica, como nº 18 de sua Coleção Nordestina, o livro póstumo *Antecipações*, organizado e prefaciado por Edson Nery da Fonseca. A editora Garamond publica no Rio de Janeiro o livro de Helena Bocayuva *Erotismo à brasileira: o excesso sexual na obra de Gilberto Freyre*, prefaciado pelo professor Luis Antonio de Castro Santos.

O Diário Oficial da União de 28 de dezembro de 2001 publica à página 6 a lei no 10.361, de 27 de dezembro de 2001, que dá o nome de Aeroporto Internacional Gilberto Freyre ao Aeroporto Internacional dos Guararapes do Recife. O projeto de lei é de autoria do deputado José Chaves (PMDB-PE).

2002 Publica-se no Rio de Janeiro, em co-edição da Fundação Biblioteca Nacional e Zé Mário Editor, o livro de Edson Nery da Fonseca *Gilberto Freyre de A a Z*. Publica-se em Paris, sob os auspícios da Ong da Unesco ALLCA XX e como volume nº 55 da Coleção Archives, a edição crítica de *Casa-grande & senzala*, organizada por Guillermo Giucci, Enrique Rodríguez Larreta e Edson Nery da Fonseca.

2003 O Governo instalado no Brasil em 1º de janeiro extingue, sem nenhuma explicação, o Seminário de Tropicologia criado em 1966 pela Universidade Federal de Pernambuco, por sugestão de G. F. e incorporado em 1980 à estrutura da Fundação Joaquim Nabuco. Gustavo Henrique Tuna defende no Departamento de História do Instituto de Filosofia e Ciências Humanas da Universidade Estadual de Campinas a dissertação de mestrado *Viagens e viajantes em Gilberto Freyre*. A Editora da Universidade de Brasília publica em co-edição com a Imprensa Oficial do Estado de São Paulo as seguintes obras póstumas, organizadas por Edson Nery da Fonseca: *Palavras repatriadas* (prefácio e notas do organizador), *Americanidade e Latinidade da América Latina e outros textos afins*, *Três histórias mais ou menos inventadas* (prefácio e posfácio de César Leal) e *China Tropical*. A Global Editora publica a 47ª edição de *Casa-grande & senzala* (apresentação de Fernando Henrique Cardoso). No mesmo ano, publica também a 48ª edição da obra-mestra de Freyre. A Global Editora publica a 14ª edição de *Sobrados e mucambos* (apresentação de Roberto DaMatta). Publica-se pela Edusc, Editora da Unesp e Fapesp o livro *Gilberto Freyre em quatro tempos* (organização de Ethel Volfzon Kosminsky, Claude Lépine e Fernanda Arêas Peixoto), reunindo comunicações apresentadas na Jornada de Estudos Gilberto Freyre ocorrida em Marília, SP, em 2000. Publica-se pela Edusc, Editora Sumaré e Anpocs o livro de Élide Rugai Bastos *Gilberto Freyre e o pensamento hispânico: entre Dom Quixote e Alonso El Bueno*.

2004 A Global Editora publica a 6ª edição de *Ordem e progresso* (apresentação de Nicolau Sevcenko), a 7ª edição de *Nordeste* (apresentação de Manoel Correia de Oliveira Andrade), a 15ª edição de *Sobrados e mucambos* e a 49ª edição de *Casa-grande & senzala*. Em conjunto com a Fundação Gilberto Freyre, a Global Editora lança o Concurso Nacional de Ensaios - Prêmio Gilberto Freyre 2004/5, destinado a premiar e a publicar ensaio que aborde "qualquer dos aspectos relevantes da obra do escritor Gilberto Freyre".

2005 Em 15 de março é premiado o trabalho de Élide Rugai Bastos intitulado *As criaturas de Prometeu – Gilberto Freyre e a formação da sociedade brasileira* como vencedor do Concurso Nacional de Ensaios – Prêmio Gilberto Freyre 2004/5, promovido pela Fundação Gilberto Freyre e pela Global Editora. A Global Editora publica a 50ª edição (edição comemorativa) de *Casa-grande & senzala*, em capa dura. Em agosto, o grupo de teatro "Os fofos encenam", sob a direção de Newton Moreno, estréia a peça *Assombrações do Recife Velho*, adaptação da obra homônima de Gilberto Freyre, no Casarão do Belvedere, situado no bairro da Bela Vista, em São Paulo. Em 18 de outubro, na Livraria Cultura do Shopping Villa-Lobos, em São Paulo, é lançado *Gilberto Freyre – um vitoriano dos trópicos*, de Maria

Lúcia Pallares-Burke, pela Editora da Unesp, em mesa-redonda com a participação dos professores Antonio Dimas, José de Souza Martins, Élide Rugai Bastos e a autora do livro. A Global Editora publica a 3ª edição de *Casa-grande & senzala em quadrinhos*, com ilustrações de Ivan Wasth Rodrigues colorizadas por Noguchi.

2006 Realiza-se em 15 de março na 19ª Bienal Internacional do Livro de São Paulo, sediada no Pavilhão de Exposições do Anhembi, no salão A-Mezanino, a mesa de debate "70 anos de *Sobrados e Mucambos*, de Gilberto Freyre", com a presença dos professores Roberto DaMatta, Élide Rugai Bastos, Enrique Rodríguez Larreta e mediação de Gustavo Henrique Tuna. No evento, é lançado o 2º Concurso Nacional de Ensaios – Prêmio Gilberto Freyre 2006/7, organizado pela Global Editora e pela Fundação Gilberto Freyre e que aborda qualquer aspecto referente à obra *Sobrados e mucambos*. A Global Editora publica a segunda edição, revista, de *Tempo morto e outros tempos*, prefaciada por Maria Lúcia Garcia Pallares-Burke.

Realiza-se no auditório do Instituto de Filosofia e Ciências Humanas da Unicamp nos dias 25 e 26 de abril o *Simpósio Gilberto Freyre: produção, circulação e efeitos sociais de suas idéias*, com a presença de inúmeros estudiosos da obra do sociólogo pernambucano do Brasil e do exterior.

Índice remissivo

A

Abolição,
  feita sem grande resultado, 266, 267
Açúcar,
  economia açucareira, 226
África, 25, 27, 28, 30, 31, 32, 37, 38, 39, 41, 42, 45, 47, 48, 49, 56, 58, 67, 68, 69, 71, 98, 102, 108, 117, 121, 138, 215, 222, 225, 228, 230, 231, 232, 246, 249, 256, 263, 264, 273, 274, 278, 279, 280, 281, 283, 284, 285, 286, 287, 289, 290, 292, 293, 295, 296, 297, 300, 301, 304, 305, 306, 307
África do Sul,
  apartheid, 32
Albinismo, 293, 304
Alemanha,
  expressionismo, 216
  nazismo, 107
  socialista, 128
Alimentação,
  antropologia da alimentação, 186
  brasileira influenciada pelo Oriente, 300
  comidas rusticamente brasileiras, 145
  conhecimentos regionais e tradicionais, 115
  e necessidades físicas, 187
  especificidade regional, 115
  relação com a saúde, 116
  relação entre o paladar e o sexo, 260, 261
  técnicas de estocagem e de preparação de alimentos, 115
Amazônia, 59, 134, 144, 158, 159, 180, 181, 184, 187
Anarco-sindicalismo, 103
Anarquismo, 43, 44, 58, 103, 109, 125, 206, 238
  construtivo, 59, 238, 239, 254, 271
  metodológico, 79

Angola, 26, 32, 40, 42, 47, 108, 277, 303, 310
Antropologia,
  cultural, 195, 262
  da alimentação, 186
  ecológica, 195
  moderna, 130
  possível classificação do livro, 65
  social, 262
Árabes, 46, 47, 51, 67, 121, 171, 231, 232, 277, 279, 280, 282, 284, 285, 286, 289, 290, 291, 292, 293, 295, 296, 297, 298, 299, 301, 302, 304, 305, 306, 310
Arábia Saudita, 48, 49
Arianismo, 293
Arquitetura, 59, 62, 63, 91, 92, 131, 132, 158, 159, 177, 178, 226, 242
Ásia, 42, 72
Astronomia, 60, 296

B

Bélgica,
  colonialismo, 32
Bicicleta,
  uso pelo chinês orientalmente civilizado, 250
Bóia-fria, 182
Borealogia, 83
Brasil, 128
  amorenamento, 258, 259, 303
  ânimo ressurgente festivo, 95
  apreço por inteligências superiores, 161
  aspectos regionais, 50, 78, 113, 115, 162, 164, 165, 168, 169, 170, 171, 173, 176, 182, 183, 185, 187, 188, 242, 243
  bacharelismo livresco, 146
  carnaval, 74, 75, 77, 79, 267

catolicismo leigo, popular, telúrico, 122
"catolicismo popular, proletário, rural, afro-brasileiro", 106
civilização de base portuguesa, 232
civilização singularmente mista, 75
colonização de iniciativa particular, 254
concepção própria de tempo, 175
culto de Maria, 191
desigualdades entre regiões, 164
desenvolvimento das ciências sociais, 86
despertar de uma consciência ecológica, 143
escravidão, 66, 217
futebol, 94, 95, 176
interpenetração de culturas e de etnias, 32
mulatismo, 40, 41
música inovadora, 77
nativo, 67
país de população multirracial, 68
passado escravocrata semelhante ao dos Estados Unidos, 149
passado social, 148, 244
passados sociais "íntimos, quase secretos", 205
patriarcal escravocrata, 201, 203, 225, 226, 227, 247, 254, 257, 266, 275
pendores míticos, 192
perspectiva própria de desenvolvimento, 177, 178
pioneirismo no pluralismo metodológico, 150
possuidor de uma civilização nacionalmente brasileira, 173, 175, 186
presença afro-negra, 221
processo de modernização, 50, 172, 175, 176, 183
realidade brasileira, eurotropical, 215
reinterpretação do passado social ou psicos-sociocultural, 148
rumos das ciências sociais, 79
singularidade de seus problemas, 146
sociedade nacional, 125
tendência da economia, 152
valores indígenas, 40
"vasto laboratório", 176
vocação democrática, 161, 165

Brasil Colônia,
    capitanias hereditárias, 131
    pré-brasileiro, 190
Brasil Império,
    homens públicos distantes da realidade brasileira, 146, 147
    políticos, 147, 163
Brasil República,
    conciliação de contrários, 148
    políticos da Primeira República, 147
    vitória da república sobre a monarquia, 62
Brasileiro,
    aventura de miscigenação, 310
    católico africanizado ou tropicalizado, 77
    como pré-brasileiro na época colonial, 190
    exemplo de atitude pacífica, 188, 189
    formação étnico-cultural, 175, 177
    gente mais dionisíaca que apolínea, 77
    hispanotropical e lusotropical, 130
    homem de cultura nacional mista, 68
    indivíduo já integralmente brasileiro, 190
    interpretação social, 85
    lusotropical, 130
    "mais povo, mais gente intuitiva, mais raiz de cultura nacional", 192
    metarraça, 259
    nova interpretação formulada por Gilberto Freyre, 223
    "passado útil", 128
    prazer do paladar, 261
    vocação para o desenvolvimento, 172, 176, 177
Brasileiros,
    supradotados, 227
    europeísmos importados, 146

C

Cabo Verde, 32, 40
Cafuné, 74, 145, 244
Canudos, 30, 59
Carnaval, 74, 75, 77, 79, 258, 267
Casamento, 275, 276
China, 45, 58, 100, 101, 120, 123, 179, 250, 251, 296, 299, 300, 301

Ciência, 28, 39, 43, 44, 52, 53, 57, 58, 60, 63, 67, 70, 76, 77, 78, 79, 80, 81, 82, 83, 84, 85, 86, 87, 88, 89, 90, 92, 95, 96, 97, 99, 100, 104, 107, 114, 115, 116, 120, 122, 123, 124, 126, 129, 130, 135, 136, 139, 140, 143, 150, 152, 153, 154, 155, 157, 158, 160, 164, 171, 173, 177, 179, 181, 182, 186, 187, 188, 194, 197, 198, 201, 209, 212, 218, 221, 222, 225, 226, 229, 230, 238, 239, 241, 242, 245, 271, 272, 274
Clima,
    alterações, 152
    Brasil como país sem clima segundo José Ingenieros, 189
    quente, 288, 299
    tipos, 153
    tropical valorizado, 229
Climatologia, 153
Coco, 258
Colonialismo,
    belga, 32
    distinção em relação ao conceito de colonização, 30
    nas áreas de antiga colonização portuguesa, 32
    prática do Ocidente, 30
Colonização
    distinção em relação ao conceito de colonialismo, 30
    portuguesa, 280
        caráter cristocêntrico, 253
        na África, 25, 26, 30, 32, 37, 40, 41, 42, 121, 230, 231, 232
        na Índia, 41
        no Brasil, 32, 33, 37, 40, 121, 255, 264, 277, 299
        no Oriente, 25, 32, 33, 37, 40, 42, 44, 47, 68, 121, 230, 231, 232
        substituição do colonizador pelo colonizado no Império português, 253
Conciliação de contrários, 148, 215, 232, 233, 268
Contracultura, 127
Cristianismo, 27, 31, 32, 33, 34, 45, 46, 48, 52, 53, 55, 57, 79, 98, 102, 106, 108, 111, 112, 118, 121, 122, 191, 192, 203, 213, 251, 252, 253, 257, 263, 264, 265, 267, 274, 275, 276, 277, 278, 279, 281, 282, 287, 292, 293, 294, 296, 304, 305, 306, 307, 308, 310
Cruzamentos de insurgências e ressurgências, 60, 61, 62, 74, 77, 92, 97, 99, 101, 104, 105, 106, 109, 112, 113, 115, 116, 118, 119, 120, 121, 124, 125, 130, 134, 142, 190, 191, 196, 215, 216, 231, 234, 243, 246, 248, 251, 272
Culinária,
    amazônica, 113
    brasileira, 176
    brasileira importada, 255
    brasileira semelhante à do sul dos Estados Unidos, 218
    britânica, 105, 113, 187, 233
    francesa, 233
    inglesa, 187
    italiana, 233
    nordestina, 113
    polonesa, 233
    regional brasileira, 187, 188
Culto de Maria, 191, 262, 263, 264, 265, 267
Cultura,
    aculturação, 67, 84, 203
    africana, 98
    afro-negra, 229
    ameríndia, 76
    área cultural, 265
    brasileira com ressurgência islâmica, 51
    choque cultural, 43, 67, 68, 69, 71, 246, 310
    ciências culturais, 70
    continuum cultural, 252, 253
    contracultura, 127
    crise de racionalidade, 141
    dominante *versus* dominada, 225
    e raça, 283
    ecológica, 42
    estadunidense, 89
    européia, 89
    eurotropical, 26
    herança cultural, 204
    histórica, 70
    importância da cultura, 70
    manifestações, 208
    maometana, 231, 256, 257, 279, 280, 281, 282, 283, 284, 287, 288, 289, 290, 291, 293, 294, 295, 296, 301, 304, 305, 306, 308, 309, 310
    misturas, 31

negro-africana, 290
portuguesa, 292
primitiva, 76, 231
problemas de cultura, 209
racionalização, 74
relação cultura-vivência, 209
sentido sociológico, 241
simbiose com a ecologia, 84
socialização, 84
valores, 174
valores culturais em choque, 68

Culturas,
adventícias, 34
africanas, 71, 76
afro-negras, 41
antagônicas, 43
complexas, 34
cruzamentos, 99
"desimperializadas", 27
dominadas, 39
dominadoras, 39
dominantes, 31
inferiores, 305
intuitivas, 75
irracionais, 38
mágicas, 75
maternas, 249
mistas, 77, 85
nacionais modernas, 142
nativas, 34, 256
primitivas, 34, 54, 248, 249
racionais, 98
ressurgentes, 26, 31, 42
totais, 152
tropicais, 288

D

Democratização social, 300
Descolonização, 29, 252
Direito, 29, 30, 31, 72, 112, 113, 134, 140, 141, 190, 203, 204, 205, 206, 207, 220, 256, 257, 292

E

Ecologia, 41, 42, 43, 45, 53, 58, 62, 63, 76, 78, 81, 83, 84, 85, 86, 87, 95, 107, 108, 117, 118, 124, 126, 127, 130, 132, 134, 137, 143, 144, 145, 146, 147, 151, 152, 153, 154, 155, 156, 165, 169, 172, 173, 174, 175, 176, 177, 180, 183, 184, 189, 194, 195, 223, 226, 229, 240, 259, 263, 288, 295

Economia, 28, 29, 31, 36, 43, 48, 52, 54, 57, 58, 60, 68, 84, 86, 91, 94, 96, 97, 100, 102, 104, 107, 112, 113, 115, 122, 123, 134, 135, 138, 139, 142, 143, 144, 151, 152, 153, 154, 155, 156, 159, 162, 163, 164, 168, 170, 171, 179, 183, 188, 193, 204, 205, 206, 207, 209, 213, 226, 227, 229, 233, 242, 250, 251, 252, 266, 267, 274, 278, 285, 286, 295, 298, 299, 302, 307

Educação,
de crianças, 97
de D. Pedro II, 145, 146
de homens públicos, 147
nos Estados Unidos, 114
supradotados, 156, 157, 158, 159, 160, 161, 162, 227

Elite,
e massa, 156
e relação com o povo, 156

Elitismo, 156, 241, 242
Equilíbrio de antagonismos, 268
Escravidão, 128, 288, 289, 294
abolição, 266
benignidade, 257
"cativeiro quase sempre doce", 307
mesticagem, 289, 290, 291
técnica portuguesa, 287
tema da pesquisa de mestrado de Gilberto Freyre, 217
testemunhos de estrangeiros idôneos, 257
transição para o trabalho livre no Brasil, 66
tratamento dispensado aos escravos pelos senhores, 225
ventre escravo, 282

Escravo,
afro-negro, 201, 257
presença na sociedade e na cultura do Brasil agrário, 225
africanos, 289, 291

Escravos,
    afro-negros levados da África para o Brasil, 256, 265, 280
    convivência com senhores, 225, 258
Espaço público,
    ocupação, 133
Especialismo, 82, 89, 90, 91, 104, 135, 158, 160, 198, 199, 200
Estados Unidos,
    burocratização da sociedade, 140
    centro de decisões, 112
    conservadorismo, 91
    defesa de direitos do negro, 140
    democracia política, 134
    direitos de grupos, 140
    economia, 140
    hedonismo, 124
    historiografia, 149
    homens de ciência, 179
    métodos de ensino, 114
    mito do progresso, 152
    negros, 35
    neolamarckismo, 196, 199
    nova estrutura social, 140
    protestantismo, 106
    social-democracia, 96
    sul agrário e patriarcal, 219
    valorização dos supradotados, 156, 157, 158, 159
    weismanismo, 197
Ética, 27, 28, 29, 30, 31, 33, 34, 35, 36, 37, 46, 53, 68, 79, 103, 113, 122, 124, 137, 138, 139, 142, 152, 180, 181, 188, 191, 203, 207, 228, 279
Etnocentrismo, 29, 35, 39, 42, 46, 72, 101, 102, 218, 231, 251, 252, 253, 254, 283, 304, 305
Eugenia, 228, 280, 294
Europa,
    centro de decisões, 112
    colonialismo, 32
    cristã, 213
    cristianismo, 98
    "despotismos industriais", 245
    etnocentrismo, 231, 304
    eurocentrismo, 72, 111, 112, 116
    fábricas, 201, 302
    homem europeu, 72
    imperialismo, 26, 31, 32, 39, 42, 251
    industrialização, 302, 303
    neolamarckismo, 196, 199
    primado de civilização, 112
    problema social, 199
    pureza européia de raça e cultura, 305
    ressurgências de culturas não-européias, 26
    social-democracia, 96
Exército brasileiro, 159

F

Família patriarcal,
    atitude cristã, 258
    extensa, 254
    iniciativa particular no processo de colonização do Brasil, 254
    origem na Europa cristã, 213
    poder, 256
    presença criativa na formação brasileira, 254
    prestígio, 295
    sistema, 256, 265, 275
Familismo, 256, 275, 294
Farmacopéia, 255
Feitiçaria, 54, 56, 58, 191
França, 67
    Revolução Francesa, 105
    socialismo, 61
Futebol, 94, 95, 176
Futurologia, 116, 124, 139, 168, 180, 188, 190, 232, 243, 246

G

Generalismo, 82, 89, 90, 91, 104, 136, 158, 160, 198, 199, 239, 243
Goa, 40, 41, 44, 75, 232, 263, 294
Grã-Bretanha,
    crise britânica, 96
    culinária, 105, 113, 233
    imperialismo, 39
    perfil do colonizador britânico, 252

valorização da culinária, 187
Guiné, 40, 249

H

Hispanotropicalismo, 84
Hispanotropicologia, 130, 131, 144, 229, 230
História,
    abrangência e mutabilidade, 251
    concepção de história inovadora, 53
    concepção toynbeeana de história humana, 167
    historicismo, 70
    importância de seu estudo, 87, 88
    possível classificação do livro, 65
    revitalização psicossocial do conhecimento histórico, 70
História humana,
    estudo das civilizações, 167
História oral, 87, 224, 225
História social, 89, 150, 243, 262, 268
Hitlerismo, 101
Homossexualismo,
    insurgência, 113, 220

I

Idosos,
    poder, 113
Igreja Católica, 28, 49, 50, 52, 56, 60, 61, 74, 78, 88, 97, 98, 102, 107, 114, 118, 125, 139, 188, 191, 192, 261, 266, 281, 293
Imaginismo, 119
Índia, 27, 32, 41, 42, 45, 47, 67, 114, 179, 195, 236, 250, 252, 276, 284, 285, 286, 287, 289, 293, 294, 296, 297, 298, 299, 300, 303, 308, 309
Inquisição portuguesa, 33
Insight, 136
Integralismo, 128
Interação social, 153
Interpenetração de contrários, 26, 227
Irã, 27, 28, 30, 47, 48, 49, 50, 58, 171, 244, 245, 246
Irracionalismo, 28, 35, 36, 37, 38, 43, 44, 45, 47, 51, 52, 53, 54, 55, 60, 69, 70, 77, 78, 91, 105, 121, 131, 139, 215, 269, 272
Islamismo, 27, 28, 31, 33, 34, 46, 47, 48, 51, 52, 56, 68, 69, 105, 112, 120, 121, 122, 124, 125, 191, 194, 231, 232, 234, 243, 245, 256, 273, 275, 276, 279, 280, 281, 282, 283, 284, 285, 286, 287, 289, 290, 291, 292, 296, 298, 299, 300, 301, 302, 304, 305

J

Japão, 263, 309
Judaísmo, 51, 301, 305

L

Liberalismo, 57, 103
Lusotropicalismo, 40, 41, 42, 75, 76, 107, 130, 144, 169, 194, 229, 253, 287, 288
Lusotropicologia, 75, 84, 130, 131, 144, 169, 229, 230, 288

M

Maracatu, 267
Marxismo, 50, 57, 58, 69, 80, 83, 99, 102, 104, 106, 107, 109, 119, 120, 122, 123, 128, 149, 155, 171, 209, 217, 223, 242, 251
Maternalismo brasileiro, 261, 264, 267
Medicina, 27, 40, 44, 45, 58, 99, 113, 123, 146, 188, 234, 258, 272, 300
Memorialismo, 65
Metarraça, 51, 176, 177, 189, 191, 259
Miscigenação, 31
    aventura portuguesa, 303
    "de vencedores e vencidos", 307
    islamização, 47
    mulatismo brasileiro, 40
    no Império português, 282
Misticismo, 27, 28, 30, 31, 32, 33, 35, 37, 38, 43, 48, 49, 50, 51, 52, 55, 56, 57, 60, 61, 63, 71, 95, 98, 105, 106, 107, 108, 113, 116, 118, 119, 120, 122, 123, 124, 125, 143, 151, 192, 195, 216, 231, 232, 253, 254, 267, 274, 278, 283

Moçambique, 26, 32, 40, 41, 42, 47, 289, 293, 295
Monções, 289
Morenidade, 259
Mulher,
    adultério da mulher com status de crime na época colonial do mundo ibérico, 263
    indígena, 255, 256
    inteligência superior de Jacintha Siqueira, 264, 265, 266
    mito da moura encantada, 282, 306
    poder, 113
    senhorial do Brasil, 262
Música, 44, 77, 86, 141, 142, 226, 258, 259

N

Nazismo alemão, 107
Negro,
    brasileiro, estudado por Nina Rodrigues, 87
    poder, 113
Negros,
    africanos, 256, 257, 265, 284, 289, 291
    norte-americanos, 35, 266
Neoconservadorismo, 61
Neolamarckismo, 98, 196, 197, 198, 199, 200, 201, 209

O

Ocidente, 27, 28, 29, 30, 33, 34, 37, 38, 39, 40, 44, 45, 46, 47, 48, 49, 52, 53, 54, 55, 58, 63, 67, 68, 70, 71, 72, 74, 75, 76, 77, 83, 91, 93, 99, 101, 102, 106, 108, 109, 112, 117, 121, 122, 123, 124, 125, 126, 127, 129, 138, 139, 145, 174, 175, 190, 193, 236, 245, 246, 247, 248, 250, 269, 272, 296, 298, 299, 300
Oriente, 25, 27, 28, 30, 31, 33, 37, 38, 39, 40, 42, 44, 45, 47, 48, 49, 52, 53, 63, 67, 68, 69, 71, 77, 88, 91, 102, 106, 120, 121, 138, 218, 222, 230, 231, 232, 239, 246, 247, 248, 249, 250, 263, 277, 280, 281, 285, 287, 289, 290, 291, 292, 293, 294, 295, 296, 297, 298, 300, 301, 304, 306, 307, 309

P

Pagode indiano, 309
Palhotas, 295

Paternalismo, 273, 275, 294
Patriarcalismo, 119, 201, 203, 213, 219, 221, 224, 225, 228, 247, 254, 256, 257, 261, 264, 266, 275, 281, 295
Pintura, 60, 82, 83, 86, 141, 142, 177, 216, 221, 229, 267
Pluralismo metodológico, 45, 82, 150, 151, 195, 213
Poligamia, 280, 281, 288, 305
Polônia,
    católica, 94
    solidarismo, 94, 98, 107
    viagem do papa João Paulo II, 56
Portugal,
    contribuição para a futura civilização nacionalmente brasileira, 40
    criação do sistema de capitanias hereditárias no Brasil, 131
    cultura maometana, 282
    expansão portuguesa no ultramar, 288
    "imperialismo colonialista", 40
    influências de árabes e mouros islâmicos, 121
    inquisição levada até a Índia, 33
    paternalismo, 273
    presença na África, 25, 26, 30, 32, 37, 40, 41, 42, 47, 68, 121, 230, 231, 232
    presença no Oriente, 25, 32, 33, 37, 41, 47, 68, 121, 230, 231, 232
    pretensões imperiais, 42
Português,
    assimilador, 44, 287, 291
    aventura da miscigenação, 310
    "civilizador de áreas tropicais", 286
    colonizador, 40
    encanto pela moura encantada, 306
    esforço colonizador, 251, 252
    esforço ibérico, 30
    miscibilidade, 47
    polígamos, 288
    política de expansão nos trópicos, 282
    "povo imperialmente civilizador", 292
    presença no Oriente, 40, 44
    realista, 278
Portugueses,
    aventuras do sexo, 278

co-colonizadores do Brasil, 226
contatos com o Islã, 121
polígamos no Brasil, 281
Progressismo, 37, 50, 52, 58, 59, 106, 114, 115, 116, 121, 122, 123, 124, 132, 134, 136, 137, 138, 142, 143, 144, 172, 175, 177, 188, 192, 194, 206, 219, 233
Progresso, 50, 82, 84, 91, 109, 112, 113, 124, 138, 139, 151, 152, 175, 184, 189, 245
Protestantismo, 27, 30, 31, 32, 34, 35, 61, 106

R

Raça,
adaptabilidade racial, 288
Brasil um país sem raça segundo José Ingenieros, 189
e culturas, 283
latina, 218
metarraça, 51, 176, 177, 189, 191, 259
mistura de raça, 310
pigmento como característico racial, 234
purismo racial, 84, 85, 280
raças inferiores, 305
relações de raças, 292
Racional, 27, 28, 29, 31, 33, 35, 37, 38, 43, 44, 48, 50, 51, 52, 54, 57, 58, 62, 68, 74, 75, 77, 87, 88, 94, 97, 100, 104, 117, 119, 120, 122, 123, 125, 126, 132, 135, 136, 137, 141, 142, 144, 146, 156, 171, 172, 191, 192, 193, 203, 207, 208, 209, 215, 216, 218, 245, 246, 247, 248, 249, 255, 256, 270
Racionalidade, 28, 32, 36, 69, 70, 72, 74, 91, 99, 100, 119, 120, 122, 123, 124, 125, 134, 139, 141, 142, 143, 144, 146, 178, 193, 194, 250, 272
Racionalismo, 29, 32, 43, 49, 52, 54, 55, 61, 68, 70, 71, 75, 77, 82, 89, 91, 95, 98, 99, 103, 105, 106, 107, 108, 122, 124, 129, 132, 133, 134, 135, 137, 138, 139, 142, 145, 146, 147, 149, 164, 171, 192, 194, 204, 219, 238, 269, 270, 272
Racionalização, 37, 52, 56, 57, 60, 68, 69, 70, 72, 74, 76, 78, 92, 94, 95, 97, 100, 105, 130, 133, 134, 192, 203, 250

Racismo, 32, 40, 41, 228
Recife,
movimento regionalista, 113, 185, 187, 188
Conselho de Desenvolvimento de Pernambuco, 168
pioneirismo no uso do conceito ecológico, 177
Seminário de Tropicologia, 79, 80, 85, 182, 196, 204, 241
Rede (de dormir), 40
Religião,
"busca da unidade de cultura", 57
budista, 106
calvinista, 105
católica, 27, 28, 30, 31, 32, 33, 34, 35, 39, 45, 49, 50, 51, 52, 53, 56, 61, 62, 74, 78, 88, 94, 97, 98, 102, 106, 107, 114, 118, 120, 121, 122, 125, 139, 144, 147, 160, 171, 188, 191, 192, 208, 238, 254, 261, 265, 266, 267, 276, 281, 309
elemento diferenciador de culturas, 70
fim das religiões, 56
hindu, 106
islâmica, 27, 28, 31, 33, 34, 46, 47, 48, 51, 52, 56, 68, 69, 105, 106, 112, 117, 120, 121, 122, 124, 125, 171, 191, 194, 231, 232, 234, 243, 245, 256, 273, 275, 276, 279, 280, 281, 282, 283, 284, 285, 286, 287, 289, 290, 291, 292, 296, 298, 299, 300, 301, 302, 304, 305
judaica, 51, 301, 305
papel reduzido frente à racionalização, 74
problemas sociológicos, 50
protestante, 27, 30, 31, 32, 34, 35, 53, 59, 61, 70, 106, 121
puritana, 105
sociologia da religião, 72
Rurbano, 109

S

Samba, 95
Saúde,
relação com a alimentação, 116
Secularização, 49, 52, 57, 60
Social-democracia, 96
Sociologia,
compreensiva, 27

    da antropologia, 246
    da biografia, 66, 67, 76, 81
    da filosofia, 246
    da história, 246
    da religião, 50, 72
    de Marx, 36
    do cotidiano, 142, 144
    do desenvolvimento, 186, 187
    e economia, 155
    existencial, 66, 117
    genética, 87
    gramática sociológica, 173
    imaginação sociológica, 27
    interpretativa, 89
    moderna, 202, 203
    possível classificação do livro, 65
    sociologês, 89, 171
    sociologismo sociométrico, 69
Suécia,
    esterelizante socialismo de Estado, 102
    social-democracia, 96
Supradotados,
    valorização na sociedade atual, 156, 157, 158, 159, 160, 161, 162, 226, 227
Tecnologia, 28, 31, 33, 43, 48, 50, 51, 52, 54, 57, 58, 68, 100, 112, 113, 126, 129, 131, 134, 136, 137, 138, 139, 151, 152, 172, 179, 188, 205, 238, 241, 242, 245, 248, 250, 272

T

Tempo tríbio, 150, 151, 158, 169, 190, 191, 205, 211, 243, 262

Tropicologia, 73, 74, 79, 80, 83, 84, 85, 86, 107, 130, 144, 175, 176, 182, 183, 189, 196, 204, 213, 229, 230, 240, 241
Tupi, 62

U

União Soviética, 49, 107
    atenção aos supradotados, 156
    borealogia, 83, 108
    estatismo não-criativo, 102
    patriotismo místico, 107
    potência boreal, 108
    rígido estatismo coletivista, 101
    totalitária, 94
    valorização dos supradotados, 159, 160, 161

V

Vestuário,
    algodão da Índia, 297, 298
    brasileiro adaptado, 255
    brasileiro influenciado pelo Oriente, 300
    europeu, 298

W

Weismanismo, 196, 197, 199, 200, 201

Índice onomástico

A

ABD-ER-RAZZAK, 297
ACCIOLY, Marcus, 90
AGOSTINHO, santo, 223, 271
ALBUQUERQUE, Afonso de, 277, 289, 293, 294, 295
ALEIJADINHO, 55, 148, 186, 226
ALENCAR, José de, 148, 162
ALMEIDA, Cândido Mendes de, 62, 66, 115, 122, 128, 157
ALMEIDA, José Américo de, 163
ALMEIDA, Miguel Osório de, 199
ALVES, Castro, 148
ALVES, Francisco de Paula Rodrigues, 148
AMADO, Gilberto, 146, 147, 212
AMARAL, Tarsila do, 55, 217
AMÉRICO, Pedro, 148
ANDRADE, Gilberto Osório de, 90
ANDRADE, Mário de, 55, 191
ANDRADE, Oswald de, 55, 217
ANDRADE, Rodrigo de Mello Franco de, 206
ANDREAZZA, Mário, 180
ARÁBIA, Lawrence da, 66
ARISTÓTELES, 291
ARMSTRONG, A. Joseph, 211, 212, 220
ASCOLI, Max, 178
ASSIS, Joaquim Maria Machado de, 162
ATHAYDE, Austregésilo de, 90
ATHAYDE, Félix, 90
ATHAYDE, Tristão de (Ver LIMA, Alceu Amoroso)
AYRES, Lula Cardoso, 55, 219
AZEVEDO, José Carlos de, 243
AZEVEDO, Roberto Marinho de, 90
AZEVEDO, Thales de, 73, 269
AZURARA, Gomes Eannes, 273, 275, 281, 307, 308

B

BALANDIER, Georges, 128, 131, 132, 143, 251
BALZAC, Honoré de, 82, 220
BARBOSA, Francisco de Assis, 90
BARBOSA, Mário Gibson, 165, 230
BARBOSA, Rui, 147, 148
BARRETO, Tobias 240
BARROS, Maria Auxiliadora da Costa, 64
BARTHES, Roland, 38, 53, 54, 55, 65, 89, 118, 149, 191, 213
BASÍLIO, são, 95
BASTIDE, Roger, 73, 88, 107, 128, 130, 169, 194, 244
BATES, Marston, 184, 240
BATESON, Gregory, 195
BAUDE, Michel, 97
BAUDOM, Charles, 91
BEARD, Charles, 149
BEAULIEU, Regis de, 216, 220
BECKERATH, Herbert von, 100, 101, 103
BELL, Daniel, 56, 57, 89, 96, 124, 139, 140, 141, 142, 143, 193, 194
BELLO, Júlio, 224
BENCHIMOL, Samuel, 90
BENEDICT, Ruth, 34, 222
BENTHALL, Jonathan, 114
BERGER, Brigitte, 76
BERGER, Peter L., 76
BERGSON, Henri, 35, 37, 51, 55, 69, 75, 129, 204, 214, 270
BERNSTEIN, Barton, 149
BEVILÁQUA, Clóvis, 240
BEWS, J. W., 154
BICKERTON, Dereck, 252
BILDEN, Jane, 217, 218
BILDEN, Rudiger, 217, 219

BILL, James, 49
BLAKE, William, 129
BOAS, Franz, 34, 46, 55, 68, 71, 87, 201, 202, 206, 207, 209, 210, 218, 221, 224, 256, 279, 280, 287
BONIFÁCIO, José, 161, 162
BOULDING, Kenneth, 104
BOURDELLE, Émile-Antoine, 210, 220
BOXER, Charles, 228, 261, 262, 263
BRADBURY, (professor), 196
BRAGA, Ney, 165
BRAGA, Sônia, 259
BRANCO, marechal Humberto de Alencar Castello, 163, 182
BRAUDEL, Fernand, 65
BRECHER, ms. 199
BRECHERET, Victor, 217
BRENNAND, Francisco, 55
BRIFFAULT, Robert, 214, 260, 261
BRIGGS, Asa, 89, 149, 150, 155, 236, 243, 246, 262, 268
BROWN, Arnold, 57
BROWNING, Robert, 207, 220
BRUNNEAU, Thomas, 74
BUCHLER, Justus, 82, 85, 86
BUFFON, Georges-Louis Leclerc, 197
BULHÕES, Fernando de, 309
BULHÕES, Otávio Gouveia de, 182
BURCKHARDT, Jacob, 245
BURTON, Richard F., 296

C

CABALLERO, 189
CABO FRIO, visconde de, 148
CABRAL FILHO, Severino Bezerra, 50
CÁCERES, Luís de Albuquerque Pereira e, 76, 81
CALMON, Pedro, 90
CALVERTON, V. F., 256, 260
CÂMARA FILHO, João, 94
CÂMARA, D. Hélder, 50
CAMÕES, Luís de, 80, 259
CAMPELO, Sebastião Barreto, 163
CAMPOS, Roberto, 182
CAMUS, Albert, 192

CANETTI, Elias, 55, 56
CARAMURU, 308, 309, 310
CARLOS II, 104
CARLOS, Newton, 48
CARRIER, René, 217
CARVALHO, Flávio de, 183
CASKEY, Homer, 211
CAVALCANTI, Sandra, 267, 268
CENDRARS, Blaise, 150, 225, 255
CHAMBERLAIN, Alexander Francis, 213
CHAPLIN, Charles, 36, 222
CHESTERTON, Gilbert K., 55, 104, 105, 206, 109, 208, 210
CHRISTEN, Yves, 97
CIDADE, Hernani, 307
CLENARDO, Nicolau, 277
CLOUGH, Shepard B., 173, 174
COHN-BENDIT, Daniel, 128
COHN-BENDIT, Gabriel, 128
COMTE, Auguste, 147
CONDORCET, 124, 136, 139, 140, 141, 142, 143, 144, 194
CONFÚCIO, 251
CONRAD, Joseph, 212
CONSELHEIRO, Antônio, 59, 190
CONSTANT, Benjamin, 148
COSTA, D. Antonio Macedo, 59, 88
COSTA, Lúcio, 59, 177
COUTO, Ribeiro, 127
COXHILL, Mrs., 111
CRIPPS, Stafford, 103
CROCE, Benedetto, 35, 70, 88, 214
CRUZ, San Juan de La, 210, 216
CUNHA, Euclides da, 80, 162
CUVIER, Georges, 197

D

DAMATTA, Roberto, 73, 269
DAMIÃO, frei, 50
DARWIN, Charles, 98, 200
DAVID JUNIOR, Edward E., 241, 242
DAVIDSON, Basil, 226, 227, 228, 229, 264, 265, 266
DEBUSSY, Claude, 55
DEFOE, Daniel, 66

DELFIM NETO, Antonio, 170, 182
DELLA CAVA, Ralph, 74
DEWEY, John, 81, 114, 202, 206, 207, 209, 210, 221
DEWEY, Thomas, 205
DI CAVALCANTI, Emiliano, 229
DIAS, Cícero, 55, 219, 224
DIAS, Henrique, 226
DIAS, Rui, 294
DILTHEY, Wilhelm, 39, 70, 214
DINES, Alberto, 47
DOMENACH, Jean Marie, 122
DOSTOIEVSKI, Fiodor, 69, 79, 104, 108, 159
DRIESCH, Hans Adolf Edward, 198
DRUMOND, Lee, 252, 253
DUBOS, René Jules, 180, 184, 188
DUMONT, Alberto Santos, 99
DUMONT, Louis, 266
DURAND, Gilbert, 143
DURKHEIM, Émile, 35, 80, 199
DUVIGNAUD, Jean, 89

E

EDEL, Abraham, 29, 46
EDEL, Mary, 29, 46
EDMONDS, 143
ELIADE, Mircea, 71, 269
ELIZABETH II, rainha, 222
ELLIOT, T. S., 142
ELLIS, Havelock, 210
ESTRELA, baronesa da, 146
ETCHECOPAR, Maximo, 189

F

FACHS, 278
FAORO, Raimundo, 31, 90
FAVILLE, Alfred, 214
FEBVRE, Lucien, 55, 89, 210
FERNANDES, João, 308, 309, 310
FERRARI, Enrique Lafuente, 75
FEYERABEND, Paul, 44, 45
FEYNMAN, Richard, 123
FIGUEIREDO, Antônio Pedro de, 148
FIGUEIREDO, João Baptista, 182, 184, 268

FIRTH, Raymond, 250
FISCHER, Vera, 259
FLORES, Pastoriza, 217
FONSECA, Edson Nery da, 63, 64, 72, 90
FOUJITA, T., 220, 221
FOURIER, Charles, 38
FRANÇA, Cláudio, 268
FRANCIA, José Gaspar Rodrigues, 308
FRANCO, Afonso Arinos de Mello, 65, 67, 90, 170,
    189, 204, 205, 229
FRANK, Waldo, 89, 180
FRANKLIN, Benjamin, 92
FRAZER, J.G., 66, 256
FREITAS, Augusto Teixeira de, 148, 162
FREUD, Sigmund, 35, 36, 37, 71, 87, 91, 99, 129, 210
FREYRE, Alfredo, 69
FREYRE, Fernando de Mello, 79, 85, 239
FREYRE, Ulysses de Mello, 219
FROBENIUS, Leo, 210
FURTADO, Celso, 162, 170, 243

G

GABOR, Dennis, 184
GAINES, Francis P., 213
GALVÃO, Patrícia, 55
GAMA, Vasco da, 232, 289, 293, 295, 296, 298
GANDHI, Mahatma, 58
GANIVET, Angel, 65, 90, 210
GARCIA, padre José Maurício Nunes, 148, 226
GARCIA-SABEL, Domingo, 99
GAUDI, Antonio, 59, 92, 236, 237
GAUGUIN, Paul, 55
GAULLE, Charles de, 61, 182
GEISEL, general Ernesto, 165
GELLNER, Ernest, 272
GENOVESE, Eugene, 65, 80, 83, 89, 149, 223
GEYL, Pieter, 167
GIDDINGS, Franklin, 68, 202, 206, 207, 221, 248
GIDE, André, 39, 58, 220
GILLIN, John, 310
GOERGEN, Hermann, 93
GOGOL, Nikolai, 108
GOMES, Antônio Carlos, 148, 162
GOMES, Severo, 165

GONÇALVES, Antão, 307
GOODMAN, Paul, 130
GOUROU, Pierre, 240
GRACIÁN, Baltasar, 65, 75, 90
GRAHAM, Martha, 142
GROTTERAY, Alain, 96
GUENTHER, Konrad, 240
GUIMARÃES, Murilo, 85, 239
GUSMÃO, Alexandre de, 162

H

HANDFORD, Roland, 96
HANNAY, Bruce, 100, 136, 137, 138
HAYES, E. Carlton, 202, 206, 221
HEIDEGGER, Martin, 76
HEILBRONER, Robert L., 169
HELENA, Lúcia, 53, 54
HENRIQUE, D., 232, 273, 287, 307
HENRIQUES, Fernando, 240
HERBERG, Will, 125
HERRICK, C. Judson, 196
HERSKOVITS, Melville J., 222
HERTWIG, Oskar, 198
HERTZ, F., 214
HITLER, Adolf, 108
HOBHOUSE, L. T., 256, 257, 258
HOLANDA, Sérgio Buarque de, 67
HOLLEY, Alexander, 126
HOPI (índios), 46
HORSON, Y. A., 248
HORTON, Robin, 45
HOUAISS, Antônio, 47, 49
HOWARD JUNIOR, Esme, 219
HOWELLS, W. W., 184
HUGHES, H. Stuart, 35, 87, 129, 270
HUGHES, Robert, 96
HUMBOLDT, Wilhelm, 66
HUXLEY, Aldous, 55, 89, 269
HUXLEY, Julian, 184, 269

I

INGENIEROS, José, 189
IRELAND, Alleyne, 214

ISABEL, princesa, 254, 267

J

JAMES, Henry, 36, 118, 119, 136, 223
JAMES, William, 35, 51, 55, 69, 129, 136, 208, 260, 270, 272
JAYNE, 278
JENNINGS, Hebert Spencer, 210
JOÃO VI, D., 147
JOÃO, Preste, 296
JOHNSON, John, 214
JOURDAIN, Mr., 119
JOYCE, James, 36, 55, 118, 119, 210, 216, 220
JUNG, Carl Gustav, 35, 37, 71, 99, 129

K

KAMMERER, Paul, 197, 199
KANT, Immanuel, 272
KAYES, Benton, 185
KELLER, Albert Galloway, 214
KELSEY, Carl, 197
KHAN, Frangui, 308, 309
KHOMEINI, Aiatolá, 48, 49, 123, 244
KOESTLER, Arthur, 123
KRAMER, Hendrik, 36
KROEBER, A. L., 214, 261
KUJAWSKY, Gilberto de Melo, 90, 269

L

LAING, R. D., 128
LAMARCK, Jean-Baptiste de Monet, 197, 200
LAMB, Charles, 90
LASKI, Harold, 161
LAWRENCE, D. H., 55, 66
LAWRENCE, T. E., 66
LE CORBUSIER, Édouard Jenneret Gris, 59, 177
LEACH, Edmund, 195
LEÃO, Antônio Carneiro, 165
LEFEBVRE, bispo Marcel, 51
LEMOS, Miguel, 192
LEROY-BEAULIEU, Paul, 214
LEVI-STRAUSS, Claude, 67, 73, 195, 196

LIFAR, Serge, 222
LIMA SOBRINHO, Barbosa, 90
LIMA, Alceu Amoroso, 47, 88, 90
LIMA, Manoel de Oliveira, 165
LINDSAY, Vachel, 136, 220
LOPES, Luís Simões, 170
LOPEZ, Francisco Solano, 59
LOURENÇO, João, 44
LOWELL, Amy, 210, 216, 218, 220
LOWENTHAL, Richard, 72
LOWIE, Robert, 256, 260
LOYOLA, santo Inácio de, 38, 118, 119, 139
LUCENA, barão de, 148
LULIO, Ramon, 129
LUNSDERN, Charles, 98
LYNCH, William F., 78, 79

M

MAC BRIDE, E. W., 198, 199, 200
MAC KAYE, Burton, 185
MACAULEY, Thomas Balington, 245
MACRAE, 89
MAGALHÃES, Fernão de, 308
MALEVITCH, Kazimir, 95
MALHEIROS, Agostinho Marques Perdigão, 214
MALINOWSKI, Bronislau, 71, 195
MALRAUX, André, 61, 123, 182, 189, 190
MANCHESTER, Alan K., 88
MANDELBAUM, David G., 184
MANN, Thomas, 36, 214
MANOEL, Gaspar, 309
MARCH, George Perkins, 185
MARIAS, Julian, 75, 89, 115, 157, 169, 175, 191, 203, 204, 216, 234, 238, 246, 247, 248, 249, 271
MARITAIN, Jacques, 56, 222
MARKMAN, Edwin, 220
MARTIN DU GARD, Roger, 214
MARTINS JÚNIOR, J. Isidoro, 69, 148, 240
MARTINS, J. P. Oliveira, 214, 276, 277
MARTINS, Wilson, 90
MARVIN, 210
MARX, Karl, 36, 37, 69, 83, 87, 91, 99, 210, 245
MARX, Roberto Burle, 177
MATOS, Potiguar, 90

MAUÁ, barão de, 161, 162
MAUNIER, René, 291
MAURRAS, Charles, 161, 210, 216
MC CAY, Bonnie, 195
MEAD, Margaret, 222
MEIRA, Sílvio, 90
MELLO, José Antônio Gonsalves de, 88
MELLO, Ulysses Pernambucano de, 165
MENCKEN, Henry L., 136, 202, 214
MENDEL, Greogar Johann, 209
MENDES, Armando, 79
MENDES, Raimundo Teixeira, 192
MERQUIOR, José Guilherme, 73, 74, 77, 90, 96, 108, 109, 123, 194, 266, 269, 270, 272
MERTON, Robert K., 221
MICHELET, Jules, 53, 54, 55, 191
MILLIKAN, R. A., 104
MILTON, John, 129
MIRANDA, Maria do Carmo Tavares de, 65, 76, 90
MISTRAL, Frédéric, 210, 216
MONROE, Harriet, 220
MONTAIGNE, Michel de, 65, 67, 71, 75, 90, 204, 205
MONTEIRO, Joaquim do Rego, 217
MONTEIRO, Tobias, 87
MONTEIRO, Vicente do Rego, 55, 210, 217, 220, 221
MOOG, Viana, 90
MOORE, Henry, 236, 237
MOORE, John Basset, 206, 221
MORAES NETO, Prudente de, 55, 65, 175
MOREIRA, Adriano, 25, 162
MOREIRA, Juliano, 227
MORGAN, C. Judson, 196, 210
MORGAN, Thomas Hunt, 196
MORISON, Elting, 126, 235, 236, 237, 240
MORRISON, Robert S., 153
MORROW, Lance, 149
MORWICH, Max, 45
MOTA, Lourenço Dantas, 63
MOTTA, Roberto, 73, 74, 86, 90, 130, 194, 195, 239, 269
MOURÃO, Gerardo de Melo, 90
MOUTINHO, José Geraldo Nogueira, 90
MUKERJEE, Radhakamal, 154
MULATINHO, Luís, 224
MUMFORD, Lewis, 89, 126, 185, 235

MUNCH, Marc M., 97
MUNRO, 221
MURRAY, Gilbert, 111, 112, 210
MUSSOLINI, Benito, 271
MYRDAL, Gunnar, 214

N

NABUCO, Joaquim, 66, 148, 162, 226
NAIDU, Sarojini, 36, 39
NASH, Roy, 88
NATCH, Michael, 107
NEHRU, Jaucaharlal, 39
NEVES, Luis Felipe Baeta, 73, 269
NEWMAN, cardeal John Henry, 90, 210, 216
NIEMEYER, Oscar, 59, 124, 132, 177
NIETZSCHE, Friedrich, 35, 58, 69, 78, 104, 107, 109, 127, 141, 142, 143, 194, 210, 223, 271
NIGHTINGALE, Florence, 27
NOVAES, Washington, 48

O

O'DEA, Thomas F., 238
O'NEIL, Eugene, 136
OLIVEIRA, César Cavalcanti de, 168
OLIVEIRA, D. Vital Maria G. de, 59, 88
ORLANDO, Artur, 240
ORMESSON, Jean D', 122, 123, 189, 192
ORTA, Garcia de, 40, 45, 309
ORTEGA Y GASSET, José, 75, 169, 210, 238, 247
ORWELL, George, 109

P

PAGU (Ver GALVÃO, Patrícia)
PANIKKAR, K. M., 33, 88, 231, 232
PARANHOS, Pedro, 224
PARNOV, 123
PARSONS, Talcott, 124, 141
PASCAL, Blaise, 75, 90
PASTEUR, Louis, 99
PATER, Walter, 210, 216
PATROCÍNIO, José do, 226, 229
PAULO I, papa João, 56, 171, 191, 234

PAULO II, papa João, 27, 34, 51, 52, 56, 60, 61, 77, 94, 98, 102, 106, 107, 114, 118, 122, 123, 171, 190, 234, 267, 350
PEARSON, Karl, 208
PEDREIRA, Fernando, 30, 31, 90
PEDRO II, D., 59, 145, 146, 147, 163
PÉGUY, Charles, 39, 93
PENA, Afonso, 148
PENA, José Oswaldo de Meira, 90, 269
PENTEADO, Antonio Rocha, 85, 154
PERDIGÃO, José de Azeredo, 234
PEREGRINO, Graziela, 267
PEREIRA, Nilo, 88, 90
PEREYRA, Carlos, 149
PICASSO, Pablo, 44, 55, 60, 83, 142, 210
PIMENTEL, Osmar, 128, 219
PINTO, Luís, 227, 228, 264, 265
PIPES, Richard, 159
PIRANDELLO, Luigi, 55
PIRES, Sancho, 308, 309, 310
PITT-RIVERS, George Henry Lane-Fox, 214, 256, 287, 288
POINCARÉ, Henri, 210
PORTELLA, Eduardo, 53, 77, 90, 95, 150, 243, 269
PORTUONDO, José Antônio, 149
POUILLON, Jean, 45, 82, 150, 151, 213
POUND, Ezra, 142, 216, 220
PROUST, Marcel, 36, 55, 82, 118, 136, 187, 214, 220
PSICHARI, Ernest, 93

Q

QUEIMADAS, Fabião das, 186
QUEIROZ, Eça de, 207, 223
QUINTAS, Amaro, 120

R

RAMALHO, João, 310
RAMON Y CAJAL, Santiago, 210
RAMOS, Arthur, 222
RANKE, Leopold von, 39
READ, Herbert, 89, 109
REAGAN, Ronald, 57
REALE, Miguel, 65, 175

REBOUÇAS, André, 148
REDFIELD, Robert, 80, 89
REGO, José Lins do, 219, 224
REIS, Artur, 88, 90
REIS, José, 136
REZENDE, Otto Lara, 31, 90
RIBEIRO, Bernardim, 275
RIBEIRO, Darcy, 80, 90, 114
RIBEIRO, João, 65, 229
RIBEIRO, Leo Gilson, 90
RIBEIRO, René, 73, 76, 269
RICKERT, Heinrich, 70
RIGNANO, Eugenio, 198, 199, 200, 210
RILKE, Rainer Maria, 210, 220
RIO BRANCO, barão do, 148, 165, 230
RIO BRANCO, visconde do, 224
RISCHBIETER, Karlos, 182
RIZZOLI, (editor), 234
ROBERTS, Marc J., 100, 133, 134, 135
RODIN, Auguste, 220
RODRIGUES, José Honório, 88, 90
RODRIGUES, Manuel Maria Sarmento, 25, 304
RODRIGUES, Nelson, 55, 67, 78, 170, 208
RODRIGUES, Nina, 87
ROMERO, Concha, 217
ROMERO, Sílvio, 240
RONDON, Cândido Mariano da Silva, 162
ROQUETTE-PINTO, Edgar, 199
ROSA E SILVA, Conselheiro, 148
ROSA, João Guimarães, 55, 162
ROSZAK, Theodore, 114, 127, 128, 129, 186
ROUSSEAU, J. J., 194, 271
RUSSELL, Bertrand, 206

S

SAAVEDRA, Miguel de Cervantes, 82, 233, 254
SACHS, Robert G., 133
SACO, J. A., 214
SADE, marquês de, 38
SALAZAR, Antônio de Oliveira, 25, 40, 41, 42
SAMPAIO, Alberto, 309
SAMPAIO, Teodoro, 226, 229
SANTANA, Manuel, 224

SANTAYANA, George, 212
SARTRE, Jean Paul, 123
SCHEMBERG, Mário, 63
SCHOEFFLER, Sidney, 104
SEARS, Paul B., 184
SELIGMAN, C. G., 68, 202, 206, 207, 209, 221
SENGHOR, Leopold, 121
SEQUARD, Brown, 197
SHAH, Nizan, 308
SHAKESPEARE, William, 82
SHELLEY, Percy Bysshe, 129
SHELSKY, Helmut, 89
SHENTON, James, 150
SIEGFRIED, André, 286
SILVA, Benedito, 164
SILVA, general Golbery do Couto e, 165
SIMES, Dimitri, 49
SIMKINS, Francis Butler, 217, 218, 219
SIMMEL, Georg, 70, 81, 210
SIMMONS, Leo W., 46
SIMON, 200
SIMONSEN, Mário Henrique, 170
SIMONSEN, Roberto, 182
SIQUEIRA, Jacintha de 227, 228, 264, 265, 266
SMITH, T. Lynn, 88
SÓCRATES, 271
SOLJENITZYN, Aleksandr, 123, 190
SOREL, Georges, 28, 35, 37, 39, 55, 58, 69, 70, 89, 91, 124, 126, 151, 203, 204, 210, 216, 270
SOROKIN, Pitirim A., 103, 167
SOUZA, Luís Alberto de, 49
SPENCER, Herbert, 199
SPENGLER, Oswald, 55, 78, 101, 127, 210
STALIN, Joseph, 95
STEIN, Maurice R., 90
STEINBERG, Nicolas, 97
STORK, John, 202, 203, 205, 206, 207, 208, 209, 210, 212
STRAVINSKI, Igor, 55, 142
STRONSBERG, Gustav, 123
SUASSUNA, Ariano, 190
SUMNER, Willian Graham, 202, 203, 213, 256
SWINBURNE, Algernon Charles, 207

T

TAGORE, Rabindranath, 36, 39, 195, 222, 236
TAMANDARÉ, almirante, 62
TANNENBAUM, Frank, 65, 85, 221, 239
TAPIÉ, Michel, 237
TATE, Cassandra, 155
TAVARES, Luís, 167
TÁVORA, Juarez, 163
TEILHARD DE CHARDIN, Pierre, 56
TEIXEIRA, Anísio, 86, 162, 163, 165
TERMAN, Lewis M., 137
THOMAS, William, 66
THOREAU, Henry, 185
THURNWALD, Richard, 283
TOCANTINS, Leandro, 90
TOLSTOI, Leo, 36, 58, 69, 82, 159, 238
TOYNBEE, Arnold J., 55, 85, 104, 167, 181, 185, 208, 232, 240, 258, 289
TREVOR-ROPER, Hugh, 243, 244, 245, 246
TURGUENIEV, Ivan, 159

U

UNAMUNO, Miguel de, 90, 190, 210

V

VALENTE, Valdemar, 196
VARGAS, Getúlio, 94, 95
VASCONCELOS SOBRINHO, João de, 154
VASCONCELOS, José, 149, 259
VEBLEN, Thorstein, 71, 136, 210, 248
VICENTE, Gil, 233
VIEIRA, David Gueiros, 88
VIEIRA, padre Antônio, 148

VILANOVA, Sebastião, 150
VILLA-LOBOS, Heitor, 44, 55, 78, 162, 186
VOLTAIRE, François Marie Arouet, 137, 139, 271

W

WAGNER, Richard, 55
WALLAS, Graham, 210
WANDERLEY, Manuel da Rocha, 224
WAYDA, Andrew, 195
WEBER, Max, 35, 37, 38, 39 57, 70, 72, 74, 88, 91, 109, 124, 141, 194, 210, 214, 272, 274
WEIGEL, Gustave, 238
WEISMANN, August, 196, 198, 200, 209
WESTERMARCK, E. A., 213, 256
WHITEHEAD, A. N., 81, 82
WILDE, Oscar, 58
WILLIAMSON, J. A., 289, 300, 301, 303
WILLIANS, Willliam Appleman, 149
WILSON, Edmund, 89, 136
WILSON, Edward O., 98
WISSLER, Clark, 210

X

XAVIER, são Francisco, 27, 33, 34

Y

YEATS, William Butler, 210, 216, 220

Z

ZIMMERN, Alfred, 68, 206, 225, 227
ZNANIECKI, Florian, 66

Obras de Gilberto Freyre publicadas pela Global Editora

CASA-GRANDE & SENZALA

SOBRADOS E MUCAMBOS

ORDEM E PROGRESSO

NORDESTE

CASA-GRANDE & SENZALA
Em quadrinhos

TEMPO MORTO E OUTROS TEMPOS
Trechos de um diário de adolescência e primeira mocidade, 1915-1930

INSURGÊNCIAS E RESSURGÊNCIAS ATUAIS
Cruzamentos de sins e nãos num mundo em transição

Prelos:

• ASSUCAR

• DE MENINO A HOMEM — DE MAIS DE 30 E DE 40, DE 60 E MAIS ANOS

• GUIA PRÁTICO, HISTÓRICO E SENTIMENTAL DA CIDADE DO RECIFE

• OLINDA: 2º GUIA PRÁTICO, HISTÓRICO E SENTIMENTAL DE CIDADE BRASILEIRA

• VIDA SOCIAL NO BRASIL NOS MEADOS DO SÉCULO XIX

Impressão e Acabamento

GEOGRÁFICA
editora